U0899625

谨以此丛书纪念
钱学森诞辰一百周年

曹刚川 二〇一〇年十一月

钱学森科学技术思想研究丛书

钱学森哲学思想研究

苗东升　著

科学出版社
北京

内 容 简 介

宣传、捍卫、发展马克思主义哲学是钱学森学术生涯后期的重点之一，而且成绩斐然。本书考察了钱学森哲学思想形成、发展的历程和时代背景，分析了其哲学探索的指导思想和知识基础，核心部分是对钱学森构建的由一个殿堂（辩证唯物主义）和11架桥梁（哲学分论）组成的马克思主义哲学体系进行梳理，揭示他如何解决马克思主义哲学扎根于现代科学技术体系的问题，最后从三个不同视角论述了钱学森哲学探索的重大历史意义。

本书适合党政领导干部、国家公务员及社会人士、高校师生阅读。

图书在版编目 CIP 数据

钱学森哲学思想研究 / 苗东升著. —北京：科学出版社，2012

（钱学森科学技术思想研究丛书）

ISBN 978-7-03-033503-6

Ⅰ. 钱…　Ⅱ. 苗…　Ⅲ. 钱学森（1911～2009）-哲学思想-思想评论
Ⅳ. B261

中国版本图书馆 CIP 数据核字（2012）第 019528 号

责任编辑：余　丁　魏英杰 / 责任校对：宋玲玲
责任印制：吴兆东 / 封面设计：陈　敬

科学出版社 出版
北京东黄城根北街 16 号
邮政编码：100717
http://www.sciencep.com
北京中科印刷有限公司 印刷
科学出版社发行　各地新华书店经销
*
2012 年 3 月第　一　版　　开本：B5（720×1000）
2023 年 8 月第三次印刷　　印张：17 3/4
字数：335 000

定价：168.00元

（如有印装质量问题，我社负责调换）

《钱学森科学技术思想研究丛书》序

在现代科学技术革命、政治多极化、经济全球化与文化多元化的新形势下，人类面对越来越复杂的世界，我国社会主义现代化建设同样也面对各种各样的复杂性问题。突破还原论，发展整体论，在还原与整体辩证统一的系统论基础上构建现代科学技术体系，探索开放的复杂巨系统理论与方法，并付诸实践，已经成为现代科学技术发展进程中的重大时代课题。

早在19世纪末，恩格斯就曾经预言[①]，随着自然科学系统地研究自然界本身所发生的变化的时候，自然科学将成为关于过程，关于这些事物的发生和发展以及关于把这些自然过程结合为一个伟大的整体的联系的科学。1991年10月，钱学森根据现代科学技术发展的新形势，进一步明确指出[②]："我认为今天的科学技术不仅仅是自然科学工程技术，而是人认识客观世界、改造客观世界整个的知识体系，这个体系的最高概括是马克思主义哲学。我们完全可以建立起一个科学体系，而且运用这个科学体系去解决我们中国社会主义建设中的问题。……我在今后的余生中就想促进这件事情。"

在东西方文化互补、融合的基础上，钱学森提出的探索宇宙五观世界观（胀观、宇观、宏观、微观、渺观）、社会主义社会三个文明（物质、政治、精神）与地理建设（生态文明）的体系结构、现代科学技术体系五个层次、十一个大部门的总体思想、开放的复杂巨系统理论、从定性到定量综合集成研讨厅与大成智慧学等，构成了钱学森科学技术思想的核心内涵。可以说，钱学森科学技术思想的核心是对现时代科学技术发展趋势的总体把握，是依据现时代科学技术综合化、整体化的发展方向，对恩格斯关于自然科学正在发展为"一个伟大的整体联系的科学"这一预见的科学论证与深刻阐发，它必将大大推动科学技术的发展，必将成为中国社会主义现代化建设的强大思想武器。因此，深入学习、研究、解读、继承，并大力传播与发展钱学森的科学技术思想，是我们这一代科技工作者不可推卸的历史责任。

钱学森在美国的二十年，潜心研究应用力学、工程控制论和物理力学，参与开拓美国现代火箭技术，成就为世界著名的技术科学家和火箭技术专家；回国后的前二十五年，专心致志地领导、开拓我国导弹、航天事业，成为世界级的航天

---

① 马克思恩格斯选集（4卷）. 2版. 北京：人民出版社，1995：245.

② 钱学森. 感谢、怀念与心愿. 人民日报，1991-10-17.

发展战略家、系统工程理论与实践的开拓者和国家功臣；晚年的钱学森，在马克思主义哲学的指导下，在科学技术的广阔领域里不懈地探索着，从工程技术走向了科学论，成为具有大识、大德和大功的大成智慧者，具有深厚马克思主义哲学功底的科学大师和思想家。钱学森提出的科学技术思想具有非同寻常的前瞻性和战略意识，对于我国科学技术的发展与社会主义现代化建设是一座无价的思想宝库。我们这些来自不同学术领域的后来者，研究、解读他的创新科学技术思想，是有难度的，在知识域上也是有局限性的。现在呈现在读者面前的《钱学森科学技术思想研究丛书》只是我们学习、研究钱学森科学技术思想的初步成果。我们把本丛书奉献给读者，目的是希望尽我们的微薄之力，进一步推动钱学森科学技术思想的研究工作，诚恳地欢迎社会各界提出不同的意见，并进行广泛的学术交流。

在《钱学森科学技术思想研究丛书》陆续与读者见面的时候，我们衷心地感谢国内相关领域的学者、专家积极主动地参与研讨，尽心尽力地出谋划策，无私地贡献自己的知识和智慧；特别要感谢谢光选、郑哲敏院士和新闻出版总署、科学出版社的领导和同志们，正是他们的大力支持和鼓励，才使本丛书得以在钱学森百年诞辰之际问世。

《钱学森科学技术思想研究丛书》编委会

2010年12月11日

前言

钱学森因科学技术方面的造诣和贡献而闻名于世。说到钱学森，人们立即想到他是著名力学家、航天科学家和系统科学家。欲懂得钱学森，当然首先要了解他在科学技术领域的奋斗历程、主要成就和学术思想。但仅仅这样是不够的，要真正懂得钱学森，还必须了解他在哲学方面的倾向、追求、探索和贡献。

钱学森很有哲学头脑，这一点大概没有人否定。但他是哲学家吗？钱学森自己说过："我也说不上是哲学家。"[①] 确实，他没有留下哲学专著和教材，没有讲过哲学课，没有指导过哲学学士、硕士、博士。如此看来，钱学森不是哲学家，而是富有哲学思想的非哲学家。不过，这种看法把复杂问题简单化了。人是复杂的，哲学家是复杂的，作为学者的钱学森也是复杂的，晚年的他尤其复杂、多样、异乎寻常。只要摒弃成见，换个视角看一看，你就会发现钱学森也是哲学家，而且是致力于构筑哲学体系的战略哲学家。晚年钱学森十分关心马克思主义哲学的命运，花费大量心血思考如何坚持和发展马克思主义哲学，其积极性绝不亚于专职哲学家。对于马克思主义哲学，是推倒还是坚持和发展，只有真正的哲学大家才关心这个问题。研究钱学森不难发现，他非常关心这个问题，他的著述中包含大量颇具广度、深度、新颖度的哲学议论，有许多见解颇令专业哲学家逊色。

钱学森何以能够做到这一点？马克思主义的认识论是实践论，强调知识来源于实践。通过 70 多年科学技术探索研究与 50 多年中国革命和建设事业的锤炼，特别是航天科技管理和对全部科学技术的宏观考察，他积累了极其丰富的实践经验和广博的科学知识，构建了具有钱学森风格的人类知识体系。马克思主义的认识论是能动的反映论，强调自觉能动地总结经验，强调创造性思维。晚年钱学森孜孜不倦地研究当代人类社会的各种问题，给以理论概括，其视野之广阔令人惊讶，几乎人类知识的所有领域都有所涉猎，且新见迭出，每每令人振聋发聩，又一时难以抓住其要领。深入研究即可发现，钱学森看似天马行空式的学术探索中有一个一以贯之的追求，就是试图构建现代科学技术体系、马克思主义哲学体系和大成智慧学，为中国社会主义建设和人类未来走向共产主义锻造智力武器。

在现代中国，钱学森已不仅仅是科学家，而且是有全面影响的思想家，他的

---

① 钱学森．钱学森书信．北京：国防工业出版社，2007：第 6 卷第 496 页，简记作 6-496。本书类似 j-xyz 式记号的引文均出自此文献，j 为卷数，xyz 为页数。

思想和业绩代表中国现代文化的一个重要方面。对于关注现代中国及其未来的人来说，钱学森一生的言行是一个巨大的客观存在，首先是文化的存在。要透彻地认识 20 世纪的中国，展望 21 世纪的中国，懂得钱学森是不能绕过的一环。懂得钱学森在哲学方面的造诣和追求，才能更深入地了解他在科学技术上的贡献；不了解他在哲学方面的探索，尤其难以准确深入地理解钱学森晚年在科学上的贡献，以及他那百科全书式的学术探索。

本书欲较为系统地研究钱学森的哲学思想，考察钱学森的哲学探索，以证明钱学森在哲学领域确有独到的工作，是马克思主义哲学在 20 世纪末的重要收获，至少应该算作中国哲学界的一家之言，可以弥补哲学界主流之不足。还应该提醒哲学界，钱学森的学术思想将在未来很长时期内影响中国的发展，其哲学思想的价值很可能要到 21 世纪的中期才能真正显示出来。所以，必须别具慧眼，才能弄明白钱学森那独具一格的哲学抱负、思路和成果。也正因为如此，他的哲学思想才更有探索价值。

然而，钱学森毕竟没有留下哲学专著和教材，没有讲过哲学课程，只有个别可以看做哲学论文的作品，大量情形是在讨论非哲学问题时阐发的哲学议论，或者是在与他人通信中提出的某些哲学论断。不同的议题、不同的时间、不同的通信对象，使这些哲学议论带有不同的语境，可能引出不同人的不同理解。钱学森坦承："我自己的认识也在变，每年不同，编成集子必然显得前后矛盾，不伦不类。"(1-468) 这必然给后人的研究带来特殊的困难，也是造成对他不理解或误解的原因之一。但换个角度看，这样的言论中包含着鲜活的思想和新的学术生长点，又有胜于专著的价值。

本书设定的任务是，把钱学森分散的论述系统化，使零金碎玉式的观点条理化，从他在特殊语境下发表的言论中发掘出在普遍语境下成立的内容。我们的指导思想可以概括为八个字：解读、梳理、评析、讨论。

① 首先是解读：在 21 世纪早期这种时代背景下，按照钱学森的现代科学技术体系来解读他有关哲学的论述，自觉摆脱哲学的现有框架。

② 重在梳理：按照钱学森的现代科学技术体系来梳理其论著中的哲学思想，探明他的心路历程，勾勒出他心目中的马克思主义哲学体系的粗框。

③ 必要的评析：评析要实事求是、画龙点睛，力求准确而深入、不拔高、不矮化。

④ 不可缺少的讨论：我们决不认定钱学森的言论"句句是真理"，在充分肯定的同时，也要指出其具体表述的不准确、不严格、值得商榷之处，提出我们的看法，希望通过质疑、商榷和讨论而辨明正误，在学界达成共识，把钱学森开创的事业推向前进。钱学森自己说："对老师尊重，不能对老师不说不同意见！"(9-436) 本书谨遵这一教诲，并把它贯彻到底。

科学与哲学位于知识系统的不同层次，在各自的核心处两者界限分明，在边界处相互渗透，界限模糊。钱学森哲学探索的一个显著特点是关注哲学与科学的交界处，谈哲学处也谈科学，谈科学处也谈哲学。这使领域专家颇不喜欢，哲学家嫌他谈科学太多，哲学味太淡；科学家嫌他谈哲学太多，科学味太淡。此乃还原论长期居支配地位造成的偏见，钱学森却有意超越之，这也正是他的高明之处。笔者认为，按照对哲学的传统理解去研究钱学森的哲学探索，钱学森的学术形象是干瘪的；用一定篇幅考察钱学森如何把哲学与科学融为一体，他的学术形象是丰满的。所以，本书采取了后一种做法。

本书共 21 章，分三大部分。第 1～6 章为第一部分，从不同视角对钱学森哲学思想的有关方面作总的探讨。第 7～18 章为第二部分，就钱学森构筑的马克思主义哲学体系的一个总论和 11 个分论分章讨论。第 19～21 章为第三部分，对钱学森哲学探索的意义分别从科学论、马克思主义哲学史和人类第二次“文艺复兴”三个不同高度进行评论。钱学森曾经建议他的合作者写一本《马克思主义哲学新体系》的专著，本书第二部分也可能让人觉得作者就是在写这样的书。此乃误解，笔者自知没有这样的知识储备，仅仅是梳理评论而已，每一章单独看都不敢奢望给出该论题较为完整的大纲。在作者看来，欲写出钱学森所期望的《马克思主义哲学新体系》这本书，大约要到 20 年以后。

钱学森对哲学有哪些重要贡献？笔者把它归纳为五点：

① 阐明马克思主义哲学并非外在于现代科学技术体系，而是处于这个体系之中，而且居最高层（第 5 章）。

② 揭示出马克思主义哲学扎根于现代科学技术体系，建立了马克思主义哲学体系的一种现代框架，由一个殿堂和 11 架桥梁组成（第 6 章）。

③ 在新的历史条件下捍卫了辩证唯物主义在马克思主义哲学中的核心地位（第 7 章）。

④ 给出 11 架桥梁（哲学分论）的粗框，为 11 个哲学分论进一步发展奠定了基础（第 8～18 章）。

⑤ 钱学森的哲学探索表明，能够把握新时代精神之精华的依然是马克思主义哲学（第 3、4、19、20、21 章），特别是中国化的马克思主义哲学。

对于他人的著述和言行，解读者的政治取向、哲学信念、文化底蕴、性格气质等都会在解读者的作品中表现出来。本书是作者对钱学森的一种解读（梳理、评论也是解读，质疑和商榷尤其是解读，只有通过质疑和商榷，才能真正读懂学问大家），自然也会反映自己的种种特质。我们力求解读客观、准确、全面、有深度，不唯上、不唯书、不媚俗，只求唯真、唯新、唯精。至于实际做得如何，留待读者和学界评判吧。

苗东升

2010 年 5 月草成，2011 年 8 月 1 日审定

目　录

第 1 章　钱学森学术生涯的整体评析

写书好似搞建筑，属于典型的他组织。一本书就似一座建筑物，需要精心设计、精心施工。中国传统建筑常常在建筑物门户两旁加木楔，以收“加紧结构之用”。此种手法早已为文学家使用，叫做楔子[①]。本书是哲学著作，我们主要追求哲理性和科学性，也想讲究点文学性。故也试用此法，在全书大门加点木楔，以楔辅佐门限。读者诸君，您将由此步入这一建筑，评审它的设计方案和施工质量。

1.1 楔　子

无论是自然生命，还是学术生命，钱学森都是长寿的。如果从赴美留学算起，他的学术生涯长达 70 多年，由三个大阶段构成。他的学识、智慧、修养也逐级跃上三种不同境界：世界一流的技术科学家 → 中华民族大功臣 → 大成智慧者。哲学探索是钱学森全部学术活动的重要组成部分。按照他所倡导的“要从整体上考虑并解决问题”[②] 的系统原理，应当把钱学森的学术生涯作为一个整体，放在这个整体中考察其哲学思想的形成和发展。所以，本书第 1 章首先对钱学森的学术生涯作一整体的评析。

若就振兴中华、复兴世界社会主义而论，钱学森毕生的贡献在两大方面。有诗为证：

东方红·百年钱学森回眸

冲罗决网归故国，道义铁肩真智勇。弹指一挥，星箭
升腾，寰宇响彻《东方红》。麦卡锡们好悔恨：不该
放走钱学森。中华起天军。
古稀已过又长征，悠悠历史感在胸。发展马哲，智慧
大成，构筑体系雄古今。五十年后花似锦，钱翁两眸
清炯炯。谋国老斲轮。

---

① 王实甫（元）．西厢记．王季思校注．上海：上海古籍出版社，1996：1.

② 钱学森．创建系统学（新世纪版）．上海：上海交通大学出版社，2007：130.

1.2　第一阶段：世界一流的技术科学家

从1935年到1955年是钱学森学术生涯的第一阶段，他在三个领域都走向世界科学技术发展的前沿，成为闻名世界的一流技术科学家。

一流的力学家。钱学森抱着科学救国的理想，于1935年到美国学习航空工业。此时的美国已经成为世界科技发展的“龙头老大”，新思想、新技术、新动向往往首先出现在这里。20世纪的一个重要趋势为工程与科学的一体化，“工程是跟着理论走的”①，要在工程技术上走在前面，必须在科学理论上走在前面。钱学森到美国后不久便认识到这一点，决心改变专业，主攻航空理论（主要是应用力学），师从世界一流的航空理论和工程学家冯·卡门。钱学森是幸运的，卡门教给他如何从工程实践发现理论研究对象，也教给他如何把理论应用到工程实践中去。这实际上就是科学技术工作中的辩证思维。钱学森的幸运还在于，1935年是世界航空科技史上超音速时代的开始，他在卡门指导下拼搏于超音速时代应用力学的前沿，前后共10多年。他紧密联系当时技术科学前沿的高速飞行实践，为突破“声障”和“热障”等进行探索，发表了多篇这一领域的经典性论文，解决了一系列前沿难题。1953年，他又提出力学研究要走宏观与微观相结合的道路，开辟物理力学这个新领域。

一流的导弹专家。1935年，卡门的学生马利诺开始研究探空火箭。钱学森于1937年参加他们的实验活动，负责理论分析，这成为他自己航天科技生涯的起点。1945年，钱学森随同卡门代表美国到欧洲考察德国导弹火箭的研制情况，了解了当时世界上处于领先地位的V-2导弹。在总结欧美有关研究的基础上，考察团撰写了《迈向新高度》的著名报告，为美国在航空航天科技方面占据世界领先地位奠定了基础。钱学森负责撰写了报告《面向新水平》中的几个重要部分。此后，给美军讲授《导弹概论》，作《飞向太空》演讲（1947），参与创建加州理工学院喷气推进中心（1949），作“惊人的火箭理论”的演讲（1950）等，这些经历和成果标志着钱学森成为当时世界上屈指可数的一流导弹火箭专家。

一流的控制论科学家。控制论是20世纪40年代诞生的一门与自然科学显著不同的新科学，但维纳的开山之作《控制论》主要是阐释这门科学的新思想，要应用于工程实际尚有距离。钱学森于1954年以英文出版的《工程控制论》解决了这一问题，建立了工程控制论这门新学科，开启了其后30年成为世界科学前沿热点之一的现代控制理论。此书陆续被译成世界各主要语言出版，是中国人撰

① 王文华．钱学森实录．成都：四川文艺出版社，2001：31。本章只注明页数的引文都出自此文献。

写的第一本产生世界影响的名著。

三个“一流的”，是笔者的着意粉饰，还是客观的评价？让我们听一听某些美国著名人士的说法吧。

一是科学界。卡门是一位世界级的科学大家，他在后来撰写的自传中就专列一章写钱学森，足见钱学森在他心目中的地位。若要更直接的评语，不妨听听跟美国科技界深有交往的专栏作家维奥斯特的话：“钱被公认为是科学上与卡门齐名的人……自从这位老人去世，钱在他的领域里已成为无与伦比的人。”[52页]

二是美国军界。美国海军次长金布尔在拒绝让钱学森回国时讲过一句名言：“无论在哪里，他都抵得上五个师！”[75页]这是从军事价值角度提供的有力旁证。

还可以听听美国专栏作家维奥斯特的评价：“在第二次世界大战期间，在钱的帮助下，使大大落后于德国的非常原始的美国火箭事业过渡到相当成熟的阶段。”[58页]傲慢的美国人能够这样说，足见钱学森对美国国防尖端技术贡献之大。

作为当时最尖端的科学技术，导弹火箭研制所需要的自然科学理论首先是力学，关键的前沿技术之一是制导，即自动控制。对于积贫积弱的中国来说，刚刚起步的导弹火箭研制由钱学森这样一位世界一流的应用力学家、火箭导弹专家、工程控制论创建者来领导，实在是一大幸运，一种历史的机遇。

如果仅仅就以上所说来评价这一时期的钱学森，未免有点肤浅。应该指出的是，钱学森在这一阶段的科学探索也为他攀上第三境界做出某些重要铺垫。请看：

①《钱学森手稿》表明，他这一时期不仅在自己的学识中初步做到打通理工，而且对于打通理工有了理论的自觉性，1947 年回国完婚期间所作关于工程科学的报告就是证明。作为第三阶段重要创新的现代科学技术体系研究，其思想源头可以追溯到这个时期。划分自然科学层次结构的思想就是从这里开始的。

② 在担任美国喷气推进中心第一任戈达德教授期间，钱学森参与了美国建立和发展航天系统工程的工作，可以看做他后来走向系统科学的起点。

③ 那时的钱学森也注意到运筹学的发展。他在美国时的博士生郑哲敏（现为中国科学院资深院士）回忆说，他回国前钱学森要求他关注运筹学，因为社会主义中国需要这门新科学。[95页]而有关运筹学和系统工程的知识积累对于他在第二阶段从事中国航天科技组织管理十分关键，运筹学还是钱学森进入第三阶段后倡导系统学的思想源头。

④ 20 世纪 40 年代是复杂性科学孕育的重要时期，而系统科学是为复杂性研究锻造方法论的学科。钱学森在这一时期的学术探索，无论系统工程，还是工程控制论，都为他后来走向复杂性研究、倡导大成智慧学做了某些铺垫。

1.3 第二阶段：中华民族大功臣

1956 年到 1977 年是钱学森科学生涯的第二阶段。从 1956 年起，受国家重托，钱学森负责组建和领导中国导弹卫星研制。20 多年中，他既是这一事业的主要组织者、首席科学家、重大技术问题的最后拍板者，也是培养航天科技人才的首席教授，是今日强大的中国航天科技大军的祖师。在经济基础极其薄弱、科技水平极端落后的中国，以显著少于美苏两霸的时间成为世界第三航天大国，原因是多方面的。从政治上说，社会主义制度的优越性，能够集中力量办大事，中国共产党惊人的组织力，人民群众高度的革命觉悟，等等，是其他国家无法比拟的。就科学技术方面看，这在一定程度上仰仗于钱学森的知识、才干、奉献精神。外国人称他为“中国航天之父”，虽然渗透着西方文化突出个人的色彩，不符合人民群众创造历史的唯物史观，不为钱学森本人赞同，但也颇为形象地反映了他的贡献之重大。钱学森这个阶段的工作主要不在于创造新知识，而是身系国家民族的安危荣辱。他因此成为国家和民族的功臣，受到举国上下的尊重。在古代，这等于上了凌烟阁。对于一个科学家和学者来说，能够获此殊荣、达此境界者，实在是凤毛麟角。20 世纪是中华民族从救亡图存到重新崛起的世纪，钱学森作为无数科技工作者的首席代表而载入史册。

航天科技是当代涉及学科最广泛的综合性高科技领域，正在飞速发展，自然科学和工程技术所有学科的知识几乎都能派上用场。作为中国航天事业的科技领军人物，钱学森本人这 20 年中也在不断学习、研究、创新，所掌握的科技知识已非在美国期间可比。中国能够在航天科技领域成为世界强国之一，必定有自己的独创性，绝非仅仅是学习借鉴美苏两国的经验。这种独创性无疑和钱学森分不开。钱学森十分感谢国家和人民给予他的荣誉，至于对自己在这一时期航天科技上的新成就，他本人并不太在意。晚年钱学森曾经对他的合作者之一钱学敏这样说：“其实，关于‘两弹一星’的科学与技术，我在美国时就都掌握了，也做出来了。回到祖国以后，只不过是把它拿过来运用，虽然也有一些创新，但基本的、原始的创新不多。而我多年来和你们一起研究和探讨的这些问题与设想，才是我回国以后开创性的、全新的观点和理念。它的社会意义和对现代科学技术发展的重要性，可能要远远超过我对中国‘两弹一星’的贡献。”[①] 这段夫子自道告诉人们，钱学森是如何评论自己的全部学术生涯的。

这席话的前一段基本符合实际，极少有人持有异议。中国航天科技在钱学森时期的原始创新不多，他的主要精力放在组建队伍，组织管理科研工作和培养人

① 钱学敏．钱学森科学思想研究（第 2 版）．西安：西安交通大学出版社，2010：再版感言．

才，利用他已掌握的知识先解决从无到有的问题，同时为后来的发展创新奠定基础。这一点他做到了，而且做得很好，今天中国航天科技越来越多的自主创新是在钱学森打下的基础上、在他培养起来的人才领导下取得的。后一段话却令许多人大惑不解，学界相当多的人不接受他的这些新观点，更不会给以如此高的评价。钱学森究竟是怎么想的？有人认为他年事已高，智力难免衰退，判断失准。有人说他会来事，故作矫情。我们则断言，前者是一种误解，后者则是由思想感情方面的差异所造成的曲解。钱学森后30年的学术探索的确提出了一系列开创性的、全新的观点和理念，发前人和洋人所未发，其社会意义和对现代科学技术发展的重要性的确远远超过他对中国"两弹一星"的贡献。

从第三阶段回眸第二阶段就会发现，仅仅就航天科技来评价和认识这20年中作为学者的钱学森是很不够的。第二阶段的钱学森在知识结构、学识、智慧、品德素养等方面正在经历着重大嬗变，越来越超越领域专家的本色，处于从专家向全才、从科学家向思想家转变和升华的过程中。这在钱学森作为学者的人生经历中是十分重要的大事。只是国家功臣的耀眼光环至今遮蔽了人们的视线，此种嬗变一直未引起注意，"中国航天之父"的说法尤其容易误导人们的视线。欲真正了解处于人生第三阶段的钱学森，必须留意他在第二阶段所发生的思想嬗变。

如果说钱学森在美国期间已经研究过系统工程和运筹学，那也主要是研究和关注，回国后的他才得以把系统工程付诸大规模的实践，这对作为学者的钱学森实在是一种难得的历史机遇。中国的实际国情更使这种实践具有特殊的复杂性和丰富性，因而也就具有了特殊的内涵，足以产生具有中国特色的航天系统工程理论。钱学森是中国航天系统工程思想的主要提炼者和实践的主要领导者。正因为有这种难得的实际经历和理论思考，他才可能在20世纪80年代进一步从系统工程的范围中走出来，在更大的视野中去考察，构建系统科学体系，探索建立系统学。

航天科技是一项规模巨大、内涵复杂多样的现代科技，组织管理十分关键，美国阿波罗登月计划向世人充分说明了这一点。20世纪60至70年代，在中国这样一个经济和科技极端落后的国家搞航天这种大科技、大工程，组织管理尤其是关键。事实上，钱学森这20年间花费精力最多的不是具体科技问题，而是组织管理问题。这对他本人也是一个全新的课题，他在此阶段的知识创新主要就在管理科学和软技术上，而不是航天科技的硬科学、硬技术上。中国航天科技的成就是这种努力取得成功的实践证明，钱学森在这一时期公开发表的论文，如1957年发表的《论技术科学》、1963年发表的《科学技术的组织管理工作》等，则是初步的理论总结。钱学森在美国搞的完全是自然科学的技术和工程，而中国航天系统工程包含了他在1980年以后反复强调的社会技术，社会技术这个重要概念就萌发于此一阶段。从自然科学的技术创新（火箭技术）到社会技术的创新，仅就这一点即可看出钱学森的知识结构在第二阶段发生的变化有多大。明白了这一点，作为第三阶段起步的著名论文《组织管理的技术——系统工程》以及随后的一系列论著问世，最后又走向大成智慧工程，就不难理解了。

这个阶段的钱学森并没有停留在社会技术层面，他已开始从理论层面上思考社会问题，研究社会科学。管理科学是运用自然科学和数学方法于事理活动的横贯科学，钻研管理科学无疑促使他学习了不少社会科学，但远不止于此。钱学森于20世纪90年代说过："'文化大革命'使我觉悟。感到只是理与工是不够的，不懂得社会科学不行，所以开始下工夫学社会科学，也涉及哲学。"(8-059) 这一学习过程对钱学森的意义非同小可，使他在打通文与理、打通自然科学与社会科学的大路上迈出了一大步。

应该说，促使钱学森转而研究社会科学的不只是"文化大革命"的经验教训，还包括经常被人诟病的1958年发表的那几篇文章。社会主义建设和革命都是特殊的开放复杂巨系统，在中国搞社会主义尤其复杂艰巨。无论在理论上，还是在实践经验上，当时都不具备成熟可行的知识体系，搞社会主义建设在早期基本属于试错式的行为过程。这就决定了，从毛泽东到钱学森，再到普通百姓，不可避免地都曾经头脑简单过。此乃历史局限性使然，不必大惊小怪。钱学森说的对："认识这些复杂巨系统是有个过程的，因为我们都曾经头脑简单过，曾经想用简单的方法来处理，但结果不行，碰了钉子。"① 发动和参与"大跃进"的人都把社会主义建设简单化了，不懂得那是一种开放复杂巨系统工程，显著不同于延安时期的大生产运动。就钱学森那时写的文章而论，简单化的表现主要有二。其一，他只考虑了如何利用太阳能来增产，视之为一项单纯的自然科学技术，未考虑中国当时的实际技术水平和经济实力能否做到这一点。其二，集体化了的农业生产应该发展为一种巨大的社会产业，除了生产力因素，更重要的是生产关系和科学管理，还有其他社会因素的影响制约，异常复杂。作为学者的钱学森只考虑了生产力中的科技因素，未考虑组织管理等复杂社会问题，头脑有些发热。但也情有可原，总结经验教训就是了，没有必要揪住不放，更不必要他道歉。人总是在犯错误中学习的，只有不干事才可能不犯错误。应该说，钱学森能够提出社会是特殊的复杂巨系统这一命题，同1958年的经验教训有关。

钱学森在这一时期的思想嬗变还表现在哲学方面。在美国时期的钱学森对马克思主义哲学并非一无所知，回国后的他更进行了自觉而系统的学习。十分可贵的是他真正学懂了马克思主义哲学，掌握了它的精神实质。当后来许多人对马克思主义哲学产生动摇、怀疑、甚至更换门派时，钱学森旗帜鲜明地站出来捍卫它，并且把马克思主义哲学成功地应用于复杂性研究。就是说，第二阶段的钱学

---

① 钱学森．创建系统学（新世纪版）．上海：上海交通大学出版社，2007：68.

森已成为一个真正的、坚定的马克思主义者，正在打通科学与哲学之间的壁垒。

正如挚友李世辉所提示笔者的，钱学森在这一时期另一个重要的思想嬗变是开始打通中西文化的壁垒，避免了陷入崇洋媚外的泥淖。尽管有深厚的家学渊源，钱学森毕竟是在五四新文化运动造就的大环境中度过学生年代的，尤其是经过20年美国文化的熏陶，使他的知识之树深深扎根于西方科学文化中，中国文化的成分严重稀释。这是一个重大缺陷，如不克服，他就不可能有第三阶段的修为。钱学森是幸运的，在新中国建立不久便回归祖国，亲身参与中国的新文化建设，直接受到毛泽东、周恩来、聂荣臻等大成智慧者的影响，获得极佳的机会补中国文化之课，特别是补中国化的马克思主义之课。中美两国文化是当前世界上两种差异最明显、对人类未来影响最大的文化。系统科学认为，差异的整合必然涌现出新的系统整体性，组分异质性越大，经过合理整合所产生的整体涌现性就越不平庸。经过20多年的努力，钱学森在把最先进的西方科学文化与最深厚的中国人文文化结合起来的道路上迈出决定性的一步，真正掌握了中国化了的马克思主义的基本精神，自觉地努力融合中美两种文化。当一股浓烈的崇洋媚外思想潮流借改革开放之机在中国学术思想界弥漫时，钱学森旗帜鲜明地予以抵制，尽管一时难有成效，其影响是深远的，我们将在第20章加以讨论。

经过这样的思想嬗变，对于第二阶段结束时的钱学森来说，航天科技或其他任何一个具体学科领域都已显得过分狭窄，无法让他的思想最大限度地驰骋飞翔。在这一阶段的后期，当一般人仍然把他仅仅看做一个自然科学家和工程技术专家的时候，钱学森已经依稀察觉到一个无比广阔的未知领域，自信在那里他能够有更大的发现，能够对中华民族以至整个人类做出更大的贡献，因而渴望全身心地到那里去探索。或者说，此时的钱学森已经逼近大成智慧者的大门口了。

1.4　第三阶段：大成智慧者

1978年以后的30年是钱学森学术生涯的第三阶段。一方面，经过第二阶段的历练，钱学森学术思想的航船已经远远超出科学技术的部门领域，正在向整个人类知识体系这个广阔无垠的大洋行驶。另一方面，一支完整的航天科技人才队伍已经培养出来，他可以放心地从第一线退下来，张开思维之翼，在他判定为前程远大、但大多数人浑然不觉、有些人很不以为然的新领域自由翱翔——他要掀开自己学术生涯最辉煌的一页。钱学森在这个阶段的科学研究和学术探索是全方位的，请看：

他是系统科学中国学派的创建者；

他是思维科学的创建者；

他是人体科学的创建者，这是一门最具创新性、最能体现中国文化特色的新科学；

他在军事科学、行为科学、地理科学、建筑科学、文艺理论等领域都有开拓性的工作；

从20世纪90年代起，钱学森的科学研究越来越集中到社会科学领域，对国内外社会主义建设的经验教训给出他自己的理论总结。

而掀开这一页的过程，就是钱学森修炼为大成智慧者的完成过程。大成智慧是钱学森晚年提出的一个新概念，他引用《辞海》的解释：大成即大的成就，有三种含义。一，指事功。《诗·小雅·车攻》："允矣君子，展也大成。"二，指学问。《礼记·学记》："九年知类通达，强立而不反，谓之大成。"三，指道德。《孟子·万章下》："孔子之谓集大成：集大成也者，金声而玉振之也。"赵岐注："孔子集先圣之大道，以成己之圣德者也。"(6-394)这同儒家历来提倡立德、立功、立言的思想是一致的。用现代科学的语言讲，大成智慧是一种具有三维结构的意识形态存在：事功维，学问维，道德维，如图1.1所示①。三个维度既有不同的质的规定性，又具有内在的联系，需要分别就三个维度来考察。大成智慧者就是修炼得具有大成智慧的人，表示一个人在学问、道德、事功三个维度上都达到顶尖水平。

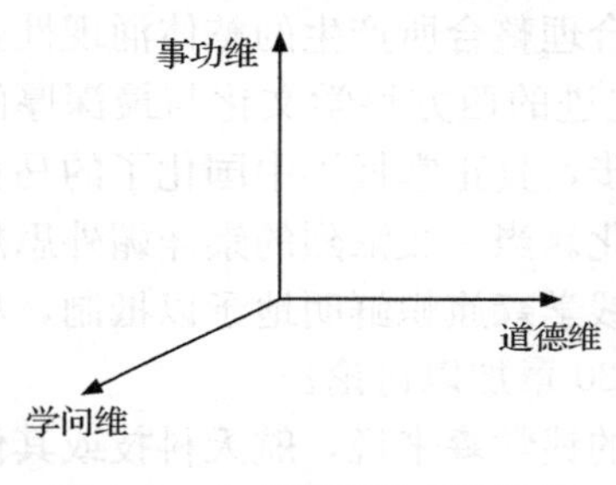

图1.1 大成智慧的三维结构

本节的主题是说明钱学森在其人生第三阶段上确实已经达到大成智慧者这样的崇高境界。请看：

① 事功维。在现代社会中，一个人在科学技术方面的作为是一类极为重要的事功，科学家在人们的心中都有崇高地位，大科学家尤其受人尊重。作为"人民科学家"荣誉的获得者，钱学森在事功维上达到的高度已无须赘言。

② 学问维。大成智慧者的学问须做到广、大、高、深、远，知识面非常广阔，做的是大学问，还要站得高、想得深、看得远。钱学森确实做到了这一点，以下两方面的表现尤其突出。

今天的大成智慧者必须整体地把握现代科学技术体系，做到纵向上打通不同知识层次，横向上打通不同知识部门。第三阶段的钱学森实现了四打通：打通理和工，打通文和理，打通科和哲，打通中和西，通过创建现代科学技术体系学初步做到打通整个现代科学技术体系。在现代科学技术体系的11大部门中，钱学森的本行是自然科学和系统科学，在自然科学中，他的本行是技术科学层次的应用力学。但他能够与基础自然科学层次和工程技术层次的专家深入对话，能够与

---

① 苗东升．什么是大成智慧学．西安：西安交通大学学报，2011，(1)．

其他 9 大部门的科学专家深入对话，提出令他们深受启发的新见识，能够大范围地触类旁通、大范围地综合集成，这实在是少见的。

现代大成智慧者必定是真正的马克思主义者，在哲学上也有所建树。第三阶段的钱学森不仅自觉地、全方位地、卓有成效地应用马克思主义哲学指导自己的研究工作，而且决心参与马克思主义哲学的发展研究。研究开放复杂巨系统的实践使他真正把握了《实践论》的真谛，并且依据新的科学成果丰富毛泽东哲学思想。他理清了马克思主义哲学与现代科学技术的关系，构筑起由一座殿堂和 11 块基石这两个层次组成的马克思主义哲学体系，指明如何依据现代科学技术成果丰富、发展马克思主义哲学，如何把马克思主义哲学应用于现代科学技术的主要途径。此时的钱学森已经是一位有创见的哲学家。大成智慧学是哲学，又不是哲学；是科学，又不是科学；而是把科学与哲学融为一体的学问。晚年的钱学森在学识上已达到这一境界，本书的主旨就是全面揭示这一点。

③ 道德维。衡量一个大成智慧者的品德，首先应该看其在大是大非问题上对国家、民族、人民的态度，今天还应该看他对全人类的态度，表现出现时代的大仁大义。中国历史上不乏这样的人，在事功、学问方面曾经有过极为出众的表现，独步一时，然而没有民族气节，为了一己私利而卖国求荣，或在别的方面干出缺大德的事。这类人的智慧也极高，但属于一种畸形智慧，不可与大成智慧同日而语。钱学森的智慧在道德维上的表现如何？其一，为了维护国家民族和自己做人的尊严，他敢于跟强大而霸道的美国政府推行的麦卡锡主义抗衡，不怕坐牢，表现出铮铮铁骨。其二，与邓稼先、郭永怀等科技界的民族英雄一样，他服从国家的最大需要，甘心从事隐姓埋名、成败难测的工程探索，把自己的全部才华献给新中国的国防事业。其三，主义真，对马克思主义和社会主义事业有坚定不移的信念，决不随风摇摆，决不变节。其四，在功成名就之后，不去享受晚年，而是自觉自愿地去“管闲事”，把全部精力和心思放在国家建设、提高人民生活上，从种草、治沙到法治、外交，从山水城市到休闲、旅游，从烹饪到美容，凡国计民生的大事小事他都操心。借用毛泽东的话语，这时候的钱学森称得上是“一个高尚的人，一个纯粹的人，一个有道德的人，一个脱离了低级趣味的人，一个有益于人民的人。”① 一些人对这样说嗤之以鼻，那我们就要问：你能够在麦卡锡主义面前像钱学森那样战斗吗？你能够像钱学森那样不爱钱吗？你能够在学术上像钱学森那样生命不息、战斗不已吗？跟那些以追求个人利益最大化为行动准则的人相比，能够像钱学森样这样做的人还不够高尚吗？

大成智慧是在必要的社会历史环境下，经过长期修炼而获得的。孔子曾经概括他自己一生的修炼过程，从 30 岁到 70 岁，每过 10 年上一个台阶，最终达到

---

① 毛泽东．毛泽东选集（一卷本）．北京：人民出版社，1966：654.

“不逾矩”。钱学森也是一步步走过来的，三个大阶段都是他达到大成智慧者所必经的阶梯。还有一个十分有趣的现象：孔夫子获得大成智慧的一条途径是周游列国，晚年钱学森获得大成智慧的一条途径是“周游列科”：到各种学科中访能问贤。除了以组织指导思维科学、人体科学、系统科学的研讨班这种方式集大成之外，钱学森还创造了一种独特方式，就是与各行各业的专家学者通信讨论问题，既是向人家学习，积累知识和思想，又是影响和动员别人跟着他进行大跨度的综合集成。翻阅 10 卷《钱学森书信》，你就会对此获得深刻认识。一位学者在收到钱学森书信后心情激动，给他回信表示衷心感谢。钱学森又回信说：“我和您的学术交往并不是我自己工作以外的事，而是整个工作的一个不可缺少的部分。所以请不要以为这是给我添加什么负担；不，这是我必须做的！”[2-137] 这确是真话，通过广泛通信而实行知识的集大成，正是钱学森建立大成智慧学所进行的重要工作之一。他极力寻找学术上的知音，又“苦于找不到知音”；一旦发现学术思想的同道，就“真是高兴极了。所以立即和你们通信联系，希望相互支持，结为同道。”[3-058]

钱学森晚年所采取的是一种特殊的学术工作方式，有利也有弊。有人批评晚年钱学森不写专著，甚至因此而轻视他这一时期的学术成果，也是一种偏见。不写专著固然不能留下成系统的思想，让人颇感遗憾。但问题在于这一时期的钱学森是以做新学问、研究新科学、创造新思想的点火者、播种者、激励者、推动者为己任的，这种特殊的研究方式也有其独特的优势。他所说的“整个工作”是什么？就是为中国社会主义建设全面确立科学基础。这种工作不是个人行为，而要靠群体，靠一支庞大的队伍。钱学森自己则试图作为他组织者去影响、发动、聚集同道，以求形成一个科学研究的自组织运动。

说到这里，有人就会问：你把钱学森说得太完美了，他还有缺点吗？马克思说过，我是人，凡人有的缺点我都有。诚哉斯言！大成智慧者也是人，是人就有缺点，钱学森岂能例外。孔夫子是中国历史上第一位有详细文献记载的大成智慧者，他把女子与小人并列，为鲁国国君饰过，等等，都是明显的缺点，为现代人所不愿苟同。钱学森有什么缺点？也不少，回国之前有，回国 50 年来每个时期也都有，其中一些还比较明显。美籍华人作家张纯如收集了半个世纪前美国学生对钱学森的负面评价，如“骄傲易怒”、“对学生冷酷无情”、“他有中国皇帝的威严”等，都是客观地记录了当事人的感受，尽管当事人难免有情绪化成分，却并非空穴来风。笔者与钱学森的直接接触十分有限，却也真切体验到他的类似个性，令人一时难以承受。但事后想想，那些都是小德方面的瑕疵，按照中国传统文化的原则，不能以小疵掩大德。以这种态度对待所有大成智慧者，应当是我们每个人德行修炼的一条准则。

正是出于以上认识，我们曾在《钱学森与现代科学技术》一书中写下这样一段话："中国杰出贡献科学家钱学森不仅在应用力学、工程控制论、航天科技和系统科学领域做出世界一流的工作，而且不断扩大视野，在众多学科中提出令人耳目一新的新思路、新观点，并从整体上把握现代科学技术体系，最终凝结出'大成智慧'的思想。本书由国内一批知名学者分别从不同方面介绍和评价了钱学森六十多年的科学技术生涯，以及他的科学观、哲学思想和人品道德，向世人展现了一位当代大成智慧者的非凡风采。"① 从那时到现在 10 年过去了，我们更加坚信，钱学森是一位当代大成智慧者。

本书论述的就是这样一位大成智慧者的哲学探索。一个人的哲学思想是其知识储备、阶级立场、人生经历和学术品格融合在一起后的结晶物。一个大成智慧者的哲学探索，必定有非大成智慧者的哲学专家达不到的广度、高度和深度。一个由科学技术领域走出来的大成智慧者的哲学探索，必定有并非从科学技术领域走出来的大成智慧者没有的特点。我们试图揭示这些特点，考察钱学森的知识、事功和道德修炼在他的哲学探索中起了什么样的作用。本书绝无贬抑其他哲人、独扬钱学森之意，我们想告诉读者的仅仅是，钱学森的哲学探索确有独到之处，恰好能够补充中国哲学界主流的不足之处，甚至补充世界马克思主义哲学的不足之处。中国哲学界应当珍视这份宝贵的哲学遗产。

1.5　张纯如等对晚年钱学森的误读

在人们只看重专家的社会历史环境下，大成智慧者难免被视为万金油而受到嘲笑和鄙视，晚年钱学森也不例外。在中国，无论自然科学界，还是人文社会科学界，大多数人都不看好他晚年的学术活动。一些人常常抓住他的某些不准确或不正确的说法而冷嘲热讽，甚至谩骂，却对这些不准确说法后面隐含的高瞻远瞩的洞见视而不见，令人悲哀。许多人基本读懂了头两个阶段的钱学森，却无法读懂第三阶段的钱学森，偏见使他们严重地误读了晚年钱学森。著名美籍华人历史学家张纯如就是一个典型。

张纯如由于向全世界揭露日军南京大屠杀而闻名天下，在中国学人中尤其享有盛誉。笔者也由衷地感谢她，因为我的父亲和三叔都死在日军枪口下，三岁的我也差点死在扫荡太行山根据地的日军刺刀下。日本政界和学界的许多人却至今不承认这些罪行，这种状况不改变，东亚的和平就没有保障。张纯如的工作体现了一个历史学家的良知和责任心，为她的祖先生长的国度伸张了正义，对人类最终消灭战争做出贡献，她将因此而青史留名。

---

① 北京大学现代科学与哲学研究中心．钱学森与现代科学技术．北京：人民出版社，2001：内容提要.

然而，由于张纯如是在美国文化熏陶下成长起来的，习惯于按照美国主流知识精英的思维方式解读社会主义中国，加上国内与她来往、对其思想产生影响的多是思想西化突出的学人，致使张纯如很难正确地解读回归祖国后、特别是晚年的钱学森。张女士在她的大作中提出“两个钱学森”的概念，得出“年轻的钱学森和年老的钱学森相去何其远!”的总结论①。对于年轻的钱学森，她给予基本准确的评价，充分肯定他在科学技术上的成就，以及他对美国国防建设的贡献；也坦率地指出他的许多缺点。对于钱学森回国后在航天科技方面的贡献，她的评价总体上也还是符合实际的。至于对老年钱学森，她的评价不仅有失公允，有些还十分荒唐。我们从两个层次稍加剖析，以正视听。

从科学技术层面看，张纯如和大多数人都基本上读懂了头两个阶段的钱学森，却无论如何读不懂作为大成智慧者的钱学森。张纯如不是科学家，科技知识太贫乏，她的评价完全是依据中美科技界主流的看法而做出的，所以后者正确她也正确，后者有偏差她也有偏差。学术界一些眼力平平却自命不凡的人，抓住钱学森关于特异功能的某些不够严谨的表述，指责他“拥抱迷信”，完全抹杀人体科学的光辉前景。由此开始，钱学森晚年的学术新观点被他们统统判定为“不伦不类”、“没有逻辑”、“大海中的泡沫”等等，甚至给他戴上“伪科学”的帽子。这些人中有些是政治投机者，不值得理睬。其中大多数虽然动机是捍卫科学精神，但属于还原论的“原教旨主义”者，看不到科学必将超越还原论的局限，因而无法正确理解晚年钱学森的学术思想。张纯如全盘接受了这些人的观点，自己没有独立地、系统地研读钱学森晚年的著述，对钱学森后 30 年学术活动一知半解。以这样的知识储备为基础评价钱学森，如此做有违科学精神，不是一个严肃的历史学家应有的态度。评价晚年钱学森的学术创新实在不是一件容易的事，钱学森自己认为，他的新思想要在 21 世纪中期才能开花结果，故解开“钱学森之谜”是需要时间的。不过，无论是不懂科学的张纯如，还是影响她的那些人，对晚年钱学森的否定大体还属于认识水平问题。

钱学森在美国时期的同事 Summerfield 对他有这样的评价：“他远不及卡门、爱因斯坦、泰勒，或任何大科学家那样高瞻远瞩。他对事物的眼光跟他们不同。他可以帮他们做演算，作他们的左右手，但他不会是主脑。我想他的长处在于复制，复制真正大师创造出来的东西。”② 对钱学森有基本了解的人不难看出，这个评价是以青年钱学森作为卡门助手和中年钱学森指导创建中国航天科技的经历为依据而提出的。是的，钱学森时期的中国导弹研制基本是复制，《工程控制论》可以使他进入一流学者行列，却不可能使他成为超一流科学家。问题的要害在于

① 张纯如．中国飞弹之父——钱学森之谜．台北：天下文化出版股份有限公司，1996：437.

② 张纯如．中国飞弹之父——钱学森之谜．台北：天下文化出版股份有限公司，1996：7.

Summerfield 是在简单性科学范围内进行评价的，他的说法基本属实。但要说钱学森只能搞复制，甚至只能做计算助手，未免太离谱了。而晚年钱学森已经走向复杂性科学的开创者行列，Summerfield 自己大概没有从事复杂性研究的体会，又对钱学森后 30 年的工作一无所知，自然无法读懂他的这位老同事。张纯如用 Summerfield 的评价来涵盖钱学森的一生，必然有原则性的错误。笔者认为，如果放在科学演化历史的大背景下看，晚年钱学森的贡献应属于超一流的，或许一个世纪后人们将发现，钱学森是复杂性科学的笛卡儿。孰对孰错，人们只能拭目以待啦。

从另一层面看，张纯如对钱学森的评价有太多的政治色彩，是针对那个时期的国内外局势、按照美国主流政治观点给出的，她的误读带有很大的政治性，太缺乏客观性。我们仅说一点。美国是世界上拥有导弹、原子弹最多、向其他国家发射导弹最多的国家，也是唯一使用过原子弹杀人的国家，70 多年来世界上有多少人死在美国的两弹之下，未来的历史学家只能用“不可计数”来回答。这难道不是对人类犯下的罪行吗？张纯如却不置一词，全书给人的感觉是她因钱学森不能继续为美国研制导弹而深感遗憾。张女士承认“中国不曾以任何钱学森设计的飞弹去攻击其他国家”，至今没有任何国家的公民死在中国的导弹之下，跟美国不可相提并论，这是公允之论。但在她笔下，为美国制造导弹的年轻钱学森“梦想着一个和平安宁的国度”，是正义的；年老的钱学森为中国研究导弹卫星则是“协助制造毁灭世界的武器”[①]。这是什么逻辑？这里还有什么历史学家的良知吗？晚年钱学森的思想犹如一座宝山，张纯如不仅入宝山却空手归，而且听信了一些关于宝山的不实之词，再加上自己的联想和分析，造成不应有的认识混乱。我为张纯如在学术良知上的迷失深感悲哀。我们从她身上看到美国文化的极大虚伪性和欺骗性，它能使皈依美国文化的外国人远离真理而并不自觉，无原则地为美国统治阶级杀人如麻的行径辩护。这才是“真正的悲剧”！但一切具有欺骗性的东西都经不起时间洪流的冲刷，美国文化终究要走向衰落，原因之一就是它的虚伪性和欺骗性。这也是马克思主义终究要在北美大地走向兴旺的重要原因。

---

① 张纯如．中国飞弹之父——钱学森之谜．台北：天下文化出版股份有限公司，1996：439～441.

第2章 钱学森哲学思想的形成和演进

钱学森说过："我从工程技术走到技术科学，又走到社会科学，再走去叩马克思主义哲学的大门。"(7-358) 这一极为简练的概括为阐述本章主题提供了一个重要线索，但还不够，我们的讨论还需追溯到他在走到工程技术之前的思想演进。钱学森不是学院派哲学家，不能主要通过考察他在哲学上的师承关系、学派背景等来认识他。钱学森直到晚年才真正走向哲学探索，他在哲学上的建树是以其巨大的科技创新、深厚的文化素养、丰富多彩的实践阅历为基础综合集成的结果，这在古今中外都是罕见的。在纪念钱学森 90 华诞的一次学术研讨会上，钱学森挚友郭永怀的夫人李佩说过一句掷地有声的话："钱学森是'克隆'不出来的！"① 所以，单纯地、孤立地考察钱学森哲学思想的形成和演变是不行的，必须放在他一生的知识积累、文化学习和思想修养的全部历程中认识。在这方面，钱学森对我们也有宝贵提示。图 2.1 是钱学森亲笔所写的一份珍贵资料，列举出一生中对他自己影响最深刻、被他尊奉为老师的 17 位人物②。

17 位

1）父亲钱均夫——写文言文
2）母亲章兰娟——爱花草
3）小学老师于士俭——广泛求知，写字
4）中学老师董鲁安（于力）——国文、思想革命
　中学老师俞君适——生物学
　中学老师高希舜——绘画、美术、音乐
　中学老师李士博——矿物学（十极硬度）
　中学老师王鹤清——化学（原子价）
　中学老师傅仲孙——几何（数学理论）
　中学老师林砺儒——伦理学（社会）
5）大学老师　钟兆琳——电机工程 } 理论与实践
　　　　　　陈石英——热力学 } 理论与实践
6）预备留美　王助——经验设计 } 理论与实践
7）留美　Theodore von Karman
8）归国后　毛泽东、周恩来、聂荣臻

图 2.1　影响钱学森一生的 17 位老师

① 北京大学现代科学与哲学研究中心．钱学森与现代科学技术．北京：人民出版社，2001：426.

② 叶永烈．走近钱学森．上海：上海交通大学出版社，2009：69。本章只注明页数的引文均出自此文献。

这 17 个人可以分为四组，代表钱学森进入自觉的哲学探索之前的四个时期，分别对他的思想意识和文化素养的形成、发展、最终走向哲学探索产生过不同而重要的影响。钱学森是幸运的，他在每个时期都获得了同期中国学人能够得到的最好的老师，受到最好的教育，而四个时期齐备的好运气则近乎绝无仅有。没有这样的条件，就没有作为大成智慧者的钱学森和他的哲学探索。

2.1　钱学森的家庭教育

人是有文化的社会动物，人的精神世界在很大程度上是由他所处的人文社会环境塑造的。钱学森出生于上海，三岁时随父母迁居北京，这里的一草一木、一砖一瓦、人们的言行举止都是中国文化的载体，在这个文化气息最深厚浓烈的古都长大的孩子，其所受到的文化熏陶是那些在荒山野岭长大的孩子无法想象的。哲学属于文化范畴，中国文化的哲学韵味极其丰厚，却分散蕴藏于它的各种文化形式中，从未形成自己的独立形态。对于中国学人来说，文化底蕴越深厚，哲学思想也越深厚。所以，追踪钱学森这类学术大师哲学思想的形成发展，需要从了解他幼年的文化学习开始。

在同样的人文大环境中，不同人形成的文化素养大不相同。这首先取决于家庭环境，长辈是最初、最具影响力的文化传播者，也是人文环境的诠释者，他们的文化素养、道德品质、学识眼界极大地影响着后辈的思想文化走向。钱学森是幸运的，他所受的良好家庭教育是同一时期绝大多数中国孩子不敢奢望的。

首先，钱氏家族是名门望族，家学渊源深厚，历来重视家庭教育。20 世纪钱姓名人群星灿烂，堪称现代中国文化领域的一大奇观，这跟钱氏家族的历史关系极大。按照钱学森父亲钱均夫先生的说法："我们钱氏家族代代克勤克俭，对子孙要求极严。"[57页] 这种极严的要求集中表现在家长对孩子的教育上。名门望族都重视家学的传承，钱氏家族中钱均夫这一支脉是按照"继承家学，永守箴规"论辈取名的[62页]，这八个字就是一条家训，极具中国文化韵味。

钱学森出生在一个富裕家庭，具有接受良好教育的物质条件。母亲章兰娟是大家闺秀，识文断字，喜爱艺术，又长于算术。她秉承中华传统道德，一心相夫教子，对独子的成长倾注了极大心血。在母亲指导下，三岁的钱学森就能够背诵许多古诗词，培养了艺术兴趣和鉴赏能力。钱学森在众多科技专家中显示了过人的艺术才能，这首先是由母亲的心血培育成的，或许还遗传给他某些"艺术细胞"。

父亲钱均夫对钱学森的影响更大、更久远。钱老先生不仅有深厚的传统文化素养，而且留学东洋，了解世界文明演进的大局，思想开明，是一个有强烈爱国心、注重民族气节的知识分子。他曾笃信教育救国，此路不通，又试图实业救国，一生都在思考如何使中华民族走出历史困境。这种思想和志向决定了他给儿子规划出这样的人生道路：一方面是学习理工，走技术强国之路；另一方面是学习音乐、绘画等课程，培养文艺才能。钱学森的一生正是这样走过来的。

钱均夫如何对儿时的钱学森进行爱国主义教育，我们没有详细的材料依据作品评。但从他送儿子赴美留学前的一些小事亦可觅得端倪。钱均夫要儿子出国留学并非单纯为儿子的个人前程和家族荣誉，而是为了强国强兵，到西洋学习飞机制造技术。但送爱子出国时，老人家却要钱学森带上与飞机制造毫无关系的《老子》、《庄子》、《墨子》、《孟子》、《论语》等国学典籍。这是因为老先生有这样的信念："任何一个民族的特性和人生观都具体体现在它的历史中。因此，精读史学的人，往往是对祖国感情最深厚、最忠诚于祖国的人。"① 在中国现代史上，有些人原本也是抱着为民族救亡图存的愿望出国留学的，但在发达国家待久了，便渐渐淡化初衷，不再想做中国人。钱均夫也担心儿子会这样，他努力防患于未然，办法就是要儿子继续学习中国文化，了解中国历史，加厚对祖国的感情。钱均夫对儿子的希望是：牢记中国历史，谨防在学习西方科学文化的过程中淡忘了中国文化。钱学森远渡重洋的轮船起航前，老先生又给爱子一个作为"父亲的礼物"的便条，叮嘱说："吾儿此次西行，非其夙志，当青青然而归，灿灿然而返！"② 短短 21 个字，可谓语重心长，感人肺腑。而历史的发展也表明，他的爱子的确做到了"灿灿然而返"！

钱均夫的爱国情怀有多深？由一件事即可断定。他帮助儿子选定的方向是直接服务于国防的航空工程，但钱学森到美国后不久却决定转学航空理论。这使老先生很是生气，写信严词责备儿子说："重理论而轻实际，多议论而乏行动，这是中国积弱不振的一大原因。国家已到了祸燃眉睫的重要关头，望儿以国家需要为念，在航空工程上深造钻研，而不宜见异思迁，走学理论之途"③。父亲严令儿子"以国家需要为念"，如此家国情怀怎能不令仁人志士感动！

1949 年新中国成立，钱均夫坚持留在大陆，与新中国共命运。这一年圣诞节前，他给仍在美国的儿子写信："儿生命之根，当是养育汝之祖国。'落叶归根'，是报效养育之恩的典喻，望儿三思。"④ 在这样的家庭中成长，有这样一位父亲教育、督察，如果钱学森后来也疏远祖国，那就是忤逆不孝了。

钱学森一生都喜爱阅读文学评论，很可能是从小听父母讲中国文论开始形成的。中国传统文化是一种哲学与一般文化相互交融的知识体系。读懂古代美文诗

---

① 王文华．钱学森实录．成都：四川文艺出版社，2001：25.
② 王文华．钱学森实录．成都：四川文艺出版社，2001：26.
③ 王文华．钱学森实录．成都：四川文艺出版社，2001：29.
④ 王文华．钱学森实录．成都：四川文艺出版社，2001：70.

词一定要学点文论知识，赋论、诗论、词论、文论等都富含哲学思想。中国的历史名著同样富含哲学思想。所以，这样的家庭教育已经在不知不觉中把许多哲学思想通过非哲学的形式灌输给儿时的钱学森了。

2.2　钱学森的学校教育

钱学森在国内接受了系统的学校教育，顺利地经历了从蒙馆、小学、中学、大学到留学预备班这一完整的教育链条。按照系统原理，完整过程必定产生不完整过程无法比拟的整体涌现性。幸运的还在于他于此一过程的每一环节上都获得了当时国内顶尖的教育环境。钱学森就读的北京师范大学（以下简称师大）附小在国内小学居示范性地位，师大附中是当时国内最好的中学之一，上海交通大学以美国麻省理工学院为蓝本办学，本科教育在当时具有世界先进水平。这也是一种幸运，使他打下扎实的知识基础。其中，钱学森特别怀念师大附中，他说过："在我一生的道路上，有两个高潮，一个是在师大附中的六年，一个是在美国读研究生的时候"[74页]，足见中学生活在他成长过程中的重要地位。

一个人一生能够遇到几个出类拔萃的好老师，实在是难得的幸事。钱学森在小学、中学、大学都遇到令他终身感谢的好老师。17 个老师中的 11 个是国内读书期间的老师（7 个属于师大附中），其中 6 个属理工科，5 个属文科，近乎均衡，使这个日后成为理工大家的年轻人在学生时代获得很好的文科教育，利于后来他在科技工作中避免"死心眼"，即不犯机械唯物论的错误。于士俭的书法课（小学），高希舜的艺术课，林砺儒校长的办学思想（中学），钟兆琳和陈石英理论联系实际的治学精神（大学），都给他留下终生难忘的印象，有助于他学术人格的成长。中学国文老师董鲁安对他的影响是另类的，钱学森对这位恩师的评价是："他思想进步，常在课堂上议论时弊，厌恶北洋军阀，欢迎国民革命军北伐，教我们读鲁迅的著作和中国古典文学作品。"[71页]逻辑地推断，钱学森最终走向马克思主义，其思想源头与董鲁安不无关系。

社会是一所人人都要就读的大学校。人在进入中学阶段后，他所生活的社会环境会越来越多地提出要他思考的问题，提供各种资料信息，诱使他自已去寻找答案，这对人的思想发展的影响有时比学校教育还大。钱学森在辛亥革命的氛围中降临人世，成长于现代中国剧烈动荡和快速变革的年代。他从记事起，相继发生了五四运动、中国共产党成立、国共合作、北伐战争、四一二政变、九一八事变、围剿红军、淞沪战役等重大历史事件。在这样的大环境中求学的正派青年，必然"有国家破亡之哀"[7-070]。在北京读书时目睹北洋军阀杀害李大钊、制造三一八惨案，在上海读大学时耳闻上海滩当年的风云激荡、时下的白色恐怖，等等，一个富有正义感的青年学生将发生怎样的思想变化是不难想象的。钱学森说过，在交大读书期间他因患伤寒休学一年，“乘机看了些科学社会主义的书，对国民党政府的所作所为知道了点底细，人生观上升了。于是再回到学校读二年级时，对每星期一上午的‘纪念周’就想逃，不愿恭听黎震寰校长的训词。”(4-416) 这些书包括如由鲁迅翻译的普列汉诺夫的《艺术论》，布哈林的《辩证法底唯物论》等。相关的资料告诉人们，学生时代的钱学森已开始接受马克思主义的影响。

在20世纪30至40年代，鲁迅是中国进步青年公认的导师，青年学生的思想倾向常常可以通过他对鲁迅的态度来判断，马克思主义通过阅读鲁迅而进入他们的思想。钱学森说过：“我在出国前，就崇敬鲁迅先生，受到中国共产党的指引。”(7-357) 这绝非虚妄之言。他所在的小学有左翼人物“邓老师”（邓颖超），鲁迅本人曾到师大附中做过题为《未有天才之前》的讲演，特别是董鲁安老师课堂内外的引导，加上同学间无法估量的相互思想交流，新文化运动旗手鲁迅从多方面影响着钱学森的思想是显然的。重要的还在于他父亲钱均夫与鲁迅同为章（太炎）门子弟，前后留日同学，回国后曾经同时供职于当时的教育部，思想比较接近，彼此时有交往，使鲁迅的思想言行比一般青年学生更多更贴近地影响着钱学森。所以，这一时期钱学森思想的天平开始向左倾斜是自然的。今天回头看去，那个时代的青年人中，深受鲁迅影响的一般都会走向社会主义，深受胡适影响的一般都会走向资本主义，动摇于鲁迅与胡适之间的人也会动摇于社会主义与资本主义之间。钱学森就属于那些没有动摇者之列。

如何评估钱学森出国前对马克思主义的了解？他的大学和留美同学、也是他终身好友的罗沛霖有言：“他很早接受了进步思想。1934年他和我谈中国的现状，不靠政治（革命）而只靠读书是不能改变的。这话对我以后的生活是一个最重要的启示。一直到现在，我们对马克思主义辩证法、唯物论的信仰是始终不渝的。”① 斯言可信。

从钱学森一生的言行看，他显然是一个有血性、有激情、性格强硬的人，一个极为自信、傲世的人，一个勇于挑战权威的人。在那时的中国社会环境中，具有这种性格的青年人显然易于受到马克思主义革命思想的影响。

2.3 钱学森在美国时期的思想演进

在钱学森的传奇经历中，美国留学、工作的那段经历最为引人关注，已成为人们经久不衰的谈论话题。这是钱学森思想发展演变史上相当特殊而关键的一段，需要分别从科学技术和社会政治两个方面来考察。

---

① 罗沛霖．系统研究——祝贺钱学森同志85诞辰论文集．杭州：浙江教育出版社，1996：序．

钱学森到美国留学所学和后来从事的是科学研究和工程技术创新，其新思想的培育首先和主要是在科技工作中实现的。他前后所在学校麻省理工学院和加州理工学院都是 20 世纪世界上最先进的理工学院，后者尤甚。加州理工学院办学的主旨是创新，理工结合的教学原则在当时的世界上独领风骚，聚集了相当数量的美国科学院院士、工程院院士和文理学院院士，极利于在这里学习和工作的青年学子尽快把握世界科技发展的最新趋势。这对钱学森独特科学观、技术观的形成无疑起了很大作用，掀起他人生道路上的另一个高潮。特别值得提到的是，师从世界顶尖空气动力学专家、航天科技开拓者卡门，对于钱学森攀登上力学理论和工程技术世界最高峰是不可或缺的条件。磁石般吸引着钱学森的不仅是这位科学大师的谦虚和热情、对事业一丝不苟的态度、严谨的治学精神，而且还有他领导的“既有利创新意识，又很活泼轻松的气氛”的研讨班，以及卡门对理与工辩证关系的深刻理解和应用。卡门当然不是辩证唯物主义者，不可能有意识地给钱学森传授这种哲学思想。但他从事科学技术工作的方法和组织领导风格中表现出自发的辩证唯物主义，不能不深刻影响钱学森。卡门教会钱学森既善于把科学理论应用于工程技术，又善于从工程技术中提炼理论。此乃活生生的辩证法，即钱学森后来讲的“有来有往才是辩证法”。[3-013]恩格斯在 19 世纪晚期指出，科学正在向辩证思维复归，而复归的高潮恰好出现在钱学森留美期间的前后。理工分家是长期支配科技界的形而上学思维的恶果，理工结合则是科学技术复归辩证思维的重要表现。尽管卡门并未从哲学上意识到这一点，却是在实践中极为成功地实现了这种复归的少数科学家之一。

学界至今不太在意、但钱学森本人极为看重的一点，是他从卡门那里初步学到民主集中制思想，这对钱学森接受辩证唯物主义的影响也不可轻视。科学研究和技术开发作为人类的实践形式之一，在 20 世纪日益走向大型化、复杂化，从个体作业逐步演变为团队作业，只有把民主与集中、自由探索和集体智慧结合起来，才可能取得大的成功。这也是对立统一，即辩证法。卡门在领导他的研究团队中相当有效地实行了民主与集中的辩证统一，给钱学森留下极深的印象，直到晚年仍然赞不绝口。作为比照，他一再批评国内学术活动既不够民主，又不敢也不会集中。民主与集中的辨证统一是群体思维（社会思维）的核心规律，钱学森在卡门那里已对这条规律获得真切、具体、深刻的理解。

在美国的 20 年是钱学森人生观、世界观形成的决定性时期。一个已在国内接受很多左翼进步思想的青年学子，在美国学习和生活将如何认识新的环境？经历怎样的思想演变？钱学森自己作了这样的总结：“到美国正值美国经济萧条，对资本主义国家的实际有深刻印象。而自 1950～1955 年的灾难，更加深了我对美帝国主义实际的认识。开始学习马克思主义哲学。”[7-358]美国导弹研制肇始于 1936 年由加州理工学院卡门弟子组成的火箭小组，领头人是马利纳，钱学森称他为“大积极分子”。马利纳等人长于工程技术，理论能力不足，因此吸收钱学森加盟，负责火箭的理论分析。此人是美共党员，通过共同的科技研究和思想交流，成为钱学森在美国加州理工学院时很好的朋友。1937年秋，经马利纳介绍，钱学森参加了该校的马列主义学习小组，结识了更多的左翼科学家。他们一起学习《反杜林论》等马克思主义著作，讨论正在兴起的世界反法西斯运动、社会主义、共产主义，以及中国问题，对正在苦难中奋斗的中国人民深表同情。俗话说，“物以类聚，人以群分”。把钱学森与这些美国人联系在一起的思想纽带就有马克思主义。在美国拼搏于科学技术前沿的钱学森同时也在学习马克思主义，这样说是符合实际的。

一个真正的马克思主义者不可能只凭学习马克思主义著作而形成，必须经过深刻而尖锐的实际斗争的锤炼。把钱学森最终从政治上推向马克思主义的决定性事件，是他回国前在美国遭受麦卡锡主义的迫害。这场风暴不仅是钱学森的个人遭遇，而且是世界帝国主义盟主与新生的社会主义中国的较量，是国际范围内马克思主义与反马克思主义之争，一场尖锐而深刻的阶级斗争。对钱学森来说，处于这一斗争漩涡中心是一次极其难得的社会实践，一种西方人喜欢讲的炼狱。这对钱学森政治立场发展的检验和锻炼，不逊于国民党监狱对国内革命志士的检验和锻炼。在美国生活的20年，难免对美国有许多不切实际的认识，甚至幻想，都被这场炼狱彻底烧掉了。对于任何有血性、有正义感、有爱国心的人来说，经历如此遭遇、在祖国有力的支持下挣脱魔掌回到祖国后，他有怎样的心情，取何种政治态度，是可以合乎逻辑地推断的。可以肯定地说，经过那场特殊的国际阶级斗争的考验、即将离开美国、回归故里的钱学森在思想深处已经坚定地“皈依”马克思主义了。

2.4 钱学森回国后头20年的思想演进

一个具有强烈爱国心、遵父命出国学习国防科技的人，一个被美国政府拘捕、软禁长达5年的人，一个目睹富甲天下、军事力量冠绝世界的美帝国主义被长期贫穷落后而刚刚获得新生的中国打败的中国人，一旦回到欣欣向荣的祖国、受到高度重视和信任，其兴奋、激动、感谢、热爱的心情，是非同寻常的。大量资料都显示，钱学森刚刚回国时的心情近乎欣喜若狂，真可谓“顿觉眼前生意满，春风吹水绿差差”（张栻）。他对新中国充满信心，对她的缔造者和领导核心十分信任，对取得这一胜利的指导理论心悦诚服，诚心诚意要学习并掌握它，下决心把自己的全部才华献给新中国的建设大业。在当时的绝大多数中国人看来，这是极其自然的、正常的、理所当然的。美籍华人田辰山说：“那个人类历史的一个特殊时代——闪耀光辉的时代，充满激情与新鲜活力的时代。我非常幸运地经历过那个时代，即我受益颇深的毛泽东时代。那是一个假如我没有经历过，我应当永远感到遗憾的时代，那是一个人类历史任何美好阶段也无法比拟和替代的时代。”① 应该说，这也是钱学森的想法。令人遗憾的是，这一切在今天的许多中国人（包括许多当时被公认为思想进步的人）头脑中却已淡化，留下的几乎都是问题和错误。对于那些黄皮肤、黑头发但皈依美国文化者，新中国头 30 年的业绩竟然引起他们的鄙视和痛恨。拿他们同钱学森相对比，真令人唏嘘不已！

回国不久在接受记者采访时，钱学森曾明白无误地指出：“对于一个有为的科学家来说，最重要的是要有一个正确的方向。这就是说，一个科学家，他首先必须有一个科学的人生观、宇宙观，必须掌握一个研究科学的科学方法！这样，他才能在任何时候都不致于迷失道路；这样，他在科学研究上的一切辛勤劳动，才不会白费，才能真正对人类、对自己的祖国做出有益的贡献。”② 从那时至今半个世纪的历史表明钱学森始终是这样做的，从未迷失道路。这样的认识也反映在晚年钱学森对自己一生所做的总结中：“我们这辈人是找到了出路的，这就是中国知识分子的出路：为祖国的科学技术、文化事业无私奉献，直至最后。”(7-345) 这种精神境界当然是那些以个人利益最大化为人生指南者无法理解的。

回国后的钱学森以很高的热情开始系统地学习马克思主义和毛泽东思想，认真改造思想，决心成为一个自觉的马克思主义者。钱学森曾以小学生的虔诚态度坦言：“我回到国内之后毛主席跟我谈话，要我认真学习马克思主义哲学，我就照着他的指示做了。”③ 他的学习态度是真诚的，而且颇有成效。这一点不仅体现在他的文章、书信、谈话中，更体现在他的工作成就中。一个例证是 1961 年在给天津大学力学教研室共青团员们的信中写道：“人们的认识过程是一个发现矛盾和解决矛盾的过程，要学理论就得对理论提问题，然后去解答问题”(1-061)。这显然是他学习《矛盾论》的体会。这里再提供一个佐证。本书作者 1960 年大学毕业，被分配到航天科技部门工作，算是钱学森的部下。当时全国都在学哲学，特别是学习毛泽东著作，常常组织报告会交流学习体会。钱学森曾在七机部范围对领导干部讲过他的学习体会，我所在研究室的指导员李登科同志与会听了他的报告，回来后赞不绝口，认为钱学森对毛泽东哲学思想的理解胜于大多数政工干部。钱学森晚年在复杂性研究中卓有成效地应用毛泽东哲学思想，正是这一时期的学习奠定了基础。

在美国学习和工作期间，以自身从事科学前沿探索的成功经验为依据，钱学森总结提炼出一些极具哲理性的思想观点和工作方法，他自己颇为得意。回国头

① 田辰山．中国辩证法：从《易经》到马克思主义．北京：中国人民大学出版社，2008：鸣谢．

② 钱学敏．钱学森科学思想研究（第 2 版）．西安：西安交通大学出版社，2010：1.

③ 李德华．牢记钱老谆谆教诲，继承钱老未竟事业．今日科苑，2010，(第 1～3 期合刊)：95.

几年的学习却让他认识到，马克思主义、毛泽东思想对此早已有精深的论述。例如，关于科学理论指导工程实践、工程实践推动科学理论发展的思想，《实践论》给出深入而系统的哲学论述，关于感性认识和理性认识辩证关系的论述尤其精辟；系统工程家引以为自豪的关键路径法，实质是抓主要矛盾原理的一种具体运用，理论基础就是《矛盾论》；卡门领导的科学技术研讨班的成功经验，实质是马克思主义强调的民主集中制；等等。这种发现使钱学森深感震惊和欣喜，更坚定了他对马克思主义、毛泽东思想的信任。从 1958 年到 2000 年，钱学森多次公开谈论过这一点。如在 1994 年仍然把“马克思主义哲学是真理”这一命题视为“基础观点”，并说：“这我早就认识到，在我归回祖国不久就知道了。原因是：我多年在国外工作中实际体验的一些道理完全可以纳入马克思主义哲学体系中，说明马克思主义哲学的伟大。”[8-030]

1989 年钱学森荣获小罗克韦尔奖章后，于景元代表系统学第一个写作班子致信祝贺，称赞他的“爱国主义精神和用毕生精力报效祖国的崇高品德”。钱学森读后在原信空白处写下这样一段话：“您遗漏了最重要的一点：我近 30 年来一直在学习马克思主义哲学，并总是试图用马克思主义哲学指导我的工作。马克思主义哲学是智慧的泉源！而且一个马克思主义者是决不会不爱人民的，也不会不爱国的！”[5-004]这是言不由衷的官腔，还是肺腑之言？世人可能有不同的解读。20 世纪 50～70 年代全国范围的“学毛选”运动是自上而下有组织地进行的，不少人被潮流裹挟，属于一种身不由己的从众行为。如果有人怀疑钱学森可能也如此，今天似乎没有确凿的事实来否定这种说法。但是，1980 年以后的事实告诉人们，钱学森学习马克思主义、毛泽东思想完全是自觉自愿的。读读他的书信就会看到，直到 90 年代中期，毛泽东已成为许多学人批判的靶子，而钱学森还在反复阅读《实践论》和《矛盾论》，而且是学以致用。如在与人通信中说：“近日来我在读毛泽东同志的《矛盾论》，有些感受。”[6-065]我劝当年那些被动参加“学毛著”的人不要以己度人，你们当时的态度和心情可以理解，但像钱学森那样真诚学习、确有收获者也并不罕见，你们也应当理解他们。坦率地说，本书作者当年也是真诚“学毛著”的人，至今无悔无怨。

在美国从事科学技术创新的钱学森，公开声称中国人的智力绝不比洋人差，他个人敢于向任何外国人挑战。钱学森因此而被美国同事视为一个高傲的人。其他与钱学森有过直接接触的人大多也有类似的感触。这样一个高傲的人，头戴世界一流火箭专家和工程控制论创建者的桂冠回到祖国，学问上却没有志满意得，而是在新的知识领域继续投师求学，并且找到 17 个最有影响力的老师中的最后、也最伟大的三位，即属于政治家、军事家、思想家的毛泽东、周恩来和聂荣臻。以毛泽东、周恩来为代表的老一辈革命家是一个大成智慧者群体，为中华民族以至整个人类留下极为丰富深邃的精神财富。这个群体的产生和历史功绩是中国乃至人类文化史上十分罕见的事件，值得深入研究。尽管时下有人极力贬低他们，但他们的事功业绩和思想品质是不朽的，将会被未来学术界反复解读，从中吸取智慧。一生心高气傲的钱学森就坦言："我崇拜的是我们老一代革命领导人，我经常读他们的文章和文选，每次有所悟。我要好好学习呀！"[7-274]

钱学森壮年以后的一大幸运是有机会跟这个大成智慧者群体广泛接触，从他们身上吸收中国革命所创造的宝贵精神财富。开创中国航天科技的大任使钱学森与聂荣臻元帅接触频繁，得以就近从这位杰出军事家和政治家身上学习中国革命所创造的特殊经验，即中国化的马克思主义。周恩来具有超常的精明、智慧、人品、风度，他的人格魅力倾倒过无数同代人，钱学森就是其中之一。对钱学森学术思想和人生志向影响最大的当然是毛泽东，思想方法上得益最多的是毛泽东的哲学思想。他的科学探索在进入开放复杂巨系统这个"新领域"之后，当思路出现迷茫时，钱学森每每要求教于毛泽东，而且都有所斩获。例如，从定性到定量综合集成法被钱学森视为自己在系统科学中的最大创新，他坦承"我们的从定性到定量综合集成法是建筑在《实践论》的基础上的"。[6-079]

如果说卡门是钱学森在科技方面"永远不能忘记的恩师"，则毛泽东、周恩来和聂荣臻是他在政治、哲学和文化上永远不能忘记的恩师。事实告诉人们，当年许多人歌颂毛泽东并非发自内心，一旦形势改变，他们就抛弃了毛泽东思想，有人甚至以丑化毛泽东为能事。在一个多样化世界中，这也是一种可以自主的选择，中国社会必须容纳之，因为这是一种客观存在，是社会历史复杂性的固有表现。但钱学森不是这样，他对毛泽东、周恩来和聂荣臻的敬仰完全发自内心，而且这种感情至死没有淡化。1994 年收到两个音盘《巨人之声——毛泽东》和《巨人之声——周恩来》后，钱学森激动地写道："这两个激光音盘所记录的是我心中最永志不忘的声音，每次唱听都使我又进入那幸福的日子！"[8-096]这种情感所表现的不仅是中国士人历来津津乐道的个人知遇之恩，更应该看做有共同思想基础和人生志向者发自肺腑的心声，是一切政治弄潮儿无法理解的。

钱学森如此敬重毛泽东，或许与他同毛泽东在思想性格上有诸多共同点或相近处有一定关系：强烈的爱国主义精神，国家利益高于个人利益；热爱工作，不图个人享受，不爱钱；在原则问题上不让步，有时不惜为原则开罪亲友、同志；高度相信人的主观能动性，相信人定胜天；既有学者的理性，又有艺术家的激情，时不时呈现出所谓"性情中人"的特点。激情容易使人冲动，在特定社会大环境下容易受到"极左思潮"的影响，说错话，做错事。在面对复杂困难的问题或局势时，由于个性、人生经历和世界观的差异，人们常有乐观派和悲观派之分。前者易于看轻困难，忽视复杂性；后者易于看重困难，夸大复杂性。纵观钱学森的一生，他和毛泽东都属于乐观派，这也是他们的共同点。无论在美国研制火箭导弹，还是回国后在科技、经济、政治问题上，钱学森都说了一些过分乐观的话，试图做过一些难以实现的事，犯过一些旁观者看来可以避免的错误。凡是经历过新中国前 30 年社会演进的中国人，只要抱着平和的心态，以己度人，都可以理解钱学森在当时的表现——那实在是时代的特征使然。

确实，钱学森在第二阶段的昂扬心态也使他对社会主义建设的复杂性、曲折性没有思想准备，想不到共产党、毛泽东也会犯错误。他在这一阶段的一些错误与此不无关系，给以批判和清理是必要的。但吃五谷杂粮者不可能不犯错误，一个有前途的人，一个有前途的组织或政党或民族，都是在不断犯错误中成长的，重要的是要有一个正确态度，勇于并善于从错误中学习。没有这些错误，不按照辩证唯物主义总结经验教训，就不会有钱学森在第三阶段的豁然开朗。相比之下，一些人在前 30 年为某些极"左"错误推波助澜，极力表现自己思想先进，红极一时；而后 30 年又站在反面，全盘否定前 30 年，否定毛泽东，极力表现自己与时俱进，这才是真正令人鄙视的。

2.5 晚年钱学森：致力于发展马克思主义哲学

如果说，回国后头 20 年的钱学森基本上是学习马克思主义哲学，并把它有效地运用到自己的工作中；那么，从 1978 年开始，他已进入自觉宣传和捍卫马克思主义哲学、进而从哲学上全面总结自身经验的时期。他的大量讲话、文章、书信中都有哲学方面的思考，越来越具有哲学家的色彩。本书要讨论的主要是这一时段，但没有前面数十年的学习、思索和积累，就不会有这一时段的一切。

钱学森一生最后 30 年的哲学思想演变又可以分前后两个时期，以 1989 年为分界线。前期的钱学森一再申明自己不是哲学家，如 1988 年 10 月还说："我自己对马克思主义哲学没有研究，不敢进此殿堂，只在外围观望而已。"(4-283) 这一时期他在哲学上为自己规定的任务主要是宣传马克思主义哲学的指导作用，试图以自己的成功经验现身说法，告诫人们"马克思列宁主义毛泽东思想是指导我们一切工作的，在政治领域当然重要；但在学术研究一样重要。"(6-043) 一位学者写信告诉钱学森，自己要写书从思维和心理上去制止战争，引起钱学森的兴趣。他认为这位学者的看法有违马克思主义哲学常识，便诚恳地回信说："您的话引起我要劝您下工夫学好一些经典著作，如《反杜林论》……没有这个基础，搞什么研究也是不行的。"(1-183) 自觉地做一名马克思主义哲学的"卫道士"，这一思想像一条红线一样贯穿于钱学森在 1978 年以后的著作、讲演和书信中。实际效果如何？由于众所周知的原因，学界多数人并不赞赏他的观点。钱学森深知这一点，但他不灰心，不气馁，"固执地"说："我总是宣传要用马克思主义哲学指导我们的研究工作，但收效不大！这说明我还要继续努力"。(5-033) 他说到做到，称得上百折不挠！

不过，这一时期的钱学森已不仅仅在宣传学哲学用哲学，事实上已开始作哲学探索和创新，表现在六个方面。其一，理清马克思主义哲学与科学技术的关系，确定马克思主义哲学在现代科学技术体系中的地位。其二，梳理科学技术各大部门通向辩证唯物主义哲学的桥梁的基本内涵。其三，对所涉及的西方哲学新观点作马克思主义的审视和批判，而且督促他的学生和合作者也这样做。所以，常常见到对他们的批评："讲到哲学，怎么不提马克思主义哲学?"，"请注意运用马克思主义哲学"，等等。其四，开始着手从事深化和发展马克思主义哲学的工作。例如，他曾这样教导爱徒李德华："作为党员科技工作者，必须认真用马克思主义哲学指导我们的学术研究工作，并以我们的科研成果上升提炼到丰富深化马克思主义哲学。"(2-183) 其五，针对具体问题对科学技术最新成果进行哲学提炼，提出大量随感式的哲学议论，本书第 7 至第 18 章将要讨论。其六，在学界寻找同道，物色青年人才，说服学界头面人物，试图组成一支发展马克思主义哲学的队伍。

长期以来，人们误以为发展马克思主义哲学只能是政治领袖和专职哲学家的事。钱学森也难免受此影响，故有不敢"进殿堂"之虑。但从 1989 年起，钱学森决心迈进这个殿堂，明确表示要致力于发展马克思主义哲学。他在一封信中曾说："您和我都已开始了新的历程……我也改行，搞系统科学、人体科学……进入社会科学、哲学领域了"，公开承认自己进入哲学领域。(5-021) 这一年发表的《智慧与马克思主义哲学》和《基础科学研究应该接受马克思主义哲学的指导》就是两篇进入哲学领域的开山之作。同一年的某一天，钱学敏向他表示想研究钱学森，他作了这样的回答："不要研究'钱学森'，'钱学森'没有什么好研究的，你不是搞马克思主义哲学发展史的吗? 咱们一起研究马克思主义哲学如何发展怎么样?"并鼓励她"你要大胆，努力去干"①。他为此而提出"中华儿女雄今古"的响亮口号，并激励"钱学敏同志雄今古"。到 90 年代中期，钱学森更雄心勃勃地提出进行"第四次伟大尝试"，要把马克思主义哲学推向"新阶段"（详见第 20 章）。

在其诞生以来的 170 年中，马克思主义哲学的发展基本上是以社会运动、革命斗争、国家建设为实践基础和材料依据进行概括提炼的，与科学技术前沿发展联系薄弱，许多时候甚至严重脱节。在马克思和恩格斯的时代，根据他们俩的分工，哲学研究主要归恩格斯，他经过八年"脱毛"才写出《自然辩证法》等著作，对当时的科学做出哲学概括。科学在 19 世纪后期以降获得空前的大发展，但列宁、毛泽东不是学自然科学的，又适逢自己时代的革命高潮期，不可能像恩格斯那样花大量时间"脱毛"，他们对自己时代的科学前沿了解不多、不全，而

① 钱学敏．钱学森科学思想研究（第 2 版）．西安：西安交通大学出版社，2010：71.

同一时期自然科学出身的马克思主义哲学家从事的只是一些微观研究，马克思主义哲学的发展整体上落后于科学技术的发展。随着复杂性科学的兴起，以及全球化进入新阶段，马克思主义哲学的发展由政治领袖独挑大梁的时代过去了，越来越需要不同学科领域的学者参与，需要出现大批科学家兼哲学家的人才。作为哲学家的钱学森便应运而生，这对中国以至世界马克思主义哲学都是一大幸事。一个一流科学家决心进入哲学领域，基于对现代科学技术的整体把握来发展哲学，建构马克思主义的哲学体系，这一点本身就是一件新鲜事，值得学界关注。

第3章　钱学森哲学探索的时代背景

在我的故乡，人们把讲历史故事称为“道古今”。孟浩然有诗云：“人世有代谢，往来成古今。”这是中国古人对时间之矢不可逆地从古向今流逝的认识。无论自然界还是人世间，时间之矢都不是均匀的、线性的流逝，而是非线性、非均匀展开的，人世间尤其如此。从有记载的历史看，社会生活在一段似乎均匀、线性的展开过程中，经过自发的积累和发酵，就会突然呈现出全新的矛盾、困惑、问题和可能性，开启一个新的时代，凝结出新的时代精神。哲学是时代精神的精华。杰出思想家抓住这种时代精神，提炼其精华，就会在哲学上做出重大创新。晚年钱学森有幸赶上一个新时代，并且读懂了时代的新变迁，自觉到马克思列宁主义正面临一个新时代。他满怀激情地说：“现在世界上的确出了许多新事物、新情况，马克思、恩格斯、列宁时代没有，轮到我们来总结、概括。”[1-480]钱学森领会和抓住了这个时代精神的精华，勇敢地从研究科学技术转向研究和发展发展马克思主义哲学，并做出重要贡献。本章力求按照钱学森对时代精神的解读，了解他的哲学探索是在怎样的时代背景下进行的。

3.1　世界社会形态演变的新阶段

作为社会性动物，地球人类的不同部分从诞生之日起就具有相互交往、沟通的要求，有交往就会发生争斗，逐步演变为战争这种社会行为，战争也是交往。“人世难逢开口笑，上疆场彼此弯弓月。流遍了，郊原血。”[①] 无论和平交往，还是武力交往，实质上反映的是地球人类试图系统化、一体化的历史趋势。但由于生产力以及整个文明水平十分低下，文明史上的地球人类总体上一直以非系统的方式存在着，大部分民族彼此之间联系微弱，一些部分彼此甚至不知道对方的存在，即使彼此有交往的民族也不可能整合为一个系统。

资本主义的兴起终于结束了这一局面。领导建立工业文明的西方资产阶级是人类历史上最具进取心、进攻性、扩张性、侵略性的社会力量，它们凭借工业文明创造的全新生产力，以征服、掠夺弱小民族为能事，在经济、政治、军事、文化上追求霸权，不惜以战争手段开拓市场、扩大势力范围。这一进程始于哥伦布入侵新大陆，随着西方社会从自由资本主义演变为垄断资本主义，殖民化进程也

① 公木竹．毛泽东诗词鉴赏．长春：长春出版社，2001：291.

在加快。到 19 世纪末，非洲大陆完全被西方征服，特别是农业文明最发达的中国沦为半殖民地，农耕文明从此彻底成为过时的文明，整个世界都处于资本主义的支配之下，地球人类终于被以资本主义方式整合为一个系统，即世界系统。如毛泽东所说："自从帝国主义这个怪物出世之后，世界的事情就联成一气了，要想割开也不可能了。"①

最初形成的世界系统是一种结构极不合理、持存性极差、有结构而无组织的复杂巨系统。基本特点是：第一，少数工业化国家强力支配处于前工业文明的殖民地和半殖民地，形成一种世界范围的城市剥削农村的二元结构，侵略与反侵略的民族矛盾十分尖锐；第二，发达国家内部存在严重的阶级压迫，阶级对立十分尖锐；第三，不同帝国主义国家之间争夺殖民地的矛盾十分尖锐。这个世界系统是靠战争等暴力手段形成的，一旦形成又立即把战争等暴力行为推向极致：短短几十年就打了两次世界大战和难以计数的局部战争，激发了俄国、中国等大大小小的国内革命，以及其他形式的剧烈冲突和演变；第四，总体上说，这个被整合起来的世界是一个无序（或有序性极低）的系统。今天回头看去，这一切都是世界系统在从无到有生成之后，为提高自身的持存性和发展能力而进行的自镇定、自适应、自生长等自组织运动，构成世界系统产生后从差到好自我演化的最初阶段。

十月革命是世界系统这一阶段中影响巨大的事件，世界从此出现了社会主义国家，形成两种制度尖锐对立的局面。但推动这一阶段走向终结的决定性转变出现在 20 世纪 40 年代前后，标志是三件具有深远世界意义的历史事件。其一，反法西斯战争胜利，使世界系统中的发达国家之间至少在一定时期内不再发生战争；其二，中国革命胜利为世界系统造就这样一支力量，它足以挫败霸权主义、能够开创发展中国家走向发达的新模式；其三，科学技术乃至整个人类文明发生了不可逆转的形态演变（下面两节讨论）。又经过 30 多年的自组织演化，到 1980 年前后，世界系统终于走完了它的第一阶段，初步形成一种有序结构，尽管少数发达国家仍然处于世界一体化各种链条的高端、掌握着国际交往规则的制定权、全力维护它们对世界的支配地位，但全球化发展到这个时期毕竟也给发展中国家提供了历史上不曾有过的发展自己的机会，这也是一种整体涌现性。新兴国家的崛起表明，世界系统经过近百年的演变，已经进入一个百年前不敢想象的新阶段。这一演变从根本上规定了新时代的基本内涵。

由于学术思想已跳出自然科学和工程技术的圈子，开始用他所精通的整体观、全局观去思考整个地球人类，20 世纪 80 年代的钱学森深刻领悟了世界系统的这种新的演化态势。他从马克思那里吸取了社会形态的概念，加以深化发展，

---

① 毛泽东．毛泽东选集（一卷本）．北京：人民出版社，196：156.

提出世界社会形态这个新概念，用以从理论上概括世界系统所发生的历史性变化，认定“历史正进入世界社会形态”，“今后一段历史是以世界社会形态培育世界大同，即共产主义”。(7-268) 世界系统演化的新阶段要求马克思主义哲学有新的发展。他为此而兴奋，兴奋的心情立即转变为勤奋的行动，已过古稀之年的钱学森决心为在世界社会形态下深化和发展马克思主义哲学而工作。

不过，笔者对钱学森的上述观点有一点修正。凡系统都有其形态和形态演变，不同形态的兴替构成系统演化的主线。地球人类一旦形成一个系统，而且是一种社会系统，它就具有了统一的“世界社会形态”，开始了这个社会系统自身的形态演化。钱学森的说法是地球人类 20 世纪末才进入世界社会形态，我则认为系统化了的地球人类至晚在马克思时代已进入世界社会形态，马克思恩格斯对它已经有所论述。不过这仅仅是它的第一种社会形态，现在人类面临的是世界系统开始进入它的新的社会形态。这无疑是意义重大的历史现象，它需要并且孕育着马克思主义哲学的重大新发展。马克思主义应该把握住这一点，从理论上作出回应。还应该说，毛泽东已经朦胧地意识到这一点，钱学森则把它概念化，完成了认识运动的第一次飞跃。

3.2　人类文明新的转型演化

从更深层次看，世界社会系统从第一种形态向第二种形态的转变，实质上是人类文明系统新转型演化的一种表现。文明是对人类物质的、政治的、文化的生活和生产方式以及相应的创造模式的总概括。人类文明无疑是一种系统，不论哪个时代和哪个地域，那里的文明总系统都是由物质文明、制度文明和精神文明（或者说经济、政治、文化）三个一级分系统构成的有机整体，三者彼此相互依存、相互作用、相互促进、相互制约，三者之间的矛盾是推动文明系统演化的内在动力。三者协调有序运行时文明系统呈现健康态；否则，文明系统出现混乱，或者意味着现行文明呈现疾病态，或者意味着向新文明的转型演化在孕育中。

从时间维看，文明是一种演化系统，有其发生、发展、演变的过程。历史地看，人类文明经历了由低级向高级、由简单向复杂缓慢而曲折的演化，呈现高低不同的历史形态，彼此有质的差异。不同地域或民族的文明呈现不同的发展水平。不同地域文明并非同步进化的，同一时期的不同地域文明可能呈现出高低不同的历史形态。世界上不存在永世长存的文明形态，文明的每一种形态都是历史的，都有其孕育、产生、发育、成熟、完善的演化，都有其顶峰。到达顶峰之前是文明系统的成型演化，越过顶峰之后是文明系统的保型演化。保型演化期不论多长总是暂时的，每一种文明形态都要走向消亡，由高于它的另一种文明形态取而代之，称为文明系统的转型演化。每一次转型演化都是一个不短的历史过程，实际上是旧文明形态的保型演化和新文明形态的成型演化的矛盾统一。从时空全维度考察人类历史，既可以看到不同地域文明各自独立地演化发展，以及彼此共存、交往、争斗、融合，又可看到发展水平不同的文明之间的共存、交往、争斗、融合，形成等级不同的文明形态的兴衰替代序列，即人类文明的历史演变，其完整的演化图景为：

动物社会──→原始文明──→农业文明──→工业-机械文明──→信息-生态文明…

人类目前正处在经历着新的文明转型演化的过程中，其历史使命之一是克服工业-机械文明的片面性。成熟的信息-生态文明应是一种全面的文明，其全面性的表现之一是它能够为全人类共享，在它建成后世界系统内不再有文明等级的不同，有的只是文明的同一历史形态下不同地域、不同民族表现形式的差别。表现之二是它将消除工业-机械文明内含的种种不文明即野蛮因素。这又包括两个重要方面，一是消除人类对自然界的野蛮行为，实现人类与自然和谐共存，使人-天关系文明化；二是消除国际交往中的野蛮行为，即霸权行为和恐怖主义，建立国际民主制度，使国际交往文明化。

能够为全人类共享的文明要靠发达国家和发展中国家共同建设，但两者处于不同起跑线上，背负的历史包袱不同，家家都有一本难念的经，都需要不断进行自调整、自适应、自组织的变革。发达国家的主要问题是工业化、机械化过度，解决问题的关键并非在技术层面上，而是文化层面的“去机械化”，放弃高浪费、高污染的资本主义生产方式和生活方式，清除殖民情结、帝国情结、霸权情结。美国最为典型，这个拥有信息化、生态化最高技术能力的超级大国，也背负最沉重的历史包袱——美国生活方式及其背后的意识形态。美国人口占世界总人口的不到二十分之一，却占有世界环境总容量的四分之一，仍然欲壑难平，拒签京都协议即明证。“曾经沧海难为水”，要他们自动放弃这种生活方式是不可能的。而只要它未扔掉这个包袱，国际交往民主化、人天关系文明化就不可能实现。法国近年来发生的骚乱则表明，欧洲国家在战后成功建立的社会模式仅仅适用于工业-机械文明的后期，要适应全球化的新态势和信息-生态文明的未来发展，尚需有进一步的制度创新。发达国家在信息化、生态化道路上目前仍然走在前面，但要最终建成新的信息-生态文明，尚须经历一个无法预料的曲折过程，要付出现在很难估计的历史代价。

发展中国家的主要问题是工业化不足，至今背负着前工业文明的沉重历史包袱。传统文明既有精华，也有糟粕，而且常常难解难分地联系在一起，必须彻底抛弃那些落后的制度、思想和习俗，重塑自己的文明。问题还在于，西方的现代化模式已经过时，发展中国家必须闯出一条发达国家未曾走过的新路径，独立自主地建立新理论，开辟新道路，创造新模式，把补工业化之课与建设信息-生态文明结合起来进行，毕其功于一役。中国最为典型，科学、民主、市场经济是工业文明的三大历史性创造，尽管经过一个多世纪的奋斗，我国这三方面建设都取得令世界震惊的成就，但传统文明的落后成分还时时可见，三方面都远未走向成熟。而简单照搬西方模式的负面后果相当严重，长远看是行不通的。伊斯兰世界是另一种典型，他们的思想深处受害者情结太深，这固然很值得同情，西方历史上的侵略剥削以及现行国际游戏规则的不公正是他们至今深陷贫困、滋生恐怖主义的重要根源。然而，过多的受害情结必然带来太多的消极影响，滋生恐怖主义也与伊斯兰文明自身的落后成分有关，不经过深刻的自我变革也走不出困境。总之，发展中国家建成新文明同样要经历一个无法预料的曲折过程，付出现在很难估计的历史代价。

工业-机械文明是一种过渡形态的文明，它的历史使命是寻找一条虽然极不合理、但能使少数国家首先富裕起来的道路，从而激励后进国家奋起直追，摆脱贫穷落后，进而创造一种全人类共享的新文明。新的文明转型将把世界社会系统推向新的远离平衡态，社会将更加开放，不仅所有民族彻底结束封闭状态，使全球化“化”到极致，实现古代先贤“天涯若比邻”的梦想；而且人类将走出地球，到更大的自然环境中活动，争取同可能存在的外星文明交往。信息-生态文明是文明系统的一种更高级的耗散结构，社会的耗散能力将达到一个全新的水平，足以使全人类都享有富裕。高耗散不等于高浪费、高污染，人类在更大规模地开发利用自然资源的同时，将极大地提高资源利用率，真正采用可持续发展模式，建成节约型社会，使人类的生产和生活愈来愈融入自然界的物质大循环中，逼近零污染、零浪费的境界。这将是人类文明前所未有的大变革，这种变革虽然从资本主义世界起步，却不可能在资本主义制度下完成。从工业-机械文明到信息-生态文明的过渡实质上是钱学森所说的以世界社会形态培育世界大同，它在相当程度上规定着新的时代精神，因而需要并且准备着马克思主义哲学的大发展。

钱学森显然看到了并且非常重视这一大趋势。西方学界论述人类文明新转型演化的重要著作，如托夫勒的《第三次浪潮》、贝尔的《后工业社会》等，他都读过，并做出自己的思考。他没有使用文明转型的概念，而是着重考察新的技术革命和产业革命将会带来怎样的重大社会变革，思考中国学界应当如何对待。其中，钱学森特别关心的一个问题是，这种变革将给马克思主义哲学提出哪些新课题，如何利用这种变革所提供的新事实、新材料深化和发展马克思主义哲学。

3.3 科学作为系统的转型演化

科学是一种特殊的知识体系，它在人类历史的一定时期产生出来，随着人类历史的延伸而不断演化，既有量的积累，也有质的变化，形成不同的历史形态。科学形态是文明形态的重要组成部分，一定的文明形态需要一定形态的科学系统来支撑，一定的文明形态又培育一定的科学形态，不同文明类型对应着不同的科学形态。科学整体作为系统的每一种历史形态都有其发生、发展、衰落、被新的历史形态取代的过程，迄今为止科学系统的形态演进可以简单表述为：

古代科学 → 经典科学 → 新型科学

或

古代科学 → 简单性科学 → 复杂性科学

所谓简单性科学，从历史演变看就是经典科学，从宇宙观看就是机械论科学，从方法论看就是还原论科学。所谓复杂性科学，从历史演变看就是新型科学，从宇宙观看就是有机论科学，从方法论看就是系统论（涌现论）科学。科学整体上作为系统，第一次历史形态的转变是以简单性科学取代古代科学，完成于400多年前，是欧洲文艺复兴的伟大成果。新的科学转型是20世纪中叶开始的，估计要到百年之后才能完成。表3.1给出科学系统三种历史形态的比较，以揭示正在进行的这次科学转型演化的基本内涵，说明简单性科学与复杂性科学的基本区别。

表3.1

形态	古代科学	简单性科学（经典科学）	复杂性科学（新型科学）
知识论	不分科的学问	分科的学问	跨科的学问
宇宙观	朴素有机论	机械论	辩证有机论
认识论	朴素反映论	机械反映论	能动反映论（映构论）
方法论	整体论	还原论	系统论（涌现论）
实践基础	现场实践	实验室实验	实践基础多样化
逻辑工具	古代逻辑	形式逻辑	辩证逻辑
社会属性	各民族的科学	西方的科学	世界的科学
	前资本主义的科学	资本主义的科学	社会主义的科学
	农耕文明的科学	工业-机械文明的科学	信息-生态文明的科学

简单性科学是这样一种知识体系，它假设现实世界本质上是简单的，复杂性只不过是客观事物的表面现象，科学研究的功能就是消除复杂性，揭示事物内在

的简单性。这就是所谓科学的简单性原则，被迄今为止的科学哲学视为普适的、永恒的科学真理。复杂性研究正在挑战这种信念。科学认识的最高原则是按照事物的本来面目去认识事物，而不是追求所谓简单性美。它的基本信念是：客观世界既存在简单性，也存在复杂性，复杂性可以消除的事物只是局部情形，是简单性科学适用的范围；世界本质上是复杂的，必须把这种复杂性当做复杂性对待。复杂性科学是关于如何认识、处理和利用复杂性的科学知识体系，亦即各种复杂性研究正在和将要建立的科学知识体系。[①]

在社会历史中产生出来的科学必定具有社会的、历史的属性。科学知识本身没有阶级性，如在宏观低速运动范围内，不同阶级、不同民族、不同时代都可以使用牛顿方程 $F = ma$。但在特定历史时期产生出来的每一种科学形态背后的宇宙观、认识论、方法论、价值论、思维方式等，以及应用科学知识的社会方式，是有社会历史性的，在阶级社会中则具有阶级性。简单性科学向复杂性科学的演变，意味着科学的宇宙观将从机械论转变为有机论，方法论将从还原论转变为系统论，价值观从个人主义转向集体主义，思维方式将从以线性思维为主导转向以非线性思维为主导，等等。其结果，科学系统的形态将会发生历史性的根本变化。一句话，复杂性科学的兴起并非只是出现许多新学科或学科群，它代表的是科学整体上作为系统的一种新的历史形态。文明转型需要并且孕育着科学的转型。历史愈向前发展，科学在人类文明中的作用愈显著，愈来愈成为时代精神的首要载体。从简单性科学向复杂性科学的演变集中地体现了时代精神的新变化，作为时代精神之精华的哲学也会有相应的变化。欲把握新的时代精神，须首先把握科学系统新的转型演化。

作为享誉世界的科学技术名家，钱学森登上世界科学舞台之时，正是复杂性科学开始孕育的时期。从那时以来，他一直处于科学技术发展的前沿，一直密切注视着世界科技的新动向。回国后的钱学森真诚而系统地学习马克思主义哲学，真正把握了辩证唯物主义的精髓，从不动摇这种信念，坚持运用辩证唯物主义观察分析科学技术的发展。从 20 世纪 40 年代末开始，他积极参与开拓和发展系统科学，掌握了这门最能体现唯物辩证法的新科学。这三点整合在一起，使钱学森能够比其他人更敏锐而透彻地了解科学系统正在发生的大变化，把握了新的时代精神。这对他晚年的哲学探索是至关重要的。

钱学森没有运用科学形态、科学转型之类术语，他主要是从新的科学革命和技术革命的角度思考问题的。“在二十世纪九十年代，正如邓小平同志讲的，科学技术是第一生产力，科学技术是我们的时代精神。所以我们今天要深化并发展马克思主义哲学、建立马克思主义哲学体系，一定要联系现代科学技术的实际，

① 苗东升．开来学于今——复杂性科学纵横论．北京：光明日报出版社，2009：第 1 章．

要从中抓住时代精神。”(5-359)这段话意义重大，集中反映了钱学森对“时代精神”这一概念的理解。他告诉人们，不联系现代科学技术的实际就抓不住新的时代精华，不能把马克思主义哲学推向前进。科学技术在规定时代精神中起如此重要的作用，也是人类历史上的新现象。所以我提议把“科学技术是我们的时代精神”称为钱学森命题。

3.4 苏联解体与时代变迁

十月革命的成功曾经是震撼世界的大事，对中国的影响尤其广泛而深刻。钱学森就是在这样的背景下成长的，青年时期读过一些有关苏联的书，受到苏联思想的影响。在美国受到迫害无疑会促使他对苏联产生亲近感。回国后正值中苏关系最好的时期，作为第一个把卫星送上天的国家，苏联科技水平给他留下深刻印象，从心底里敬佩苏联同行。当时的中国采取向苏联一边倒政策，决心与祖国同命运的钱学森真心拥护这一政策是很自然的事，那时中国人大多数的心态都如此。这也可以从他晚年的一封信中看出来，他说：“回顾我在 50 年代读了列宁的《帝国主义是资本主义的最高阶段》，我很受教育和鼓舞，对当时的苏联模式充满了信心！”(9-054)这并非说那时的钱学森对苏联模式毫无疑虑。他在同一封信中写道：“后来五院成立，我到南苑一院工厂去看，发现就在这么一个小厂，五脏肝胆俱全，连螺钉螺帽也自己有车间生产。这是‘自由资本主义’时代工厂单干，没有协作，生产效率极低。到苏联去参观访问，才知道这是苏联模式！我心中有点想不通，这样干效率太低呵！”(9-054)但总体上看，此时的钱学森确实对苏联模式充满信心，而在那个时期人们的认识中，苏联模式就是社会主义模式。这在当时属于难以避开的历史局限性，今天看来，也是他所说的“头脑曾经简单过”。

奋斗了 70 年的第一个社会主义国家苏联于 1991 年解体，以及随之而来的整个苏联阵营的资本主义复辟，是造就新时代的重大历史事件之一。它极大地震惊了关心世界未来和社会主义命运的人们，吸引了学界的注意力，钱学森也是其中之一。这之后的 10 多年中，钱学森对苏联模式一直在进行反思，以辩证唯物主义剖析斯大林和苏联哲学界的失误，提出一些极为深刻的见解。他至少谈到三个方面的问题。

一是从哲学上进行分析总结。“我现在想：列宁去世后，斯大林思想水平不算高，所以在苏联马克思列宁主义后继无人，苏联哲学家屡犯错误。”(5-348)又说：“可见苏联在列宁之后，直到现在，犯了大错误，丢了马克思主义的精髓；反之，是中国共产党老一辈革命家，在极为艰苦的斗争中建立了毛泽东思想，继承并发展了马克思主义。”(5-349)

二是从政治经济学上进行分析总结。西方世界从自由资本主义进入垄断资本主义，是世界系统形态演化史上一个重大事件，对于世界系统早期社会形态的形成演变至关重要。列宁站在时代的制高点，抓住矛盾的主要方面，揭露垄断资本主义的腐朽性，指出帝国主义就是战争。二战后之后美国一再发动侵略战争，2008 年世界金融危机的爆发，是资本主义腐朽性的新发展，证明列宁的基本结论至今仍然正确。但垄断资本主义也有两重性，它代表现代化大生产对企业组织管理科学化的需要，标志着资本主义的社会组织性发生了一次质的提高。从历史大尺度看，这是为社会主义做组织文化上的准备，因为成熟的社会主义是高度组织起来的复杂巨系统，大工业、大农业、大科学、大技术、大工程、大外交、大民主等等，都必须按照科学技术来经营管理。列宁没有看到这一面是一种片面性，直接影响了苏联的工业建设。钱学森虽然在 20 世纪 50 年代注意到苏联模式效率低的问题，但没有看出问题的本质所在。中国的改革开放，苏联的解体，终于使他醒悟到这一点。用他的话来说："直到党中央决定要在我们中国实行社会主义市场经济，我们要引进国家垄断资本主义的先进生产组织模式，搞公司集团，走向社会主义为目的的'垄断大公司'。这才明白'垄断'是高效生产组织模式，资本家用它，我们也要用它。"[9-055] 这是对"垄断"一词的新诠释，显然体现了他的系统观点。

三是从科学技术本身进行分析总结。按照钱学森的看法，苏联的错误在科技问题上表现在两方面：一，用机械唯物论对待科学理论的新创造，动辄扣上唯心主义的大帽子，以哲学反对科学，"批摩尔根遗传学、批分子结构的共振论、批控制论……"；二，"在自然科学工程技术中不提倡用马克思主义哲学指导研究及解决问题！"[5-348] 晚年钱学森大声疾呼要用马克思主义哲学指导科学技术，一再告诫科技工作者警惕机械唯物论和唯心论，跟他对苏联问题的思考有关。朗道是享誉世界的苏联物理学家，钱学森在阅读 Anna Livanova 写的朗道传记后发现，"全书不见马克思主义哲学"。[5-349] 他指出：朗道"成长于十月革命后的苏联，本应重视马克思主义哲学对物理研究的指导；而此书对此极为重要的思想，未置一辞！"这当然不仅是朗道和传记作者的错误，而主要是"斯大林的失误，他背离了列宁主义，忘记了《唯物主义和经验批判主义》！我们千万不要再犯这个错误！"[5-346] 这些认识都有助于钱学森把握新的时代精神。

时代的转换总有种种不确定性。苏联东欧剧变的发生既是新的时代转变的结果，又是新的时代转变的成因之一。如果苏联共产党能够把握这个即将到来的新时代的走向，采取必要的改革，并且获得成功，那将对规定新的时代产生今人看不到的巨大影响。但实际结果是苏联解体，这是当代最重大的历史事件之一，它从一个重要方面规定了我们今天所处的时代。我们只能在这个现实中考察钱学森的哲学探索。

3.5 中国改革开放与时代变迁

中国社会于20世纪70年代末启动的改革开放，既是中国社会内在矛盾发展的产物，又是世界社会形态演变的产物，即整个时代的产物。它既是时代转换的重要动因，又在一个重要维度上规定着新时代的特质，强烈呼唤着马克思主义哲学的创新。

钱学森一生都是勤于思索的人，全面融入中国社会主义建设洪流之后，他处处以主人翁的姿态出现，国家各方面的事情都相继成为他关心的对象。他在回顾自己的经历时写道："我一生工作的中心就是理论联系实际"[7-357]，"1955年归国后，工作任务更具体了，就是理论联系实际；而且成功与失败是国家大事，成千上万人的事业。"[7-358]回国后前20年的钱学森不仅联系航天科技的实际，而且联系其他科技领域的实际，甚至联系国家的经济、文化、军事、政治建设的实际，一再献言献策。"但事业的成功使我对社会主义建设和中国实际情况抱有脱离实际的梦想。是'文化大革命'教育了我。我才认识到我对社会科学也要认真从理论联系实际的角度刻苦学习。"[7-358]又说："由于这样一点认识，我在'文化大革命'后，知道毛病不在于马克思主义哲学指导下的社会科学，而在于我们背离了社会科学道理；所以要学社会科学。"[8-031]"文化大革命"及随之而来的改革开放促使钱学森走去叩哲学的大门，联系改革开放的实际，做出哲学的总结。

社会是特殊复杂的巨系统，是自组织与他组织的矛盾统一。资本主义取代封建主义是人类历史上空前复杂的演化过程，在社会系统的自组织与他组织长期反复的对立统一中发展到今天，经历过无数次大大小小的变革，终于获得了它现在的持存性和发展能力。社会主义取代资本主义是更为复杂的演化过程，更需要在自组织与他组织长期反复的矛盾统一中建构自身，维护自身，改进自身，发展和完善自身，使社会主义制度作为系统具有足够的自镇定、自增长、自纠错、自变革、自修复的能力。所以，就世界系统看，改革开放是中国社会作为系统在当今世界大环境下自我完善的自组织过程。而就中国自身而言，它又是自上而下有组织地发动和展开的，是自组织与他组织互动互应、矛盾统一的复杂过程。它的成功将使社会主义逐步建立起较资本主义更强的持存性，更高的适应性，更大的发展能力。这无疑给马克思主义哲学提出全新的问题，形成巨大的环境压力，可以转化为强劲的演化动力，也提供了最鲜活的实践经验。从现状看，资本主义在世界范围仍然处于强势地位，它在规定时代精神上依然起重要作用；从历史的延伸看，真正代表人类未来的仍然是社会主义，只有社会主义才是从前进的方向规定时代精神的。苏联失败的教训，中国改革开放的成功方面，都是从历史前进的方向上规定时代精神的。改革开放要获得最终的成功，亟须马克思主义哲学的指导，但它的既有内容不够用了。与此同时，改革开放的进程正在积累着发展马克思主义哲学的丰厚原材料，孕育着哲学的灵感。钱学森深深感受到这种时代变迁，听到了马克思主义哲学新发展对他的呼唤，决心在哲学领域拼搏一番。离开科技工作第一线的钱学森也具备了这种可能性，能够以这一进程冷静观察者的面目出现，以一位科学大家的独特视角审视一切，给出他自己的哲学概括。

改革开放的进程也促使钱学森对他极为尊崇的老师毛泽东有了新的认识：毛泽东"科学技术懂得太少，那时我们又没有建立起处理开放的复杂巨系统的科学方法论，所以他的失误，在于把事物看得太简单化了，终于无力解决中国社会主义建设的难题，在他的晚年这一点显得更为突出，这是一个悲剧。"① 可见，钱学森既不为毛泽东护短，更不全盘否定毛泽东，这才是对待对毛泽东符合时代精神的科学态度，这才是对毛泽东所犯错误的深层次思考和科学判断。毛泽东由于历史条件局限没有做到或做好的事，他的真正的学生和后继者们应当接过他的旗帜，把它做到做好，而不是把正确都归于自己，把错误都推给毛泽东。钱学森就是这样的学生，他在古稀之年进入哲学领域，参与提炼时代精神的精华，为发展马克思主义哲学尽一份力，交出一份让老师毛泽东满意的答卷。

3.6　钱学森的悠悠历史感

钱学森曾不无得意地对合作者说："我们是在做未来的事。所以我有'悠悠历史感'！"(8-157) 欲深入理解晚年钱学森，须认真解读这句话，觅得个中三昧。

诗仙李白云："光阴者，百代之过客也。"过客匆匆，一代接着一代，前有往者往事可供回味，后有疑云迷雾有待扫除。活动于过去与未来之间的夹缝中的人们，如果能够从已经逝去的人和事中寻找理解现在、预测未来之依据，把自己面临的事件、问题、任务放在历史长河中审视和决策，这种自觉意识和思维能力就是历史感。简言之，历史感就是对历史真谛的感悟，包括历史方向感、历史厚重感、历史尺度感、历史节律感、历史责任感等。它是直觉式系统思维的另一种表现形式，人的系统思维能力愈高，历史感愈强。

社会历史好比连续剧，观众看的是正在演出的那一集，无论喝正彩还是喝倒彩，直接领受的都是前台演员。那些在幕后策划和做准备的人，新剧本的创作者和导演，特别是新思想的提出者，很难被观众想到。人类社会是眼下与未来的矛盾统一，尘世的人都活动在现实生活的大舞台上，其中绝大多数都谈不上历史感，他们只想现在的问题，干现在的活计，过现在的生活，追求时下的效益，此乃现实社会的常态。但必须有这样一些人，他们远离观众视线，一心给未来筹谋

① 钱学森．创建系统学（新世纪版）．上海：上海交通大学出版社，2007：177.

策划，不图实时回报；没有这样一批人，人类社会或将停滞不前，或将天下大乱，前途堪忧。晚年钱学森决心做后一种人。

历史感是对社会系统未来走向的预感，而未来是从过去走出来的。所以，历史感就是瞻前顾后感，瞻前需要顾后，顾后是为了瞻前；但历史感本质上是瞻前感。时间具有无穷多个大小不同的尺度，历史作为系统具有不同时间尺度嵌套的层次结构（分形结构），只看到眼前一步的算不上历史感，历史感是大尺度预感未来的意识和能力。特别是身处时代转换过程中的人，需要以超常的时间大尺度去瞻前顾后，将眼光投向几十年、一百年，甚至更长时间以后的社会发展。19世纪中期的马克思已经洞悉资本主义的暂时性，就是一种超常的历史感。各代的时贤们对此是不屑一顾的，且不说他们眼力不济，仅仅因为这样做要付出超常代价，却有可能名利双失，时贤们就认为十分划不来。时贤者，时下当红者也，那个时期一旦过去，他们就不再是贤人了。

晚年钱学森与之相反，他力辞一切院士、主席、顾问之类的桂冠，不申请科研课题，不申报成果奖，不谋求建立自己主导的新部门，重新坐上冷板凳，静心思考中国在30～50年或更长时间（如200年）以后的大事，憧憬着更远的人类未来，却其乐悠悠。做当下的事要强调现场感、瞬间感，追求实时效应；做未来的事要强调历史感，追求长远效应。"在做未来的事"的人才有历史感，钱学森就是这种人。他在给钱学敏的一封信中说："读来信后，我的心情不是兴奋，而是悠悠历史感！我们在做一件50年后方见分晓的事，不必性急！"[8-146]

历史感是一种整体感、全局感，要感知的是整个系统的未来走向，要把握的是影响未来社会整体走向的历史资源和历史机遇。晚年钱学森关注的是中国社会整体的未来走向，因而也关注作为中国崛起大环境的世界社会形态整体的未来走向。他预测，200年后世界就可能进入大同，并依此来设想中国社会如何变革。他指导的小集体已在考虑"下一步社会主义的奋斗目标：现代中国的第三次社会革命，走向共同富裕"，为共产主义做准备。[8-168]"我们的这一套是现代中国的第三次社会革命呵。50年见吧。"[8-147]而作为系统科学家，钱学森非常关心科学地阐明这种历史感的方法论，概括为"要从整体上考虑并解决问题"这样一个原则，强调"毛泽东思想的核心部分就是从整体上来认识问题，把握住它的要害"；解决问题时，则"要尽量地把许多人的认识综合起来，把它形成一个整体的东西"①，即综合集成。

历史感又是一种过程感，"历"即历经、历尽，要求把系统作为一种长期过程来把握。线性过程不需要也不会产生历史感，一旦给定初始条件，系统未来的一切皆已确定，能够一眼望穿。社会历史是强非线性过程，非线性的各种表现应

① 钱学森．创建系统学（新世纪版）．上海：上海交通大学出版社，2007：133.

有尽有，足以把社会发展的历史辩证法淋漓尽致地演绎出来。非线性过程必定有不同的阶段，如何划分阶段，不同阶段如何衔接和转折，特别是如何驾驭转折时期的剧烈动荡，需要非线性的、辩证的过程感。钱学森从系统科学中建立起这种辩证唯物主义的过程观，晚年又通过建立科技体系而得到深化，并用它来考察中国社会的过去、现在、未来，反复回顾中国已经完成的第一次社会革命，考察正在进行的第二次社会革命，呼唤几十年后的第三次社会革命，努力为它做理论准备。如此指点江山、激扬文字的居然是一位耄耋老翁，且不说其观点的对错、深浅，这种精神就着实令人钦佩。能够培养出这种智者的民族是伟大的。

人类历史是一种特殊的生命系统，有自己的脉搏，按照一定的节律跳动。眼光短浅者只能感受到两次脉动之间的某个瞬间，有历史感的人却能够把握历史的节律。钱学森有明确的历史节律意识："我们不要老是看到周围疙疙瘩瘩的事不少，看不到这个大局。否则，你就会抓不准历史的脉搏。"[①] 他关于中国第三次社会革命、马克思主义哲学发展的第四次尝试、第二次文艺复兴等观点，都是历史节律感的表现。

中文的"历"不仅有过程、普遍等含义，而且有选择的含义。选择的前提有三：一是历史存在多种可能性这种不确定性，需要选择；二是历史资源是海量的，具体的使用需要进行选择；三是人能够从历史的不确定性中把握确定性，做出选择。已过去的历史本身充满疑团，"悠悠岁月，欲说当年好困惑，亦真亦幻难取舍"（《渴望》主题歌），科学地把握过去需要高超的选择力。对于未来，过去主要是规定了初始条件，限定了可能性空间，系统尚有难以计数的多种可能走向，需要进行选择。历史感就是在历史走向的不确定性中进行选择的自觉意识，以及准确感知不确定性并把不确定性转变为确定性的思维能力。从理论上帮助他的国家做好这种选择，是晚年钱学森的一大心愿。

感情是理论研究的动力，支撑历史感的主要是一种未来情结。晚年钱学森有浓厚的未来情结，特别是 21 世纪情结。"面向 21 世纪"，"走向 21 世纪!"，"到 30～50 年后"如何如何，这类话语经常出现在钱学森的口头和笔下。若从 20 世纪末看，30 年后将迎来中共建党 100 年，50 年后将迎来新中国成立 100 年，钱学森生前已经在为这两个重大历史时刻的到来谋划运筹。50 年后的中国应该达到什么状态？如何才能达到那种状态？他决心给出自己的答案。

粗略地划分，存在两类历史感。一种是急迫历史感，即把握某种重大而易逝的历史机遇的自觉意识和思维能力。"多少事，从来急；天地转，光阴迫。一万年太久，只争朝夕"，就是毛泽东对紧迫历史感的诗意刻画。另一种是悠悠历史感，所思所想没有限时完成的压力，所作选择没有稍纵即逝的危机感，故能够心

---

① 钱学森．科学的艺术与艺术的科学．北京：人民文学出版社，1994：145.

态悠悠，从容应对。钱学森也曾有紧迫历史感，如试图把“两弹一星”的成功经验推广到社会主义建设的各方面，建立社会主义建设的各级总体设计部，心情颇为急切。由于种种原因而无法实现，没有知音，也曾令他多少有点沮丧。但钱学森没有选择“知音如不赏，归卧故山丘”（贾岛）的消极退却态度，高昂的人生志向使他把最后的精力用于思考30～50年后的大事。

把历史感付诸实践是需要勇气和胆略的，钱学森在中年时期已经功成名就，步入晚年后更豪气干云。有历史感的人必定是哲人，“要站在纵观人类历史的高度”[(8-351)]，没有真正科学的哲学头脑的人，不可能有真正的历史感。时下许多人把“马克思主义哲学的指导作用”当做一句套话，是因为他们并不真正懂得马克思主义哲学。钱学森不是这样，马克思主义哲学不仅给他以纵观人类历史的勇气，而且赋予他大智大慧，使他能够深刻感知历史发展的真谛。虽然年事日高，但有数不清的想法不断涌现出来，不能让它们自生自灭，必须留给他的党，留给他的国家，留给他的人民，并且要作为中国人的独创留给全人类。“我是为我的脑子活着”。[(7-384)]这话既反映了他高度的自信，也多少有些苍凉悲壮的感慨。有历史感的人必定有十分明确的人生目标，支撑他顽强地活下去，奋斗下去。

钱学森何以能够拥有这样的悠悠历史感呢？他自己的回答是：“我敢干”，“这是因为我是已退休的人，无牵无挂。”[(8-443)]这话倒也符合实际，当航天科技的领导重任在肩时，哪有时间允许他天马行空地遐想？已经卸下重担的钱学森就不同了，可以自由地支配时间，干自己最想干的事。但这话也不符合实际，退休后的钱学森仍然有牵有挂，而且是大牵大挂，对国家民族前途命运的牵挂使他退而不休，奋斗不止。

对于这样的钱学森，“有意苦争春”的人无法理解。钱学森心中明白，他的这一套对流行观点批评太多，加上陈章旧习的巨大惯性，人们一时难以接受。“也许有的死硬派研究工作者会笑我‘不科学’，‘神’！”[(8-197)]；“十多年来，我一直就在过这样的日子。”[(8-266)]环境越如此，越需要心态悠悠，钱学森大体做到了这一点。

有历史感的人总有遗憾，钱学森也不例外。因为过去是漫长的，未来是无限的，现在是短暂的。以短暂的生涯去回顾漫长的过去，把握无限的未来，遗憾必定是永存的。俗话说，儿孙自有儿孙福。后代的事要后代人干，一代更比一代强，这也是历史唯物主义的观点。

第 4 章 钱学森哲学探索的指导思想

钱学森不仅是战略科学家，他的哲学探索也是战略性的。他关注的重心不是具体的、时下热门的哲学话题，而是马克思主义哲学整体的、长远发展的、带有根本性的问题，有明确的指导思想和行动原则。拘泥于他哲学言论的某些具体措辞是否准确，不考察他刻意坚持的基本思想和原则，就不能读懂钱学森。

4.1 政治上：坚持社会主义道路和共产主义理想

尽管深具悠悠历史感，晚年钱学森的学术活动仍然不是为学术而学术，他的学术研究，包括哲学探索，具有明确的社会的和政治的目的。用钱学森自己的话来说："我们搞学术研究是为了建设社会主义，为了走向共产主义。"[5-391]又说："我想社会主体的更加一体化，社会主客体的更加一体化，也是在叩共产主义的大门。"[8-131]钱学森晚年的学术行为充分实践了这一点，这是他高明于一般学者之处，也是他不被理解、遭人诟病的原因。

改革开放以来，在大力学习西方先进科学技术（包括科学管理）和市场经济体制的同时，以个人利益最大化为旨归的一整套资本主义意识形态也大张旗鼓地在神州大地上传播。一个奉行个人利益最大化的人，一个年薪数百万甚至数千万而拿得心安理得的人，不管他头戴何种政治桂冠，都不可能念念不忘社会主义，不爱财的人才可能向往共产主义。在人们争先恐后地为自己先富起来而殚精竭虑的大环境下，谁讲共产主义谁就可能受到嘲笑，被讥讽为"唱高调"、"思想僵化"，至少是"迂腐"、"傻瓜"。有学者极力从学理上论证共产主义是乌托邦，说什么恩格斯晚年已经放弃这一目标。但中国也有这样的大名人，他姓钱而不爱钱，抓住各种机会谈论人类的未来，谈论共产主义，并为其早日到来而尽心尽力。

在中国，市场经济使不少人倾心于资本主义，但真心向往共产主义的也还大有人在。1991 年，刘俊生把自己的文稿《共产主义社会何时能实现》寄给钱学森，引起他的兴趣，并从"纵观人类社会历史"的高度思考共产主义。钱学森在随后给学术合作者的一封信中写道："在今日社会主义事业遇到暂时困难之际，我们是否应该再次宣传伟大的共产主义？"[6-091]这话反映出他心头久已出现的一个念头，或者说是人生情结。钱学森头脑清楚，社会主义事业遇到暂时困难，作为共产主义者的他不能无动于衷。但他是学者，他宣传共产主义不能停留在政治层面，而是“要结合100多年来的事实，加以宣传”，给出学理性论证。他以辩证唯物主义的演化观看待这个问题，从“无生产事业可言”的前人类社会说起，说到“有了生产事业，才有社会”的人类历史的开始，断定直到今天的世界仍然处于人类历史的第一个大阶段，所谓原始社会、奴隶社会等等，只是其中的小阶段。第一大阶段的最后一个小阶段是为实行共产主义而努力的过程，钱学森估计这一过程大约还需要200年。“到了大约200年后的共产主义社会，人类将进入世界大同，最终消灭了战争，国家没有了，国界没有了，全世界一体化。这就开始了人类社会的第二大阶段，人们完全自觉地利用自然规律和社会规律创造历史”，然后还有第三大阶段、第四大阶段等等。(6-092)这既是遐想，也是深远的科学洞见，令向往共产主义的人们很受鼓舞。

1994年，时年83岁的钱学森在一封信中写道：“我这几天还在想现代中国的社会主义革命问题。”(8-351)为此还录引了毛泽东和郭沫若的《满江红》词：“四海翻腾云水怒，五洲震荡风雷激”，以启示人们如何为他所说的现代中国第二次社会革命而尽力，进而迎接现代中国的第三次社会革命，以确保“人民中国进入走向世界大同的大道”。(8-354)钱学森的言行又一次告诉我们，站在历史的高度才能够看到历史的远处。

钱学森也常常把一些具体问题提高到是否坚持社会主义的高度来看，未必件件都说得很恰当，可以进行商榷、批评。但就钱学森本人而言，他这样说是真诚的，是向往资本主义的人无法理解，甚至不能容忍的。例如，人-机结合智能系统的研制原本是一个科学技术创新问题，钱学森则认为这是国家大事，关系到21世纪中国的地位，甚至于把它提到“关系到社会主义的胜利”的高度①。是否说得太大，不同人有不同看法，见仁见智，无可臧否。但无论如何，断言晚年钱学森时时、事事想着社会主义和共产主义，这样说是符合实际的。

建设共产主义毕竟还远非现实的任务，社会主义建设正处在困惑和探索之中，亟须从理论和技术上给以支持。钱学森深知这一点，掷地有声地宣告：“我们活着就是为了中国的社会主义建设”，同时又深信人类总要走向世界大同。(7-385)情感是智慧的重要支撑，高尚的情感才能产生宏大的智慧。钱学森晚年的哲学探索，以及整个学术探索，都是在热爱社会主义和共产主义的感情支撑和理智指导下进行的，而且从未动摇。忽视这一点，你就读不懂晚年钱学森。

如此坚定的政治信仰决非短期内、沿着宽阔的直行大道能够形成的。钱学森说过：“我们对科学的社会主义也和对所有客观世界，包括人自己在内，都是在经历一个不断探索、不断认识、不断发现的过程。”(8-331)阐明钱学森如何成为一个坚定的共产主义者，是一个值得探索的课题，可惜超出本书主题了。

---

① 戴汝为．社会智能科学．上海：上海交通大学出版社，2007：210.

4.2　哲学上：坚持马克思主义哲学的基本原理

对于科学和学术研究，钱学森一向坚持这样一种态度："用马克思主义哲学作指导，是做学问的普适原理，大概不会有人公开反对。"(1-349) 他反复讲过要用马列主义、毛泽东思想的哲学指导我们工作，而且说："越学越感到马克思列宁主义、毛泽东思想确实是指导我们科学技术工作所必需的，我这信念越来越强"①。又说："我不追随西方国家的提法，而想按马克思列宁主义毛泽东思想办事。"(2-305)

改革开放以来的国内学术界，有公开反对马克思主义哲学的，有在讲授马克思主义哲学旗号下批判马克思主义哲学的，有避免提及马克思主义的。在有阶级存在的历史时期，应该说这种局面是学术生态的正常表现，马克思主义哲学也只能在跟其他观点的争论中发展。令钱学森不能容忍的是马克思主义哲学界与反马克思主义观点旗帜鲜明地进行论争的太少，有强大说服力的工作尤其少。他的态度很明确："现在的情况是有的人在坚持马列主义，而有些人则走偏了路，反对马列主义哲学，这就更不对了。"②"现在诚然是哲学的贫困，胡说八道的东西太多了。"(5-349) 形势逼人，钱学森觉得不能再置之不理，他自己必须"进入哲学领域"，要为捍卫马克思主义哲学而战斗了。

钱学森深信，哲学探索也需要哲学指导。"我认为一个重要问题是：真正的哲学只能是马克思主义哲学，所以研究并发展哲学必须坚持马克思主义哲学。"(5-055) 在这里，学界的局面相当混乱。其中的一种情况是只在方法问题上做文章。钱学森针锋相对地指出："我以为方法之正确与否，比较容易鉴别，常常困难在于立场和观点，即概念。现在许多人名为议论'方法'，实是反对马克思主义的立场和观点，想推翻马克思主义哲学。对此我坚决不能同意。"(3-113) 另一种情形是二元论泛滥，钱学森的态度很明确：二元论是危险的，决不能搞二元论，只能是马克思列宁主义毛泽东思想的一元论！

钱学森的一生富于斗争精神，故赞赏列宁倡导的战斗唯物主义，并身体力行。他既是科学斗士，也是哲学斗士。对于亲密合作者他常常直截了当地责问："怎么不提马克思主义哲学？""似乎还未上升到马克思主义哲学的高度"，等等。一些坚持马克思主义哲学的人认为，马克思主义哲学的有些内容需要丢掉。钱学森则针锋相对地说："我直到现在，以为马克思主义哲学中并没有什么要丢掉的东西，马克思主义哲学并没有什么失去昔日光彩的东西。当然马克思、恩格斯、

---

① 钱学森．创建系统学（新世纪版）．上海：上海交通大学出版社，2007：162.

② 钱学森．论宏观建筑与微观建筑．鲍世行等主编．杭州：杭州出版社，2001：294.

列宁、毛泽东都是人，不是神，他们都不可能看到今天的世界；所以马克思主义哲学需要深化与发展，但不是急于先去改造马克思主义哲学，像所谓‘西方马克思主义者’那样！”(5-303)

面对马克思主义反对势力的进攻，我们必须挺身而出捍卫它，固守阵地；面对新的时代特征，马克思主义哲学必须与时俱进，有所创新。这就形成发展与固守的矛盾，它既存在于科学技术研究中，也存在于马克思主义哲学研究中。钱学森的态度是：“马克思主义、辩证唯物主义哲学不能背叛，但老经典著作说的可不见得字字是真理，死抱不放。这个精神可用五个字来形容：‘离经不叛道’。”(4-366)也就是说，寸步不离经典，不能与时俱进，不可取；不仅离经，而且叛道，也不可取，马克思主义哲学的基本精神是不能违背的。正确的做法是执其两端而叩其中，他谓之“离经而不叛道”，不妨称之为学术研究的钱学森定律。

经与道是中国传统文化的一对基本范畴，经是道的载体，道是经的灵魂。道是内在的、根本的，经是外在的、表观的。从信息观点看，道是信息，经是载体。道是有层次的，有深层之道与浅层之道、高层之道与低层之道的不同，后者载荷前者。道是相当稳固的，经是易变的，随着时空条件的显著变化，同样的道也需要用有所变化的经来载荷。当时空条件改变后，完全固守原来的经将不足以准确全面地载荷那个道，必然产生道的偏差；这样的偏差积累多了，量变可能带来质变，表面看没有离经，实际上却叛道了。所以，随着时空条件的变化，需要对经有所补充、修正、创新，也就是有所“离经”，才能“固道”。时代大变样，却照念原来的经，所载荷的那个道已不是真正的道了。但离经就有离道的可能，所以，离经时必须有防止叛道的自觉意识。另一方面，道也并非一成不变，时代的转换必定需要道本身有相应的丰富、发展、创新。道的丰富、发展、创新与叛道离经是性质不同的两码事，本质上新的道必须以本质上新的经来载荷，经与道同时变化才是常态。

为真切了解钱学森在学术研究上何等看重坚持马克思主义哲学，让我们考察一件具体的人和事。人工智能专家李德华是钱学森明确收为弟子的学者之一，钱学森欲指导他从事思维科学研究。钱学森去世后，李教授讲述了一些颇为震撼人心的往事，很可以看出钱学森如何为学、为师、为人。1985 年他第一次接见李德华（不妨看做一次“收徒仪式”）时，作为口试，钱学森直截了当地询问：“你现在还读马列和毛主席著作吗？”在世人纷纷以“走出马克思”、“走出毛泽东”为时髦的氛围中，钱学森首先关注的却是“主义”问题，一个“还”字用得耐人寻味，其深意尽在不言中。在得到肯定的回答后，钱学森谆谆告诫李德华：“我们要站在马克思主义哲学的高度。一个人哲学思想的框架的好坏是决定性的。”这后一句话道出钱学森对哲学的高度重视，颇值得玩味。这并非泛泛之谈，他要告诫弟子们哲学思想有框架，框架有好有坏，其作用是决定性的，你们要当心。

这个观点是钱学森一生经验的结晶，他在不同场合、以不同方式谈论过。为让学生信服，他还目光炯炯地说："我在美国二十年，在科学工作者中我还是很重视哲学和方法论的，我从科学研究实践中总结提炼出'科学方法十五点'，每当同事们聚会时，我就会拿出来，谈一谈，作为自己颇为得意之作。我回到国内之后毛主席跟我谈话，要我认真学习马克思主义哲学，我就照着他的指示做了。学习了马克思主义哲学之后，再回过头来看，我那个十五条只不过是沧海之一粟，而马克思主义哲学是整个大海。"① 类似的话他在别的场合也说过。

钱学森并不以得到爱徒的口头表示为满足，他坚持听其言而观其行。1992 年，李德华被定为 863 计划"306"主题责任专家候选人。在审阅评审会上的报告后，钱学森对他严厉地指出："第一节是您对运用马克思主义哲学指导科学研究讲得太少了；外国人的错误就在于机械唯物主义或者唯心主义，不会运用辩证唯物主义的认识论！尊大人，胡世华先生和我又是此观点的积极宣传者，您有背离师道之嫌！"① 在中国文化中，"背离师道"的帽子可谓至大至重，钱学森有点言之过分，但期望爱徒茁壮成长的用心可谓良苦。

1993 年，他给李德华的回信中在谈论学术问题之后又说："您拥护马克思主义哲学是诚心的，但未能用马克思主义哲学去武装自己去与机械唯物论战斗，去与唯心论战斗！所以还不是真正的马克思主义者！我衷心祝愿您跨过这一步，成为一位中国中年的战斗的马克思主义者！"① 这一判断是否准确另当别论，但对爱徒期望之殷切，他自己对马克思主义信仰之真诚，却跃然纸上，令人心动。在钱学森看来，他坚持马克思主义也是实事求是，因为"我认为马克思主义哲学是有道理的，是经过实践考验的，是最科学的。"② 相比之下，一些人自己不再相信马克思主义，便断言别人仍然坚持原有信念一定是假的，是言不由衷。如此以己度人，着实令人啼笑皆非。

4.3　文化上：依托中华文化，走中国自己的路

改革开放以来，我们从西方吸收了大量先进的科学、技术、文化知识，同时科学文化上的自卑感也迅速蔓延，科学文化界的许多当红人物都以充当西方文化代理商为骄傲。经济学界自不用说，那里一度近乎成为新自由主义的独家天下；就是中国曾经极为辉煌的文论领域，也患上严重的失语症。这不能不令有良知的中国学人倍感痛心。如果胡适地下有知，这位当年倡导全盘西化的大学者也会自叹弗如。

① 李德华．牢记钱老谆谆教诲，继承钱未竟机事业．今日科苑，2010，1～3 期合刊：95.

② 钱学森等．论地理科学．杭州：浙江教育出版社，1994：40.

钱学森最坚定地向这种思潮说“不”。早在改革开放初期，在反对“闭关自守，抱住几本死书不放，背诵‘经’文”这种守旧思想的同时，他已注意到另一种倾向，明确表示“我也不赞成一味地‘吸取’外国的东西，跟着外国人跑”。①作为第三阶段开山之作的那篇名作，在文汇报上发表时的遭遇令他感慨良深，直到新世纪初还提及那次不愉快的经历。

20 世纪 80 年代的西化风越吹越甚，90 年代更达到巅峰，钱学森的抗拒之声也越来越强劲。他大声疾呼：“我们中国人要用马克思列宁主义毛泽东思想独立思考，不要跟着洋人喊！”(7-195)又现身说法：“我这个人对洋人总不服气，总想要超过他们。‘中华儿女雄千古’呵！”(7-096)对于某些照抄照搬西方学术观点的做法，有时严厉斥责为“乱创新的，输入新的破烂也不行”。(1-479)他有时说一些偏激的话，也是西化风劲吹引致的反弹。

毛泽东在 20 世纪 50 年代曾经鼓励自然科学家们要发挥独创性，力求形成中国自己的学派。钱学森一直牢记老师的这一教导，回国后几十年间，“我们都在做毛主席要我们做的事：形成中国自己的学派！”(8-468)面对 90 年代的西化风，钱学森异常焦急。阅读几篇纪念毛泽东诞辰 101 周年的文章使他“心情久久不能平静”，扪心自问：“毛主席要我们创新，我们做到了吗？”(9-006)在列举 20 世纪 60 年代中国科学家按毛主席教导搞的几次创新后，钱学森问道：“但今天呢？我国科学技术人员有重要创新吗？诸位比我知道得更多。我认为我们太迷信洋人了，胆子太小了！”(9-007)而由于“迷洋崇外的风很烈，所以就顾不上科学，也顾不上中国的实际了！”(8-466)类似的言论不计其数，一直讲到他的人生终点，可谓其声铿锵，其味无穷。

从毛泽东到钱学森都坚持走中国自己的路，这是有深刻社会历史根源的。它是中华民族 100 多年血的经验教训的结晶，经过毛泽东从理论上概括为“马克思主义的普遍真理与中国革命的具体实际相结合”的命题，已成为中国新文化的核心精神之一。60 年来，新中国的失误和挫折也跟没有贯彻好这一思想密切相关。扩大言之，拒绝简单照搬西方思想，努力把现代科学的基本原理同中国的实际情况结合起来，是中国实现现代化的根本方法论原理。它适用于社会主义建设的方方面面，包括哲学的发展。

关于如何发展马克思主义哲学的问题，钱学森观点的主要内涵亦可分为两个方面。一是坚持中国化的马克思主义哲学——毛泽东哲学思想的基本精神，依据新的科学技术和社会实践加以丰富和发展。他本人在这方面有独到的工作，我们将在后面的章节讨论。二是“从中国前代哲学中提取精华，用来发展深化马克思主义哲学。”(8-495) 钱学森认为：在这方面“毛泽东同志就为我们做出了榜

① 钱学森等．论系统工程（新世纪版）．上海：上海交通大学出版社，2007：85.

样。”(9-399) 为做好这一工作，他多方面求助于哲学界、社会科学界，如对张岱年等人的工作表示赞赏，引为同道。他自己也身体力行，如从中医、古代军事学、古代诗词等方面提炼哲学思想，特别是从熊十力的哲学思想中吸取性智和量智这对范畴，建立大成智慧学。

毋庸讳言，钱学森在这方面的某些言论有过头之处。如他说：“我这个钱学森就是有这么点劲头，什么洋人，中国人比你洋人棒！洋人说错了，我就要批你。要说钱学森有什么特点，这就是特点。我这腰杆子硬得很，你对了，我承认你对，你错了的，我就是不客气。”① 就字面去理解，这话说得过分激烈，可能被“愤青”们误用来搞狭隘的民族主义，要警惕。但历史地看，在竞争空前激烈的国际大环境下，为扫除已成顽症的崇洋媚外风气，听听钱学森的断喝也颇有必要。在全球化复杂的大格局下，中华民族既要有取胜的豪气，也要持平和的心态。透过字面领会他的有关言论的深意，钱学森思想的完整、准确的表达是：“西方与东方科学思想的结合是奥妙无穷的。我们要的是西方与东方科学思想的结合。”② 诗圣杜甫主张他的时代的诗人应该做到“不薄今人爱古人”，今天的学者应该做到“不薄西风爱东风”。由是得打油词一首：

虞美人

崇洋媚外何时了？教训知多少。故国今日又西风，
先烈不堪回首冥冥中。
世界社会已生成，中华崛起中。不薄西风爱东风，
二百年后世界可大同。

4.4　科学上：哲学要扎根于现代科学技术

钱学森哲学探索的另一个重要指导思想，是强调科学技术发展对哲学发展的基础性作用。他说：“哲学作为科学技术的最高概括，它是扎根于科学技术中的，是以人的社会实践为基础的；哲学不能反对、也不能否定科学技术的发展，只能因科学技术的发展而发展”③。前一句是依据马克思主义认识论对哲学与科学技术之关系的科学揭示，指明哲学之根必须扎在科学技术中，现代哲学尤其如此。后一句说的是，无论西方还是当年的苏联，或者新中国，以哲学反对和否定科学技术的事时有发生，必须警惕。哲学家必须承认，离开科学技术的哲学是无根之

① 钱学森．创建系统学（新世纪版）．上海：上海交通大学出版社，2007：163.
② 钱学森．人体科学与现代科技发展纵横观．北京：人民出版社，1996：153.
③ 钱学森等．论系统工程（新世纪版）．上海：上海交通大学出版社，2007：116.

术，哲学只能因科学技术的发展而发展。晚年钱学森利用各种机会宣传这个道理。例如，一位学人给钱学森寄去一篇关于人体科学哲学的文章，他读后感到作者的困难在于“对现代科学不甚了解”，便回信说：“您如果真想搞现代哲学，那您就应该下点工夫学些现代科学技术。搞学问只能老老实实！”(3-220)

钱学森如此重视科学技术对哲学发展的基础性作用，是因为他对他所处的时代有独到的认识：“科学技术是我们的时代精神”，发展马克思主义哲学一定要“联系现代科学技术的实际，要从中抓住时代精神”。(5-359)时代精神是一个复杂性问题，由诸多要素来规定，不同要素在不同历史时期起不同的作用。在人类历史上，科学技术对每个时代的时代精神都有所规定，历史越接近现在，科学技术的作用越大。但唯有历史走到出现了钱学森所说的世界社会形态后，科学技术才成为规定时代精神的第一要素。不论何时，把握时代精神都需要把握那个时代的科学技术，而把握我们的时代精神尤其要把握现时代的科学技术。详细论述这一点需要一篇大文章，此处就不谈了。

回顾近代历史，钱学森认为：“近一百多年来，人类知识的发展绝大部分在自然科学、工程技术，要深化并发展马克思主义哲学必须注意从自然科学、工程技术中吸取营养，而这又不能从一些‘二路哲学家’吐出来的东西去找，要直接钻到自然科学、工程技术中去找。”(5-304)这应该是有感而发的，因为依据国外二路哲学家（当年主要是苏联，今日主要是欧美）吐出来的东西去研究和讲授哲学，是20世纪后期中国哲学界的一大弊病，今天仍然没有大的改变。为改变这种状况，钱学森认为哲学社会科学出身的学者应当像恩格斯那样，花大力气进行“脱毛”；从自然科学转入哲学领域的学者也要继续学习，要跟上科学技术发展的前沿；所有的哲学家都要“直接钻到”自然科学、工程技术中去把握新的时代精神，收集新的经验材料，提出新的概念和命题，揭示新的规律，建立新的理论。

要使哲学研究做到扎根于科学技术，应该从两个方面下工夫。一是全面性，“今天搞马克思主义哲学研究必须联系包括社会科学在内的整个现代科学技术的实际”。(5-361)今天的科学是由十几个大部门组成的庞大体系，哲学家不能眼睛只盯住少数几个部门进行哲学概括，“要认识现实世界就必须要全部科学技术”。(10-079)“研究马克思主义哲学的人必须联系实际，这实际包括各学科的实际。”(8-002)从整体上对现代科学技术作哲学概括，当然要联系整个现代科学技术的实际；针对某个领域的哲学研究也需要了解诸多其他领域，最好把那个领域放在整个现代科学技术体系中考察。二是前沿性，“今天谈哲学不了解科学技术的最新发展是不行的。”(3-220)对科学技术的成果和发展历程作哲学的解读，往往不是一蹴而就的，对以往没有理解或理解不深刻甚至不正确的东西，要重新研究，弥补缺失；但给科学前沿探索遇到的问题以哲学的分析，帮助科学家清除迷雾，对前沿的新进展以哲学的概括提炼，永远是哲学家首先要做的事。

对于哲学研究如何具体进行，钱学森也有许多设想和建议，这里提及两点。一是主动性问题，针对哲学界在科学技术面前的被动局面，他提醒哲学家："要看到今天自然科学、科学的社会科学正处于重大突破的前夕，正酝酿着一系列技术革命，所以要力求主动，不断吸取新科学新技术的成就作为发展马克思主义哲学的素材。"① 对于跟踪科学前沿特别是自然科学、数学的新动向，不少哲学家有畏难情绪，常常绕着走，显得很被动。钱学森的一席话就是针对这种情况而说的，力劝他们变被动为主动。二是有关哲学研究的组织方式问题。复杂性科学的兴起强有力地推动学术研究方式的改变，个人单干的方式越来越不够，有组织的群体研究越来越必要了。哲学既然成为现代科学技术体系的组成部分，这种变化也会在哲学中反映出来，需要组织力量进行攻关，尤其要把哲学家和科学家组织起来。"马克思主义哲学本是全部科学技术以及人类知识的最高概括，所以哲学家单枪匹马干是困难的，谁能说无所不知、无所不晓？今天搞马克思主义哲学要同各有关科学技术专家们合作，共同研究探讨。"[3-470] 例如，鉴于自然科学研究的是宇宙的性质问题，具有重大哲学意义，钱学森建议"这方面的科学家应该组织到哲学的研究中来"②。他曾利用自己在学术界的影响尝试过做这种组织工作。

4.5　如何读懂钱学森

有了前面的论述，我们就能够回答这样的问题："如何读懂钱学森？""为什么有人会误读钱学森？"总的答案是：赞同并坚持钱学森的上述各条指导思想的人最能读懂钱学森；尽管自己不赞同，但尊重钱学森在政治上和哲学上的选择，相信他信奉并坚持这些原则是真诚的，按照他的思想体系去解读他的学术生涯，这样的人也能够读懂钱学森。

第一，一个真心向往社会主义的人最能理解钱学森是真心向往社会主义的，他把自己的后半生自觉地献给中国的社会主义建设，为其成功而欢呼，为其遭受挫折而焦急（有时简直是急火攻心，以至于说出一些不够理性的话），为支持这一事业发展而研究科学技术，探索哲学。一个为使自己利益最大化而"苦奔忙"的人不可能向往社会主义，也就不会相信钱学森的社会主义信念是真诚的。弄懂并尊重他的指导思想，特别是采取与他相同的指导思想，就能读懂钱学森。对马克思主义、毛泽东思想反感的人，必定也反感钱学森，反感他后 30 年的学术思想；有如此情感者，如何能够读懂钱学森！

① 钱学森等．论系统工程（新世纪版）．上海：上海交通大学出版社，2007：116.

② 钱学森等．论系统工程（新世纪版）．上海：上海交通大学出版社，2007：116.

一个人自己不向往社会主义，但尊重钱学森对社会主义的选择，把钱学森作为一个社会主义者去客观地阅读他的心路历程，分析他在什么时空条件下提出什么见解，采取什么行动，遵循怎样的思维逻辑，那么，这样的人也能够读懂钱学森。

《中国飞弹之父——钱学森之谜》一书的“出版者的话”中有这样一段话：“多一份对科学精神的坚持，少一份对政治权势的依附，应当是钱学森晚年最好的选择，来避免‘晚节最容易不保’的陷阱。”[①] 我们相信这是作者高希均先生的真心话，却是大错特错的话。这话说在 1996 年，当时的中国和世界形势使高先生等人以为社会主义是一种罪恶的政治，深信中国的社会制度即将像苏联那样崩溃，钱学森竟然公开捍卫社会主义，就是“对政治权势的依附”，是科学家“晚节不保”。但从那时以来的历史发展证明，中国的社会主义制度问题不少，却具有强劲的生命力，不仅没有土崩瓦解，而且在 2008 年爆发的世界金融危机中有抢眼的表现。而钱学森在其前 10 多年表现出卓越的政治远见，对社会主义的先进性给出深具历史意义的评价，极好地保持了马克思主义科学家的晚节。高先生等人之所以误读钱学森，正在于他们不能客观地对待钱学森的社会主义信仰。

第二，一个真心信奉马克思主义的人最能理解钱学森是真心信奉马克思主义的，他对马克思主义的“痴迷”达到时时、处处、事事都在思考如何应用和维护马克思主义。

在第 378 次香山科学会议上，我曾以“不要忘记毛泽东——如何读懂钱学森”为题作了十分钟发言。中心思想是：对目前的中国人来说，对待马克思主义的核心是对待毛泽东的态度；一切反对社会主义和马克思主义哲学的势力和个人，都在或明或暗地贬低、丑化、否定毛泽东，他们很有眼光，懂得不这样做就不能把中国社会全面拉向资本主义。在中国有影响的人物中，明确抵制和反对这一趋势、自觉捍卫毛泽东思想的人中，钱学森最为突出，不懂得这一点也无法读懂钱学森。

再说一遍，并非只有社会主义者和马克思主义者才能读懂钱学森。一个人虽然自己不向往社会主义，不信奉马克思主义哲学，只要能够对他人向往社会主义、选择马克思主义采取尊重的态度，把钱学森作为一个真诚的社会主义者、马克思主义者来看待，他也能够读懂钱学森。其实，我们要读懂历史上的重要人物，都需要屏除自己的主观好恶，以客观态度去研究。张纯如本应该是这样的人，可惜她中美国主流文化之毒太深，不自觉地对社会主义和马克思主义哲学充满偏见。曾经辉煌近百年的美国文化，虽然还在不断创造一些新技术和叫座的好莱坞大片，同时却在滋生越来越大的虚伪性、欺骗性，这是美国不可避免地走向

① 张纯如．中国飞弹之父——钱学森之谜．台北：天下文化出版股份有限公司，1996：vii.

衰落的深层原因，在未衰落到普通大国之前，美国主流精英很难认识到这一点。

第三，文化上坚持走中国自己的道路。一个人只有从内心里尊重中国文化，才可能读懂钱学森。至少像某些西方的中国通那样，虽然没有维护中华文化的民族感情，但能够客观地分析评价，就不会因钱学森强调走中国自己的路而非难钱学森，更不会硬要把他同封建迷信扯上关系。

第四，钱学森的哲学思想建立在他对现代科学技术广博而深入的把握之上，钱学森真正做到了把哲学扎根于现代科学技术中。要读懂钱学森，需对现代科学技术有足够的了解。钱学森自己深信这一点，曾致信黄顺基说："您是从自然科学走到社会科学哲学的，当然比不学自然科学技术的人要胜一筹。您现在看到社会科学也是第一生产力，比社会科学大多数人要高明，道理就在于您知道什么是自然科学技术。"[9-327] 对于哲学社会科学领域的学者来说，他们要读懂钱学森，尤其需要对自然科学与技术有足够的了解。

第五，从 20 世纪中叶以来的科学整体发展趋势来解读钱学森。科学整体作为系统正在经历历史形态的根本转变，代表其未来发展方向的已不是还原论科学，而是复杂性科学。晚年钱学森站在这一转型演化的制高点，提出许多令时下科学界主流无法理解的新观点。中国科学技术界大多数人误读钱学森，是因为他们至今固守自然科学数百年来的方法论思想，不懂得科学系统的转型演化要求克服还原论的局限性。张纯如误读钱学森的重要原因，除了深受美国文化偏见的蒙蔽外，还在于她自己对科学所知甚少，只能援用一些深陷还原论而不能自拔的科技工作者的成见去解读晚年钱学森，把这些人的误判当成真理。

第5章 钱学森哲学探索的知识基础

钱学森认定马克思主义哲学必须“扎根于”现代科学技术，它既是现代科学技术的哲学概括，又要回到实践中指导科学技术的发展。所以，欲了解钱学森的哲学探索和他所建构的哲学体系，先得了解他所构筑的现代科学技术体系，因为他把马克思主义哲学视为现代科学技术体系的组成成分，跟体系中的其他成分有特定的关系。而考察钱学森关于现代科学技术体系学思想的形成发展过程，也有助于了解其哲学思想的演进。钱学森是从科学技术研究走向哲学探索的，广博而深厚的科学技术功底是他的一大优势，更能反映他的哲学思想及探索过程的特色。

5.1 钱学森科学技术体系的思想渊源

存在决定意识，社会存在决定社会意识。关于科学技术体系的思想不是任何人能够用自己的脑筋凭空想象出来的，而是科学技术发展的历史、现状和未来可能趋势在人类认识中的反映。近代科学沿着不断分科化的方向发展，学科越来越多，客观上必然会产生出厘清不同学科之间关系和进行综合的要求，形成科学的系统化或体系化趋势，以便于人们把它作为体系来把握。而必然性只能通过偶然性为自己开辟道路。科学技术的体系化既然已成为科学发展的一种必然趋势，迟早会被有准备的头脑捕捉住，至于何人捷足先登则有偶然性。就笔者所知，最早提出所有科学都是一门科学这一思想的是马克思，20世纪早期又有物理学家普朗克提出类似观点。发展到20世纪中叶，这已经不是个别人的观点，而成为一种引起广泛注意的社会思潮，许多学者都有论述，如逻辑经验主义者卡尔纳普、科技史大家萨顿等，贝塔朗菲在《一般系统论》一书中就有专门的论述。正在美国从事尖端科技研究而又兴趣广泛的钱学森很难不受到这种思潮的影响。

钱学森的科学技术体系思想首先来自科学技术的实践。用钱学森自己的说法，他是“按现代科学技术的发展，体现在包括十大部门（将来还会发展）的科学技术体系”的。[9-457]恩格斯时代的自然科学在层次结构上还很不完整，没有技术科学，基础科学与工程技术相脱节。这种情况从19世纪末开始改变，到20世纪30～40年代，自然科学体系中的技术科学已经相当明确地建立起来，并且反映在大学教育中，美国加州大学最具代表性。20世纪30年代钱学森来到加州大学学习和工作，师从卡门，从事空气动力学和火箭导弹研究，对他把握自然科学这种体系化发展极为有利。卡门是当时世界上超一流技术科学家，对技术科学的价值，对自然科学完整的层次结构，必定有一般科学家难以达到的深刻认识。如谈庆明所说："卡门教授教给钱学森从工程实践提取理论研究对象的原则，也教给他如何把理论应用到工程实践中去的本领。"① 从工程实践提取理论研究对象的原则，把理论应用到工程实践中去的本领，正是技术科学大家的本色，具有明确的学科层次观点是他们的特点。由此可以推断，钱学森科学技术体系中关于知识层次结构的思想萌发于师从卡门的时期。他在 1947 年回国完婚期间所作关于工程科学的报告②，揭示工程技术与自然科学基础理论的联系，则是他在这方面多年思索的总结，表明层次观点已成为他的自觉意识。

回到祖国后的钱学森全面而深入地参与了新中国政治、科技、文化教育的实践，学习社会科学，研究社会问题，在知识结构上逐步打通文与理、中与西的壁垒。作为国家最看重的科学家，钱学森于 1956 年参加了制定中国 12 年科学技术发展规划的工作，以及后来的其他类似活动，都为他进一步认识科学技术的整体性和内在联系（结构性）提供了实践基础。在科学技术上中国属于追赶式的发展，更需要整体地了解现代科学技术体系。这一切都是他在美国不可能得到的机会和条件，有助于他进一步思考科技的体系化问题。

回国初期的钱学森显然在继续思考有关科学技术体系的问题，思考的成果总结在 1957 年发表的《论技术科学》一文中。文章认为，20 世纪前"科学的发展还没有达到一个完整体系的阶段，自然科学的各部门中虽然有些部分是建立起来了，但另一些部分又确是模糊的，不明确的。这也就是说：当时的自然科学因为它自身还有不少漏洞，还不是一个结实的结构"③。请注意，这里已明确提出"完整体系"及体系结构的概念。文章着重考察了科学技术在 20 世纪的变化，表现在科学技术体系上，就是出现了介于基础科学和工程技术之间的技术科学，形成"自然科学、技术科学和工程技术三个部门同时并进"的局面。此时的用语还不规范，按照他后来的用语，这里讲的自然科学实际上指的是自然科学的基础科学，三个部门代表三个层次。从今天的标准看，此文已在一定程度上揭示出自然科学由基础科学、技术科学、工程技术三个层次构成的体系结构，为日后关于其他大部门的层次划分准备了蓝本。

重大思想创新还须有文本源头，需要从前人的思想积累中获得启迪。在科学技术体系上给钱学森思想启示最多、最深刻的是恩格斯。在马克思主义经典作家

① 北京大学现代科学与哲学研究中心．钱学森与现代科学技术．北京：人民出版社，2001：53.

② 钱学森．工程和工程科学．转载于《工程研究——跨学科视野中的工程》．北京：2010，(4)．

③ 钱学森．论技术科学．转载于《工程研究——跨学科视野中的工程》．北京：2010，(4)：290，294.

中，在科学上下工夫最多、对自己时代的科学了解最多最深的是恩格斯。据钱学森的著述、言谈可以估计，他对恩格斯的有关论述反复精读过，并有许多创造性的理解。钱学森注意到："科学技术的各个学科组合成为一个整体的、联系的体系，这是恩格斯在大约100年前指出的"①。以恩格斯这一思想为本，再用已经建立起来的系统科学来考察20世纪的科学发展态势，钱学森很自然地得出这样的结论：人类知识是一个庞大的集合，其中那些"系统的、有结构的、组织起来互相关联的、互相汇通的这部分学问，我把它称为现代科学技术体系。"②

受恩格斯的启发，钱学森提出："我们研究科学技术体系学还必须考察自19世纪中叶以来，这个体系产生和发展的历史。历史会给我们启示。"(115页)他多次引用《费尔巴哈与德国古典哲学的终结》一书关于世界是"过程的集合体"和"伟大的整体的联系的科学"的大段论述，作为构建现代科学体系的思想主旨。按照钱学森的解读，恩格斯已经认识到自然科学的完整体系是科学进一步发展"必然要出现的"，而历史又走过100多年后，将来时早已变为现在时，"必然要"已变为"正在"。所以，钱学森认为今天读恩格斯的这些论述"有三点要考虑"。一是100年前的自然科学体系跟现在相比要松散得多，有许多空缺和断开的地方，很不完整。二是恩格斯只讲到自然科学，没有包括社会科学，因为社会科学当时的发展状况还来不及纳入整个科学的体系。三是工程技术刚刚被认为同自然科学有联系，是以自然科学为理论基础的。他由此得出结论："由于这三点，我们当前的任务是如何把恩格斯提出的'伟大的整体的联系的科学'完整起来……也就是建立科学技术体系学，研究其组成部分的相互联系和关系，学科的产生、发展和消亡，体系的运动和变化"。(113页)今天回头看，20世纪70年代末以来钱学森关于科学技术体系学的探索，始终是以恩格斯的这些基本思想为旨归的，既非照着说，也非另起炉灶，而是接着说。

钱学森关于科学技术体系学的思考，还自觉地向毛泽东吸收思想营养，特别是毛泽东的哲学著作。科学技术属于知识范畴，知识有个来源问题，向来存在唯物论和唯心论两种截然不同的回答。知识又因为抽象概括程度不同而形成不同层次，这是知识的发展演化问题，向来存在辩证法和机械论两种截然不同的回答。钱学森坚持辩证唯物主义，坚信"这个现代科学技术体系是我们经过实践经验的累积，用马克思主义哲学作指导，总结出来的，是毛主席《实践论》的结果。也是不断发展的。"(10-123)我们从这里又一次看到，钱学森学习毛泽东思想是真心实意的，并且学以致用，富于创新。

---

① 钱学森等．论系统工程（新世纪版）．上海：上海交通大学出版社，2007，102。本章后面只注明页数的引文均出自此文献。

② 钱学森．创建系统学（新世纪版）．上海：上海交通大学出版社，2007：3.

钱学森科学技术体系思想的重要来源还有系统科学。体系就是系统，在西洋文字中二者是一个词。研究科学技术体系，就要把全部现代科学技术看成一个有机系统，用系统科学的组分、结构（分系统和层次）、环境、功能、整体性、有序性、组织性等概念来分析和把握。1994年，钱学森在剖析自己的"思想发展过程"后说："我在大约10年前，因为看到新学科群起，老的自然科学、社会科学、哲学三大件是不够用了，所以从系统思想的概念提出现代科学技术体系的想法"。(8-156)在谈及科学哲学家林定夷《科学研究方法概论》一书的缺失时，钱学森再次引用了恩格斯的几句话："世界不是一成不变的事物的集合体，而是过程的集合体"，科学研究不但要"能够指出自然界各个领域内的过程之间的联系"，而且要"指出各个领域之间的联系"。他断定："这就是现代科学技术的体系观点"。(2-154)钱学森进而指出："抓科学技术体系的整体性，似乎也是科学研究的方法"，"可以称为系统论方法"，强调"不能忘记"科学体系是完整的，一体化的。(2-155)

5.2 钱学森科学技术体系思想的形成过程

作为主观世界对客观世界的反映，每一种新思想、新理论、新学问的出现都是特定的主客观矛盾统一的过程和结果。首先是客观世界的演变发展进程已经走到一定阶段，足以暴露其本质特性，具备了被人们认识的客观可能性和必要性。接着是参与变革现实实践的人们中出现了某些思想敏锐又掌握了正确哲学观点和科学方法的人，由于内外机缘相遇，他们及时理解并抓住新的契机，敢于并善于进行观念形态的加工创造。如此"金风玉露一相逢，便胜却人间无数"（秦观）——新思想、新理论、新学问便诞生了。钱学森的科学技术体系思想也是这样产生的。

在《论技术科学》一文发表后，钱学森是否继续思考科学技术体系问题？如何思考？撰写于1978年、发表于1979年《哲学研究》第一期的《科学学、科学技术体系学、马克思主义哲学》一文，是钱学森现代科学技术体系学思想发展的又一里程碑。这篇文章告诉我们，他在这方面的思考不仅没有中断，而且有了质的提升。如果说1957年的文章尚未提出体系学的概念，所讨论的只是科学技术体系中的层次结构问题，而且局限于自然科学，还没有自觉到要建构完整的科学技术体系；那么，1979年以降就大不相同了。他在此文中不仅第一次提出科学技术体系学的概念，还指出一个学术界必须回答的"大问题"："如何把人从社会的生产斗争、阶级斗争和科学实验这三项实践所总结出来的学问，包括自然科学、社会科学和工程技术，按照马克思列宁主义和毛泽东思想的立场、观点和方法，组织成为一个科学的、完整的体系"(109页)。从此以后，现代科学技术体系学就成为钱学森 20 多年中反复讨论的一个大问题，并且新见迭出。

钱学森明确提出并着手构建现代科学技术体系的时候，他已经是一个自觉的马克思主义者，懂得科技体系学作为一个社会科学问题，必须遵循历史唯物主义原理，坚持历史与逻辑相结合的方法论原则。钱学森指出，16 世纪前的科学尚未形成体系，而科学体系形成以来的历史可划分为四个阶段：1780 年的情况，1850 年的情况，1890 年的情况，现在的情况。四个阶段先后产生了四种体系（即他所说的四种情况），钱学森分别用四个框图来表示(103页)，揭示出科学体系在历史上的演变。图 5.1 是所谓现在的情况，即他要用新体系取而代之的既有体系。钱学森认定，科技体系不会发展到现在就停下来，不会固定于图 5.1 所示情况，并预测说已经出现苗头的系统科学和思维科学还可能上升为两个新的科学大部类，因而构成新的体系。

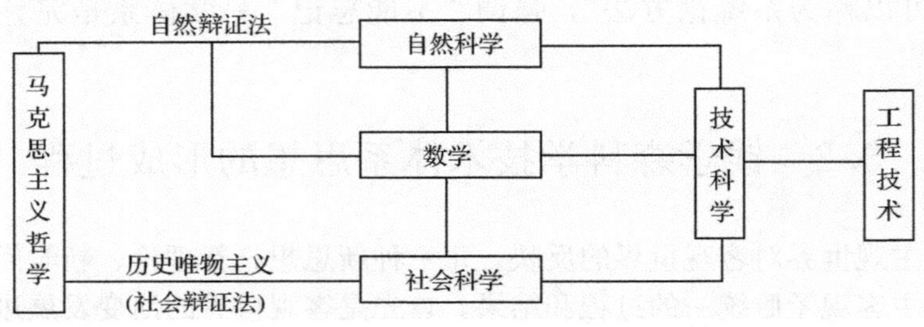

图 5.1

这之后，钱学森现代科学技术体系思想的发展又经历了一个曲折的演进过程，即反复出现和消除认识新混乱的过程。在 1957 年单纯讨论自然科学体系时，他的论述实际上是把工程技术看做体系中最低（最接近实践）的层次，而行文用词时却称为一个部门，即独立的学科，这就是混乱。20 年后开始论述他构筑的现代科学技术体系时，最初仍然表现出这种认识混乱。图 5.1 明显包含了他后来构建的矩阵模型的诸多要素，如体现出层次结构；但行文中又称自然科学、社会科学、哲学为“三大件”，即把哲学视为与自然科学和社会科学并列的一个部门。又如，工程技术在图中显示为一个层次，行文中也被视为一个独立部门，而非一个层次，还认真回答了“工程技术为什么独立分出来成为一个部分”的问题。(113页)层次与部门划分上存在的这种混乱，反映出此时的钱学森对于由基础科学、技术科学、工程技术组成的层次结构模式是否具有普遍意义，尚无定见。

1980 年前后，钱学森主要通过建构系统科学的体系而逐步清除了上述认识混乱。1978 年发表的《组织管理的技术——系统工程》一文也涉及体系问题，突出之处是划清系统工程与系统技术科学（主要是运筹学）的层次关系，并由此坚定了一个信念：各个大部门都存在层次高于工程技术而低于基础科学的技术科学。1980 年发表的《大力发展系统工程，尽早建立系统科学的体系》一文表明，钱学森开始走出系统工程的范围，明确了系统科学是现代科学技术体系的又一个大部门，必须“从整个学科体系的结构来考虑问题”，着手构筑系统科学的体系[99页]。通过思考能否把自然科学的层次结构框架应用于系统科学，钱学森首次提出建立系统科学的基础理论——系统学。由此坚定了另一个信念：各大部门都存在层次上高于技术科学的基础科学。1981 年发表的《再谈系统科学的体系》一文最后消除了层次与部门划分上的混乱，以绘制系统科学体系结构为中心，给出了他的现代科学技术体系的矩阵模型的基本框架。[143页]

在基本理清现代科学技术体系的层次结构后，如何确定体系中的学科大部门成为另一个大难题，钱学森为此花费了近 20 年时间。在构建科技体系的思维行程起点上，他接受了三大部门的划分方案，即自然科学、社会科学和数学科学。此一方案大体上也适用于恩格斯生前的情况（即钱学森讲的 1890 年的情况）。但那时以来的科学技术已发生翻天覆地的变化，新学科急剧增加，交叉性、跨学科性越来越显著，如何划分大部门成为一个复杂性问题。钱学森的态度相当谨慎，并未一次性地给出答案，而是思考成熟一个增加一个，一直增加到 11 个大部门。我们用表 5.1 来说明钱学森关于现代科学技术体系中大部门划分的思索过程。

表 5.1

时间	大部门数	大部门名称
1979	3	自然科学，社会科学，数学科学
1982	6	（新增）　系统科学，思维科学，人体科学
1982	8	（再增）　军事科学，文艺理论
1985	9	（再增）　行为科学
1988	10	（再增）　地理科学
1996	11	（再增）　建筑科学

应该说，到 1985 年左右，钱学森现代科学技术体系的大框架已基本形成，留下的问题是补充和完善。他本人也肯定这一点，曾经说过他自己“终于在 80 年代中叶，认识到：要建立以马克思主义哲学为最高概括的科学技术体系。”[8-059]

由于问题的复杂和人们眼界的不同，钱学森的上述科学分类难免受到质疑和非议。最有代表性的是何祚庥，他批评钱学森的分类“没有逻辑”，主张回到恩格斯的分类①。批评和争论是科学发展的必由之路，钱学森的体系学必须在学术界的批评和争论中才能走向成熟。所以，何先生的批评是有积极意义的，但他的具体意见却无法苟同。恩格斯的分类实际上是自然科学的分类，即通常说的数、

① 何祚庥．致辽东学刊编辑部的信．辽东学刊，2007，(2)．

理、化、天、地、生。这在 19 世纪说得过去，却完全不适用于 20 世纪中期以后的情况。今天已是 21 世纪的第二个 10 年，复杂性科学的兴起已成不可逆转之势。恩格斯时代通行的是简单性科学的分类逻辑，复杂性科学需要新的逻辑。钱学森的科学分类和体系建构远非完善，未来作出新的变动和修正是难免的。但他着眼于复杂性科学的新特点进行分类，大方向是正确而富有远见的。

5.3 马克思主义哲学是现代科学技术的最高概括

作为科学家的钱学森在成为一个马克思主义者之后，无疑会思考马克思主义哲学与现代科学技术的关系问题。在明确了要建立现代科学技术体系之后，这一问题变得特别突出和重要。显然，如何阐明现代科学技术体系与哲学的关系是建立体系学的另一个大难题。而同期的中国哲学界正在争论这样一些问题：哲学与科学是什么关系？马克思主义哲学与科学是什么关系？马克思主义哲学如何现代化？哲学是否需要并且能够数学化、形式化？钱学森关心这场争论，并通过构建现代科学技术体系给出他的回答："马克思主义哲学和现代科学不能各行其是"[1-329]；"我看问题是：到了今天，既不会有马克思主义哲学以外的科学技术，也不会有科学技术以外的马克思主义哲学。科学技术要靠马克思主义哲学来指导；而马克思主义哲学是建立在科学技术之上，靠科学技术的发展来深化的。"[6-330]

钱学森作出如此判断的客观依据是现代科学技术走向一体化的历史趋势。"科学的一个特点是整体化，走向统一的体系。我以为现代科学就要求必须是整体联系，道理要说得通。不是一门门孤立的分隔的学问。创新也往往出于整体化的过程中"[3-247]他认为，这种一体化的重要表现是自然科学和社会科学的交流、统一，其结果产生了系统科学、行为科学等新的大部门。科学技术体系的提出无非是这种一体化发展的观念形态反映，马克思主义哲学作为人类知识极为重要的一部分，理所当然要进入这个体系中。

马克思主义哲学最初是马克思恩格斯基于对人类社会演化到 19 世纪的全部知识进行总体的综合概括而创立的。发展到 20 世纪中期以降，历史地需要基于新的社会实践和新的科学技术成果做出新的综合概括。对于他的现代科学技术体系，钱学森从马克思主义知识论角度做过这样的阐释："根据马克思主义哲学观点，人类的知识最后要概括到哲学，就是马克思主义的哲学，就是科学的哲学，不是臆想的哲学，不是乱编的哲学。从实践上升到科学的理论，又从经过实践考验的科学理论再上升到、概括到哲学……马克思主义的核心就是辩证唯物主义。它联系到各门科学就产生了各种科学的哲学"，科学技术体系中 11 大部门"都要有哲学的概括，最后综合起来再概括就是马克思主义哲学，这就是我常宣传的现代科学技术体系。”① 钱学森特别强调的是：“这个科学技术（体系——引者）有一个核心，马克思主义哲学。”(6-006) 换个角度看，钱学森的意思是没有马克思主义哲学，也就不会形成现代科学技术体系。这是一个需要专题论证的课题，本书就不涉及了。

钱学森的这段话必然引出这样一个问题：如何在现代科学技术体系中安置马克思主义哲学？是作为体系中一个独立大部门，还是作为体系中的一个层次？又是哪个层次？钱学森基于辩证唯物主义认识论作出回答，明确引用了恩格斯和毛泽东的相关论点。人类知识归根到底来自社会实践，是主观通过实践对客观世界的反映。但这种反映不是一次完成的，而是沿着抽象性、概括性、综合性逐步提高的方向发展的。在科学技术体系中，首先出现的是应用技术（工程技术），进一步综合得到技术科学，再进一步综合得到基础科学。流行的科学学和科学哲学认为，科学的抽象和综合到此为止。但辩证唯物主义并不这样认为，而是肯定基础科学知识还需要并且能够进一步概括和综合，上升到哲学层次，科学技术沿着这一方向的一体化发展才算走到头。所以，钱学森得出结论说：“基础科学还得跟马克思主义哲学挂上钩”(360页)。又说：“一体化的终极是科学的哲学，即马克思主义哲学。马克思主义哲学在现代科学技术体系的顶峰。”(3-247) 也就是说，现代科学技术是以马克思主义哲学为最高概括的严密的学科体系。基于这种认识，他有时使用“马克思主义的科学”这一概念，把现代科学技术体系称为马克思主义的科学技术体系。

一种观点认为哲学不是科学，钱学森不赞同这种说法，因为哲学与通常所讲的科学都是从实践中总结提炼出来的知识，差别是抽象概括的程度即知识层次不同。另一种观点把哲学与自然科学、社会科学并列起来，视哲学为科学技术体系中的一个独立大部门。钱学森也不赞同，因为这样做模糊了哲学的性质，掩盖了哲学与自然科学、社会科学等的真实关系，也就搞乱了现代科学技术体系的结构。请注意，把马克思主义哲学作为现代科学技术体系的最高层次，而不是体系中的一个独立大部分，是钱学森的得意之笔，是他的现代科学技术体系学思想的一大亮点，他自己十分看重这一点。后人在解读钱学森科学技术体系时，如果把马克思主义哲学排除在这一体系之外，或者作为体系中的一个独立大部门，都是违背钱学森基本观点的。作为自己的独创可以，作为对钱学森的解读则不可以。

5.4　现代科学技术体系的环境——人类知识体系

钱学森有言：“我的基本思想都是受系统科学、系统学、系统论哲学观点的

---

① 钱学森等．论地理科学．杭州：浙江教育出版社，1994：40.

影响”①。这当然也适用于科学技术体系的构建。可以说，没有这种系统观点，就不会有各个大部门的体系思想，没有科学技术的层次划分思想，更没有整个科学技术体系的思想。钱学森在阐释他的现代科学技术体系学时全面运用了系统科学的思想、观点和方法，提供了一个用系统科学研究问题的成功范例。

从方法论角度看，以上说的是系统思维的组分（要素）分析和结构分析。系统思维的另一个要点是环境分析，由于系统与它的环境是互塑共生关系，有必要弄清楚研究对象作为系统在什么样的环境中存续演变，跟其环境如何互动互应，如何互塑共生。环境也是系统，有其特定的组分、结构和特性，需用系统观点来认识。科学技术既然构成一个系统，欲全面把握科学技术就得考察它的环境，而且要把环境也作为系统来认识。

在客观世界中，科学技术属于知识范畴的社会存在。但人类知识不限于科学技术，而且非科学技术的知识要比科学技术知识多得多，历史久远得多。所以，科学技术作为系统最切近的环境是那些非科学技术的知识形态的存在，必须考察这种知识形态存在的成分、结构、特性，它同科学技术的关系，它的演变趋势等。科学技术作为知识，有起源和发展问题。辩证唯物主义既强调知识起源于社会实践，又承认来自实践的知识有一个由低到高逐步抽象、概括、综合的发展过程，不同层次的划分要区分的是知识与实践的远近关系，反映的是知识概括程度由低到高的差异。另一方面，层次间的作用也是双向的，高层次还会反馈于低层次，影响和指导低层次的发展。这是不同层次之间的相互作用。用钱学森的话说：“有来有往，才是辩证法”(3-013)，不同知识层次之间是双向来往的关系。

从工程技术走向科学论的钱学森，也在思考如何从整体上把握现代人类积累的全部知识，建立知识的体系结构。他把人类知识区分为两大部分，一是科学技术，二是前科学，后者指那些来自实践经验、但还放不进科学技术体系中的知识，即通常所说的经验知识。人在社会实践中最先得到的是这些前科学知识，然后才能提炼出科学技术知识，故它们构成科学技术体系最切近的环境。前科学是钱学森现代科学技术体系学的重要概念。

不可对前科学知识作简单化的理解，它其实相当复杂，也有层次划分。钱学森把前科学区分为两个层次，从实践中最先得到的是不成文的实践感受，这是第一层次；实践感受经过人脑最初的加工整理，形成有一定条理的实践经验知识库，是第二个层次。对知识库的再加工，才能进入科学技术体系。钱学森主张：研究者应当“用《实践论》的观点说明：1. 科学技术体系与第一层外围的区别；2. 第一层外围与第二层外面的外围的区别，这就涉及梦了。”(6-006)人工智能研究的困难往往来源于前科学的复杂性。

① 钱学森．创建系统学（新世纪版）．上海：上海交通大学出版社，2007：139.

科技体系的外围环境不限于前科学知识，还包括各种各样的生活知识，以及宗教知识、各种非马克思主义哲学知识等，都是研究科技体系需要注意的。今天看来，如何对待宗教和宗教知识是马克思主义必须认真面对的问题，处理不当不利于社会主义建设的顺利进行。而哲学本身就是一个庞杂的知识集合体，在各种牌号的哲学中，钱学森认为“只有马克思主义哲学才是科学的”[2-107]，其他哲学都属于现代科学技术体系的外部环境，是发展马克思主义哲学的原材料。

钱学森还有个说法：“马克思主义哲学作为一门科学是时代发展的必然要求；而非马克思主义的哲学——思辨的哲学，应该被清除了。”[6-421]后半句话说的过头了，有马克思主义哲学就有非马克思主义哲学，两者相比较而存在，相矛盾而发展，这才是唯物辩证法。我们信奉马克思主义哲学，但也尊重各种非马克思主义哲学，它们往往也包含某些真理或真理的要素，马克思主义哲学要敢于并善于在与它们的争论中吸收其合理成分，清除其错误和毒素，借以丰富和发展自己。钱学森自己也说过：“这都在现代科学技术体系的外围，是现代科学技术体系的后备素材。”[9-403]笔者认为，钱学森想要表达的主要是前半句，这是一个重大命题，即把马克思主义哲学作为一门科学。这是一个时代真理，可惜迄今尚无充分的理论论证。

跳出系统看系统是系统思维的重要原则之一。把这一原则用于考察现代科学技术体系，钱学森的观点可以用他的一段话来概括：“暂时还进不了这个现代科学技术体系的学问是我所谓‘前科学’。所以现代科学技术体系是一个有序的、动态的开放系统，这个开放系统的环境就是‘前科学的海洋’。”[3-248]此处的一个新提法是指明现代科学技术体系是一个动态的开放系统，至于如何用动态系统理论作具体考察，钱学森并未论及。

5.5　现代科学技术体系的矩阵模型

钱学森的现代科学技术体系学是他对现代科学技术发展情况的长期观察与对系统科学深入研究相碰撞的结果。他自己的如下一段话对此给出极好的注释：“这里的一个基本道理是现代科学技术已经发展成为一个学科林立，分工越来越细，但又同时相互关系密切，形成一个整体。是整体就不能不研究整体中的结构，学科之间的联系和相互关系。是整体，就是一个系统，而系统一定有清晰的层次和部门性的分系统。所以我们研究现代科学技术的体系结构就要注意找出其中横向的层次和纵向的部门分系统，不然就认不清其中梗概；而如果连体系的梗概都没弄清，又怎么能真正理解学科之间的相互关系呢？”①

① 钱学森．关于思维科学．上海人民出版社，1986：15.

体系即系统，是有结构的整体性的事物存在方式。作为系统科学大家，钱学森明确表示他所讲的现代科学技术体系“是有组织的，有结构的”。(9-344) 把前面几节综合起来，这个体系及其外围环境的结构可以用图 5.2 加以概括表达①。这是一个矩阵结构，它的基础是钱学森于 1993 年 7 月 8 日绘制的，这里的改变只是增加了建筑科学一大部门。

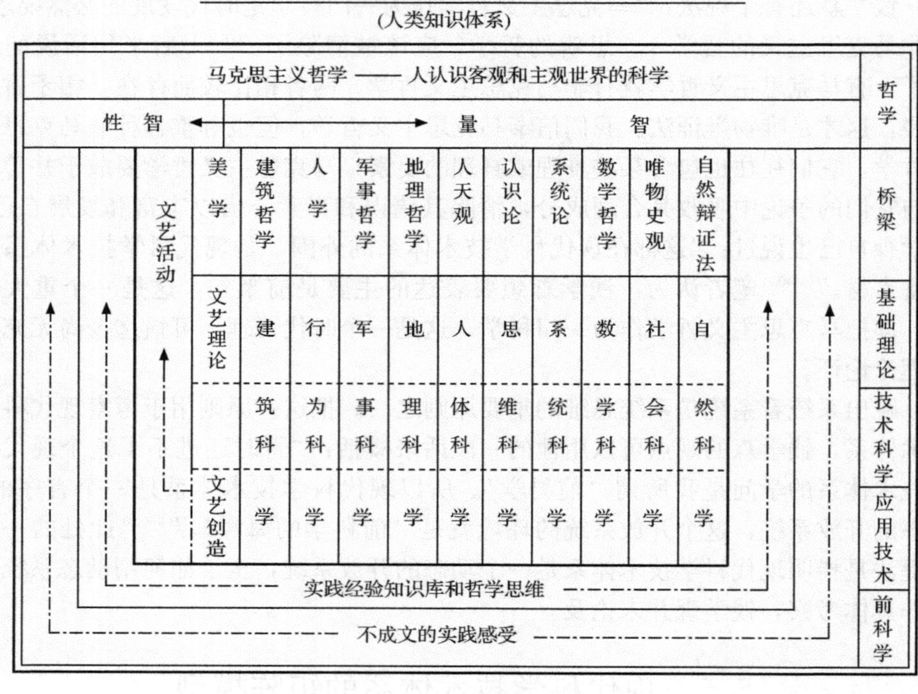

图 5.2

这是一个二维系统，需从纵横两个维度去看它的结构。一个维度是观察客观世界的不同视角，从纵向把世界万物分为 11 大领域，各自形成一个学科大部门。另一个维度是知识概括、综合的程度，从横向上把科学技术知识分为 5 个层次。当然，纵向与横向也是一对矛盾，相比较而存在，相对立而相互转化，何者为纵，何者为横，有时使人产生困惑。11 大部门划分是纵向的还是横向的？5 个层次划分是横向的还是纵向的？不同人可能有不同说法，两种说法可能都有理，又都是相对的，不必拘泥。人类知识巨量而复杂，把它用一个平面上的矩阵表格表示出来，沿着横向从左到右划分为 11 段，得到的是纵向并列的 11 个分系统，横

① 钱学敏．钱学森科学思想研究（第 2 版）．西安：西安交通大学出版社，2010：60.

转化为纵；沿着纵轴从上到下划分为 5 段，得到的是横向叠置的 5 个层次，纵转化为横。这就是辩证法。

前面说过，促使钱学森构筑体系的动机之一，是消除学界在科学知识层次关系上的种种认识混乱，或者混淆桥梁（哲学分论）与基础科学，或者混淆基础科学与技术科学，或者混淆技术科学与工程技术。但也不可把层次划分绝对化，为避免层次关系上的机械唯物论，应该承认相邻层次的界限有一定的模糊性，相互间有重叠渗透。例如，基础科学与技术科学的层次界限就有模糊性，钱学森有时还讲到应用基础研究，隐含着还存在理论基础研究，后者通过应用基础研究而联系着技术科学。随着复杂性研究的深入发展，跨层次的研究将不断增加，技术科学和应用技术也会有更细致的层次划分。

大部门的划分也有相对性、模糊性，实际上不同部门之间你中有我，我中有你，不可追求界限截然分明的部门划分。钱学森体系结构还有一个明显的不足，就是对不同大部门的相互关系缺少分析说明，只提到近邻（或紧邻）关系和非近邻关系。如说人体科学与思维科学是近邻，地理科学与建筑科学是近邻，建筑科学与文艺理论是近邻，等等。11 大部门逻辑上是并列的，但又是相互关联的，关联的质性和程度有别，接近程度有远有近。随着跨越多个大部门的新兴学科的不断出现，11 大部门将越来越紧密地融为一体。例如，决策科学“是一组跨自然科学大部门、社会科学大部门，以及系统科学大部门和行为科学大部门，还要用军事科学大部门中的战略学，形成的一个包括技术科学层次和工程应用层次的学科。”(10-083) 如何阐明不同大部门的相互关系，是体系学一个尚待深入研究的课题。

图 5.2 是关于现代科学技术整体上作为系统的一个理论模型。模型与原型必有差别，须正确理解模型，否则可能造成误解。在这个模型中，直接连通桥梁的是基础科学层次，技术科学和工程技术层次须通过基础科学才能通向哲学。这就可能造成一种误解，以为上升到基础科学层次的知识才能运用哲学，才能进行哲学概括，技术科学和工程技术层次不行。钱学森本人有时或多或少也有类似认识。实际上，每一层次都可以直接应用哲学来指导，也都可以进行哲学概括，产生相应的哲学：对科学理论进行哲学概括产生科学哲学，对技术进行概括产生技术哲学，对工程进行哲学概括产生工程哲学。甚至对前科学知识也能够并且需要进行哲学概括，产生的是各种思辨哲学，如古代的自然哲学。在矩阵模型中，钱学森后来在前科学的第二个层次中加上哲学思维，可能也是出于类似的考虑。

图 5.2 也是钱学森对知识论的贡献，可归纳为两个要点：一，人类知识是一种以前科学为基础、以科学技术为主干的系统，其余的知识是它的外围环境，前科学毕竟与科学有直接的、内在的联系，是钱学森所说的人类知识系统的有机组成部分；二，人类知识是一个具有层次结构的巨系统，粗略划分，有三大层次：

前科学⟶科学技术⟶哲学 (5.1)

进一步细分，三者都包含不同层次，整个人类知识是由 7 个层次组成的总体系，科学技术是它的主干分体系：

不成文感受⟶实践经验知识库⟶应用技术⟶
技术科学⟶基础科学⟶哲学分论⟶哲学总论 (5.2)

5.6 现代科学技术体系的柱模型

钱学森构筑的现代科学技术体系十分新颖别致，但总的来说还是初步的，尚有大量问题需要研究，有许多需要补充和改进之处。这里谈谈笔者的意见。

第一，大部门的划分有必要扩充。钱学森明确表示过，他的体系是开放的，划分 11 个大部门并非最后定论。例如，有人提出把价值科学作为又一大部门，钱学森肯定“这是一个新思想”，准备加以考虑。[7-411]笔者对此持有异议，认为最应该增加的大部门是信息科学。在钱学森体系中，有关信息的科学技术分属于系统科学、思维科学等，把申农信息论划归系统科学，把信息学作为思维科学的基础理论，虽然也有一定的合理性，但弊病很大。其一，信息在今天已成为意义广泛而深远的大概念，它能够作为一种时代的标志，有信息时代的说法；或作为一种社会形态的标志，有信息社会的说法；或作为一种文明形态的标志，有信息文明的说法。信息既是基本科学概念，又是重大哲学概念，这样的概念在人类知识中是极少的，如在现实生活中极为重要的能量概念就没有资格进入哲学概念体系。所以，从科学理论和哲学上深入研究信息问题，揭示信息的本质和信息运作的基本规律，是科学发展的必须，这将产生一个庞大而意义重大的知识体系。其二，独立于人类的自然界信息运作是第一位的，思维科学研究的意识信息是第二位的，把信息学划归思维科学是以偏概全，不符合唯物主义。信息学是信息科学大部门的基础科学，思维信息学才属于思维科学。其三，信息技术已成为现代高新技术的核心，内容极为新颖而丰富，作为应用技术也不能划归现有的 11 大部门。钱学森实际上把信息技术划归思维科学，其弊病将在第 12 章讨论。我们认为，应该将信息科学独立出来作为另一个独立大部门。事实上，钱学森自己也有过这样的考虑：“我也还没有打定主意，有没有现代科学技术的第七个部门，‘信息科学’？……我也会变！将来如果事实说服我有信息科学有关的部门，我也会认错。”①

作为现代科学技术体系中的第 12 大部门，信息科学也是横贯科学，信息和信息运作存在于各个领域、各种层次。信息科学也有自己的三个层次，桥梁则是

① 戴汝为．社会智能科学．上海：上海交通大学出版社，2007：197～198.

信息哲学。当然，信息科学的体系结构还极不完善，最突出的问题是还没有基础科学层次的信息理论。

第二，不同大部门的关系问题。钱学森告诫人们，现代科学技术体系学“要用马克思主义哲学的观点来研究各门学科之间的相互关系。这样才能各就各位，不打乱仗。”(3-466)他自己对此谈论不多，矩阵结构也无法揭示这种关系。但他的某些论述实际上已经提供了启示。无论从历史发展看，还是从逻辑关系看，自然科学和社会科学是体系中最基本的两大部门。20世纪以来的重大变化首先在于，“现代科学技术已经出现一些介乎两者之间的学问，即一方面是改造自然世界，而另一方面又是改造人类社会的问题。”(120页)这类科学大部门共有7个，它们都是沟通自然科学和社会科学的通道，从不同方面把自然科学与社会科学交汇起来，彼此之间的并列关系主要是在逻辑意义上讲的。

第三，关于横贯科学。数学科学、系统科学和信息科学又有共同的显著特点，它们的研究对象存在于其他9大部门，它们的研究成果也为这9大部门所应用，故同其他9大部门不是并列关系，而是贯穿关系。三者彼此之间也相互贯通。就层次结构看，它们考察的对象存在于所有层次，即贯穿于所有层次，而非仅仅存在于某个横断面上。所以，习惯上称它们为横断科学的说法不科学，应该是横向贯穿于整个科学研究的对象领域，故宜称为横贯科学，三者只是在逻辑上才可以跟其他部门并列。这三个大部门共同的特点是横贯性，而非横断性，横贯性也是对12大部门相互关系的一种指认。

第四，现代科学技术体系的柱模型。图5.2是二维模型，不足以反映现代科学技术体系结构的复杂性，需要建立三维模型。钱学森也曾有过这样的考虑。我们提议用图5.3所示的三维柱式模型来描述现代科学技术体系①，把12个大部门划分为柱心、柱面、心面中介、横贯式四个类别，以反映现代科学技术体系内部的差异和相互关系：

柱　　心：自然科学；
柱　　面：社会科学；
心面中介：人体科学，思维科学，地理科学，建筑科学，行为科学，
　　　　　军事科学，文艺科学（文艺理论）；

横 贯 式：数学科学，系统科学，信息科学

说明：数学、系统科学和信息科学并非柱体的三个横截面，图5.3中的表示仅仅是为了方便，上下位置的安排是随意的。另外，心面中介类的划分在钱学森的论述中也有依据。钱学森把地理科学看作自然科学与社会科学的“汇合或交叉”，根据为“地球是人类活动的物质基础，但最终决定这个活动的结果，还是

① 赵少奎．现代科学技术体系总体框架探索．北京：科学出版社，2011：55.

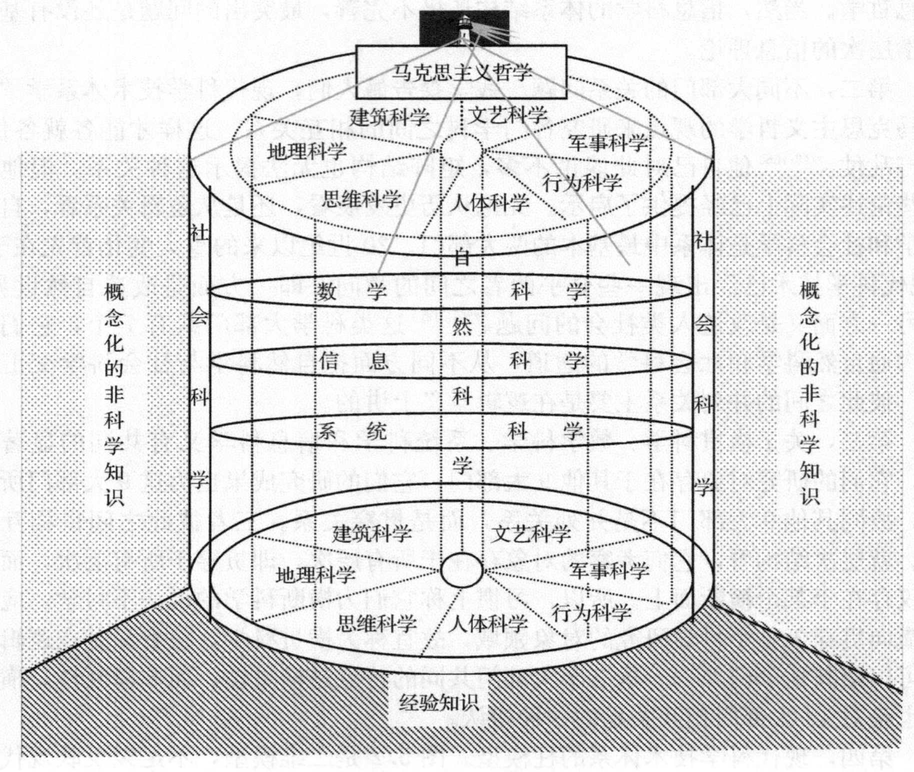

图 5.3　现代科学技术体系的柱模型

社会因素”[①]。实际上，心面中介类的 7 个部门都是自然科学与社会科学的汇合或交叉，最终决定相关活动结果的往往还是社会因素。

第五，关于文学艺术大部门的讨论。1982 年钱学森尚未把关于文学艺术的学问划归科学技术体系，他当时要构建的是人类精神财富的体系，其中包含各成体系的两大块，一块是科学技术体系，另一块是文学艺术体系。当时的科学技术体系由 6 大部门组成，都有三个层次和一架桥梁。钱学森认为文学艺术虽然不是科学技术，但作为人类知识的另一大块，也应该有类似的结构。他把文学艺术划分为 6 大部门，也都有三个台阶、一架桥梁的层次结构。显然，这种两大块并列的体系不能令他满意。文艺与科学已有的各部门确实大不一样，但把有关文学艺术的知识一概排除于科学技术体系之外，同他的哲学思想、系统思维和科学论不协调。经过几年思考，钱学森发现学界的认识中长期存在的一个错误，就是不区分文艺作品与研究文艺的文艺理论。他由此而提出：“文艺作品不是科学。但是，

① 钱学森等．论地理科学．杭州：浙江教育出版社，1994：91.

研究文艺的文艺理论是科学。”① 既然也是科学，文艺理论就应当放在科学技术体系之内，作为又一个独立的大部门。这是钱学森科学技术体系学的另一创举。

问题是这个大部门如何命名。遵照科学的逻辑，显然应该称为文艺科学。钱学森的著述中也出现过这个词，例如，他对北京大学艺术研究院的名称中只讲“艺”、不讲“文”提出批评，认为应该命名为“中国文艺科学院”。(5-470) 不承认存在“文艺科学”，何来文艺科学院？钱学森在别处也使用过“文艺科学”这个词。不过，在正式行文中他始终只讲文艺理论，如图 5.1 所示。文学艺术能否产生一门相应的科学，学界一直存在尖锐分歧，文艺理论界主流至今只讲文艺理论是学科，不承认它是科学，反对在文艺工作中讲科学化。钱学森不使用文艺科学一词，可能就是考虑了这种情形，属于一种暂时的妥协。不过，既把文艺理论放在现代科学技术体系中，又不用同等的语言表述，其他 10 个部门都称为科学，唯独这一部门称为理论，体系自身不一致，是遭人诟病的原因之一。我的意见是，尽管目前还谈不上有一个叫做文艺科学的科学部门，但大量事实预示：一门关于文艺创作与欣赏的科学理论和技术，即文艺科学，一定会出现②。

另一个问题是，按照学科系统观点，文艺科学也应该划分为基础科学、技术科学和应用技术三个层次，把它们统称为文艺理论，理论中包含工程技术，是自相矛盾。钱学森所说的现代科学技术体系是知识体系的一部分，三个层次都是知识，而非实践，最接近实践的层次是应用技术，即技术性的知识。但在图 5.2 中，前 10 大部门都是知识（如系统工程、地理工程等），唯独第 11 大部门的最低层次是文艺创作，如此安排不合理。而且创作属于实践而非知识，这也是矛盾，与整个体系不协调。我主张把文艺科学的这一层次称为文艺工程或文艺技术，即有关文学艺术活动的具体方法、程序之类知识，与系统工程、建筑工程等并列。进一步的讨论请看 15.2 节。

第六，钱学森现代科学技术体系思想的一个重要观点是，全部科学技术都是以客观世界为对象的，故按照客观世界的不同研究对象来分类不科学，应该按照人类考察客观世界之视角的不同来分类。这一提法特别适用于三门横贯科学，它们的研究对象存在于客观世界的方方面面，但用在其余 9 大门类未必都很准确。这个问题至今没有令人满意的回答。笔者以为，12 门科学的研究对象都只是客观世界的一类特定对象，按照对象分类也是科学的。横贯科学也可以说是按照对象分类：数学科学的对象是客观世界的数量关系、空间形式或结构形式，系统科学的对象是客观世界的系统现象，信息科学的对象是客观世界的信息运作。就是说，按对象划分（对象说）与按视角划分（视角说）都有道理，又都有缺点，应

① 钱学森．科学的艺术与艺术的科学．钱学敏编．北京：人民文学出版社，1994：114.

② 苗东升．文艺科学刍议．贺州学院学报，2010，(3)．

该结合起来使运用。

5.7 现代科学技术体系的功能

构筑现代科学技术体系有什么实际价值？为什么钱学森后半生花那么大精力来构筑这个体系？在系统科学中，价值主要指系统的功能，以及用于衡量功能的各种效率。现代科学技术体系有什么功能？本章最后一节来讨论这个问题。

科学技术体系的研究属于科学学课题。既然把科学技术当成第一生产力，把今后的经济当成科技经济，作为社会科学一个分支的科学学就越来越重要了。所以，钱学森把构筑现代科学技术体系作为他研究科学学的核心内容，科学学的方法论就是系统论。系统科学是关于整体涌现性的学问，从基础理论动力学看，整体涌现性主要体现在系统的稳定定态上，把握了稳定定态就把握了系统的整体涌现性。从实际应用看，整体涌现性主要体现在系统的功能上，人的一切努力都是为了获得所需要的系统功能。而功能是由系统及其环境的相互关系决定的，科技体系的功能是由科技体系与它的社会环境的关系决定的。

建构现代科学技术体系有什么意义？从学理上看，它是科学技术发展的需要。20 世纪中叶以来，随着边缘科学、交叉科学、跨学科研究的不断涌现，科学技术出现空前的繁荣局面。与此同时，学科划分也越来越混乱。原因何在？钱学森认为在于“外国人也好，中国人也好，脑子里没有现代科学技术体系的框架。”[5-363]又说：“建立科学技术和知识体系的思想非常重要，现在的混乱，与此不无关系！”[5-392]如何消除混乱？他的对策是“要用我们社会主义中国的思想武器，马克思列宁主义，毛泽东思想去考虑问题。自然科学与技术、社会科学、文学艺术……一概统一于马克思主义哲学。抓住这个核心，就一览众山小，洞察世界的一切。”[6-029]他之所以研究科技体系学，“只是想应该用马克思主义哲学来观察现代科学技术的发展，重组学科体系，‘理顺关系’。”[4-466]而有了科学技术体系就能居高临下，一览无遗！在那篇标志其学术生涯第三阶段开始的著名文章中，钱学森与许国志、王寿云首先就系统科学的体系进行梳理建构，提供了一个极为成功的范例；接着又逐步扩展到梳理其他大部门的体系结构，以至整个现代整个科学技术的体系结构。

无论对于个人，还是对于国家，掌握科学技术体系归根结底都是实践的需要。就国家而言，发展科技需要进行规划，规划必须有整体性、前瞻性、可行性，即科学性。科学技术体系学就是国家制定科技发展规划的理论根据，“我们要靠这张相互关系表来制定科学技术规划、计划。”[114页]这个表是钱学森对现代科学技术体系最初的设想，试图按照自然科学、社会科学、数学、技术科学和工程技术五大部门的划分，把现有的 1000 多个活的学科一一排上位置，所形成的就是这样一张表（他实际上并未绘制出来）。在规划中，不同学科要区别对待，任务多的重点学科要加强，发现有重要任务而现在无人搞的要建立新学科，断定将要消亡的科学则采取理论转移的措施，等等。

就个人而言，不论研究什么问题，都要弄清楚你“所研究的这个问题在整个科学技术中的位置，它的左邻右舍是什么，它上面更理论的一些东西是什么，而更实际应用的又是什么，前后上下左右要搞清楚”。否则，如果对现代科学技术“你没有一个总的认识，没有一个对你这项工作在整个科学技术体系里面占据了什么位置的认识，那么你的研究工作就有点盲目性”，势必迷失方向①。他还讲到科学研究中“借东风”的重要性，当研究过程遇到难以突破的关卡时，需要思维出现“创造性的飞跃”时，你不能凭空想象，必须向其他领域借鉴。这时候，是否懂得科学技术体系就十分关键了。

钱学森倡导研究科学技术体系学也是为了解决未来中国科学研究的组织体制问题。从新中国建立起，我们就讲自然科学与社会科学的联盟，却没有科学技术体系的思想，因为那时认为整个科学技术就是这两大部门，讲两者的联盟就等于讲整个科学技术体系。今天的情况已大不相同，只讲自然科学与社会科学的联盟远远不够了，由于科学技术大部门已从 2（或 3）个增加到 11 个，用联盟一词不足以表达各部门彼此的关系，需要按照现代科学技术体系的思想重新设计。钱学森在 1990 年就在考虑，七八十年后，也许到新中国成立 100 周年，全国的科技工作该有怎样的组织形式。他还批评科学技术工作中的“小农意识”，认为这是一个科学态度问题。令他焦虑的是，“在我们国家，现在有不少人尚未摆脱经营自己二亩地的小农意识，把自己的工作说成一门学科，完全不顾现代科学技术的体系。”[5-334] 为解决此问题，钱学森曾依据他构筑的科技体系设计了一个全国最高学术院体系的方案。[5-391]

还应该从经济发展的角度看科学技术体系的重要性。钱学森不赞同知识经济的提法，因为“按照毛泽东同志《实践论》的观点，经济活动历来要靠由实践获得的知识，所以经济都是‘知识经济’。”[10-358] 科学在人类历史上是较晚才出现的，经济却是人类与生俱来的，经济活动未必都要靠科学，但一定要靠知识，所以历史上的经济都是知识经济。只有在科学技术成为第一生产力以后，经济活动才首先要靠科技，因而应该称为科技经济。“今天经济的特点是依靠科学技术，（也包括社会科学，用我们的话是依靠科学技术体系），邓小平同志用‘科学技术是第一生产力’是非常对的。所以不是‘知识经济’，是‘科技经济’。”[10-344] 他还特别谈到经济学的学科体系问题，认为有 3 门基础理论，即政治经济学、生产力经济学和金融经济学，科技经济属于生产力经济学。还谈到金融经济学的重要

① 钱学森．人体科学与现代科技发展纵横观．北京：人民出版社，1996：29.

性，如何从科学技术经济看所谓“第四产业”，等等。最后的结论是：“以上讲了这么多，实是指出科学技术体系概念的重要性。”(10-345)

推动钱学森研究科学技术体系的动力之一，是信息科技革命所催生的人-机结合的劳动体系（工作体制）。“因为没有人-机结合的思想、人-机结合的劳动体系所需的人的智慧之认识，就不会懂得现代科学技术体系的目的。”(8-160) 这种代表未来发展方向的新的劳动体系，需要成批具有大成智慧的人，需要进行大成智慧教育。只有人们的思想中有了这个中心，才能真正理解构建科学技术体系的目的，懂得掌握这个体系的重要性。他预测，关于科学技术体系的讨论一直要干到21世纪。所以，“我们可以说，到30～50年后，我国社会主义建设进入现代中国的第三次社会革命时，真正要实现‘大成智慧教育’，实现‘人-机结合’工作体制时，现代科学技术体系才成为一门必修课。所以只有到那时现代科学技术体系这门学问才会成熟，因为有实践要求了嘛。”(8-157) 真是悠悠历史感！

更宏观地看，全面确立社会主义的科学基础已成为人类历史发展的巨大而紧迫的需要。无论是当年的苏联，还是新中国头60年，常常由于缺乏必要的科学理论和技术，社会主义建设的具体行动，即今天讲的各种社会工程，具有很大的试错性，一般都是摸着石头过河，所付出的代价太过沉重。历史进入21世纪，这种局面必须改变。所以说，钱学森构建现代科学技术体系是为了给中国社会主义建设确立全面的科学基础，要在社会主义建设的方方面面都做到工程跟着理论走，把每一项社会工程的试错性降低到最低程度。用他的话来说：“我讲的现代科学技术体系就是根据现实，打破老框框，面向21世纪而提出来的。”(4-365) 在这方面，人们同样可以感受到他的悠悠历史感。

第 6 章　钱学森构筑的马克思主义哲学体系

由于把马克思主义哲学放置于现代科学技术体系之中，构建这个大体系的结构模型就包含了构建作为其分结构的马克思主义哲学体系，也只有构筑起马克思主义哲学体系，钱学森的现代科学技术体系才能完整地构筑起来。

6.1　马克思主义哲学现行体系的欠缺

马克思主义哲学是现代系统思想在哲学上的起点，它的整体观、结构观、演化观比同时代其他思潮要丰富、深刻、发达得多。这种系统观点自然也被应用于马克思主义哲学自身，经典作家都重视将马克思主义哲学作为一种体系来把握。恩格斯的态度已见于前面的引语，列宁的态度也颇分明。他说："在这个由一整块钢铁铸成的马克思主义哲学中，决不可去掉任何一个基本前提、任何一个重要部分，不然就会离开客观真理。"[①] 今天看来，用一块整钢作比喻来强调事物的系统性不够科学，容易忽视事物的有机联系和结构性，整钢可以不讲结构，体系则重在讲结构。列宁强调的是马克思主义哲学的完整性和整体性，要完整地把握马克思主义哲学就需要知晓它的体系，不了解它的体系就会离开客观真理。

20 世纪学界流行的马克思主义哲学体系，由世界观、认识论和历史观三大分系统组成，世界观被视为核心部分。黄枬森称之为"旧体系"，肯定它是"目前唯一的一个相对科学的、相对成熟的体系"。他基于 21 世纪初的研究成果，对这一体系的得失作了深入分析，认为它"是苏联模式、苏联的体系，但绝不是斯大林模式"[②]。学界通常把它称为辩证唯物主义和历史唯物主义体系。从钱学森的观点看，这是把辩证唯物主义和历史唯物主义并列起来，有二元论之嫌，不符合马克思主义，需要加以改正。这一体系的最大缺点是不能充分反映 20 世纪科学技术日新月异的发展，掩盖了马克思主义哲学扎根于现代科学技术这一本质特征。苏联的历史表明，按照这一体系讲授、研究、演变的马克思主义哲学，与科技发展渐行渐远，逐渐走向僵化，一再出现哲学反对科学的荒唐行为。苏联最终解体与此不无关系。两相对比，更显出钱学森哲学体系的理论价值。

---

① 列宁．列宁选集第二卷．北京：人民出版社，1972：332.

② 黄枬森．关于马克思主义哲学新体系的构想．见：北京大学现代科学与哲学研究中心．复杂性新探．北京：人民出版社，2006：276，277.

辩证唯物主义和历史唯物主义并列的体系是在中国走向完善的，在新中国前50年的哲学界一直居主导地位，李达、艾思奇等都有重要贡献，基本框架比较充分地体现在李秀林等主编的《辩证唯物主义和历史唯物主义原理》一书中。作者们吸取了系统科学的思想方法，认定马克思主义哲学已具备“彻底严整的科学体系”，给大约70年来中国马克思主义哲学界对这个体系的理解、应用、发展的经验作出较好的总结。书中引入大量自然科学、系统科学等新成果，叙述严谨，逻辑性强，尽显哲学家的功底。本书在国内哲学教育界产生了广泛影响，我自己就从中获益匪浅。但就哲学体系而言，此书谈不上创新，存在两大问题。其一，尽管宣示马克思主义哲学具有“完整严密的、彻底一元论的理论体系”①，书名却凸显传统的二元并立的体系思想。其二，对哲学与科学技术之关系的理解依然如故，所引科技新成果基本上还是作为阐释哲学原理的例证，科技发展对哲学体系的影响未能真正反映出来，无法体现马克思主义哲学必须扎根于现代科学技术这一重要原则，因为作者们自己没有做到这种“扎根”。

黄枏森对所谓哲学无须体系或不应该有体系的说法提出批评，在分析“旧体系”得失的基础上，从三个方面给出他自己对马克思主义哲学新体系的构想。他关于马克思主义哲学三个层次、六大部门的设想属于体系创新，有助于理解钱学森体系创新的得失。但也有三个问题值得商榷。其一，现代科学技术的发展对马克思主义哲学体系的影响同样没有体现出来，科学技术对哲学的作用仍然主要限于作为阐释哲学原理的事例。其二，把人学作为哲学不妥。人学即关于人的学问，主要是具体科学的研究对象，然后才是对它们的成果进行哲学概括。人的规定性是多方面的，作为物质存在的人，主要由自然科学和人体科学研究；作为社会存在的人，主要由社会科学和行为科学研究；作为意识存在的人，主要由思维科学、行为科学和文艺科学研究；其他6大部门也会有所涉及。对这些科学成果进行哲学概括是必要的，但未必会形成一个独立的哲学分支。其三，把方法论一概看做哲学是传统的做法，与现代科学技术体系不符合。钱学森主张：“把科学方法论从哲学宝座的崇高位置上请下来，作为思维科学的一门学问。”② 我赞同把方法论请出哲学殿堂，但不主张全部请出哲学体系。我的意见是，把传统上在哲学名义下讲的方法论分为两块，属于思维科学基础理论的是方法学，属于思维科学哲学的是方法论。

---

① 李秀林，王于，李淮春．辩证唯物主义和历史唯物主义原理（第3版）．北京：中国人民大学出版社，1990：26.

② 魏宏森．钱学森与清华大学之情缘．北京：清华大学出版社，2011：130.

6.2　马克思主义哲学体系的钱学森架构：殿堂 + 基石

1982 年在“系统论、信息论、控制论中的科学方法与哲学问题讨论会”上，钱学森明确提出“马克思主义哲学也有体系结构吗?”的问题。虽然是向与会学者请教的口气，但看得出他对此问题已经思考良久，态度分明，而且给出体系结构的一个初步方案。为说明这一方案的科学性和可信性，钱学森还特别声明：“我们这么做，是符合系统论的”，因为“科学系统论的运用，什么事情都是一个系统，而且有一个结构。而这个结构之中存在着相互作用”①。就是说，马克思主义哲学是一个系统，有自己的结构，它的不同分系统之间存在相互作用，形成了特定的有序结构。

在形成体系学概念之后不久，钱学森又提出自然辩证法作为一门学问在整个现代科学技术体系中的位置问题，以及马克思主义哲学与科学技术之间的交流要通过两道桥梁的思想。这实际上是钱学森对马克思恩格斯时代的马克思主义哲学体系的理解，核心也是辩证唯物主义，两道桥梁即自然辩证法和历史唯物主义。因为马克思恩格斯时代的科学体系只有两个大部门，对于自然科学而言，第一位的是克服形而上学，故哲学分论称为自然辩证法；对于社会科学而言，第一位的是克服唯心史观，故哲学分论称为历史唯物主义。

钱学森关于马克思主义哲学体系创新的一个要点，是一开始就决心以一元论取代二元论。一种观点认为，辩证唯物主义、历史唯物主义和自然辩证法是马克思主义哲学的三个平列的组成部分。钱学森在 1980 年就明确批评这种主张，认为“辩证唯物主义与历史唯物主义和自然辩证法不应平列，后两者要在辩证唯物主义下面一点，而且它们又各有自己联系的一类科学技术”。② 为表述这种区别，他提出总论与分论的概念，分别代表马克思主义哲学的两个层次。总论是辩证唯物主义，居最高层次，马克思主义哲学即辩证唯物主义；历史唯物主义和自然辩证法是分论，位于下一层次，是沟通哲学总论与科学技术大部门的“桥梁”。后来又以建筑物作比喻，称总论为殿堂，称分论为基石，提出“殿堂加桥梁合成马克思主义哲学的一体建筑”的论断。[4-284]

认识论历来被视为哲学的重要内容，哲学界有“哲学就是认识论”的说法。鉴于此种观点也可能导致对一元论的否定，故必须重新安置认识论在哲学体系中的位置。钱学森认为，在马克思主义哲学体系中，认识论也应该在辩证唯物主义下面一点，与自然辩证法平列，属于另一种哲学分论。只要把认识论降格为一种

① 钱学森等．论系统工程（新世纪版）．上海：上海交通大学出版社，2007：378.
② 钱学森等．论系统工程（新世纪版）．上海：上海交通大学出版社，2007：119.

哲学分论，最适宜的安排是把它归属于思维科学，即辩证唯物主义通向思维科学的桥梁。

钱学森在哲学上的主要贡献可以归结为两点，一是构筑马克思主义哲学总的体系，二是构筑殿堂的外围，使 11 个科学技术大部门通过 11 道桥梁与作为殿堂的辩证唯物主义相互交流。用他的话来说："每一大部门又遵循马克思、恩格斯的示范所建立的部门科学概括，自然辩证法和历史唯物主义，各自建立或正在建立其部门概括。"(6-422) 钱学森对 11 架桥梁都有探索，由于前两道桥梁比较完整，他的工作主要是构筑后 9 架桥梁。

综上所述，钱学森构筑的马克思主义哲学体系可以用图 6.1 表示，它由一座殿堂和 11 块基石构成。如果把信息科学也作为一个独立大部门，只需增加第 12 块基石（即用虚框所示的信息哲学）即可。

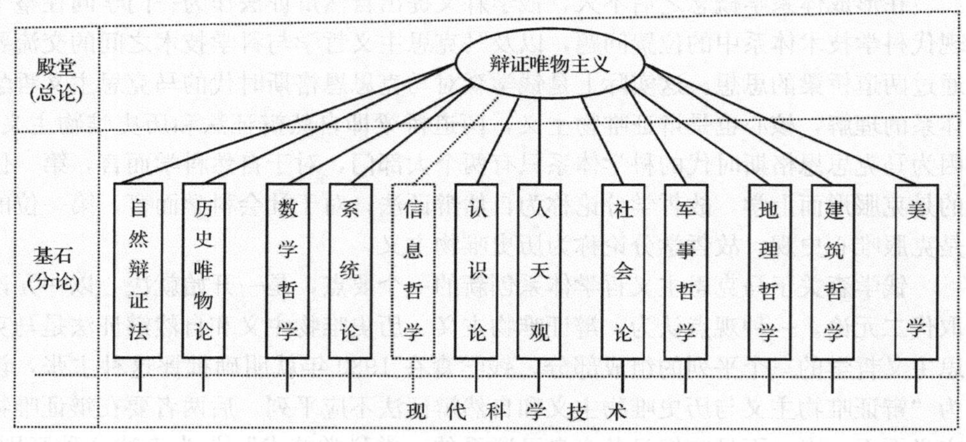

图 6.1　马克思主义哲学的两层次结构

总起来看，钱学森构建的这个马克思主义哲学体系有如下要点：

① 马克思主义哲学是现代科学技术体系的有机组成部分，但不是一个独立大部门，而是一个层次，即该体系的最高层次，现代科学技术是包含马克思主义哲学在内的一种知识体系。

② 现代马克思主义哲学本身又是一种具有层次结构的系统，由两个层次组成。就哲学自身的结构看，是总论和分论（部门哲学）两个层次，一总 11 分。以建筑结构作比喻，则有殿堂和支撑它的 11 块基石两个层次。就哲学与科学技术的关系看，是殿堂与桥梁两个不同层次，殿堂通过 11 架桥梁与现代科学技术不可分割地联系起来。这就真正解决了哲学扎根于科学技术的问题。

③ 马克思主义哲学的大厦由主结构和辅结构组成，主结构是马克思主义哲学的殿堂，即辩证唯物主义；辅结构是部门哲学，分别是各大部门的体系之首，

又是该大部门通向主结构的桥梁。

放在马克思主义哲学发展史中看，这一体系称得上是别有洞见的创举。遗憾的是，这一体系提出已经 30 多年，却没有引起哲学界的重视，几乎无人置评，更不用说把它作为发展哲学的行动纲领，连政治观点十分赞同钱学森的哲学家也很少深入谈论对这个体系的看法。钱学森生前已清醒地看到，他倡导的现代科学技术体系学，不论就整个体系看，还是就各大部门的体系看，或者就哲学体系看，“因批评流行观点太多，人们一时难以接受”。(8-266) 但钱学森一生都极为自信，到晚年更有“悠悠历史感”在胸，相信时间在自己一边。中国优秀知识分子从来不看重升官发财，追求的是通过为国家民族建功立业而“赢得生前身后名”(辛弃疾)。力学、工程控制论、航天科技的成就为钱学森赢得了生前之名，他深信创建现代科学技术体系学，包括马克思主义哲学体系的思想，将为自己赢得身后之名，这一整套新思想一定会有知音，有识货者，他在耐心等待。

6.3　关于应用马克思主义哲学的思考

如何才能最有效地运用和发展马克思主义哲学？自从世界上出现社会主义制度以来，这始终是一个没有很好解决的大问题。在所谓马克思主义哲学的旧体系下，钱学森基于对现代科学技术体系的认识和社会主义建设的经验教训来思考这一问题，独辟蹊径，指出一条颇具特色的道路，从而对以新体系取代旧体系提供了有力的支持。我们先来讨论哲学的应用问题。

从回国之日起，钱学森就坚持在自己的实际工作中应用马克思主义哲学。这是一种从众心理，还是自觉行为？是被动的，还是主动的？这在回国后前 20 年似乎还不能完全确定，因为那个时期，毛泽东倡导让哲学走出哲学家的书本和课堂，变为广大群众手中的锐利武器，学哲学、用哲学成为一种自上而下有组织的群众运动，有些人可能是随大流，有些人可能是一时头脑发热，有些人可能心不甘、情不愿，但不得不摆出学习的姿态。20 世纪 70 年代末以后就不同了，已经离开人世的毛泽东受到质疑，一些学人明确表示自己那时学习“两论”是被裹挟的，有的人为自己曾经违心说假话而向学界道歉。钱学森却逆潮流而动，大声疾呼要在科技及其他工作中运用马克思主义哲学。请听：

“不用马克思主义哲学指导自己工作的科技人员是自己放下最锐利的武器”(2-290)；

“我不追随西方国家的提法，而想按马克思列宁主义毛泽东思想办事”(2-305)；

“机械唯物论式的还原论不行，唯心主义式的思辨方法也不行；唯一有希望的是马克思主义哲学的方法，即辩证唯物主义的方法”(4-518)；等等。

“搞科学研究，特别是对复杂而又新奇现象的研究，一定要注意思路，即立场、观点、方法……丢掉了这个唯一正确的立场、观点、方法就会陷入困境”(5-430)；

“我想不论一个人做什么工作，最根本的一条就是懂得并会用马克思主义哲学”(7-451)；等等。

钱学森还经常结合著名科学家的情况，说明是否运用马克思主义哲学的利弊得失。玻姆是国际著名的物理学家，钱学森对他评价很高，并说玻姆“因避政治迫害而离开美国，尤有亲切感”。但又指出：“玻姆先生毕竟没有掌握马克思主义哲学，所以本来已经到了新境界的门口了，又退了回来。可惜！”(5-290)他还有这样一个总的评价：“西方国家的科学理论是机械唯物论的，而我国的传统理论则又因社会实践不足，限于系统的检测手段，免不了唯心主义的成分……在西方国家，有巨大成就的科学技术人员，实际上都或多或少地用了点辩证唯物主义，只是他们不自觉而已。”(9-322)对国内能够自觉克服机械论和唯心论的学者，他都予以肯定，并引为同道。如对医学家吴阶平赞赏有加，不仅赞赏他在医疗实践中避免了犯机械唯物论的错误，而且赞赏他能够自觉地提到哲学高度认识问题，高兴地告诉别人：“吴阶平同志完全同意我的观点，深感机械唯物论之害。”(4-436)

钱学森不仅一般地强调自觉运用马克思主义哲学以避免犯机械论和唯心论的错误，而且依据他自己的直接经验和对科学技术界实际情况的了解，针对不同情况指出这种错误的一些表现形式，以及防范之道，有不少精当的论述。例如：

实验室实验是现代科学的基本实践形式，机械唯物论在实验工作中的一种表现是盲目相信仪器。钱学森告诫科技工作者不要“盲目相信仪器”，因为“仪器读数是表象，深层实质是复杂的，决不能‘一对一’。”(5-282)

机械唯物论在科技工作中的另一种表现是把复杂问题简单化。谈到心理学研究时，钱学森写道：“我想行为主义心理学的毛病并不在于‘黑箱’，‘黑箱’是事实，毛病在于过于简单化，‘机械化’！”(4-331)控制论的发展证明，黑箱方法对于简单系统是行之有效的，用之于简单巨系统的有效性已经很差，试图基于黑箱方法处理人体、思维、社会之类复杂巨系统，就大有问题了。他反复指出，这样做不仅过于简单化、机械化，而且是主观主义即唯心论的表现。他在谈到人体科学和社会科学研究时指出：“实事求是，不简单化，这就是符合马克思主义哲学的。”(6-432)简单化表现在哪里？钱学森认为，社会和人体都是开放复杂巨系统，但研究者却把它们当成简单系统对待，克服的办法就是把人体和社会当成开放复杂巨系统。他多次就医学问题来阐述这个观点，如说：“近年来我对人体科学感兴趣，深感经典西医的那一套是机械唯物论，不知道人体是一个开放的复杂巨系统，所以只知其末，不知其本！本就是系统论——整体论和还原论的辩证统一”(4-424)针对社会科学的类似讨论就更多了。

由于中国科学技术长期落后，与世界先进水平至今还有不小距离，我们必须努力向人家学习。但西方科学界也有其短处和错误，这就不能学。在钱学森看来，最大错误是他们不懂马克思主义，不以辩证唯物主义为指导。他明确告诫中国科技工作者“脑子里要有条弦，就是马克思列宁主义、毛泽东思想，就是马克思主义哲学，就是辩证唯物主义和历史唯物主义，不然的话，我们可能会好心办错事。”① 为什么改革开放以来中国的一些科技人员会放下马克思主义哲学这个“最锐利的武器”呢？钱学森作了分析，认为有两方面的原因。“第一是思想上被资本主义国家科技成就迷住了，看不透他们的缺点错误。第二是没有学好马克思主义哲学，只会死背硬记，不会灵活运用”。(2-290) 所以，他一再指出在学外国所长的时候，千万不要把他们的所短、他们的错误也都学过来。

说到学习和运用马克思主义哲学，人们常常理解为就是直接学习和运用辩证唯物主义和历史唯物主义，而不考虑作为哲学分论的诸多桥梁学科。新中国头30年的学哲学用哲学运动，基本上是把辩证唯物主义和历史唯物主义直接应用于学用者自己的实际工作中。这确是一条有效的途径，取得很大成绩，令人不可一概否定。钱学森的学与用就成绩斐然。但事实也证明，仅仅这样做是很不够的，大量深刻具体的困难问题难以这样来应用哲学。例如，自然科学的许多问题需要用自然辩证法的原理来解决。

机械唯物论与还原论有内在联系，主张把原本有机联系的事物机械地分割为几部分来研究，势必把事物固有的联系割断。如社会主义文明建设是一个完整的东西，分为物质的文明建设、政治的文明建设和意识的文明建设三个侧面，三者并非简单的并列关系，而是复杂的非线性关系。现实生活中常常把三种文明建设分隔开来处理问题。又如社会主义地理建设是社会主义文明的环境建设和基础建设，把两者分列也是机械唯物论。一般地说，把复杂系统中非线性地相互关联的部分（组分、分系统等）简单地分割为并列的几部分，都是机械唯物论在作怪，实际上就是把开放复杂巨系统当成简单系统来处理。

关于如何把辩证唯物主义的概念、原理、规律、方法运用于实际工作，钱学森的贡献在于指出要通过 11 架桥梁。他常常讲：“辩证唯物主义，一要唯物，二要辩证。”(5-096) 即首先讲唯物论，然后讲辩证法，既唯物又辩证。对于科学技术工作中的两种错误，一是主观臆造（唯心论），以唯物论抗拒之；二是死心眼（机械唯物论），以辩证法抗拒之。搞科学技术的人易犯机械唯物论的错误，常常表现为死心眼。搞文艺的人易犯唯心论的错误，常常表现为脱离实际、主观臆造。两者都要自觉地运用辩证唯物主义以避免机械唯物论和唯心论。时下许多人对于讲唯物论、唯心论很反感，对批判唯心论尤其反感。钱学森的良方是：“我主张自然科学、工程、技术人员懂点文艺，以避免机械唯物论。你们这些社会科

① 糜振玉．钱学森现代军事科学思想．北京：科学出版社，2011：103.

学者、文艺人也要懂得点自然科学、工程、技术，以避免唯心主义。我们要相互学习！”(4-323)

6.4 关于发展马克思主义哲学的思考

钱学森高度评价马克思主义哲学的先进性和科学性，并不意味着他认为这种哲学已经完美无缺，无须发展了。相反，从20世纪80年代后期开始，钱学森一再谈论马克思主义哲学的发展和深化问题，认为即使“科学技术殿堂也要翻修改建”。(2-155) 他多次引用毛泽东的名言“马克思列宁主义并没有结束真理，而是在实践中不断地开辟认识真理的道路”①，来论证发展马克思主义哲学的必要性、重要性和可能性。

发展马克思主义哲学，首先要正确评价它的既有成果，发展不是全盘否定，另起炉灶，而是有扬有弃。20世纪80年代的中国哲学界，卖力攻击马克思主义哲学者有之，努力走出马克思主义哲学者有之。钱学森的态度是坚决回击攻击者，努力说服走出者。在坚持发展马克思主义哲学的学者中，有人认为马克思主义哲学的有些东西已经失去光彩，应当丢掉。钱学森不赞同这种说法，反对像西方马克思主义者那样改造马克思主义哲学。他说：“我认为马克思主义哲学是正确的。当然要发展，但其基础、基本观点不需要变。这是我在国外工作的经验教训总结后，在回到祖国比较认真学习了《反杜林论》、《自然辩证法》、《唯物主义与经验批判主义》等经典著作得出的结论。”(5-310)

要深化和发展马克思主义哲学，应该如何具体做？钱学森提出一系列设想，例如：

① 从知识的来源和生成途径上说，“我们要根据人类在马克思之后的一个世纪来的实践经验，丰富和发展马克思主义哲学——辩证唯物主义。”(9-381)“研究马克思主义哲学的人必须联系实际，这实际包括各学科的实际。”(8-002)

② 从哲学的实际情况出发，“要看看今天的马克思主义哲学，作为现代科学技术体系最高概括的马克思主义哲学，还缺些什么”，搞清楚用什么来“充实这些缺欠”，这就“要扩大视野”。(8-444)

③ 根据大成智慧学观点，中国学者要“用马克思主义哲学论外国人的工作。我们要了解他们的工作，吸取其精华，用我们的智慧加以发展光大。学外国人是为了比他们干得更好。”(9-065) 例如，钱学森用辩证唯物主义剖析Popper的三个世界理论，有肯定，有批判。他认为：“第三世界是第一世界与第二世界交互作用的结果，人们实践的果实；人们是用它改造第一世界，使之更与第二世界协调。

① 毛泽东．毛泽东选集（一卷本）．北京：人民出版社，1966：284.

但这又不可能是人们随心所欲，必须服从第一世界的规律。我想这就是辩证唯物主义，马克思主义哲学。”(8-483)

④ 要做战斗的马克思主义者，一个学者如果“未能用马克思主义哲学去武装自己，去与机械唯物论战斗，去与唯心论战斗”，他就“还不是真正的马克思主义者!”①

钱学森还强调“从中国前代哲学中提取精华，用来发展深化马克思主义哲学。”(8-495)他自己不仅倡导学界这样做，而且以身作则，带头这样做。例如，80多岁的他开始研究中国前代哲学，试图从中提炼出可以用来发展马克思主义哲学的精华。钱学森自我评价道：“我自己做的只一小点，即把整体观引入开放的复杂巨系统研究；并提出要把整体论与还原论结合起来的从定性到定量综合集成”。(8-495)为了再前进一步，他研读胡孚深关于道家文化现代意义的论著，得出中国古代哲人中的八大家是相互关联的整体、对我国前代哲学应该从整体上理解的见解，而他的自我感觉是“还是没有门道”。直到读了张岱年的文集，他才悟到张教授“是从行为科学的哲学概括——到马克思主义哲学的桥梁入手，而不是一下子就攻马克思主义哲学这个现代科学技术体系的最高概括”。(8-496)进而悟到自己其实就是这么干的，在系统科学研究中，他从作为桥梁的系统论入手，把中国古代哲学的整体论吸收进来，而非一开始就径直攻哲学殿堂。

个别包含一般。钱学森从这两个典型中“悟到的道理是：提炼中国前代哲学思想中的精华来发展深化马克思主义哲学应先着眼于那十架桥梁……最后再考虑上升到马克思主义哲学本身”。(8-497)“马克思主义要发展，只能用十大部门的学术成果，没有别的办法。”(5-171)这就是钱学森关于如何深化和发展马克思主义哲学的总方针，不仅适用于从中国古代哲学中提炼精华，也适用于从实践中提炼哲学思想，从外国哲学中提炼精华，等等。这个总方针的要点是：根据现代科学技术体系，深化和发展马克思主义哲学的工作要在两个层次上进行；从知识发展规律和马克思主义哲学的现状看，当前及未来一定时期内，深化和发展马克思主义的主要工作应该是研究 11 架桥梁，“以及它们与主结构——马克思主义哲学殿堂的关系，从桥梁到殿堂，从殿堂到桥梁、到一个大部门”。(5-348)当务之急可能是搭建和完善各个桥梁，在此基础上，再考虑如何全面翻修马克思主义哲学的殿堂。

这里还有一个认识问题需要说明。有一种意见认为，系统论比辩证唯物主义的层次低，不能靠它来修改（发展）辩证唯物主义。更一般地说，不能用哲学分论来修改哲学总论。钱学森对此批评道：“我以为似不宜一口咬定系统论不可能修改辩证唯物主义，一点都不能吗？补充总可以的吧。我一直认为，马克思主义

① 李德华．牢记钱老谆谆教诲，继承钱未竟机事业．今日科苑，2010，(第 1～3 期合刊)：95.

哲学（即辩证唯物主义）要指导包括系统科学在内的整个科学技术研究，但科学技术的实践也必然反过来丰富和深化马克思主义哲学。”(3-013) 其他10个分论的道理与此相同。的确，分论不是总论，二者有层次高低之别；但分论是基石，殿堂必须建立在基石上，总论需要以分论为基础来深化发展。这是辩证唯物主义的基本原理，也适用于辩证唯物主义本身。

有些人想以所谓“西方马克思主义”来发展马克思主义，钱学森批评他们太糊涂。对这个看法要作一分为二的分析。有人认为马克思主义哲学的真谛掌握在西方马克思主义手里，必须用他们那一套代替或改造马克思主义经典作家的论述，这是我们不能认同的。各种非马克思主义和反马克思主义哲学，还有西方马克思主义，都是流而非源，源只能是人类社会发展演变的实践。即使所谓西方马克思主义，也大量融入资产阶级的意识形态，不可不加批判地拿过来。钱学森的这一主张是正确的。但不论哪一种西方哲学，既然产生于这个时代，并能够流传开来，总会在某些方面触及到时代特征，提出一些独特见解，对于发展马克思主义哲学有借鉴意义，不可全盘否定。当然，对于它们一定要有所取舍，而“取舍的标准就是马克思主义哲学的基本原理。”(7-303)

6.5 问题讨论

第一，关于殿堂。我赞同钱学森关于构筑马克思主义哲学体系要坚持一元论的意见，居于最核心位置的只能是辩证唯物主义，不能有第二个。我也赞同自然辩证法属于哲学分论。但把历史唯物主义和认识论作为哲学分论，与自然辩证法平列，似有商榷的余地。不仅社会科学，就是7个作为心面中介的学科大部门，也都与历史唯物主义密切相关。就是说，把历史唯物主义降格为部门哲学是降得太低了。反过来，社会科学的哲学概括未必都属于历史唯物主义。类似的，不仅思维科学需要认识论，其他各大部门同样需要认识论。把认识论降格为部门哲学也降得太低了，人们必然要问：认识论仅仅是思维科学的桥梁吗？从钱学森的著述中看到，认识论也应该是人体科学通向辩证唯物主义的桥梁；或者说人体哲学也包含认识论内容。如此说的根据是：一，人脑接受和处理信息的运作是相互联系着的，既然获取感性信息归人体科学研究，认识论就应当对人体科学进行概括；二，现代认识论还要概括脑科学的成果，在钱学森的现代科学技术体系中，脑科学也属于人体科学。其实，数学、系统科学等部门的哲学分论也对认识论有各自独特的要求和贡献。考虑到这些情况，还是把认识论放在哲学殿堂的侧殿位置（即降半格）为好，思维科学的桥梁就叫做思维哲学。反过来说，思维科学的哲学概括未必都属于认识论。所以，把历史唯物主义作为社会科学的哲学分论，把认识论作为思维科学的哲学分论，都不很恰当。

我的修正意见是，殿堂加桥梁的一体化建筑模式是正确的，但殿堂本身也是系统，有不同的部分和特定的结构，把殿堂与辩证唯物主义等同起来的意见值得商榷。历史唯物主义和认识论虽然在辩证唯物主义下面一点，但应该放在哲学分论上面一点。它们也属于殿堂，殿堂有正殿与侧殿（厢房）之分，辩证唯物主义是正殿，历史唯物主义和认识论是厢房。厢房也不止两个，还应该包括价值论。这样一来，马克思主义哲学的殿堂由四大殿组成，它们都建立在 12 块基石之上，如图 6.2 所示。

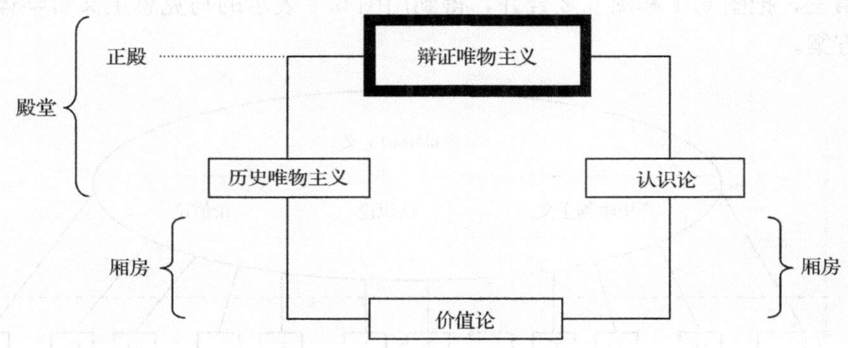

图 6.2　马克思主义哲学的殿堂结构

哲学界有马克思主义哲学科学化的提法（潜台词为哲学不是科学），甚至有数学化、定量化、形式化的提法。钱学森不赞同这种观点，他的提法是马克思主义哲学现代化。马克思主义哲学不是游离于科学技术之外的东西，而是现代科学技术体系的组成成分。在钱学森看来，现在的问题并非使马克思主义哲学科学化，而是明确它在现代科学技术体系中的位置，使它现代化。历史地看，复杂性科学的兴起才使马克思主义哲学成为科学发展唯一正确有效的指导思想，恰好在这个时候许多人却把它作为已经过时的东西而弃之不用，甚至作为大力挞伐的对象，这是最令钱学森伤心的事。

第二，关于桥梁学科的命名。11 架桥梁没有统一的命名标准，显得混乱。名不正则言不顺，桥梁学科似有正名的必要。其一，若把历史唯物主义和认识论不再作为部门哲学，社会科学和思维科学通向哲学殿堂的桥梁就需要新的名称；其二，从逻辑学和语言学的角度看，应该也能够依据统一标准来命名各个哲学分论；其三，有些命名不准确。按照钱学森的命名，人体科学的哲学 = 人天观，系统科学的哲学 = 系统论，文艺科学的哲学 = 美学，等等。而实际上，这里的等号 = 应该换成⊃，如人体科学的哲学⊃人天观，系统科学的哲学⊃系统论，文艺科学的哲学⊃美学。

对于 11 个学科大部门来说，一个统一的标准是把××科学对应的哲学分论称为××科学哲学，即自然科学哲学、社会科学哲学、数学科学哲学、系统科学哲学、思维科学哲学、人体科学哲学、行为科学哲学、军事科学哲学、地理科学哲学、建筑科学哲学、文艺科学哲学、信息科学哲学。如果再往前走一点，除了自然科学，其他10个大部门的桥梁都可以简称为××哲学，简单明了，好记好用，且顺理成章。卢明森提出另一种解决办法，即把12个桥梁学科都称为观，即自然观、社会观、数学观、系统观、信息观、思维观、人体观、军事观、文艺观、行为观、地理观、建筑观。我把它作为一种备选方案记录于此，供讨论。

第三，把图6.1和图6.2合并，得到用图6.3表示的马克思主义哲学体系的改进方案。

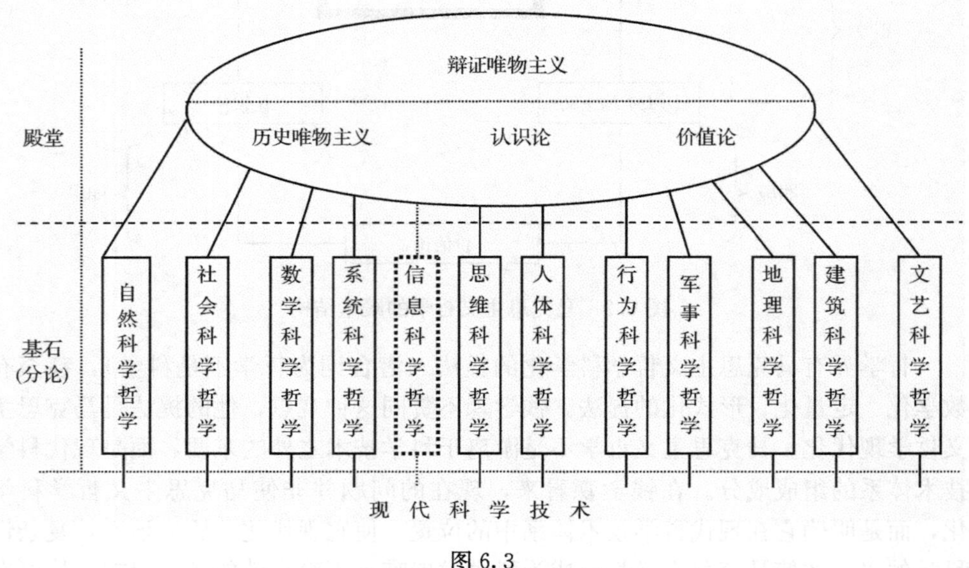

图6.3

第四，关于学科层次的谁先谁后问题。图6.1作为马克思主义哲学体系的模型，也有其局限性，可能让人误认为科学技术体系中的三个层次只有基础科学层次与哲学直接相联系，技术科学和应用技术层次必须通过基础科学才能间接地通向哲学。钱学森曾这样说过："哲学是人类知识的最高概括，因此必须综合科学的全部内容，不能只就某一门学科就'上升'为哲学。自组织理论仅仅是系统学的一部分，怎么就能抽出哲学呢？"(3-307)在谈论建立系统科学的哲学分论系统论时，他也一再表示过类似的看法。但这种看法是错误的，只要是一门学科，一种知识体系，不论属于哪个层次，都有它的哲学问题，都需要并且能够进行哲学概括。事实上，国内外都有学者对自组织理论做过哲学概括，得出一些有价值的结论。从体系结构看，层次划分不可绝对化，有××理论（或××学），就有××哲学。

应该说，在这个问题上钱学森的思想是犹豫的。他也曾说过："科学技术大部门与其哲学概括的谁先谁后，是各有千秋的"。(5-086) 鉴于不同大部门各自形成发展的历史差异，"也不会是只有等基础全部搞好了，上面一层结构才能动手，因为事物总是相互关联的。上面的结构也可以指导下面一层次的研究。"① 这正是学科层次关系的辩证法。钱学森曾以马克思主义社会科学和思维科学为例指出："这些部门是先从马克思主义哲学构筑一个哲学概括，然后用以指导部门学科的研究发展，部门学科发展了，又回过来丰富深化原来的哲学概括。"(5-086) 笔者以为这样讲是正确的，适用于其他哲学分论，避免了把学科层次的区分绝对化。应用于系统科学，意味着也可以先搞哲学性质的系统论，再建立系统学。

① 钱学森．科学的艺术与艺术的科学．北京：人民文学出版社，1994：196.

第 7 章 钱学森与辩证唯物主义

钱学森把辩证唯物主义定位成马克思主义哲学的核心，居于现代科学技术体系的最高层。所以，我们考察他的哲学探索应当从这个核心开始。

7.1 对辩证唯物主义的基本看法

1988 年在确认了现代科学技术体系的 9 个大部门之后，钱学森做过这样的自我陈述："这几年来我一直在考虑科学技术的体系问题，当然要联系到人类知识最高概括的马克思主义哲学。但我自己对马克思主义哲学没有研究，不敢进此殿堂，只是在外围观望而已。我看到马克思主义哲学殿堂之外似有九架通道桥梁，各通往科学技术的一大部门。"(4-283) 说此时的钱学森还没有进殿堂是一个真命题，他是在建构科技体系时"联系到"哲学的；说"只是外围观望"则为过谦之辞，在系统外部看系统，是全面认识系统的必要而且重要的环节。钱学森实际上是在殿堂外围、马克思主义哲学体系内部考察马克思主义哲学自身的体系结构，理清辩证唯物主义在其中的位置。只提"联系到"马克思主义哲学，这样讲也是过谦之辞，科学地确定了马克思主义哲学在整个现代科学技术体系中的位置，这对于哲学也是很有价值的贡献。

那时的钱学森为什么还不敢进辩证唯物主义这座殿堂呢？由马克思和恩格斯创立、经列宁和毛泽东丰富发展了的辩证唯物主义具有极高的普适性，能够经受住实践的检验，再作重大创新首先需要社会历史自身有重大的演变发展。从主观上说，钱学森是科技专家，长期拼搏在科技第一线，没有精力对哲学做专门研究，尚缺少足够的哲学修炼和积累。回顾钱学森最后 30 年有关哲学问题的言论可以看到，除了涉及哲学应用的话题之外，他关于辩证唯物主义的议论基本上是围绕着构筑现代科学技术体系而发表的，其中的独特新认识可以概括为如下几个要点：

① 不存在辩证唯物主义科学化的问题，因为辩证唯物主义本身就是科学知识的一部分，包含于现代科学技术体系中。

② 辩证唯物主义是唯一科学的哲学。

③ 辩证唯物主义不是现代科学技术体系中的一个独立大部门，而是该体系的一个层次，而且是最高层次，即全部人类知识的最高概括。

④ 辩证唯物主义以不同的哲学分论为桥梁与科学技术的各大部门相连通。所以不建构好这些桥梁，马克思主义哲学就不会有完整的体系，这既不利于用辩

证唯物主义指导科学技术的发展，也不利于基于现代科学技术来发展深化辩证唯物主义。

这四点既确认了辩证唯物主义在马克思主义哲学全局中的地位，又涉及马克思主义哲学发展的战略问题，意义重大，非同一般。但这些论断不是马克思主义哲学以往发展轨迹连续光滑的延伸，而是从另一条哲学界颇为生疏的、来自现代科学技术的新轨线并入哲学轨道的。加之钱学森没有哲学专著给以系统论述，所以哲学界一时接受不了，那些只关注哲学发展局部的、战术性问题的哲学家尤其难以理解。钱学森因此而不被哲学界主流引为哲学同行。但我们相信，时间会改变这种状况的。

对于辩证唯物主义，钱学森还有大量与构建科技体系没有直接关系的议论，从不同角度反映出一个大科学家对辩证唯物主义的理解，有许多独到之处，很难从正统的哲学著作中读到，弥足珍贵。本节对此稍加梳理。

辩证唯物主义是由辩证（法）和唯物主义两个概念构建的合成概念，两者的地位有无差别，是先讲唯物主义、后讲辩证法，还是先讲辩证法、后讲唯物主义，在马克思主义哲学界存在歧见。其中涉及辩证法的主要是方法论，抑或首先是世界观，也是有争论的，而且属于哲学界的原则性分歧。按照黄枏森的观点，先讲辩证法、后讲唯物主义是斯大林体系的特点，非斯大林的“旧体系”则是先讲唯物主义、后讲辩证法。① 钱学森没有正面谈论过这个问题，但从“辩证唯物主义，一要唯物，二要辩证”的说法看，他是把唯物主义排在辩证法之前的。他还说：“唯物辩证法和辩证唯物主义，前者是思维方法原则，后者为哲学”，并把这一条看做是从实践中总结出来、“必须坚守不渝”的客观真理之一。(8-331) 换句话说，讲唯物辩证法突出的是方法论，讲辩证唯物主义突出的是世界观，马克思主义哲学是把世界观放在方法论前面的。

由于长期从事科学研究和新技术开发，钱学森养成对科学唯物主义的坚定信念，回国后几十年学习和应用马克思主义哲学，又使他把科学唯物主义上升为辩证唯物主义。面对新时期许多人对唯物主义信念发生动摇，他利用作报告、写文章、写信等机会不厌其烦地加以规劝，宣传唯物论。例如，他写信给一位研究人体科学的学者说：“机械唯物论及二元论都是哲学名词，都不是马克思主义哲学（即辩证唯物主义）。马克思主义哲学认为世界的本质只有物质，因而物质是第一性的；但物质的大脑有高层次的活动，这就是意识，意识的表现是精神，所以精神是第二性的。”(3-134) 钱学森断言，科学研究前沿的唯心论思想常常表现为脱离实际的主观主义，或从概念到概念的本本主义。他曾尖锐地指出：“脱离实际的概念是唯心的东西，一点用处也没有！”用这样的概念写成的论著是从概念到概

① 北京大学现代科学与哲学研究中心．复杂性新探．北京：人民出版社，2001：278，281.

念，即“时髦的概念游戏”。[1-479] 所以，他一再告诫学人，要从实际出发，防止犯唯心论的错误。

钱学森无疑熟悉恩格斯关于辩证法三条规律的观点。他没有从哲理上论述过否定之否定规律，分析实际问题时也极少涉及这条规律，这大概是科技工作者的一个共同点，其原因我们曾有所分析①。作为自然科学家，钱学森在实践中经常跟量变质变规律打交道，认识到是否善于把握定性（质）与定量（量）的辩证关系，对科学研究常常有决定性的作用。由于长期而成功的实践，钱学森对量变质变规律有独到的理解。在评论平措旺杰《辩证法新探》一书时，他写道：“马克思主义哲学中的辩证法有‘质’（即定性）与‘量’（即定量）两个方面，二者不能同等看待，混为一体，但两者又辩证地相互作用，是统一的。此即我们常说的：量变引起质变，而质变又导致量变规律的发展。”[5-241] 钱学森反对重质轻量，认为只讲“质”是不行的。

钱学森对辩证法的对立统一规律情有独钟，自觉地应用它来解决实际问题，依据实践经验谈过自己对这一规律的体会。在恩格斯那里，三条规律是并列的。列宁最先指出核心是对立统一规律，毛泽东又给以进一步的论述，使辩证法的规律体系克服了多元论之嫌。从钱学森的著述中看，他是赞同这种一元论观点的。

马克思主义讲究哲学的党性原则，近30年来似乎成为中国哲学界回避提及的命题。钱学森不仅旗帜鲜明地反其道而行之，以一个战斗唯物主义者的姿态出现在学术界，而且把党性与辩证唯物主义联系起来，提供了对辩证唯物主义的一种独特理解。他提出这样一个命题：“一个共产党员处理问题，一要党性，二要原则坚定，三要具体灵活。这就是辩证唯物主义。”[3-422] 这是他长期学习和运用辩证唯物主义的经验总结，有助于我们理解晚年钱学森的言行，了解他主观上如何要求自己。从哲理上说，此命题是一种从实践层面对辩证唯物主义的界定（其内涵还有待进一步挖掘）：

辩证唯物主义 ＝ 共产党的党性、原则性、灵活性的三性统一 (7.1)

把辩证唯物主义运用于认识活动，必定强调看问题要讲究全面性。1989年钱学森曾批评《中国人体科学》一书差不多所有论文都犯了“以一概全”的错误，告诫有关学者要“从‘偏’到‘全’。‘全’才是辩证唯物主义。”[4-495] 这后一句话是一个重要哲学命题，从一个侧面概括了唯物辩证法的核心思想。

7.2 不赞同实践唯物主义

从20世纪70年代末起，中国哲学界出现一股思潮，认为马克思主义哲学的

---

① 苗东升. 系统科学辩证法. 济南：山东教育出版社，1998：第16章.

核心不是辩证唯物主义，而是实践唯物主义。这种观点并非中国人的哲学独创，它实际上源于所谓西方马克思主义，却借改革开放之机在中国得到强劲的发展，甚至成为哲学界的主流观点。钱学森的态度很明确："'实践唯物主义'的提法不对，应该是辩证唯物主义。"(6-317) 他多次陈述过这一观点，但没有作过专题论述。不过，从他的一些零散的言论中还是可以寻觅到他关于实践唯物主义的一些深层次思考。

实践唯物主义倡导者的思想来源是他们对马克思、恩格斯这样一段话的理解："对实践的唯物主义者，即共产主义者说来，全部问题都在于使现存世界革命化，实际地反对和改变事物的现状。"① 实践唯物主义的倡导者们断言，这段话表明马克思、恩格斯把自己的哲学界定为实践唯物主义。他们对这段话的解读至少存在两个疑点：

其一，从逻辑上说，他们的概念形成轨迹为：实践的唯物主义者→实践的唯物主义→实践唯物主义。这一思想过程的后一步合乎逻辑，把带"的"字的短语压缩为一个概念，这是新概念形成的常规。但前一步逻辑上有严重错误，由"存在实践的唯物主义者"不能逻辑地断定"存在实践的唯物主义"，因为马克思用限制词"实践的"所修饰（限定）的是唯物主义者，而非唯物主义。在马克思那里，与"实践的"对举的是"理解的"；而在实践唯物主义倡导者那里，与"实践的"对举的却是"辩证的"，这就是偷换概念。而从现实世界看，人类历史、特别是近代史上存在实践的唯物主义者，却不存在实践的唯物主义。

其二，他们对马克思恩格斯著作的原文有断章取义之嫌。马克思恩格斯要区分的是实践的唯物主义者与理解的唯物主义者，后者"只是希望达到对现存事实的正确理解"，而前者即"真正的共产主义者的任务却在于推翻这种现存的东西"②。马克思恩格斯要讲的是，存在费尔巴哈这种理解的唯物主义者，也存在马、恩自己这样的实践的唯物主义者，却没有讲存在实践的唯物主义，更没有说他们的哲学是实践唯物主义而非辩证唯物主义。马恩要区别的是实践的唯物主义者和理解的唯物主义者，却被偷换成要区别实践的唯物主义和辩证的唯物主义，这样做绝不是科学的态度。

作为复杂性研究在中国的开拓者，钱学森实际上是把科学前沿的这一动向与哲学上"实践唯物主义"和辩证唯物主义之争联系起来思考的。这是他跟哲学专家们的显著不同。在谈到科学方法论这个"基础性问题"时，钱学森对国外复杂性研究作了这样的评论："他们也提出所谓复杂性问题，但是我看他们的理论并不高明，因为他们没有马克思主义哲学。他们一说，就说复杂性怎样认识？结果

---

① 马克思，恩格斯．德意志意识形态．北京：人民出版社，1961：38.

② 马克思，恩格斯．德意志意识形态．北京：人民出版社，1961：37.

就要人来认识，弄来弄去，就是强调人的主观作用；强调来强调去，就把不以人的意志为转移的客观存在这个物质给丢了。所以，我们现在有一些人叫实践唯物主义，但我看还是坚持辩证唯物主义为好。”① 这段话言简意赅地指出了实践唯物主义的问题所在：片面强调人的主观作用，丢掉了不以人的主观意志为转移的客观物质的存在。在钱学森看来，能够给复杂性研究提供哲学指导的是辩证唯物主义，而非实践唯物主义，复杂性研究需要重新强调按照客观世界的本来面目去认识客观世界，而所谓“实践唯物主义”片面夸大主体的主观能动性，将把复杂性研究引向歧途。

从学理上说，实践唯物主义的最大问题是企图以实践本体论取代物质本体论。哲学最根本的任务是阐述宇宙观、世界观，而地球、太阳系、银河系以及整个宇宙是在有人类实践之前早已存在的，而且始终独立地存在于人类实践之外，承认这一事实是唯物主义的基本立脚点。实践第一性观点是认识论的命题，在本体论上讲实践第一性就会滑向唯心主义。你的爷爷的爷爷的爷爷的爷爷不会出现在你在实践中，但他是客观地存在着的。科学发展的一个认识论前提是承认存在着人类实践活动尚未接触到的客观事物，进入人类实践中的客观事物总是客观世界的一小部分，科学的哲学必须承认人类实践之外的这种客观物质存在。这种哲学只能是辩证唯物主义，不能说成实践唯物主义。所以，尽管“实践有宇宙观的意义”，但“实践不能是世界观、宇宙观的范畴”②，黄枬森的这个观点是正确的。

钱学森还说过：“我不赞成‘实践唯物主义’，也不赞成‘系统辩证论’。但我认为马克思主义哲学是马克思列宁主义毛泽东思想的哲学，其核心是辩证唯物主义；辩证在于主观与客观的相互作用，即实践。”(5-320) 这段话的最后一句也是他对于“不赞成实践唯物主义”的一种论证。从字面看，钱学森只讲了辩证唯物主义“辩证”在哪里，没有讲“唯物”在哪里。就他一贯的观点看，“唯物”表现在强调客观世界独立存在于人的认识和实践之外。实践唯物主义只看重“辩证”的一面，不提“唯物”的一面，不符合马克思主义。

从社会实践的现实需要来说，实践唯物主义的最大弊病是与现代科学技术发展相脱节，属于撇开现代科学技术实际情况的纯粹理论思辨。实践唯物主义的倡导者都是纯粹的哲学家，他们不关心也不了解现代科学技术发展的前沿动向，不大关心马克思主义哲学如何给科技前沿的发展提供指导的问题，也不大关心如何利用现代科学技术发展马克思主义哲学的问题，却热衷于寻找马克思与恩格斯、

---

① 钱学森．创建系统学（新世纪版）．上海：上海交通大学出版社，2007：132.

② 黄枬森．关于马克思主义哲学新体系的构想．见：北京大学现代科学与哲学研究中心．复杂性新探．北京：人民出版社，2001：281.

青年马克思与老年马克思之间的差别。他们的作品都是写给哲学界同行看的，不考虑科学技术领域对哲学的需求。这样的哲学观点占据哲学界主流地位，在某种意义上是哲学的退步。复杂性研究是当代科学前沿的一大热门话题，它要开创的复杂性科学代表科学整体上作为系统的一种新的历史形态，将要取代盛行了 400 多年的还原论科学。这是科学发展史上空前伟大的事业，而实现超越还原论的复杂性和艰巨性，在科学发展史上是也是空前的，亟须马克思主义哲学指点迷津。实践唯物主义对此并无什么帮助。

复杂性研究要少走弯路，仍然要做到两点：一是唯物，二是辩证。若把实践唯物主义作为思维科学的哲学分论，还有几分道理，因为复杂性研究特别需要强调实践第一性观点。“人是要通过实践来逐步认识这个客观世界的，复杂性的问题在这一点上就特别突出”①。轻视现场实践的作用，试图像还原论科学那样完全依靠科学推理方法和实验室可控性实验去把握复杂性，是注定不能成功的。但不论研究对象多么复杂，它们都是客观存在的，只有按照其本来面目去认识，才能得出科学的结论。而事实上，复杂性研究中的主观主义、从概念到概念的现象仍然广泛存在，强调唯物论是必要的。其次，复杂性之所以复杂，就在于它是不允许作极化处理的对立统一，必须把对立统一当做对立统一来对待，因而最需要的是辩证思维。现实的复杂性研究中大量存在机械唯物主义，最突出的表现就是照搬还原论科学追求精确性、唯一性、确定性、规范性、标准化的那一套，重分析而轻综合。总之，复杂性科学所需要的哲学是辩证唯物主义，复杂性研究的方法论原则是把复杂性当做复杂性，即按照复杂事物的本来面目去认识它们，而不是人为的简化它们。②

任何人，包括伟大的马克思主义者，在现实生活中都不可能做到时时、处处都既无任何主观主义，又无任何死心眼，即既不犯任何唯心论的错误，也不犯任何机械唯物论的错误。差别在于真正的马克思主义者自觉地防止犯这两类错误，因而能够大大减少错误的发生，一旦发现错误能够及时改正。钱学森是人而非神，同样不能完全避免这种错误。例如，拿到一本新书，他习惯于看看前言和目录，再看看结论，就能够对该书的价值有一个基本的估计，做出令人佩服的评论。但事情是复杂的，当他遇到的是自己陌生学术领域的著作时，这样做就会犯主观主义的错误，或者赞扬过度，或者全盘否定。他对人的评价也如此，先入为主、难听逆耳之言的事也是有的，影响到他对一些人好恶评价失准。还有，钱学森属于自觉创造历史的那种人，对人的主观能动性有时做出过高估计，也容易有主观主义。一个自然科学家，特别是长期从事力学和工程技术的人，有时也难免

① 钱学森．创建系统学（新世纪版）．上海：上海交通大学出版社，2007：132，133.

② 苗东升．开来学于今——复杂性科学纵横论．北京：光明日报出版社，2009：360.

犯机械唯物论的错误。例如，钱学森总是以申农通信理论为背景去理解信息概念，难免受机械论影响，以至始终接受不了维纳“信息就是信息，不是物质，也不是能量”的思想，视之为“糊涂话”。① 这种认识可能带来的负面影响，至今尚未受到学界充分注意。

许多人的马列主义是讲给别人听的，被讥讽为“马列主义对外”，一向引人反感。真正的马列主义者，包括钱学森，他们的马列主义首先是对自己的。在具体工作中犯形而上学的错误，谁都不可能完全避免，辩证法大师在某些问题上表现出形而上学，并不罕见。钱学森岂能例外。问题在于能否自觉地防患于未然，一旦有错误能否及时克服。在实际工作中，钱学森就常常做自我检查。如在与许国志通信讨论系统科学的发展时，钱学森就提出：“我们以前的看法（实是我自己的看法），是否有形而上学的毛病?”[1-250] 在科学和学术上如此自律，正是马克思主义者的作风。

7.3 对毛泽东哲学思想的评价

钱学森的辩证唯物主义主要是从恩格斯和毛泽东那里学来的，对他们的有关著作相当熟悉。由于都是信仰马克思主义的中国人，身处同一时代，又有许多直面交流的机会，他受毛泽东的影响更直接、更全面、更深刻。钱学森自己也意识到这一点。如在对中医学家邹伟俊谈“人定胜天”的唯物主义诠释时，钱学森指出：“关键在于要知道：人的认识，对客观世界的认识，要靠实践。所以此中哲学道理，您应该读毛泽东同志的《实践论》和《矛盾论》；我就是从这两篇著作中学到辩证唯物主义的。”[8-262] 他在实际工作中谈到应用辩证唯物主义时，常常引用这两本著作，也证明了这一点。

从定性到定量综合集成法是钱学森晚年对系统科学最重要的贡献，他自己的评价是相当于复杂性科学的微积分。说到从定性到定量综合集成法的哲学思想来源时，钱学森反复提到《实践论》和《矛盾论》，念念不忘毛泽东思想对他的影响。把自己最得意的学术创新归结为毛泽东哲学思想的指导，这就是对毛泽东哲学思想的一种评价。钱学森还说：“从定性到定量综合集成法的工作过程是以《矛盾论》为指导思想的。”[6-079] 搞综合集成必须建模，系统建模是一个很具体的科技问题，世界上谈论建模的书不计其数，唯有钱学森坚持在建模中作矛盾分析。“在建立数学模型的曲折过程中，要发现主要矛盾及矛盾的主要方面，而且要千万记住：矛盾是一个发展运动，会转化的。我们的许多失误都在于未跟上实际，思想僵化，不知道矛盾已经转化，出现新矛盾了。”[6-080] 在谈到系统建模及

① 钱学森．关于思维科学．上海：上海人民出版社，1986：19.

成果定量化之后如何提出领导概念中的方针政策时，钱学森写道："有数字，但怎么说清楚？我想这部分思维方法就是《矛盾论》，因此完善提高从定性到定量综合集成技术要引用《矛盾论》。"更一般地说，他认为"我们中心观点是事物的矛盾及矛盾的不断发展变化。西方的经济学派就不懂这一点。"(6-066)

钱学森对毛泽东哲学思想的信任是建立在他一生的科学研究这一实践基础上的，决非从概念到概念。特别是在复杂性研究中，钱学森念念不忘的是从毛泽东哲学著作中吸取指导思想和方法论，不仅教导他的弟子们努力把《实践论》和《矛盾论》应用于建立开放复杂巨系统理论，而且身体力行，80 多岁的他仍反复地"学毛著"。钱学森在复杂性科学中没有留下专著，但在方法论和哲学思想方面留下大量零金碎玉，非常宝贵。相比之下，那些肆意贬低、曲解、否定毛泽东思想的论调尽管颇为时兴，却是浅薄而狂妄的，不足取。十分可贵的是，恰恰是在许多人判定毛泽东哲学思想已经过时的时候，我们听到钱学森说：

"由于科学技术体系的形成，只有同全部科学技术相结合的哲学才是马克思主义哲学"①；

"今天中国的真正国宝是毛泽东思想和以马克思列宁主义毛泽东思想武装起来的中国共产党"(6-201)；

甚至以更激烈的语言讲：如果丢掉毛泽东思想，中国就完蛋了。

为什么毛泽东那一辈人能够发展马克思主义哲学？钱学森也在思考这个问题。20 世纪的中国是系统化了的地球人类基本矛盾最集中、最尖锐、最复杂的地区之一，无论前半期的民族解放运动，还是后半期的社会主义建设，其复杂性都是史无前例的，不可能从简单性科学中获得必要的思想启迪。这就使中国革命和建设都经历了复杂曲折的过程，既遭受过重大挫折，又取得举世瞩目的成就，积累了极为丰富而深刻的经验和教训，为复杂性研究准备了独特的素材，以及方法论和哲学思想的资源。复杂曲折的实践进程必然要在中国当代学术文化中有所反映，结出硕果，其中最突出的是毛泽东思想。毛泽东著作有许多关于复杂性的精辟论述，其哲学著作对复杂性研究的指导作用，对反思现代性、开拓后现代性的现实意义，都有待深入系统地发掘。钱学森对此有很清醒的认识，他指出："中国革命所取得的这样一个巨大的成绩确实是了不起的。我们这些经验，经过老一辈革命家的总结，集中成为毛泽东思想，这就是我们最宝贵的财富。而这样一个哲学思想恰恰正是指导我们研究复杂问题所必需的。"②

那么，毛泽东哲学思想有无不足之处？"我想毛泽东吃亏就亏在对科学技术懂得太少"(4-384)钱学森的这句话事实上给出他的回答。当科学技术已成为规定时

① 钱学森．科学的艺术与艺术的科学．北京：人民文学出版社，1994：117.

② 钱学森．创建系统学（新世纪版）．上海：上海交通大学出版社，2007：133.

代精神的首要因素后，毛泽东对现代科学技术懂得太少的弊病就暴露出来了。

7.4 问题讨论

第一，本体论是否过时了？如果把哲学看成一种知识体系，它的主要分系统就是本体论、认识论、历史观、价值论等，本体论总是排在第一位。钱学森挑战这一传统认识，认为物理学的四种相互作用力统一理论、超弦理论的发展等将会导致一次新的科学革命，“这一科学革命出现以后，我想，哲学家们曾提出过的所谓‘本体论’就不必要了。”在他看来，“本体论是用思辨来讨论问题的，但是对客观世界本质的问题，本体论没有解决，现在科学可以解决了。”① 鉴于本体问题在哲学中的根本性，他的论断尚需认真讨论。

辩证唯物主义认为，相比较而言，客观世界是无限的，人类的认识能力是有限的。用有限的认识能力去把握无限的客观存在，只能是一个无穷过程。科学永远不可能彻底解决存在的本质问题，客观存在永远有需要科学去揭示的奥秘，旧的奥秘被揭秘，又会发现新的奥秘摆在面前，永无终结。科学发展不断把过去以思辨方式获得的认识变为科学的认识，但面对尚未认识的世界及其未来，思辨方法仍然派得上用场，思辨与科学始终相伴。从科学发展的实际情形看，本体概念不是被淡化，而是在不同层次上被推广运用。这可能意味着存在不同层次的本体论，本体论研究似乎不是应该取消，而是需要扩大。还应该说，科学技术再发达，也不能完全否定思辨在人类认识发展中的作用。

第二，信息与物质。信息是物质的吗？钱学森的信息观深受申农通信理论的影响，对这个问题的回答还有较为明显的机械论成分。他把信息划归自然科学的研究对象，认为“它不过是某种形态的物质运动，当然是物质的。”② 这种认识尚有商榷的余地。如果把辩证唯物主义的对立统一规律贯彻到底，就应该承认有物质就有非物质，世界是物质与非物质的对立统一，非物质就是信息。以往把意识或精神当成非物质的唯一可能形态是错误的，因为那意味着在进化出意识之前，客观世界不是物质与非物质的对立统一，而是只有物质的“单极世界”。这就否定了对立统一规律的普遍性，不符合辩证法。实际上，意识只是非物质的高级形态，自然界的非意识信息才是意识信息形成的前体，它先于意识信息而存在，并由它进化出意识信息。人类出现以前的宇宙已经是物质与信息的对立统一，物质是基础，是第一性的；信息是物质运动的导引，是第二性的，它不能离开物质而存在和运作。这是唯物论更一般的表述形式。而唯心论更一般的表述形

① 钱学森等．论系统工程（新世纪版）．上海：上海交通大学出版社，2007：224.

② 钱学森．关于思维科学．上海：上海人民出版社，1986：19.

式是惠勒的“唯信论”，断言信息是第一性的，物质是信息的派生物，即“万物生于比特的存在观”。[①] 对于唯心论的这种最新表现形式，我们已有初步的分析批判。[②]

第三，哲学的研究对象。一般来说，钱学森哲学探索所关注的主要是哲学中的战略性大问题，基本不涉及哲学界热衷讨论的具体学术问题，这是他与时下哲学界交流不多的原因之一。20 世纪晚期，国内哲学界出现关于马克思主义哲学研究对象的争论，由于它对哲学研究的战略意义，引起钱学森的注意。钱学森从知识体系和科学技术体系的观点看，认为这个问题实际上“早就解决了”。他的体系学核心内容之一是揭示出马克思主义哲学与科学技术 11 大部门的关系，故认为“如果这个关系明确了，那么哲学是研究什么对象的，那不是一目了然了吗?”[③] 说得具体点，“马克思主义哲学就是全部科学技术的科学，马克思主义哲学的对象就是全部科学技术。”[④] 这一论断的新意在两个“全部”，有针对性，对准了学界的两个毛病。第一个“全部”针对的是那样一些人，他们认为马克思主义哲学与己无关。第二个“全部”针对的另一些人，他们做学问死守一个小摊摊，关起门来干，不看外面世界，不看其他学科的发展。钱学森的批评确是中的之论。

但哲学的研究对象是一个复杂问题，需要也能够从不同层次或角度去考察，给出有差异的答案。钱学森的回答只是一个角度，别的角度一定有他的角度看不到的东西。即使从知识体系角度看，他的回答也不够全面。哲学研究的对象不限于科学技术体系，至少还应该包括前科学。按照钱学森的观点，前科学的内容也在不断更新。只要前科学有了新内容，哲学家就会对它们进行哲学的思考，不会一直等到上升为基础科学理论后再进行哲学概括。

---

① 约翰·惠勒．北京：北京理工大学出版社．宇宙逍遥，田松，南宫梅芳译，2006：345.

② 苗东升．评惠勒的信息观．武汉：华中科技大学学报，2008，(2)．

③ 钱学森．创建系统学（新世纪版）．上海：上海交通大学出版社，2007：5.

④ 钱学森等．论系统工程（新世纪版）．上海：上海交通大学出版社，2007：285.

第 8 章　钱学森与自然科学的哲学——自然辩证法

在钱学森构筑的马克思主义哲学体系的 11 架桥梁中，最先建立的是自然辩证法。它的创建者是恩格斯，20 世纪的马克思主义哲学家也有很多贡献。钱学森对自然辩证法有独到的研究，在 11 架桥梁中，自然辩证法也是他重点研究的领域之一，钱学森的观点在中国自然辩证法界产生过广泛影响。遵照他的排序，我们对桥梁学科的讨论就从自然辩证法开始。

8.1　对自然科学的总看法

在马克思主义理论家中，对自然科学做过系统而深入考察的主要是恩格斯，留下丰富的理论遗产。钱学森认真研读了恩格斯的有关论述，承续恩格斯的基本思路和方法，考察恩格斯以后自然科学的发展，丰富和发展了马克思主义的自然科学观。

从科学技术体系学的观点看，自然科学的特殊质性是由它看待整个客观世界的特殊着眼点决定的。那么，这个着眼点是什么？钱学森这样回答："自然科学是从物质运动这个着眼点、这个角度去看整个客观世界。自然科学家看一个机械制造厂，不着眼于厂的财务、经营管理、经济情况，而把工厂看成材料流动、加工切削的场所，研究其能源消耗、机械磨损、产品的质量和性能等。"① 这段话提到两类需要科学研究的问题，前者为事理问题，后者为物理问题，自然科学的特点是从物理而非事理的角度研究整个客观世界。

换个角度看，自然科学的研究对象是整个客观世界的物质存在和运动，亦即通常所说的自然界。但自然科学对自然界的认识在不断深化，钱学森试图依据现代科学的最新成果来描述这个对象，提出若干新见解。一，"客观世界的最终极限在大宇宙"(8-085)，由此产生了作为现代自然科学前沿之一的大宇宙学。二，"今天的世界早已不是马克思时代的宏观世界这一个层次"。(9-382) 现代科学研究的自然界是一个具有层次结构的系统，20 世纪通行的认识是三层次说，即微观、宏观和宇观；钱学森又提出五层次说，即渺观、微观、宏观、宇观、胀观，亦称五观说。三，这样的研究对象是一个开放的复杂巨系统，还原论方法不能整体地

---

①　钱学森等．论系统工程（新世纪版）．上海：上海交通大学出版社，2007：161. 本章只注明页数的引文均出自此文献．

把握它，须用辩证唯物主义来综合提炼出新的宇宙观。他强调："我国天文学家也应以马克思主义哲学为指导，用复杂巨系统的概念加以研究。"(8-085) 前两点丰富了宇宙观，后一点还涉及自然科学方法论的变革。

在现代科学技术体系中，自然科学是最先产生出来的，历史最悠久，成果最丰厚，钱学森称之为 11 个大部门中的"老大哥"。老大哥的责任是为小兄弟树立榜样，引导他们走向成熟。所以，各大部门"都可以采用老大哥——自然科学结构的模式，四个台阶，最高是马克思主义哲学。"(218页) 关于自然科学体系结构的形成，钱学森曾经多次做过专门考察，发现科学技术体系的思想肇始于恩格斯，他创造出一种全新的体系框架。恩格斯在《费尔巴哈与德国古典哲学的终结》一书中对自然科学 300 年的发展作出概括，接着又通过撰写《自然辩证法》把自然科学与马克思主义哲学联系起来。钱学森作了这样的概括：恩格斯"在一个世纪以前所做的，就是自然科学认识客观世界的这一部门学问，使自然科学从自然哲学中脱离出来，形成了自己的一个完整的体系。在这个体系中，提出了自然辩证法，用我的话来讲，就是建立了一个通向马克思主义哲学的桥梁。"又说恩格斯一方面"要把辩证唯物主义用到研究自然科学上，另一方面，他要把自然科学研究的成果，用来解释、深化、丰富辩证唯物主义。"(217页) 这使钱学森深受启发，由此悟出哲学与现代科学的关系，确定了构筑现代科学技术体系的指导思想：辩证唯物主义处于体系中的最高层，每一大部门都通过一定的桥梁跟辩证唯物主义连通起来。

自然科学在不断发展，对自然科学的看法也在不断发展。受限于当时的科学发展水平，"恩格斯在 100 多年以前认识的自然科学，和我们今天认识的自然科学，是有区别的。"① 恩格斯时代的自然科学体系结构还很不完善，自然科学主要是认识客观世界的学问，尚未把这一整套知识直接用来改造世界，这是一大缺陷。工业技术在 18 世纪已有很大发展，但技术没有被看成学问。19 世纪已有军事工程，并逐步扩展到土木建筑之类民用工程，但工程技术直到 19 世纪下半叶才开始被看成学问，从此自然科学体系中出现了工程技术这个层次，体系结构进一步走向完善。由于这一过程刚刚开始，恩格斯还没有把它概括到他的著作中，或许说当时还不可能作这种概括。自然科学在 20 世纪初的一个重要发展，是出现了介乎工程技术和基础科学之间的另一个层次，即技术科学，或称应用科学。至此，自然科学完整的体系结构终于形成了。钱学森对此总结道："自然科学从文艺复兴开始，经过了 400 多年的发展，形成了一个比较完整的体系：它的最高层是马克思主义的哲学，然后是一个桥梁——自然辩证法，然后是自然科学的基础科学。然后是更接近应用的技术科学——应用科学，最后是直接改造客观世界

① 糜振玉．钱学森现代技术科学思想．北京：科学出版社，2011：85.

的工程技术。四个台阶，一个桥梁，最高层是马克思主义哲学。”(218页)

8.2 关于桥梁学科的界定

自然科学的哲学是什么？历史上有所谓自然哲学，但恩格斯证明古代的自然哲学已被淘汰，他把自己关于自然科学哲学问题的理论称为自然辩证法。作为恩格斯事业自觉的承续者，钱学森主张接受恩格斯的观点，称为自然辩证法。

对于自然辩证法的定义，学界也有不同理解。中国自然辩证法界流行的看法是于光远的“大口袋”说，把自然辩证法看成一个“大口袋”，凡是难以归类的研究领域都可以放进去。依照这种观点，有人以自然辩证法要现代化为由，把科学学、科技史、控制论、系统工程等都装入其中。鉴于于光远在这一领域的特殊地位，中国自然辩证法学会的组织体系就是按照“大口袋”说设计和运行的，钱学森现代科学技术体系中的许多桥梁学科也被放进这个大口袋。钱学森不接受“大口袋”说，认为不要把自然辩证法看做多门学科的学科群，而应该采用恩格斯的说法。他重新研读马克思主义谈论自然辩证法的有关文献，得出结论说：“恩格斯讲的内容只是辩证唯物主义的自然观，也就是用辩证唯物主义来观察自然界。再具体化就是物质和运动之不可分离，即物质是运动着的物质，而运动是物质的运动；再进而分析物质运动的不同层次以及层次之间的过渡，由此讲到学科的划分。概括起来就是这些内容。这就是自然辩证法的研究范围。”(118页)并且郑重其事地说：“我们要实事求是，不要在马克思主义导师们遗留给我们珍贵的手稿里加上他们本来没有的含义。”(119页)特别的，不能把现代科学技术体系划归自然辩证法。

黄顺基是自然辩证法界有影响的学者，认同“大口袋”说。他与合作者的著述《大杠杆》、《大动力》、《大创新》就是作为自然辩证法的专著而推出的。按照钱学森的看法，这三本书研究的都是科学技术与社会的相互作用，即科学学，或科学技术社会学，它不是哲学，应该归属于社会科学，而非自然科学的哲学分论——自然辩证法。钱学森由此而指出：“自然辩证法就是在马克思主义哲学(辩证唯物主义)指导下概括自然科学技术所得出的哲学，也是自然科学这一大部门到马克思主义哲学的桥梁。自然科学技术的进展要通过自然辩证法来丰富、发展并深化马克思主义哲学。所以，我用‘科学学’，不用‘科学哲学’。”(9-328)钱学森在这里给出自然辩证法的一种定义，指明它与科学学的不同，以及它在现代科学技术体系中的地位。

20世纪80年代，在“跟国际接轨”的口号下，由中国人民大学自然辩证法教研室打头，国内哲学界把原来在自然辩证法名义下进行的学术研究和教学的学问改称为科学哲学，或科技哲学。钱学森没有跟风而动，他坚持恩格斯的概念，坚持他的现代科学技术体系学思想。既然 11 个大部门都是科学，11 架桥梁就都是某种特定的科学哲学，故自然科学的哲学并非唯一的科学哲学，11 架桥梁就是 11 种科学哲学。此外，自然辩证法界还把科学技术工作中的组织管理学也放到大口袋中。钱学森对此的评价是：这种“无所不包的自然辩证法，博大而不精深”。(8-340) 他认为这种状况必须改变，也相信问题“总要解决的”。

钱学森坚持把自然科学的哲学分论称为自然辩证法，基本出发点之一是尊重恩格斯的概念创造。但这个称谓并不很准确。其一，《自然辩证法》一书就有“大口袋”的特点，如包含科学史的内容，而按照钱学森现代科学技术体系学，科技史属于社会科学。其二，“自然辩证法”一词突出的是辩证法，有导致轻视唯物论之嫌，而马克思主义哲学既是辩证的，又是唯物的，而且应该先讲唯物论，后讲辩证法。其三，如果坚持用自然辩证法一词，也应该改为自然辨证论，辩证法一词是西文中译，所突出的是方法；辨证论是中国文化固有的概念，所突出的是世界观。① 自然科学哲学应该突出世界观，其次才是方法论。

8.3　论科学革命和技术革命

库恩的科学革命论是科学哲学在 20 世纪中期的一大收获，成为中国自然辩证法界最热门的话题之一。钱学森给予很高评价，肯定科学革命是科学发展的“内在规律”，非常重要。(105页) 他又说：库恩“在书中提出了一个很正确的观点，就是科学的发展不是平稳前进的，中间可以出现大的、质的变化，出现飞跃。他把这个质的变化、这个飞跃称为科学革命。我认为他的这一观点是对的，当然书中所讲的东西不一定全对，也有许多我们不能接受的观点。但我肯定他提出科学的发展有革命是对的。”(222页) 在 20 世纪纷纷扰扰的西方哲学新思潮中，能够像科学革命论这样得到钱学森高度评价的极少。

对于科学革命的理论，钱学森还依据辩证唯物主义作出如下精彩的解释：“科学理论的发展也正和一切事物一样是一个从量变到质变的过程。一门科学一旦有了系统的理论就进入正常发展的阶段，大量的实验和理论分析，不断充实原来的理论，理论又见诸实际应用，实践结果又提出新的研究课题，要求科学家去解决。这都大体上是量的积累，原来科学框架显得更加牢固了。但就在这一阶段的量变中，也隐藏着与原来理论规范相矛盾的东西，随着研究的进展，矛盾逐渐显露，也会有些不损害原来理论的小修补。可是矛盾终于无法克服，引起激化，大家都有了科学危机感，这时就会出现一个新理论来取代原来的理论，形成一次质变，一次科学理论的飞跃。当然新理论总是吸取了原来理论的成果，包含了原

① 苗东升．开来学于今——复杂性科学纵横论．北京：光明日报出版社，2009：118.

来的理论，是人们认识客观世界漫长过程的一个新的驿站。这种质变就是科学革命。”(104页) 显然，钱学森接受了库恩的科学范式和科学危机这两个基本概念，并将其纳入辩证唯物主义的概念体系，用马克思主义哲学的语言加以表述。

钱学森对科学革命的思考还有两个特点。一是不限于考察单个领域的某一次革命，而是把所有发生过的科学革命放在人类历史的长河中考察，得出结论说：“人类认识客观世界，就是这样一个飞跃接一个飞跃，一个科学革命接一个科学革命。”(198页) 他的观点可以称为不断革命论，科学领域的不断革命论。钱学森还由此出发去预测未来可能发生的科学革命。

其次，钱学森还把科学革命和技术革命联系起来考虑，分析科学革命如何影响技术革命。技术革命是毛泽东首创的概念，受到钱学森高度评价，并经常用它来讨论科学技术和社会问题。钱学森说：“我认为技术革命的概念或定义还是用毛泽东同志提出的建议：什么叫技术革命？技术革命就是技术领域里的重大变革。”他自己又加以发挥：“技术变革就是人改造客观世界技术的飞跃，这个新技术的出现要影响一大片，影响生产力，这就是技术革命。”(224页) 他的论述深化了毛泽东的观点，强调技术有别于科学的特点在于它是改造客观世界的知识。还须注意，库恩的科学革命论是针对自然科学而言的，钱学森的科学革命和技术革命是针对所有11个科学大部门讲的，他特别重视社会科学领域的科学革命和技术革命。

8.4 自然科学哲学问题

自然科学哲学问题的研究是自然辩证法研究的重要内容，也是难点之一，颇受钱学森关心，发表过许多很有见地的看法。例如，他对宇宙学有浓厚兴趣，提出宇宙“五观说”：“世界是有层次的，物理学也是有层次的，是胀观物理？是宇观物理？是宏观物理？是微观物理？是渺观物理？相邻的两个层次的物理是有连接融合的，跳过层次就难有连接融合点了。”(8-183) 钱学森对大爆炸宇宙学颇有微词，认为它与马克思主义哲学之间的“矛盾是突出的，要么放弃马克思主义哲学时空无限的论点，要么批评大爆炸宇宙学的谬误，二者必居其一。我是坚持时空无限论点的，认为现代科学的宇宙学还很不完善，有待今后的继续努力。我也相信，最终有比现在宇宙学更高明的宇宙学出来，这个矛盾是可以解决的。”并由此得出一个重大哲学结论：“马克思主义哲学和现代科学不能各行其是”。(1-329)

从牛顿以来，甚至从古到今，如何认识决定性与非决定性这对矛盾，一直是自然科学基础理论研究中的重大哲学问题和难题。混沌理论研究又一次把这对矛盾摆在科学和哲学面前，引起新的争论。钱学森重视混沌理论，特别对其中的哲学问题感兴趣，认为混沌和湍流研究的“马克思主义哲学意义在于搞清决定性与

‘非决定性’”。(5-491)他以《基础科学研究应该接受马克思主义哲学的指导》为题著文指出：“基础科学研究绝不是像早年那样没有指导思想的摸索，而是在马克思主义哲学指导下的探索，所以途径和路牌是有的。”文章具体谈论了三大问题，第一个就是决定性与非决定性。他依据科学史说明：“从决定性的牛顿力学演化为非决定性的统计力学是一次科学进步，而用混沌解释了统计力学的非决定性则是又一次科学进步。”他对非决定性的统计力学的解释是：“在某些局限性下出现的非决定性问题，在更高层次中又会变为决定性的。这已经是马克思主义的辩证逻辑了。”①

钱学森赞同自然辩证法学者查有梁的观点：“决定论总是一定条件下的决定论，几率论也总是一定条件下的几率论。即没有绝对的决定论，也没有绝对的几率论。决定论和几率论在一定条件下是可以相互变换的。这些条件主要取决于时间空间和物质层次。”钱学森还就此加以发挥：“这个论点很有点意思”。但又觉得查有梁的观点“似带点‘不定论’的味道，我想他的这段话应该加一句：‘但总有一个时空分辨度，在那个时空分辨度下，是决定论的。”(2-227)在钱学森看来，两种说法合在一起体现了一个哲学原则：马克思主义哲学原理既不必根本改变，又需要深化。学子们提出的新观点只要符合这个原则，钱学森都会表示赞同；而违背此原则者，必定受到他的批评。

钱学森对决定性与非决定性这对矛盾还给出如次解释：“客观世界是决定性的，但由于人认识客观世界的局限性，会有暂时要引入非决定性的必要。”②的确，认识能力的局限性是在认识成果中引入非决定性的重要原因，科学研究应当尽量避免这种非决定性，但要完全避免是不可能的。随着科学的发展，过去引入的非决定性减少或消除了，新的非决定性又会因认识的局限性而产生。但我们对钱学森的这个说法也有两点质疑：一，把非决定性全部归结为人的认识局限性所致，就否定了非决定性的客观性，只承认决定性是客观的。实际上，自然科学家碰到的非决定性部分来自人的认识局限性，更为根本的则是客观世界固有的非决定性。二，钱学森只讲决定性与非决定性在不同层次之间的转化，不讲同一层次上的转化，也有片面性。实际上，决定性与非决定性的转化既存在于不同层次之间，也存在于同一层次上，客观世界每个层次上都同时存在决定性和非决定性，都可在一的条件下相互转化。

恩格斯以当时的自然科学为依据，指出科学正在向辩证思维复归，并对自然科学所涉及的大量辩证矛盾作出哲学概括，提出一系列极富智慧的论断。钱学森很赞赏恩格斯的这些论断，经常在文章、讲演、书信中引用。他遵照恩格斯的立

① 钱学森．创建系统学（新世纪版）．上海：上海交通大学出版社，2007：91～93.

② 钱学森．创建系统学（新世纪版）．上海：上海交通大学出版社，2007：92.

场、观点、方法，依据20世纪自然科学的新成就，对恩格斯未曾提及的一些辩证矛盾加以论述。这里简要介绍几点。

质与量的辩证关系。这是自然科学家经常面对的一对矛盾，建立数学模型，把对质的描述转化为对量的描述，是他们的拿手好戏，但他们对其中的哲学思想并不深究。在美国从事力学研究的钱学森就善于把定性问题转化为定量问题来处理，卡门由此赞扬他有数学天才。晚年钱学森更从哲学上悟透量变导致质变、质变又导致量变的规律："我以为马克思主义哲学中的辩证法有'质'（即定性）与'量'（即定量）两个方面，二者不能同等看待，混为一谈。但两者又辩证地相互作用，是统一的。"(5-241) 针对一些哲学社会科学学者只考虑质、不考虑量的做法，钱学森明确强调："如果只考虑一个质，那就只能有'正、负'、'善、恶'、'0、1'等'二元'理论"。他的结论是："只讲'质'是不行的"。(5-242)

有限与无限的辩证关系。这是自然科学中另一对重要矛盾，历来存在尖锐的分歧。改革开放以来，中国学术界又盛行宇宙有限论，批判毛泽东的物质无限可分性观点，钱学森也参与这场争论，坚持时空无限论，更准确地说是有限与无限辩证统一论。就空间来说，"我们认识到的空间总是有限的，但一直在不断扩大"，而我们的认识并非到此为止，相信还存在我们所在的"小宇宙"之外的空间，即空间是有限与无限的统一。(7-489) 就时间来说，"时间是以时代为标志的，以发生在那一瞬间的事件为标志的，哪有无标志的时代？所以时间也是有限与无限的统一。"(7-490) 总之，钱学森认定宇宙有限论不符合马克思主义哲学。

在11个大部门中，自然科学发展得最充分。在11个哲学分论中，在恩格斯奠定的基础上，经过历代马克思主义者的耕耘，马克思主义的自然科学哲学分论也发展得最充分。西方非马克思主义哲学家也有大量富有成果的工作，近30年中基本都被介绍到中国来，出现了大量追随者。钱学森主张充分利用这些成果，在马克思主义哲学指导下进行扬弃。他自己也对自然科学哲学问题发表了大量虽然零散、却颇有深度的议论，很有挖掘、整理、发挥的必要。有了这个基础，建立自然科学哲学的完整体系已经提到日程上了。

8.5 自然科学方法论

迄今为止，自然科学的方法论主要是还原论。在复杂性研究推动下，钱学森从思维科学角度剖析还原论，指出"从前人认识客观世界的一个普遍方法，即所谓的科学推理方法，它在科学发展史上曾起过很大作用。"① 说具体点，"抽象（逻辑）思维是人长期实践经验的总结，概括出的规律，一阶逻辑，比较成熟有

① 钱学森．创建系统学（新世纪版）．上海：上海交通大学出版社，2007：64.

把握，所以敢于用它‘深加工’，从公理、定义得到可以信赖的定理，中间不需要再与事实核对，‘抽象’即此而言。”(6-365) 更详细点说，科学研究的理论工作就是取定少数不加定义的概念作为元概念，少数不加证明的命题作为公理（元命题），然后用它们逻辑地定义其他所有概念，推导证明所有其他命题，形成理论体系。此乃从事自然科学研究必须熟练掌握的基本功。

受爱因斯坦的启发，再总结自己的经验，钱学森发现上面所说只是自然科学方法的一部分，或一个片段。问题的关键在于，“当大量事实摆在你面前时，你若不认识它，那是一点办法也没有的，你的推理从何做起？”这就是说，在科学推理之前，首先要实现从事实到科学设想（猜想）的认识飞跃。而“关键的那个部分，即从事实到设想，这个过程是最难的”①。所以，自然科学研究方法的完整表述，应该是从定性设想到科学推理。

从开始关注系统工程和研究工程控制论的时候起，钱学森就开始了对还原论局限性的质疑和超越。转向复杂性研究后，特别是在意识到一大批客观事物都属于开放的复杂巨系统后，他对还原论的弊病进一步给出系统的剖析论证。从方法论上说，“这里有个特点，就是这些系统不能用近代科学都习惯于用的还原论的方法，即培根的科学研究哲学”；因为这些系统“那么复杂，你把它一分解，要紧的东西都跑了，没有了”②。从认识论上说，“复杂性的问题在这一点上就特别突出，任何人通过实践得到的认识是不全面的；要尽量地把许多人的认识综合起来，把它形成一个整体的东西”③。从思维科学看，从客观事实到科学设想的飞跃是思维过程的整体涌现性，还原到局部或低层次是无法理解的。

那么，钱学森所特别钟情的系统科学方法能否应用于自然科学呢？应该说他是相信这一点的。《基础科学研究应该接受马克思主义哲学的指导》一文共有三节，第二节是“从整体结构层次看基础科学研究的方向”④，但如何应用系统方法他没有提及，现在也说不出具体的东西来。从胀观层次认识客观世界必须张扬整体论，试图从对宏观世界和宇观世界的认识综合过渡到对胀观的认识，现在还不可能。类似的，把对渺观的认识建立在对微观世界的还原上也是不现实的。第三节讲的是宏观层次，钱学森认为这是由系统科学涌现出来的一个大领域：开放的复杂巨系统，无疑包含自然科学基础研究的重大课题。

钱学森也正面谈论过在自然科学研究中应用系统科学的问题。“自然科学里头有一个好像从前说与系统科学没有关系的高能物理……出现了新的现象，他们

---

① 钱学森．创建系统学（新世纪版）．上海：上海交通大学出版社，2007：64.
② 钱学森．创建系统学（新世纪版）．上海：上海交通大学出版社，2007：132.
③ 钱学森．创建系统学（新世纪版）．上海：上海交通大学出版社，2007：133.
④ 钱学森．创建系统学（新世纪版）．上海：上海交通大学出版社，2007：95.

叫 EMC 效应”，EMC 效应难就难在“同时要考虑 600 个质子相互复杂的作用，这个不就是复杂巨系统吗？而且是开放的，因为两个粒子对撞，两个原子核对撞”。在他看来，物理学家没有解决这个问题，原因在于“他们没有一个系统学的概念，所以高能物理学里头也出现了系统科学的需要”①。

钱学森也注意到生物学前沿对系统科学的需要。他在给杨天德的信中指出：“分子生物学已经发展到研究生物大分子（巨分子）形成的高层次结构的动态特性及功能，那就实际上步入系统科学领域。例如：1. 结构域的形成及功能，2. 更上层次结构的形成及功能，处理这些问题都应该用系统科学。”②

钱学森还谈论过生态、环境等问题对系统科学的需要。应该说，还原论产生于自然科学自有其历史的和逻辑的理由，还原方法对于认识自然现象最为有效是不争的事实。但我们有理由相信，随着历史的发展，自然科学研究也越来越需要系统科学方法，自然科学同样需要把还原论与整体论结合起来。

---

① 钱学森．创建系统学（新世纪版）．上海：上海交通大学出版社，2007：164.

② 钱学森．人体科学与现代科技发展纵横观．北京：人民出版社，1996：387.

第9章 钱学森与社会科学的哲学——历史唯物主义

从马克思发现唯物史观起，关于社会现象的学问就开始具备科学的品格。20世纪以来，自然科学和数学被越来越多地引进社会现象研究，逐步使关于社会历史的学问成为与自然科学并列的一大科学技术部门，称得上社会科学了。钱学森构筑现代科学技术体系就是从突破这两门科学并列这种传统看法起步的。他提出哪些新思想？如何认识社会科学的体系？如何构筑社会科学通向马克思主义哲学殿堂的桥梁？本章试图回答这些问题。

9.1 对社会科学的总看法

钱学森自己说："我不是搞社会科学的，只是从自己工作中体会到社会科学对我国社会主义建设的重要性决不次于自然科学工程技术。"[8-079] 中年钱学森主要从事中国航天科技的组织管理工作，实践引导他向社会科学靠拢。加上其他方面的社会活动，以及国家曲折复杂的发展历程，使他越来越认识到社会科学对中国社会主义建设的重要性，懂得了再高的高技术也不能代替社会科学。要建设有中国特色的社会主义，"看来在许多重大问题的解决非社会科学不可，连什么'高技术'也无能为力!"[3-392] 所以，晚年钱学森在社会科学上花费的精力明显多于自然科学，一再强调要承认社会科学也是科学，力主从现代科学技术体系的角度看社会科学，视之为现代科学技术体系中与自然科学并列的一大部门，并且自己着手研究社会问题。

社会科学的学科定义形形色色。为了用现代科学技术体系学观点审视它，钱学森提出这样的问题：什么是社会科学的特征？社会科学是从什么着眼点、什么角度研究问题的？他用"视角说"给出的总回答是："社会科学是从人类社会发展运动的着眼点或角度来研究整个客观世界的"。稍微详细点的说法是："社会科学研究客观世界的着眼点或角度是人类社会的发展运动；社会的内部运动；也研究客观世界对人类社会发展运动的影响，如环境、生态、能源、资源等。"① 这实际上把学科界定中的"视角说"与"对象说"结合起来了，社会科学的研究对象是人类社会的发展运动，包括两个方面，首先研究社会的内部运动，同时研究客观世界对这种运动的影响。许多人不同意钱学森对社会科学的这种界定，理由

① 钱学森等．论系统工程（新世纪版）．上海：上海交通大学出版社，2007：161.

很简单：人类社会只存在于地球上，怎么能说社会科学也研究整个客观世界呢？钱学森依据科学发展史来答辩：人类几百年前还不知道地球，今天则知道太阳活动影响地球上的气候和无线电通信，进而影响人类的经济；将来还会通过宇航科技发展把人类活动扩大到整个太阳系及太阳系以外，社会科学怎么不是研究整个客观世界的呢？事实上，环境、生态、能源、资源等问题越来越突出就有力地说明，社会科学的视野越来越超越人类社会本身，涉及客观世界的方方面面。

人类社会在加速发展，社会科学也在加速发展。在复杂性科学兴起、科学技术日益体系化的今天，社会科学也经历着巨大的变化。自马克思以来，社会科学家总要面对资本主义与社会主义的问题；而今天的世界，无论资本主义，还是社会主义，都发生了大变化。钱学森认为：今天的“资本主义也早不是马克思时代的资本主义了，以后有第四次产业革命和现在正在进行的第五次产业革命，一切在变化呵，不进行再认识能行吗？”例如，马克思时代的资本主义是没有秩序的市场经济，但“现在资本主义的市场经济也早已不是完全无序的了，有国家干预、调节，不过只是为了资本家的利益而已。”[4-264]资本主义和社会主义的巨大变化，要求马克思主义的社会科学有相应的大发展。

社会科学是一个极其广阔的研究领域，包括难以计数的分支学科，学科划分比较混乱。钱学森认为，跟自然科学相比，“社会科学部门就很不完善，中国社会科学院的研究所设置就比较零乱。”[7-013]钱学森坚信社会科学同样具有三个层次、一个桥梁的结构模式，也曾试图按照此模式来梳理社会科学的体系。他远未完成这一任务，这也不是他一个人就能完成的任务，而应当是接受体系学思想的社会科学家群体承担的任务，看来要到二三十年以后才有望完成。不过，钱学森还是提出许多很有价值的观点，如说：“社会学就是社会形态的现况及其发展变化的科学。也可称之为马克思主义社会学，当然包括科学社会主义”。[4-304]又如说：“马克思主义社会学是高层次的综合性科学。在略下一层次有研究经济的社会形态的经济科学；有研究政治的社会形态的政治科学；还有研究意识的社会形态的科学体系”。[4-305]他讲的政治科学包括政治学、行政学、社会主义国家学等[3-348]，经济科学包括政治经济学、生产力经济学、金融经济学，文化科学包括教育学、科学学、文艺学、传播学、信息（体系）学、体育学、老年学等[4-140]，文艺学则包括文艺体系学、文艺能力学、政治文艺学等[4-333]，这些意见都有参考价值。

钱学森对建立社会科学学科体系的一个贡献，是提出社会技术的概念。长期以来，人们一说到技术，必定与自然科学联系起来，不承认社会科学也有自己的技术和工程。所以，社会技术和社会工程概念的提出，以及相应的理论阐释，使社会科学有了完整的体系，对于把社会主义建设建立在现代科学技术基础上十分必要。

9.2 关于桥梁学科的界定

学界习惯于把哲学与社会科学视为同一类学问，称为哲学社会科学，或者统称为文科。此乃还原论盛行数百年造成的错误认识，危害不浅。钱学森反复指出，正是文与理长期分家造成中国的自然科学家既缺乏哲学思维能力，又不讲究文采，难以驾驭复杂性科学时代的自然科学发展；而哲学家和社会科学家则普遍缺乏自然科学基础，没有从工程技术上考虑问题的思维习惯和能力，严重阻碍所谓“文科”的现代化。钱学森的现代科学技术体系学对这种传统观点提出挑战。一是彻底放弃了传统的文理划分，揭示出 11 大部门中有 7 个是文理交汇的产物，它们既亦文亦理，又非文非理。二是揭示出哲学不是所谓文科独有的，而是扎根于所有大部门的一个知识层次，而且是最高层次，自然科学和社会科学都只是哲学层次之下的具体科学部门。不论哪个大部门，你要有大作为，就得具备哲学头脑，善于运用马克思主义哲学指导你的科学研究。可惜，中国的科研和教育体系至今还把哲学归于文科，真是积习难改呀！

作为现代科学技术体系的一个大部门，社会科学当然有自己的哲学分论，如何命名？称之为历史唯物主义，还是社会论？钱学森选择了前者，他的理由是：“社会论不同于历史唯物主义，是以个人与社会的相互作用为研究对象的；而历史唯物主义是以社会系统的运动发展为研究对象的。”(5-073) 可以从这段话解读出多重含义。钱学森认为行为科学与社会科学都研究社会现象，将行为科学的哲学分论命名为社会论，也就肯定了这两大部门互为近邻；但也仅仅是近邻，它们各从不同的视角考察社会现象。社会系统既需要在空间维上考察，也需要在时间维上考察，各有不同的认识结果。一个系统的运动发展就是它在时间轴上不可逆地展开，亦即它的历史。社会系统的运动发展构成社会系统的历史，社会科学首先关心的是社会的运动发展，强调历史感、历史观。从哲学上阐述社会系统演变历史的特殊本质和规律，就是社会科学的哲学分论。马克思主义哲学中早就有一门这样的学问，即历史唯物主义。而社会论首先关心的不是社会系统在时间轴上的展开，而是在一定历史时期中人与社会的共时性相互作用，其次才考察这种相互作用随着历史延伸而发生的改变。

把历史唯物主义在马克思主义哲学的层次结构中放得比辩证唯物主义低一点，这种思想早已有之。“历史唯物主义是关于人类社会发展一般规律的科学”，“历史唯物主义是辩证唯物主义在社会历史研究中的推广和应用”，“历史唯物主义是科学的社会历史观和认识、改造社会的一般方法论”，都是马克思主义哲学界经常讲的观点。钱学森接受了这些观点，他的创新在于从现代科学技术体系学角度重新加以阐释，明确地把历史唯物主义界定为社会科学通向辩证唯物主义的桥梁，努力做到与历史的衔接。

如何发展社会科学的哲学分论？如何通过社会科学丰富和发展马克思主义哲学？进入学术生涯第三阶段的钱学森一直在认真思考这个问题，所得到的结论归结为一点，就是通过桥梁上升到殿堂。以经济科学为例，他认为“社会经济现象要首先通过这三门经济理论（政治经济学、生产力经济学、金融经济学——引者）得到整理，提炼出哲学的线索，才能很好地上升到马克思主义哲学。看来要先通过历史唯物主义再到辩证唯物主义。”(8-360) 同样，政治科学和文化科学也需要而且能够适当整理，提炼出哲学的线索，通过历史唯物主义上升到辩证唯物主义。这表明，历史唯物主义也有自己的亚学科划分，可否分别称为经济的历史唯物主义、政治的历史唯物主义、文化的历史唯物主义，有待研究。

9.3 对历史唯物主义的新见解

钱学森既然把社会科学的哲学分论界定为历史唯物主义，他对这一哲学分论的思考、发挥和新见解就都属于历史唯物主义范畴。钱学森在这方面的议论范围很广，自觉坚持以历史唯物主义考察社会历史现象，得出大量零星而新颖的认识。我们列举几点：

“不民主和人治是小农经济及文化落后的产物”(4-186)；

“资本主义对社会形态中的政治文明是有贡献的，认识到要重视人民主动性，要调动人民的积极性，要发挥人民的潜在能力。但又由于资本主义制度的根本目的在于维护资本家的利益，所以到底有局限性，资本主义政治文明又有不文明的地方”(4-409)；

“无生产事业可言，也就没有人类社会”，“有人类社会是自第一次产业革命（即大约相当于新石器时代）始，有了生产事业，才有社会——原始公社”。(6-091)

国家政治制度的研究是社会科学的重大课题。钱学森认为：“对国家政治制度的研究，总应从马克思主义哲学——辩证唯物主义、特别是历史唯物主义出发，即从物质世界、并由物质世界所产生的精神世界出发；而决不能从主观想象、即唯心主义出发。我们要看到：一个国家的政治制度是这个国家的社会形态，以及它的世界环境所规定的，不是什么那个领导人所规定的；人与客观有相互作用，但起决定作用的是客观。人、领导人只是应运而生而已。不是张三，还有李四。”(3-432)

改革开放以来，中国社会处于快速而剧烈的变革中，出现大量怪事、丑事。钱学森的看法是：“中国从半封建半殖民地、贫穷落后的时代进入 21 世纪社会主义先进的时代是一个翻天覆地的变革，中间会有许多曲折，会出现许多怪事、丑事。历史上这样的事例多得很，这也是历史唯物主义。”(5-477)

仔细研究这些论述，从中可以看出钱学森对历史唯物主义的理解，有助于梳理钱学森哲学体系中的历史唯物主义。尤其值得注意的是在三个重要问题上他有较为系统的论述，形成三个理论的雏形，即科学技术第一生产力论、世界社会形态论和革命链理论。

钱学森认为："邓小平同志指出'科学技术是第一生产力'，是一个重要原理，是马克思主义的一个重大发展。"(5-062) 这个原理曾经在中国学术界引起热烈讨论，钱学森也积极参与，提出诸多创新见解，但也有可推敲之处。从严格的学术观点看，"科学是生产力"属于一个在语言表述上有逻辑缺陷的命题。通常所说的科学，指原生态的科学知识，产生于科学家的观察台、实验室、书房、研讨会、课堂上，主要存储于波普尔所说的世界 3，而非产生于、存储于现实的生产过程。这时候的科学并非现实生产力，但有转化为现实生产力的可能性，宜称为元生产力①。科学知识原则上可以转化为现实生产力，但只有当它像马克思讲的"并入生产过程"后，科学知识才成为现实的生产力。并入生产过程的科学知识当然是生产力的要素，而且在现代条件下已成为第一要素。如此理解的邓小平命题才是一个真命题，而且是具有重大理论和实践意义的命题。

在钱学森看来，邓小平命题既是生产力经济学的原理，也是历史唯物主义的原理，通过深化和发展它可以丰富历史唯物主义的哲学内容。他积极参与争论也是为了丰富历史唯物主义。哲学界对科学技术"不在行"使钱学森想到："搞科学技术的人要深化、发展历史唯物主义，我们应该有这个勇气，这是中国人的一项重要任务。"② 对于邓小平讲的科学技术是否包括社会科学技术，学界分歧很大，钱学森力主把社会科学的理论和技术也看做生产力。他认为，自然科学的理论和技术要转化为生产力，还需要社会多方面的配合，这就离不开社会科学。他赞同赵红州提出的"科研生产关系"概念，针对现实中"科技人员身后都有部门线条牵着，没有真正的合作共事的工作条件"这种不良现象，他提出"我们应该研究如何在社会主义市场经济条件下的科研生产关系"的问题。(9-492) 从方法论看，这方面的分歧跟是否具备现代科学技术体系的概念有关。钱学森考察原苏联和中国的哲学界，发现由于没有这个概念，人们习惯于把哲学与社会科学看做同一大类知识，因而把社会科学统统当成意识形态，不承认社会科学也是生产力。如果从现代科学技术体系看问题，科学技术有五个层次，哲学殿堂和分论属于意识形态，是上层建筑；基础理论、技术科学和应用技术本质上不是意识形态，而是可以并入生产过程的科学知识，跟自然科学知识类同。基于这种认识，他坚信社会科学也是生产力。如果对他在这方面的论述深入挖掘，加以条理化，可以形

① 苗东升．试论科学是元生产力．光明日报，1993 年 4 月 5 日，第 3 版．

② 钱学森．创建系统学（新世纪版）．上海：上海交通大学出版社，2007：181.

成一种系统的理论。

钱学森接受了马克思的社会形态概念，认为这是个综合的概念，即多维概念，可以从不同角度去观察社会历史。他把社会形态区分为经济的社会形态、政治的社会形态和意识的社会形态，指出一条深化社会巨系统描述的道路。反映到学科建设上，他给出这样的界定：研究意识的社会形态的是精神文明学、文化科学、行为科学；研究政治的社会形态的是政治科学，即民主与法治建设的学问；研究经济的社会形态的是物质文明学和经济科学。特别有新意的是，钱学森创造了世界社会形态这个概念，向社会科学界提出一个大题目。用他的话说："历史唯物主义要加上这一新篇章"①。激发钱学森作这方面思考的是这样一个问题："共产主义社会是世界大同，不是一国一国自理。怎么从一国一国过渡到世界大同？这是个未回答的问题"[7-120] 他思考的结果得到世界社会形态这个概念，认识到世界社会已经形成，"世界正逐渐形成一个相互联系的大社会，哪个国家也不能闭关自守……这将是资本主义社会形态之后、实现共产主义之前的一种过渡的世界社会形态。"② 对于实践的唯物主义者来说，"我们的任务是研究现阶段的世界社会这一社会形态，这是历史唯物主义的新内容。"[7-121] 当然，钱学森这方面的论述同样不系统，一些表述未必准确，但思想十分新颖而深刻，如果认真挖掘、整理、深化，确实能够开辟历史唯物主义的新篇章。

9.4 革命链理论

科学革命、技术革命、产业革命和社会革命都不是钱学森提出的概念，但他接受了这些概念，20世纪最后20年一直在考虑有关这四种革命及其相互关系的问题。钱学森发现，从历史唯物主义基本原理出发，运用这些概念可以科学地分析人类社会的发展，因而"是一项极为重要而又十分艰巨的工作"。[2-083] 他主张理论界应该"总结人类历史，按照马克思创立的历史唯物主义，树立科学革命、技术革命、产业革命、文化革命、社会政治革命的系统观念。"[7-030] 钱学森对理论界的现状颇不满意，决心自己做这项工作，对现有的说法加以梳理，重新界定这些概念，特别是通过揭示四种革命之间历史的和逻辑的联系，形成一种特殊的"系统观念"，开辟社会科学的新篇章。如此建立的思想体系，不妨称为革命链理论。

库恩和整个西方学界习惯上只讲自然科学的科学革命。钱学森把问题放在现代科学技术体系学中考察，指出科学革命不限于自然科学，原则上每一大部门都

① 钱学森．创建系统学（新世纪版）．上海：上海交通大学出版社，2007：185.

② 钱学森．创建系统学（新世纪版）．上海：上海交通大学出版社，2007：208.

可能发生革命。从历史看，他特别提到马克思的剩余价值学说是认识社会这个客观世界的飞跃，是社会科学的一次科学革命。(2-083) 从现实看，他认为系统科学、人体科学等都会导致科学革命，社会科学新的发展也会导致新的科学革命。这就大大扩展了科学革命概念的外延。

钱学森指出，毛泽东最先给予技术革命概念以严格的定义："技术革命指历史上重大技术改革，例如用蒸汽机代替手工，后来又发明电力，现在又发明原子能之类。"① 钱学森完全接受这一观点，并依据历史的和现实的材料给以论证，重点是毛泽东所提及的三次技术革命，阐释这段话的历史意义和现实意义。他在这些分析的基础上引申出一个结论："蒸汽机和电力这两个历史上的技术革命例子，使我们把科学技术的发展作为一种社会过程、社会现象来研究，从它的发展规律，能够找到一条线索：生产力的发展史是以技术革命划分阶段的。"② 科学技术的发展是一种社会过程，按照技术革命划分生产力发展史，都是历史唯物主义的新思想。

钱学森不赞同科技革命的概念，认为它不科学，把两种不同性质的革命捏合在一起，不是马克思主义哲学的提法。他主张区分"认识客观世界中飞跃的科学革命，改造客观世界的技术飞跃的技术革命。"(4-099) 钱学森给两个概念以更简明而准确的界定；科学是认识客观世界的知识，科学革命是对客观世界认识的飞跃，或说"认识事物概念上的革命"。(7-045) 技术是改造客观世界的知识，技术革命是生产技术的飞跃。历史上的科学革命和技术革命都不止一次，"技术革命是人改造客观世界技术的飞跃，也必须实事求是地一项一项来，不能归并成一大项。"(2-084) 当然，科学革命与技术革命密切相关，"科技革命说"看到这种联系是对的，但把两者混为一谈是错的，因为"是先有科学革命，后来才由此发展而出技术革命，中间要经历一段时间。"(6-189) 科学革命为技术革命做知识的、思想的准备，技术革命的成果检验科学革命成果的真理性和有用性，再通过社会反馈促进科学发展。这两种革命不可能同步发生，科学革命转化为技术革命不仅需要一定时期来消化科学革命的成果，而且需要形成一定的社会文化环境。两种革命都是作为过程而展开的，所以对于科学革命和技术革命的研究原则上不属于自然科学大部门，而属于社会科学大部门。

产业革命是恩格斯首创的概念，得到广泛应用，也衍生出歧义。钱学森坚持恩格斯的概念内涵，又依据恩格斯之后已经发生的、今天正在经历的和未来可以预料的产业革命，去丰富历史唯物主义的产业革命论。他给此概念以这样的定义："产业革命就是由生产力的发展而引起的生产体系和经济结构的飞跃，这包

---

① 钱学森．为《工程控制论（修订版）》写的序．北京：科学出版社，1980：vii.

② 钱学森．为《工程控制论（修订版）》写的序．北京：科学出版社，1980：viii.

括生产力的方面，也包括生产关系的方面。”[1-452]简言之，“产业革命是全社会整个物质资料生产体系的变革”。[9-462]他批评苏联理论家们脱离实际，“死抱住马克思研究过的工业革命这一次产业革命，不提还有其他产业革命！”[7-030]钱学森的看法是，人类历史上的产业革命不是只有一次，也并非始于发明蒸汽机的工业革命，那只是历史上的第三次产业革命，从人类社会的出现到可以想象的未来，共有七次产业革命[1-421]：

第一次，农牧业的出现和兴起，大约在公元前七八千年；

第二次，商品生产的出现和发展，大约在公元前1000多年；

第三次，大工厂生产，18世纪末、19世纪初；

第四次，国家以至跨国大生产体系，19世纪末、20世纪初；

第五次，电子计算机、信息组织起来的生产体系，即将到来的一次产业革命，21世纪；

第六次，高度知识和技术密集的大农业，农、工、商综合生产体系，21世纪；

第七次，随人体体质、功能的提高而来的一次新的产业革命，21世纪。

从钱学森的用语看，社会革命有狭义和广义之分。狭义的社会革命不包括产业革命：“社会革命是社会制度的飞跃，是谁当家做主的问题。”[1-452]广义的“社会革命是社会形态的飞跃。而经济的社会形态飞跃是产业革命；政治的社会形态飞跃是政治革命；意识的社会形态飞跃是文化革命（不是过去所谓的‘文化大革命’）。产业革命、政治革命、文化革命都是社会革命，是全社会的。”[2-281]钱学森最关心的是几种革命的关系，我们仅就狭义的社会革命评介一下他的观点。他说：“我还坚持科学革命、技术革命、产业革命、社会革命，四种革命，即飞跃。前三种都在一定的社会制度下发生、进行的，只有社会革命才是社会制度的根本变革。”[2-071]同一社会制度下可以发生多次科学革命、技术革命和产业革命，它们促成和代表社会制度的部分质变，社会革命带来的则是全社会的根本质变。

四种革命之间存在逻辑的和历史的联系，形成一种链条式的结构。起始环节是科学革命，有了科学革命才能引发技术革命，有了技术革命才能引发产业革命，有了产业革命才能引发社会革命，而科学革命只有通过技术革命才能影响产业革命。“科学革命和技术革命都不能直接引起生产力的突变，还得靠经济结构的改造，所以不是生产力革命，是产业革命。”[4-099]“生产技术的飞跃还不一定引起生产结构的飞跃，以及经济的社会形态的飞跃，只有后者才是产业革命。”[5-322]而“产业革命是生产技术引起的生产力大发展，从而引起一场经济结构的大变化，最后导致社会结构的飞跃。”[7-039]

钱学森有一个看法，认为这四种革命中最难的是产业革命，但没有对此命题展开阐述。这可能是他在思考四种革命的逻辑关系中的感悟，也可能是对中国至今未能真正完成一次产业革命之症结所在的感悟，尚有待探讨。下面引述他有关产业革命的几段话，或许有助于我们解读钱学森的思想。

“产业革命是由生产力发展所导致的生产体系和经济结构的飞跃，所以产业革命的巨大变革既包括生产力也包括生产关系。当然它也必然影响社会结构，带来社会上层建筑的变化。但产业革命不改变国家的根本制度，谁是国家的主人，是不因产业革命而改变的；那是社会革命。”[(1-445)]

“产业革命是经济的社会形态的飞跃，并不直接就引起政治的社会形态的飞跃，或意识的社会形态的飞跃；有很大影响是当然的，但不一定就是飞跃、是革命。”[(5-322)]

“人对客观世界的认识使人能改造客观世界，能搞生产。这在今天，科学技术是第一生产力，是先有科学革命、然后有技术革命，终于引起经济的社会形态的飞跃——产业革命。”[(6-073)]

“在社会主义中国的 21 世纪，第五次产业革命、第六次产业革命和第七次产业革命结合起来，将引发一次社会革命，新的一次社会革命。”[(8-006)]

综合以上所说，钱学森的四种革命链理论可以用以下图式表示：

$$\text{科学革命} \longleftrightarrow \text{技术革命} \longleftrightarrow \text{产业革命} \longleftrightarrow \text{社会革命} \qquad (9.1)$$

钱学森关于革命链理论的探索也不是纯学术性的，中心目标是想“按照第五次产业革命、第六次产业革命和第七次产业革命的内涵来规划、设计现代中国的第三次社会革命”。[(8-288)] 他生前已经提到现实日程上的是第五次产业革命，即在信息化技术带动下的新产业革命。但中国是在资本主义仍居主导地位的世界社会形态中进行这些革命的，所以“我们必须搞清楚：这次第五次产业革命是什么？它是怎样改变或重组现代发达资本主义国家的生产关系的?”[(5-010)] 在此基础上，他要研究中国的第五次产业革命、第六次产业革命和第七次产业革命如何搞，为迎接中国的第三次革命“做些先行的探索工作”。[(8-288)]

9.5　社会科学方法论

钱学森讲的社会科学是以马克思主义哲学为指导的社会科学，为了跟西方国家讲的概念区别开来，他有时也称为科学的社会科学，或马克思主义的社会科学。所以，说到社会科学的方法论，他首先要提及的总是辩证唯物主义所讲的方法论。而作为现代科学技术体系中的一个大部门，谈社会科学的方法论首先要讲历史唯物主义。“因为‘人是社会的动物’，要用历史唯物主义为根据，把人放到现实的社会环境中来研究。”[(3-084)] 钱学森坚持用这样的方法论研究社会现象，这在他的著述中体现得很明显。社会科学界的实际情况如何？钱学森说：“恕我直言，社会科学界中有根底的学者们大都在老一套经典世界中僵化了，走不到现实世界中来”，强调社会科学家要“观念转变，转到现实世界中来！”(3-392) 前一句话太激烈了，人们不易接受。社会科学复杂得很，有些领域需要一些人一生钻故纸堆。不过，绝大部分社会科学家应当转到现实世界中来，这个意见还是十分中肯的。

钱学森力主从“现代科学技术体系的角度看社会科学”(8-137)，讲的也是方法论。其一是建立社会科学完整的层次结构，通过不同层次之间的相互作用推动社会科学的发展。在马克思主义社会科学中，经典作家给出的主要是基础科学层次的论述，缺乏下面两个层次的知识。这应该是迄今社会主义建设出现过多失误和挫折的重要原因。所以，钱学森特别重视社会科学中技术科学和应用技术两个层次的研究，他之所以大力提倡发展社会技术，就是基于这样的考虑。有了必要的技术科学理论和应用技术知识，马克思主义的基本理论才能有效地应用于社会主义建设中。反过来，社会科学的技术科学和应用技术有了长足的发展，就能够丰富和发展基础科学层次的社会科学，进而丰富和发展社会科学的哲学分论。例如，自然科学能够用单一过程分析法，因为过程可以隔离开做实验，对单一过程进行观察。“对社会科学来说，单一过程分析法很难适用……一切社会现象都是综合的，真是千头万绪。怎么单一化呢？”(4-118) 钱学森主张要实事求是地研究社会问题，切忌把复杂综合的社会现象主观地简化、单纯化，必须“从综合入手，然后逐步分解找到单一过程。这是研究社会科学的科学方法，舍此无他。”(4-119)

其二，充分发挥现代科学技术体系的整体作用，尽量把其他大部门中可用的思想和方法引进社会现象的研究，以推动社会科学的发展。自然科学和数学引入社会研究，在20世纪中叶以来已经蔚然成风。钱学森也持这种态度，如讨论历史研究中应用数学工具，进行定量化描述。但他最关注的是把系统科学引入社会科学，认定“马克思主义的社会科学，也就是科学的社会科学要革新方法论，引用近20年来发展的系统科学，才有出路。”根据何在？在于“社会问题实是社会系统问题”，要用系统科学。针对一些社会科学著作对马克思主义的两种错误态度，钱学森指出：“从方法论上看，都是同一毛病：把本来高度复杂的社会问题硬要简化，这就加入主观臆想的东西，当然要出乱子。”(4-155) 又说：“本来整个社会是一个开放的复杂巨系统，不能切割成小块块，什么生产力系统、生产关系系统、经济基础系统、上层建筑系统；也不能切成经济系统、政治系统、文化系统…… 半年前孙凯飞同志就按社会科学界流行的概念把社会系统切成一块块，我反对。这是‘西医理论’嘛，要不得！”(6-099) 归结为一句话：“今天我们国家的社会科学一个大问题，恐怕就是没有用系统科学方法，简单化了。”①

钱学森也意识到要把迅猛发展的信息科学技术应用到社会科学中，这表现在

① 钱学森．创建系统学（新世纪版）．上海：上海交通大学出版社，2007：164.

两方面。信息社会、信息时代、信息文明的出现是人类历史上崭新的事物，为社会科学提出一系列全新的研究科题，将极大地丰富社会科学。钱学森曾就此提出一些振聋发聩的见解，如说信息技术革命及相关的产业革命“又涉及更大范围的社会政治问题：第五次产业革命与资本主义制度的私有是有矛盾的；而与社会主义制度的公有是协调的。”(6-112) 可惜，这个新思想至今没有得到充分的阐释。另一方面，钱学森更关注的是信息科学技术为社会科学研究提供了全新的手段。1993 年《科学美国人》上有一篇文章，讲如何用计算机做市场实验，找出一个平衡点来设置市场，而不会引起市场的大起大落。钱学森赞赏这种做法，因为社会是他所说的开放复杂巨系统，无法使用传统的实验室可控性实验方法，在大型计算机上进行数值试验就成为一种必不可少的研究手段。他特别提到第四产业、第五产业，其中有许多问题需要研究，而“这一切的理论指导，是辩证唯物主义的大成智慧学，其组织设计方法是大成智慧工程。”① 钱学森晚年倾力研究的从定性到定量综合集成法和研讨厅体系，就是为充分利用信息科学技术研究解决各种社会重大问题而服务的。

---

① 钱学森．创建系统学（新世纪版）．上海：上海交通大学出版社，2007：186.

第 10 章　钱学森与数学科学的哲学——数学哲学

尽管钱学森在力学研究中显示出很高的数学才能，但他自己没有从事过数学研究，更遑论研究数学哲学。在 11 个大部门中，数学是他没有做过具体专题论述的唯一一个领域，只留下诸多零散议论。这种情况使本章的写作颇具难度。另一方面，尽管零散，他的一些见解却颇有深度，有助于了解钱学森的数学观。为本书体系的完整性考虑，我们保留了这一章，却只能给出最粗略的梳理。

10.1　对数学科学的总看法

数学是最古老的学科之一，在还原论科学当旺的年代里，一直被当成自然科学中的一门，与物理学、化学、生物学等并列。在笔者当学生的年代，流行“学好数理化，走遍天下都不怕”的说法。随着 20 世纪科技的大发展，数学在自然科学之外获得越来越多的应用，出现了把数学作为独立于自然科学的另一门科学的意见。钱学森在构筑现代科学技术体系时采用了这种观点，把数学作为 11 大部门之一。为显示现代科学技术体系的整体协调性，钱学森接受数学家谷超豪的意见，把数学称为数学科学。

什么是数学或数学科学？这是数学观的基本问题，学界有不同的回答。钱学森把数学从自然科学中独立出来，作为现代科学技术体系中的一个大部门，就需要从他倡导的“视角说”来回答。数学是从什么着眼点或角度研究整个客观世界的？钱学森赞同胡世华的观点：“他说数学的哲学理论基础是质和量的对立统一、质和量的互变理论。那也可以说数学科学是从质和量对立统一、质和量互变的着眼点或角度去研究整个客观世界的。我同意这个看法”①。就是说，整个客观世界，包括它的所有领域、所有层次，都同时存在质与量两个方面，都需要认识和处理质与量的辩证关系及其变化。所以，“数学就是从量跟质的辩证的变化为基础的角度来研究整个客观世界”。②

对数学的传统界定遵循“对象说”，认为数学是研究数量关系和空间形式的科学。到 19 世纪后期，随着代数、拓扑、数学基础等方面的发展，如此理解显得过分狭窄，20 世纪的人们更倾向于把数学看成研究形式结构的科学。美国数

---

① 钱学森等．论系统工程（新世纪版）．上海：上海交通大学出版社，2007：161.

② 糜振玉．钱学森现代军事科学思想．北京：科学出版社，2011：45.

学家 Maclane 就持这种观点："数学在于形式结构的不断发现，而形式结构则反映了客观世界和人类在这个世界里的实践活动，强调的是那些具有广泛应用和深刻反映现实世界某一方面的结构"。"详细地讲，数学的发展利用经验和直觉的洞察力去发现合适的形式结构，对这些结构进行演绎分析，并建立这些结构之间的形式联系。"钱学森赞赏他的说法，并断言"Maclane 的论点是符合马克思主义哲学的。"(3-106) 如此评价美国人的学术观点，在钱学森一生中是罕见的。说麦氏的观点符合马克思主义哲学，根据是麦氏的这样一些观点：一，数学描述的形式结构是客观世界固有的，是被人发现的，而非人脑自由创造的；二，这种形式结构是可以认识（发现）的；三，数学知识是人通过实践获得的，符合《实践论》；四，数学是发展的，不断发现新的形式结构。此外，麦氏的陈述中还有两点引起钱学森的共鸣。一是发现形式结构要靠人的"经验和直觉的洞察力"，这种说法与钱学森的思维科学观点相吻合；二是把数学的对象规定为形式结构，使他意识到数学与系统科学有内在联系，因为结构是系统科学的基本概念之一，而数学是研究"结构规律"的。钱学森可能从这里悟出数学对系统科学的极端重要性。

数学研究形式结构的说法还给钱学森一个启示：数学科学与思维科学在现代科学技术体系中是近邻关系。他后来在给胡世华的信中明确提出两者的异同问题，表达了他的见解。关于数学与思维科学的共同点，钱学森说："不论人的思维还是数学，总要力求合乎客观世界的运动变化规律，不然就成了胡思乱想、或主观臆造了；这是马克思主义的原则。"他接着提出"怎样区别思维科学（或思维学）与数学"的问题，回答是："数学是人在实践活动后不断提炼出来的反映客观世界某一方面具有广泛应用和深刻涵义的结构规律；而思维学则是一个有实践经验和有知识的人，在解决问题时所遵循的思维规律。"(4-162) 简言之，数学科学研究客观事物的结构规律，思维科学研究人的思维规律。这段话的前半段是对 Maclane 观点的重新表述，但突出了"反映"和"实践"，更符合马克思主义哲学的用语；重要的是使用了"结构规律"一词，进而又引出"数学的重要性在于它是广泛性及深刻性"的结论。(4-163) 数学哲学的论著很多，像钱学森那样强调实践观点的却极少，这一点值得注意。

数学观的另一个问题是，在人类知识体系中，数学的功能是什么？西方学界有上帝按照数学创造世界的说法，在科学界颇有影响。钱学森则坚持工具论，认定数学仅仅是认识世界的工具。下面是钱学森的一些具体说法，有助于了解他的数学观：

"数学不能改变正确与错误。你原先是错误的概念，再用数学也正确不了；你原来是正确的东西，如果不用数学，无非是慢一点，但终究还是正确的。总之，数学仅仅是一个工具。”①

“方法不能解决本质上的问题，方法工具只在本质问题基本上明确后，才有促进作用。”(1-187)

“数学方法只是加快运算分析的手段，不能把本来没搞清的道理弄清。”(1-238)

“事物的道理应该用简明清晰的语言来表达，不能靠烦琐的数学演算；数学是方法，方法不能代替概念。”(2-496)

钱学森之所以不厌其烦地强调这一思想，是因为20世纪的科技界有一种单纯追求数学工具高深和形式美而不问实际效果的倾向，以至出现“关于x的论著与x的实际无关”的现象。这种偏向也在向人文社会科学扩展，引起钱学森不满。他曾以法学问题为例，说明不可把主要希望寄托于数学，不可让数学方法喧宾夺主，必须从研究中国当前社会实际入手。在他的启发下，王寿云曾批评数学建模中“容易注重于数学模型的逻辑处理，而忽视数学模型微妙的经验含义或解释”的倾向，强调在数学建模中重视经验知识的方法论。②

10.2 关于数学哲学的思考

数学哲学是科学哲学中已有的分支，国内外都有人在研究，著作颇多。把数学作为现代科学技术体系的一个大部门，其哲学分论称为数学哲学是很自然的。由于没有竞争者，钱学森也就没有必要为这个命名作专门的论述和争鸣。问题在于已有的数学哲学未必都是钱学森体系中所要的内容，即马克思主义的数学哲学。

按照钱学森的体系学思想，马克思主义的数学哲学是数学科学大部门的体系之首，它通过对数学的哲学概括来建立和发展，而辩证唯物主义又以它为桥梁去指导数学研究和教学工作，意义重大。他曾经给出这样的界定：“数学哲学的任务是说明数学在人认识客观世界中的作用”。(5-024) 上节所引钱学森关于数学功能的论述应当归属于此列，凸出的是数学的方法性作用，却并未展开论述。这个界定有点太窄，数学哲学界一向激烈争论的许多深层次哲学问题，特别是涉及数学的本质或本体论问题，很难完全归结为数学在人认识客观世界中的作用。无论数量关系，还是空间形式，抑或形式结构，都是客观世界自身固有的。因此，数学哲学还应当探讨数学的本体论问题。

恩格斯基于他那个时代的数学发展，特别是解析数学的成果，对数学哲学作过深入的研究，提出一系列十分精深的论断，初步奠定了马克思主义数学哲学的

① 钱学森．科学的艺术与艺术的科学．北京：人民文学出版社，1994：122.

② 钱学森等．论系统工程（新世纪版）．上海：上海交通大学出版社，2007：增订版说明．

基础。现在的问题是对恩格斯以后的数学发展进行哲学概括，建立与现代数学相适应的数学哲学，使数学科学的体系完整起来。令人遗憾的是，就我们现在接触到的材料看，钱学森自己没有做过这方面的工作，也没有对恩格斯的数学哲学观点做过分析、引申和补充，这样的情形在 11 个哲学分论中是绝无仅有的。

恩格斯有一个著名论断，认为数学是辩证的辅助工具和表现形式。如果运用现代数学展开和挖掘此一命题，将大大丰富数学哲学。钱学森引用过这个观点："数学，顾名思义是算，但实际上数学不光是算，还是'辩证的辅助工具和表现形式'。"① 他显然赞赏恩格斯的命题，却未作任何评论和发挥。熟悉钱学森著作的人都会发现，他喜欢并善于针对具体科学概念、命题、论断作辩证分析，且常有中的之论，这在其他 10 大部门中都有不少例证，本书都有所涉及。数学中同样存在大量辩证矛盾，但笔者至今没有看到钱学森对它们的阐释。偶尔才有"数与形是相互补充的……谁把数与形的思维结合得好，谁就开了脑筋"(8-244) 这样的议论，而且是讨论思维科学时讲的。

给人印象深刻的是，钱学森对建立数学哲学极为关注，视之为我国科学事业中的大问题，热切期望有人来做此项工作。在阅读数学家王元《中国的数学现状与发展》一文后，钱学森给他去信说："我看中国的数学家如要发展数学科学，为中国的社会主义建设多做贡献并为世界的数学打先锋，那么要办一件大事：建立马克思主义的数学哲学。"(6-137) 把数学哲学的意义提到如此高度，既表明他对中国数学界的殷切期望，也反映他深信哲学是管大思路、方向性的东西，不这样干，思路就打不开。

读了中科院数学所关于哥德巴赫猜想记者招待会的新闻报道后，钱学森再次致信王元说："又一次想到我国科学事业中的大问题：数学哲学问题。您在去年 11 月 19 日来信说，这个问题尚未受到我国数学家们的重视；这不好，数学研究怎能没有马克思主义哲学和马克思主义数学哲学的指导？站不高，看不远，跟着洋人跑吗？"(6-269) 此前王先生曾经告诉他，数学界对数学哲学兴趣不大。钱学森对此说存有疑虑，坚持"请您再考虑"。这样做可能引致数学界的抵触情绪，但他对数学哲学的坚定信念还是应该肯定的。

钱学森并未做发展数学哲学的实践者，而是把自己放在推动者的位置上。数学界的冷淡态度使他心里着急，浏览国内外的数学哲学文献又使他无法释怀。他以为"缺的是有人出来抓一下数学哲学的讨论"。(7-112) 除了向数学界再次呼吁，又希望哲学家黄枬森发挥促进作用。但终究没有效果，只得留给未来了。个中缘由实在是社会风气使然，随着个人利益最大化观念在中国的疾速扩散，社会主义大协作精神严重淡化，向来主要是单打独斗的学术文化领域尤其严重。所以，要

---

① 钱学森等．论系统工程（新世纪版）．上海：上海交通大学出版社，2007：284.

组织力量开展数学哲学的研究在钱学森生前不可能做到，目前也做不到，只能寄希望于在社会主义协作精神有足够的恢复之后再谈。

钱学森论著中跟数学哲学有关的另一项内容，是对所谓“数术学”的批判。“不论外国人还是中国人都有把数的关系看神了，并制造出一套从数的关系预见宇宙现象的法术。这就是荒谬的‘数术学’。”(7-296)他不同意说数术学是从古代哲学演化而来，“我以为它是把中国古代哲学的非常灵活而原则性的东西僵化成几条规范；而规范又是臆想的，主观简化的。所以数术学不是从观察到的客观规律提炼出来的，而是主观臆造的。”(3-239)说的彻底些，他认为数术学“实是唯心主义思维方法的产物。”(3-241)

关于数学哲学和元数学的关系，钱学森在不同场合有不同的说法，或说数学哲学与元数学是一回事，或说元数学不是数学哲学，或说元数学是数学科学的方法论。究竟采取那个说法，尚未见到他最后的倾向性意见。以笔者的理解，元数学属于数学哲学，但数学哲学不限于元数学，数学的方法论也是数学哲学的一部分。

钱学森还有一个说法：“现在我想我们要战胜经典数学论者，就必须把我们自己的观点上升到马克思主义哲学的高度。”(3-106)按照他的用词，所谓经典数学论是非马克思主义的，所以才有上升到马克思主义哲学的问题。但与经典相对的是现代，有经典数学论者，就应该有现代数学论者。钱学森没有提及后者，也没有对前者给以说明，他的概念“经典数学论者”含义不明。按照习惯的讲法，现代与经典不应该是战胜与被战胜的关系，而是继承加超越的关系。就马克思主义数学哲学而言，笔者认为恩格斯是经典数学论者，因为他的时代只有经典数学；今人应当继承他的数学哲学的基本思想，再使之现代化。

钱学森对模糊数学和概率数学进行比较，得出结论说：模糊数学“是数学科学的新飞跃；而古老的概率理论则是不彻底的妥协”。(3-186)又说：把可靠性理论“建立在概率论数学上是不牢靠的，因为概率论本身就是精确数学与模糊数学的杂种，哲学上站不住。”(3-242)这也是一家之言，模糊数学和概率数学的不同在于它们是关于两种不确定性的数学。统计物理学和量子力学的成功证明了概率论的科学性，断言概率论“在哲学上站不住”没有根据。比较而言，或许模糊性有更深刻的含义，札德似乎也有此意。但目前的模糊数学建立在札德模糊集合论之上，局限性很大，对它更深入的科学阐释还有待未来。钱学森把模糊性完全视为人的意识或思维的产物，这也有片面性。模糊性和概率性（随机性）都是主客观世界固有的，彼此有联系，又各有自己的独特质性。

10.3 数学科学方法论

作为世界知名的自然科学家，钱学森深知数学对科学技术的重要作用。但面对现实存在的各种开放复杂巨系统，建立现代科学技术体系，特别是那些新兴科学的发展，他深感现有的数学不够用，必须“走上 21 世纪新数学的大道”。(7-420) 所以，尽管钱学森并未在数学的一般哲学问题上下工夫，把它留给哲学家和有哲学素养的数学家去做，但十分关心数学科学方法论的探讨，提出一些颇有深度的意见，要点有三个方面。

第一，作为方法论的马克思主义哲学对数学研究的指导作用。钱学森对此做过认真思考，并在致中国科学院数学物理学部的信中从元数学的变革谈起，给以学理的论证。现有数学建立在定义、公理、逻辑（即事物的因果关系）三者的基础上，它们都不需要数学证明。数学的工作就是从不加定义的元概念和不加证明的元命题（公理）出发，逻辑地定义新概念，逻辑地导出新命题（即定理），形成理论体系。遵循这种经典的元数学途径，数百年来数学家们建立起庞大的现代数学。但钱学森认为，面对科学技术发展的新态势，“中国的数学家们不应就止于此，我们的数学家们应该再深入一个层次，问：上述定义、公理和逻辑又来自何处？唯心主义者的回答大概是，‘来自数学家自己’。我们中国的数学家能这样回答吗？我们应该是辩证唯物主义者嘛，我们要用马克思主义哲学指导我们的数学研究工作嘛！”钱学森认为“正确的回答应是：定义、公理和逻辑都来自人的实践，即人与客观世界的相互作用的经验累积。”这段宏论既是辩证唯物主义的数学认识论，强调从科学技术发展的实践中寻找数学研究的题目和思路；也是新的元数学思想，相信科学发展“必然会有定义、公理和逻辑的新扩展，从而进入‘数学科学的新世界’。”(7-419)

钱学森着意的是建立“全新的数学”，即有助于处理复杂性的新数学。他钟情于模糊数学，给以很高的评价，原因就在于此。但在这里他也念念不忘数学概念和数学思想的实践来源这个马克思主义观点。钱学森为此而提醒模糊数学家汪培庄：“我们现在要建立模糊数学的体系，就要像希腊的数学先哲那样，从实践的总结提炼入手，而不是从概念入手。”(3-106) 学界存在从概念入手研究数学的倾向，一种表现是“借助于清晰数学的概念去建立模糊数学”，即以模糊集合取代康托集合把清晰数学的概念模糊化。钱学森不赞成这种做法，主张从实践的总结提炼入手来建立模糊数学。

第二，把现代科学技术体系的思想应用于研究数学。从数学科学的层次结构看，应当充分发挥不同层次之间的相互作用，钱学森特别关心的是数学哲学对数学科学其他三个层次的作用。从 11 大部门的关系看，既然整合为一个有机联系的体系，不同层次必定是相互需要、相互促进、相互制约的。另一方面，数学研究的数量关系、空间形式、形式结构存在于其余 10 大部门，决定了这 10 大部门与数学的紧密联系，构成数学的独特之处。数学研究要到 10 大部门去发现题目，寻找素材，形成思路，检验结果。钱学森至少提到以下几方面：

① 系统科学。系统科学的早期成果常常被视为应用数学的分支，足见它们与数学的关系何等密切。复杂巨系统研究暴露了现代数学的不足，系统科学前沿在呼唤新的数学。但“系统科学需要什么数学？这不能空谈，只有从事系统问题的实际工作，从实践中发现；我现在就不敢告诉您是什么数学理论，因为我也不知道。”他认为：“要学大系统所需要的理论，最好先做大系统的工作；从工作中发现数学理论的需要。”(6-127) 更关键的是发现开放复杂巨系统需要的数学理论，那就得先做这类系统的工作，从中发现适用的数学理论。概言之，从开放复杂巨系统的实践中发现处理开放复杂巨系统的数学工具。

系统科学是关于整体涌现性的科学，它所需要的应该是能够描述整体涌现性的数学原理和方法，重要的是把整体涌现性的思想应用到数学中。钱学森有这方面的考虑，如讲“要从宏观上认识问题的数学性质。”(4-312) 当然，这是一个世纪性的难题，现在还不得其门而入，短期内恐怕也难有突破。

② 思维科学。所谓形式结构，既有其客观现实的来源，又表现为一种“思想事物”。恩格斯曾经指出，数学是“一种研究思想事物”的“抽象的科学”，但这些思想事物并非主观臆想的产物，而是“现实的摹写”。① 这话道出了数学科学与思维科学的深层次联系，新数学一定能够从思维科学获得助力。钱学森深信这一点，并从不同角度做过论证。如谈到模糊数学时，他主张“模糊性来源于人的思维和意识，所以我们要从人的思维和意识现象去概括出模糊数学原理”。(3-107)

迄今为止，思维科学的主干还是逻辑学，而现代数学的发展强烈地依赖于逻辑学的发展。“由逻辑学才产生数学科学的方法论，元数学（matamathematics）；数学是以元数学为依据的。”(5-024) 为建立复杂性研究需要的新数学，钱学森认为“数学家要注意现代逻辑的发展，以开拓数学方法论的元数学。”(5-025) 既然新的元数学要回答“数学的定义、公理和逻辑又来自何处”的问题，就注定了新数学要求助于思维科学，因为这是一个思维学问题。

钱学森注意到，思维科学对新数学的意义是多方面的。首先，他从思维科学的角度给出数学的一种定义：“数学则是被认识了的人思维规律系统化了的学问”②，这很有新意。钱学森认为：“真要解决智能机的问题，必须走极度并联的路；而这样也会出全新的数学。老牌数学是单线逻辑、低并联度逻辑的产物；所以不行了，出不了智慧！”(4-053) 社会思维学的发展对数学也有推动作用。明确了从定性到定量综合集成工程“就是以人机结合的方法搞社会思维”之后，钱学森断言“社会思维学的路子好像有了。由此得到‘宏观形式化’的启示，那就是形象（直感）思维学的开步了。‘宏观形式化’搞清了，就可以把数学从完全‘微

---

① 恩格斯．马克思恩格斯选集第三卷．北京：人民出版社，1972：537.

② 钱学森等．论系统工程（新世纪版）．上海：上海交通大学出版社，2007：114.

观形式化’解放出来，创造全新的数学，实现 Whitehead 的理想!”(5-435) 这些言论中显然包含数学新思想，有待发掘。钱学森还有一个与此相关的说法：“数学本体，不论是代数还是几何，都是建筑在抽象（逻辑）思维上的……所以可以说：数学中的创造性在于形象思维，而数学中的劳动工具是抽象思维。”(7-169) 就是说，现代数学建立在微观形式化之上，新数学应该建立在宏观形式化之上，形象思维将在数学科学中发挥前所未有的作用。这一判断的价值将在 21 世纪的数学发展中经受检验。

③ 人体科学。人体是大脑神经系统掌控下的开放复杂巨系统，也应该有它独特的数量关系和形式结构，需要而且能够给以数学描述，只是现在还毫无头绪。钱学森相信这一点，在人体科学讨论班上多次提到人体研究需要数学。他规劝人体科学家“要相信做数学的人有很大的本事，你给他出难题好了，他不会难倒”。① 钱学森还认为，新数学也可以从人体科学得到帮助。如中医的阴阳五行理论是一种定性描述的概念框架，蕴含着某种形式结构，如果能够用现代科学的语言表述出来，既可以为中医现代化开辟道路，也可以为新的数学开辟道路，前途令人神往。

④ 信息科学。尽管钱学森没有把信息科学作为一个独立大部门，却充分认识到信息科学技术对数学发展的重大意义。他强调：“在工程技术和经济工作中，没有电子计算机是不行的。就在理论工作中，数学工作中，电子计算机的作用也越来越大。”(8-245) 又说：“我想我国数学界的同仁必须看到科学技术以至世界的新变化——电子计算机的出现和其将来的普遍使用，到 21 世纪人类对数学的要求将有根本性变化。所以数学科学的研究和教学也将有相应的根本性变化，不然起不了科学技术是第一生产力的作用。”(6-120) 钱学森相信，复杂性科学已经使人们感觉到人类对数学的要求将有根本性变化，信息科学技术的进一步发展一定会使数学科学的研究和教学也将有相应的根本性变化。

第三，依托中国传统文化，走中国自己的数学发展道路。尽管学界褒贬不一，钱学森的思想很明确：数学研究也不可跟着洋人跑，要走中国自己的路，“为世界的数学打先锋”。他推崇吴文俊的工作就反映了这种指导思想。钱学森也看到中国传统文化对于发展数学有两面性，吴文俊的工作代表积极的一面；但钱学森也注意到消极的一面，如《易经》关于数理的一些说法成为数术学的理论根据。

① 钱学森．人体科学与现代科技发展纵横观．北京：人民出版社，1996：355.

第 11 章　钱学森与系统科学的哲学——系统论

钱学森不仅是中国系统科学的创建者，在世界范围内也算得上这门科学的创建者之一[①]。在 11 大部门中，晚年钱学森最关注的是系统科学；在 11 个哲学分论中，系统论是他思考最多最深、成果最丰富的一个。

11.1　一个精彩的哲学分析：谈系统概念的起源

钱学森的系统科学思想萌发于他在美国工作时期。他的同窗好友罗沛霖说："记得 46 年前，那时还在美国，学森同志就和我谈过这样一句精辟的话：'辩证法的一个要点就是要人全面地看问题'"[②]。在一定程度上讲，系统科学是唯物辩证法两大基本原理在科学技术中的直接应用，系统概念、系统观点就是用科学语言表述的普遍联系原理，系统演化理论则是用科学语言表述的发展变化原理。钱学森能够在 20 世纪 40 年代末从自然科学顺畅地转向系统研究，他已经掌握的辩证唯物主义思想无疑发挥了作用，只是我们现在很难作具体考证。不过，从各方面情况、特别是从《工程控制论》原版看，钱学森这个时期对系统现象的探索还谈不上自觉应用辩证唯物主义，更谈不上系统的应用了。

1978 年以降的情况就大不相同，已经成为一个坚定而成熟的马克思主义者的钱学森，从学术生涯第三阶段一开始就自觉地应用马克思主义哲学指导他的学术研究，而且卓有成效。70 年代末他的注意力主要集中于系统工程，马克思主义哲学的指导作用也集中体现在这里。《组织管理的技术——系统工程》一文被誉为中国系统科学形成和发展的第一个里程碑，文章一开头就把所论问题放在关于生产力和生产关系的历史唯物主义原理下考察，乃是颇具眼力之举。特别是指出"当然'事理'同数学、物理都充满了辩证法的道理，都是以辩证唯物主义作指导的"[③]，阐明了他从事学术研究、特别是系统科学研究的哲学方法论。全文没有直接引用经典著作，但处处闪耀着唯物辩证法的思想光辉。这篇文章是钱学森系统工程研究的总论，紧接着在一系列文章中对所列举的 14 类部门系统工程

---

① 苗东升．系统科学家钱学森．沈阳：辽东学院学报，2010，(3)．

② 罗沛霖．系统研究——祝贺钱学森同志 85 诞辰论文集．杭州：浙江教育出版社，1996：序．

③ 钱学森等．论系统工程（新世纪版）．上海：上海交通大学出版社，2007：7。本章只注明页数的引文均出自此文献。

都有所论述，对社会系统工程、军事系统工程、农业系统工程等更有专文探讨。今天回头看去，这些文章都是应用马克思主义哲学研究科技问题的成功之作，体现了钱学森对辩证唯物主义独到的理解。如在讨论军事系统工程时，作者以恩格斯和毛泽东的军事思想为理论依据，从五个方面对现代军事科学技术中的系统思想和方法作出高度概括。在讨论农业系统工程时，则把毛泽东关于主要矛盾和主要矛盾方面的思想与现代科学技术的程序观念、流程观念结合起来，对农业生产的系统性、过程性、有序性作出科学的分析。

同一时期的钱学森还对控制论作了新的考察，两点新意特别值得注意。他应用历史唯物主义观点，把控制论放在 20 世纪一系列科学革命和技术革命的背景下考察，发现所有这些科学技术的发展，所有这些技术革命，都直接与控制论联系在一起。这个结论不仅适用于控制论，实际上整个系统科学都直接与新的科学革命和技术革命联系在一起，系统科学产生于这些科学技术革命，又反过来推动科学技术革命。钱学森还从哲学根本问题的高度（物质与思想观念的关系）指出："控制论的对象自然还是客观世界，所以控制论的研究对象最终还得联系到物质，只不过不是物质运动本身而是代表物质运动的事物因素之间的关系。有些关系是直接的；有些关系不直接，要通过信息通道，表现为信息。"① 把这段话中的控制论换成系统科学，这些论述同样成立，控制论以至整个系统科学的这个特点，只有用唯物的、而且辩证的哲学观点才能真正把握。

也就在这个时期，在对系统工程进行理论总结的同时，钱学森开始跳出工程技术和技术科学层次，从基础科学的高度、以更广阔的视野对系统概念和系统思想进行更一般的思考和阐释。这立即使他把学术研究跟深层次的哲学问题直接联系起来，提出许多过去未曾意识到的问题，对系统科学做出新的哲学概括。首先是系统概念的起源问题。西方学界认为，系统是 20 世纪 40 年代创造的全新概念。钱学森反对此说，他以历史和逻辑相结合的方法指出："系统概念来源于古代人类的社会实践经验"，"人类在知道系统思想、系统工程之前，就已在进行辩证地系统思维了"。钱学森注意到古代中国在农业、医疗、水利、军事等多方面有大量"朴素的系统概念的自发应用"，并且反映在诗歌和哲学著作中。"朴素的系统概念，不仅表现在古代人类的实践中，而且在古中国和古希腊的哲学思想中得到了反映"。他由此得出这样的结论："古代辩证唯物的哲学思想包含了系统思想的萌芽"。[37-39页]

当然，古人掌握的是朴素的系统概念，与现代科学讲的系统概念还不可同日而语。但钱学森发现，现代系统概念也不是 20 世纪的新东西，不是现代科学技术的独创，而应该追溯到"马克思、恩格斯早在 100 年前奠定的系统概念"。[97页]

---

① 钱学森．工程控制论（修订版）．北京：科学出版社，1980：ix.

如此断言的根据何在？钱学森从实践经验、科学技术和哲学等方面进行论证，以简练而准确的语言阐述了系统思想的两次提升，概述了“系统思想如何从经验到哲学到科学、从思辨到定性到定量的大致发展情况”。(40页)这一概括极具理论说服力，如果展开论述，至少需要一篇大文章。

就系统概念的理论提炼看，黑格尔的辩证法已经给它以思辨的表述，却是唯心论的表述，与科学精神相悖谬。马克思与恩格斯把黑格尔的辩证法倒置过来，转变为唯物辩证法这一最锐利的思想武器，而“辩证唯物主义体现的物质世界普遍联系及其整体性的思想，也就是系统思想”；或者说，“系统思想是辩证唯物主义的内容”。(39页)在此基础上，恩格斯依据19世纪的三大发现和科学技术的整体发展趋势，对客观世界的系统现象和人类的系统思想做出进一步的提炼和概括，凝结成“一个伟大的基本思想，即认为世界不是一成不变的事物的集合体，而是过程的集合体。”钱学森反复引用恩格斯这句话，称之为人类认识史上的“飞跃”，并立即反问道：“恩格斯讲的集合体不就是我们讲的系统吗？恩格斯强调的过程，不就是我们讲的系统中各个组成部分的相互作用和整体的发展变化吗？”(93页)钱学森说得对，有了恩格斯的这些论述，系统思想就实现了从经验到哲学、从思辨到定性的历史性发展（第一次提升），现代科学的系统概念事实上已经形成。

辩证唯物主义总结出来的系统概念，如何进一步发展为现代科学的概念（即第二次提升）？钱学森在论述恩格斯对系统思想方法的重大贡献后，又考察了现代科学技术对系统思想方法的重大贡献，归结为两点，一是使系统思想方法定量化，二是提供了强有力的计算工具——电子计算机。再加上社会实践活动大型化、复杂化的强大推动，特别是第二次世界大战的推动，系统思想从哲学到科学、从定性到定量的发展或提升也终于可以实现了。用钱学森的话来说：“马克思主义先进思想所总结出的系统概念孕育了近60年的时间，到本世纪中叶才终于具备了条件，开出了一批花朵。”(93页)说得具体些：“系统思想是进行分析与综合的辩证思维工具，它在辩证唯物主义那里取得了哲学的表达形式，在运筹学和其他系统科学那里取得了定量的表述形式，在系统工程那里获得了丰富的实践内容。”(39页)如此精彩的概括，迄今只能从钱学森那里读到。

综合而言：“系统这一概念，来源于人类的长期社会实践，首先在马克思主义的经典著作中总结上升为明确的思想，而绝不是什么在二十世纪中叶突然出现的。”(93页)当然，20世纪科学技术的贡献也是巨大的，即实现了系统思想的第二次提升。

11.2　对系统科学的总看法

钱学森科学思维的触角在20世纪40年代末已经指向系统研究，他担任美国喷气推进实验室第一任主任期间，正是美国航天系统工程兴起的时候，钱学森无疑是其主要开创者之一。1954 年出版的《工程控制论》更使他从控制的角度开始领悟系统研究的真谛所在。回国后参与组建力学所运筹学研究室，特别是领导中国航天科技的 20 多年中，实际工作促使他越来越多地思考系统问题。但在近半个世纪中，作为科学家的他基本是在工程控制论和系统工程层次上工作的，主要成果是建立工程控制论和有中国特色的航天系统工程理论，还没有明确形成系统科学的概念。这个时期的控制论和系统工程工作者都出身于自然科学或数学，都把自己的学术方向看做自然科学或数学的延伸，而不是独立于自然科学和数学的另一个大部门，钱学森也大体如此。

20 世纪 70 年代末，随着对系统工程和控制论认识的不断深入，钱学森的学术探索开始走出系统工程，认识到系统工程所带动的科学发展是一条“很广泛的战线”，包含几十个学科。再应用他正在形成中的现代科学技术体系学思想来考察，钱学森的思想发生了飞跃，发现这个很广泛的战线并非自然科学或数学的延伸，而是现代科学前沿的一个新领域。这使他意识到：“我们应该回到系统这一根本概念，采用‘系统科学’这个词。系统科学是并列于自然科学和社会科学的，是基础科学。”(99页) 发现系统科学是与自然科学、社会科学并列的一个新的大部门，这既有力地促进了体系学思想的发展，也把系统科学的研究提高到一个新水平。至于把全部系统科学说成是基础科学，无疑是钱学森当时尚未全部消除的认识混乱，不久之后他便放弃了这一说法。

那么，什么是系统科学？钱学森在不同场合给出不同的定义，针对不同问题指明系统科学的不同特征（对系统科学的不同描述），而共同点是坚持他的“视角说”。钱学森有言：“我把从系统的观点去研究整个客观世界（包括人自己在内）的科学叫做‘系统科学’”。(3-223) 又说：“系统科学的特征是系统的观点，或说系统科学是从系统的着眼点或角度去看整个客观世界。”(162页) 这样的界定包含两个要点。所谓“系统的观点”，就是承认世界上万事万物都以系统方式存在着、运行着，要自觉地把事物作为系统去认识和处理。这实际上是一个新的科学假设，即系统科学的基本假设。系统是多样性的统一，系统作为科学概念的基本内涵也是多方面的。其中之一是：凡系统都有结构和功能，系统就是结构与功能的矛盾统一。以系统观点看事物，要点之一是从事物的结构、功能及其相互关系去认识和处理问题。用钱学森的说法：“从系统的结构入手，根据结构研究系统的功能，也就是结构与功能的关系。用这个观点来看整个世界，作为一门学科叫系统科学。”(392页)

钱学森系统概念的定义中用了“整个客观世界”一词，它有两个含义。一是客观世界的所有事物，不论哪个领域或层次或方面，都是系统科学的研究对象；二是整个客观世界也是一个系统。钱学森不赞同以研究对象来划分学科大部门，倡导按观察整个客观世界的特定视角或着眼点来划分。这一思想首先来自系统科学，又在自然科学和数学科学中得到支持，然后才试图推广应用于其他各大部门。实事求是地说，在11个大部门中，也只有数学科学和系统科学最适宜按照视角说来界定。与数学科学一样，系统科学也是横贯科学，客观世界的每个领域、每个方面、每个层次都存在系统事物、系统现象、系统运动，都需要也能够从系统的着眼点或角度去研究。既然系统事物、系统现象、系统运动存在于客观世界的所有领域、方面和层次，说系统科学研究的是整个客观世界就完全符合逻辑。

钱学森对系统科学的一大贡献，是初步理清它的学科体系。钱学森最先从自然科学中体悟出“三个层次，一个桥梁”的学科体系结构，接着在系统科学中得到应用和经受检验，然后再应用于其他几大部门。他关于系统科学的理论工作是从理清已有学科的层次关系起步的，做到“将‘人各一词，莫衷一是’的情况澄清为‘分门别类，共居一体’”。[iv页] 最重要的贡献之一是按照体系学原理考察系统科学，发现它还没有基础科学层次上的理论，并命名为系统学，着手组织力量建立这门科学；进而又发现系统科学也需要有哲学分论，并命名为系统论。这就清晰地勾画出系统科学的体系结构，显著不同于贝塔朗菲给出的体系结构，我们称之为系统科学的“钱学森框架”①。他在1986年初关于这个框架给出的表述是：“系统科学的工程技术就是系统工程、自动控制等；技术科学层次的是运筹学、控制论、信息论；将要建立的基础科学是系统学，系统科学到马克思主义哲学的桥梁就是系统论。系统科学就是这样一个体系”② 1989年以后又有一个重要改进，就是把系统学区分为简单巨系统学和复杂巨系统学两个分支。

系统科学有什么重大理论和实际意义？钱学森对此问题也多有论述。就理论意义看，他早先把控制论与相对论、量子力学进行比较，在形成系统学概念后则说：“我觉得系统学的建立，实际上是一次科学革命，它的重要性绝不亚于相对论或者量子力学”。③ 在20世纪，能够与相对论和量子力学相提并论，意味着最高的理论评价。就实践意义看，钱学森的两句话最有代表性：“系统科学真是社会主义治国之本”[5-226]，“系统工程是一项伟大的创新，整个社会面貌将会有一个大改变”。[98页] 关于系统科学实际意义的评价，其真理性得到越来越多的证明，还将继续得到更有力的证明。至于有关系统科学理论意义的评价，由于系统学没有真正建立起来，还须经受科学发展实践的进一步检验。

科学界主流对系统科学的评价，众说纷纭，显然与钱学森有别。中国科学院

① 苗东升．系统科学原理．北京：中国人民大学出版社，1990：13.

② 钱学森．创建系统学（新世纪版）．上海：上海交通大学出版社，2007：5.

③ 钱学森．创建系统学（新世纪版）．上海：上海交通大学出版社，2007：11.

的建制就是一种评价，把系统科学与数学并列的做法与钱学森的认识大体一致；把两者合并为一个研究机构则不符合钱学森的现代科学技术体系观点。钱学森对此批评道："我想中国科学院把系统科学所归入数学科学，则是不对的。二者本属两个不同科学部门，无法统一。将来问题会多到无法解决！"。原因何在？他认为在于"人们对系统科学的理解很不够！"(10-420)这样的建制恐怕对数学和系统科学都不利。

11.3 关于桥梁学科的界定

钱学森在回顾自己的系统科学思想发展历程时说过，一直到 20 世纪 70 年代末，他自己心里想的基本上是系统工程要发展成系统科学，有三个层次，并把系统这个思想的哲学根源追溯到马克思主义哲学。这些工作在 1980 年有了初步的眉目，"到这个时候我们才想起来，系统科学有没有哲学，提出来是不是系统科学有理论，这个理论而且要概括成哲学，而这个哲学是马克思主义哲学的桥梁，马克思主义哲学是通过这个桥梁来指导系统科学的工作，系统科学工作实际得到的经验又概括、总结起来，来深化发展马克思主义哲学，通过这个桥梁，这个桥梁就是系统科学的哲学……我们在中国要建立系统科学的这个体系，我们一定要建立系统科学哲学概括"①。从此，系统学与系统科学的哲学概括成为他建立系统科学体系最关注的两个研究方向。

如何命名系统科学的哲学概括？钱学森为此花费了不少心力和笔墨，结论是系统科学的哲学概括应该称为系统论。为什么把这个系统科学的桥梁学科命名为系统论？钱学森有一个关于学科层次划分的原则，就是哲学层次的学问宜称为"论"，科学层次的学问宜称为"学"。对于维纳的著作被汉译为控制论，申农的著作被汉译为信息论，他一直持有异议。在系统科学中，他坚持区分作为哲学分论的系统论和作为基础科学理论的系统学。钱学森在不同场合、从不同角度反复讲这个观点。在申述他的命名根据时，钱学森说："系统科学根本的概念是系统，所以应该叫'系统论'"②。我们把这句话引用于此处而不提它原来的语境，容易曲解这句话，似乎凡论述系统概念的内容都属于系统论，只有系统论才负有阐释系统概念的任务。这显然不对。既然系统是系统科学的根本概念，那么，全部系统科学都在阐释这个概念，但不同学科层次有不同的阐释，形成不同的知识体系。钱学森所说的系统论，是也仅仅是从哲学上阐释系统概念的那部分学问，在基础科学层次上阐释系统概念的则是系统学，等等。

---

① 钱学森．创建系统学（新世纪版）．上海：上海交通大学出版社，2007：163.

② 钱学森．创建系统学（新世纪版）．上海：上海交通大学出版社，2007：5.

但这样说还不够全面、准确。在钱学森看来，关于系统概念的哲学诠释和系统科学的哲学概括，应包括两个层次上的工作。在系统学讨论班初建的1986年，钱学森于一封信中写下这样一段话："系统科学的最高概括为哲学性质的'系统论'（不是von Bertlanffy的'一般系统论'），系统论又是全部人类知识最高概括的马克思主义哲学（辩证唯物主义）的一块基石。"但他同时认为"现在还不是攻系统论的时候"。接着又说："将来有了系统论，我们就丰富并深化了马克思主义哲学；也许到那时候，我们可以把'未来'马克思主义哲学讲系统的那部分称之为'系统观'。现在就提出系统观为时过早。"(3-223) 有时他主张区分系统观和系统论，系统论属于桥梁层次，是殿堂的基石之一；系统观属于哲学殿堂，层次高于系统论。系统论可以通过对系统科学的哲学概括来建立，系统观则不能。"'系统观'是哲学，即科学技术的最高概括，科学的最一般、最普适的规律。因此它必须从整个科学技术中提炼，而不只是从自然科学中去提炼。"(3-222)

钱学森还有一种说法：系统论是系统科学的总精神。"要研究层次间的相互关系必须用系统学的观点，从一个层次到另外一个层次有飞跃，不是简单的延伸，是量变到质变。这个道理就是系统科学的总的精神——系统论、系统观的看法。"① 这是从知识论角度考察系统论。知识是一种信息性的存在，但属于意识化了的客观信息，不同于未意识化的客观信息。信息的意识化又有不同层次，应用技术、技术科学和基础科学层次的知识尽管也是意识化了的客观信息，但原则上不属于意识形态，不属于主观精神。如果再提升一个层次，即上升到桥梁或哲学分论，量变就会导致质变，变为意识形态的或精神的存在。在系统科学中，系统论就属于这种意识形态的存在，它阐述的是系统科学的总精神。

对于20世纪后20年风行一时的"三论"说，钱学森提出两点批评。他认为，所谓老三论、新三论的提法不科学，因为有关系统问题的理论不止于三种，将来是否还有新新三论？这只能造成混乱。这一批评完全正确，也很及时。但对他的"三论归一"说须加辨析。钱学森云："我认为系统的观点概括为哲学性质的系统论，不是时下流行的'三论'；'三论'实是一论，即系统论。讲'三论'的人是不懂系统科学。"(3-519) 这里存在误解。学界最早讲的三论指的是贝塔朗菲的一般系统论、维纳的控制论和申农的信息论，尽管前二者带有哲学议论，但本质上仍然属于科学理论，而非哲学理论。这样的三论是不能归一的，尤其不能归一于钱学森说的哲学性质的系统论。钱学森主张把关于科学技术的理论称为"学"，把关于哲学的理论称为"论"。在此前提下，方可以讲"系统论、系统的概念才是主导的，其他二论则是属从的。三论不能并列！"(1-363) 把有关信息论和控制论的哲学概括归属于哲学性质的系统论是正确的，这就是钱学森所谓"三论

① 钱学森．人体科学与现代科技发展纵横观．北京：人民出版社，1996：81.

归一”。问题是学界并未普遍认同钱学森关于学与论的划分，大多数人讲的信息论和控制论是具体科学。

笔者认为，把系统科学的哲学概括称为系统论有点过窄，称为系统哲学或系统科学哲学更科学。系统论是系统哲学的核心部分，但不是系统哲学的全部。例如，系统思想发展史是系统哲学的必要组成部分，放在系统论中就显得不大自然。虽然钱学森也使用过系统哲学一词，但他坚持以系统论代表系统科学的哲学概括，而不用系统哲学一词，其理由我们始终未闻其详。无可否认，国外讲的系统哲学与钱学森讲的系统论存在原则的差别，核心是拒绝还是坚持马克思主义哲学的指导。但形形色色的系统哲学对建立和发展系统论还是颇为有益的。由于系统概念固有的辩证本性，各种版本的系统哲学都不可能真正拒斥辩证法。即使邦格，在反对辩证法的名义下，实际上也在讲辩证法。如他的一条公理就是辩证法普遍联系原理，只是语言表述上有所差别①。各种系统哲学对于建立以马克思主义哲学为指导的系统哲学都有用处。

11.4 关于建立系统论的努力

在 11 架桥梁中，钱学森对于建立系统论付出的心血最多。系统论作为系统科学的体系之首，建立它首先是建立系统科学体系的需要。由于系统科学又是方法论科学，各大部门都需要，故建立系统论也关系到所有大部门的体系建设。但问题还不止于此，在钱学森的现代科学技术体系中，桥梁学科已经确立起来的只有自然科学、社会科学和思维科学，其余 8 架桥梁建设大体都得从头做起，任务异常繁重。钱学森显然有一种意图，就是以系统科学为典型，通过首先建立系统论来积累经验，再去影响和推动其他桥梁的建立。

如何建立系统科学的哲学概括系统论呢？钱学森认为只有一个办法，“这个办法就是查看现在存在的各种各样说法，吸取里边正确的一部分。”② 确如钱学森所说，关于系统的哲学概括，国内外都有大量工作，积累了比较丰富的思想材料。“我们要建立系统科学的哲学，我们就要认真地来研究分析这些东西，对的，我们就吸收，不对的，我们就要舍去，要批判。批判，就是清理我们自己的头脑。”②他还引用列宁关于战斗唯物主义的名言，鼓励学者们要有点勇气，要投入战斗。钱学森指出：批判他人的错误就是清理自己的头脑，此话说得精彩。

跟钱学森的影响和推动直接相关，系统哲学的研究在国内学界红火了 20 年，至今仍不时有作品问世。钱学森生前关注这些动向，给出他的评析。如在 1991

---

① 马里奥·本格．系统世界观．自然科学哲学问题，1964：4.

② 钱学森．创建系统学（新世纪版）．上海：上海交通大学出版社，2007：163.

年致于景元的信中说："关于系统科学的哲学概括——系统论，近来有好几家言：如所谓宇宙全息统一论、吴学谋的'泛系理论'、乌杰的'系统辩证论'、平措汪杰的理论、金日光的'群子论'……在你们的专著中，似应有个阐述，说明我们的观点。"(6-107)钱学森把这几论都看做系统科学的哲学概括，这首先是他对这"几家言"的肯定，肯定他们对于建立钱学森所期望的系统论有价值。但他对这"几家言"也都有批评。在强调系统哲学研究要运用《实践论》和《矛盾论》之后，钱学森写道："用以上观点看几本写系统哲学的书，则似都差劲。"①这是他对这"几家言"的总评价。"几家言"都有可取之处，又都与钱学森心目中的系统论相去甚远，这也是事实。

实事求是地说，在20世纪80年代"三论热"的推动下，中国自然辩证法界的系统哲学研究取得可喜的成果。在总结这些成果的基础上，乌杰写成《系统辩证论》一书，成立专门的学术研究团体，还创办了自己的刊物，俨然成为中国系统哲学或系统论的一个小流派。在哲学观点上，乌杰不赞同矛盾学说，在他主持的学术会议上多次批评《矛盾论》。这种观点自然会反映在《系统辩证论》一书中，引出钱学森的批评："《系统辩证论》就是不讲《矛盾论》怎么行！'泛系理论'太形式化，一数学形式化就僵。将来我们的系统科学哲学概括，'系统论'，可不要再犯此错误。"①钱学森的批评明确而尖锐，是他一向的风格，击中了当时国内系统论研究中一种流行观点的要害的。其实，无论是乌杰对《矛盾论》的批评，还是钱学森对《系统辩证论》的批评，在学术上都是无可非议的，中国学术界缺少的正是这种公开而直率的批评与争鸣。令人遗憾的是，在出《创建系统学》的新世纪版时，钱学森的这段话被莫名其妙地删除了。

在建立系统论的问题上，钱学森一再重复申明这样一个观点：在没有建立起系统科学基础理论系统学之前，还不具备建立系统论的条件，有时为此而批评别人从工程技术一下子跳到哲学。例如他说："我以为现在还不宜多谈辩证唯物主义系统论，因为它引以为据的系统科学基础科学——系统学尚未建立，您怎么能讲清系统论的内涵是什么呢？"(3-207)还说："系统论的产生需要概括整个系统科学的成果。第三个台阶，系统学还没有搞起来，就要跨第四步了。稳不稳啊？摔不摔跤子？"(372页)看来，一向激进的钱学森也难免有思想保守、过分求稳的时候，他在不同学科的层次关系上有点机械论。建立系统论是一个过程，不可能一下子就完整地建立起来。应该说，系统学未建立系统论就不可能完整地建立起来，但建立系统论的某些部分还是可以的。有了应用技术层次和技术科学层次的系统科学，已经可以进行哲学概括。如丘奇曼对运筹学和系统工程的哲学概括，茹科夫对控制论的哲学概括，都有独到的见解，对于建立钱氏"系统论"很有参考价

① 钱学森．创建系统学．太原：山西科学技术出版社，2001：421.

值。系统学虽然至今尚未真正建立起来，但人们已对它有一些深入的理解，特别是钱学森的有关论述，我们无疑可以从中引出一些哲学结论。

钱学森期望的系统论在他生前未能建立起来，他是带着遗憾谢世的。造成这一局面的原因有多个方面。首先应该归咎于任务本身的学术难度大，一时还难以达到钱学森心目中的高标准。另一个原因要归咎于中国社会为学术研究营造的文化大环境，一方面是浮华躁动、急功近利，另一方面是一团和气，容不得真刀真枪的学术争鸣，这样的大环境只能扼杀真正的学术创新。钱学森自己勇于学术争鸣，也鼓励其他人积极争鸣，尤其希望他的弟子们勇于争鸣，要求他们通过对不同观点的分析批判，从中引出"我们的观点"，即形成钱学森学派的观点。但在现实的大环境下，他的弟子们没有按照他的愿望去做，不仅不跟自己的导师争鸣，也不跟反对钱学森观点的人争鸣，因而也就不可能从不同观点中引出有助于建立钱学森学派的观点。钱学森对研究系统论的人信不过，他的弟子又无人对此感兴趣，在这种情况下系统论没有建立起来是很自然的事。

按照辩证法，科学技术体系中不同层次之间是有来有往、相互作用的。根据第 6 章末所引钱学森的话，我们要问：为什么系统科学就非得等到基础理论系统学建立后才能进行哲学概括？为什么不可以先从马克思主义哲学构筑一个关于系统科学的哲学概括？为什么不可以直接对控制论、运筹学、系统工程进行哲学概括？这样"两面夹攻"不是更有效吗？看来，在系统论问题上钱学森自己也有点机械唯物论，而且生前始终没有悟到这一点，这不能不影响中国学界的系统论研究。

11.5　系统科学辩证法

恩格斯把辩证法归纳为三条基本规律，列宁进一步明确了对立统一规律是核心，毛泽东对这一规律作了精当而通俗的阐释，写出辩证法的经典著作《矛盾论》。钱学森十分看重这一套思想，晚年时更把《矛盾论》视为指导复杂性研究最重要的思想武器，反复阅读。至于系统科学的哲学概括，钱学森在前述对系统辩证论的批评中已经说得明白，他的系统论一定要讲《矛盾论》，要以对立统一规律为核心来建立系统论。

1984 年，全国系统科学辩证法与我国科学技术发展战略学术讨论会召开前，钱学森在给会议组织者黄麟雏的信中写道："系统科学辩证法实是我所说的从系统科学到马克思主义哲学的桥梁——系统论的一部分。我看其中的重要问题是结构与功能、还原论与整体论等辩证关系。总之，不讲整体不行，只讲整体也不行。"[1-455]这段话对后来国内系统科学和系统论的研究产生了很大推动作用，其新意在于确认了系统科学辩证法的概念，它代表系统论的一个分支学科（一部分），研究的是系统现象、系统运动所涉及的各种辩证矛盾或范畴对。系统概念包含的辩证矛盾或范畴对极为丰富多样，钱学森著作中论及的就有整体论与还原论、组分与系统、部分与整体、系统与环境、开放与封闭、结构与功能、有序与无序、确定性与不确定性、稳定与失稳、静态与动态、状态与过程、过程与阶段、长期与短期、相似与相异等等。他对这些矛盾大多发表了自己的独到看法，经过科学地梳理、发掘和深化，就可以建立起系统论的主体部分。我们来考察他对其中三对矛盾的分析。

针对学术界“一说相似就只说相似，不顾‘相异’了”的现象，钱学森强调“全面讲系统，应是讲‘系统的相似与相异’，不能只讲什么《相似系统论》。”又说：“两个系统或一个系统的不同层次，有相似也有相异，而且系统发展运动中相似与相异也会动态地变化。”(8-228) 相似指的是系统的普遍性，相异指的是系统的特殊性，系统都是普遍性与特殊性的对立统一。他在这里提出了系统论的一条重要原则：要全面讲系统。钱学森这样讲很有针对性，因为在系统科学的研究和应用中大量存在“片面讲系统”的事。如控制论强调系统的稳定性是非常必要的，因为不稳定的系统无法发挥其功能，甚至难以存续下去。但由此而形成一种思想倾向，把不稳定性当成完全消极的因素，力求尽量排除，这种观点十分片面。协同学告诉我们，对于系统的演化发展来说，不稳定性具有非常积极的建设性作用，只有旧功能态、旧模式失去稳定性，才可能出现新功能态、新模式。当然，如果只讲变革、发展，把稳定性视为完全消极的保守因素，那就会走向另一极端。总之，动力学系统是稳定性与不稳定性的对立统一，两个对立面都不可缺少，不可只讲一方而否定另一方。其他各种矛盾，如开放和封闭、确定性和不确定性等等，都必须全面看待，即把对立统一当做对立统一看待。

有序与无序是系统论的另一对基本矛盾，同时也是系统研究的一大难点。钱学森不仅鼓动哲学家来研究，他自己也有许多零散而精妙的议论。如说混沌和有序的辩证统一“是巨系统，开放的或封闭的巨系统，以及开放的复杂巨系统（社会系统）的一个带根本性的问题。这里说辩证统一就是说上面一级与下面一级不是绝对地谁支配谁，不是‘层级’关系。”(5-194) 还提出“有序及无序在物质运动的不同层次交替出现”的论断。(3-294) 关于无序和有序相互转化的条件和机制问题，钱学森基于混沌理论给出这样的回答：“原系统是按层次来组织的。如果要出现紊乱了，你就截断系统的某些联系，即增加层次，就可以防止紊乱的出现”，并且打趣地说这是“钱学森猜想”(371页)。这些言论都发他人之未发，经过提炼都将成为系统论的必要内容。可贵之处还在于，他把原本属于基础科学和哲学层次的“钱学森猜想”同实际应用联系起来，认识到“这对我们系统的设计思想是很关键的问题”。(371页) 我们从这里又一次看到钱学森治学的一大特点，就是把新的科学思想尽快转变为新的设计原则。

钱学森曾给出这样的定义："系统科学就是从局部与整体、局部与系统这样一个观点去研究客观世界。"(222页)这是因为在系统概念涉及的各种矛盾中，部分与整体（亦即局部与全局）是一对最核心的矛盾，它规定了系统科学的基本问题、特点和方法。钱学森著作中论述最多的也是这对矛盾。在他看来，"局部与全部的辩证统一，事物内部矛盾的发展与演变等，本来是辩证唯物主义的常理；而这就是'系统'概念的精髓。以前在科学技术中不注意系统概念的运用，正是受了科学技术早年历史的影响。"(92页)这段话的核心是提出"局部与整体的辩证统一是系统的精髓"的命题，揭示了系统论的一个重要原理，也是理解钱学森系统科学思想的一把钥匙。

从科学方法论角度看，钱学森最关注的是整体论与还原论的关系，论述也最多。其核心思想被钱学森概括为这样一个命题："系统论是整体论和还原论的辩证统一"①。他从恩格斯的著作中悟出，这个命题实际上是科学发展历史给出的结论。恩格斯对科学发展史作了整体的考察后发现，近代科学以还原论取代古代科学朴素整体论具有历史的必然性和合理性，但它只讲还原而不讲整体的方法论思想到 19 世纪已经暴露出明显的历史局限性，它所造成的"障碍堵塞了自己从了解部分到了解整体、到洞察普遍联系的道路"②。这就历史地决定了还原论将要被新的科学方法论取代，科学已经发展到重点是了解整体、洞察普遍联系的时代。19 世纪的三大发现表明科学发展已开启了向辩证思维复归的历程。这一发展趋势在 20 世纪表现得更明显，现代科学自身发展正在历史地走向整体论与还原论的辩证统一。钱学森完全接受恩格斯的观点，并以现代科学的语言把恩格斯的发现明确地表述出来。恩格斯的论述完全是哲学性的，当时还没有还原论、系统论之类的用语。钱学森则依据恩格斯身后科学技术的巨大发展，以科学的语言说明：不要还原论不行，光要还原论也不行；不要整体论不行，光要整体论也不行；只有把还原论与整体论结合起来，做到辩证统一，才能满足现代科学技术发展的需要。

命题"系统论是整体论与还原论的辩证统一"给出系统论的一种定义，如此定义既很精彩、隽永，又显得有些过窄。钱学森主要是从方法论角度给出的定义，可以说十分到位，把问题说透了。但系统论不限于方法论，系统的存在性、普遍性、特殊性、持存性、演化性、暂时性等都需要而且能够给以哲学的概括。而从其他角度阐述系统论尽管也要涉及整体论与还原论的辩证关系，更本质的却是阐释从各个角度考察系统所看到的特殊矛盾。例如，系统的存在问题是系统哲学的基本问题之一，仅仅从整体论与还原论的辩证统一角度是阐释不清楚的。简

① 钱学森．人体科学与现代科技发展纵横观．北京：人民出版社，1996：361.

② 恩格斯．马克思恩格斯选集第三卷．北京：人民出版社，1972：468.

单地说，系统论就是哲学地论系统，核心是对系统之辩证本性的揭示，内容极其广泛，整体论与还原论的关系所反映的只是系统辩证本性的一个方面。拙著曾经简略论述过系统存在论、系统演化论、系统消亡论等十论，但仍然不完全，如系统因果论、系统审美论等尚未涉及。①

11.6 系统科学方法论

钱学森认为，作为现代科学技术体系中的一个大部门，“研究系统科学只能在马克思主义哲学的指导下，实事求是，找出客观世界实际存在的规律，而不是臆想出几条规律去套事实。”(3-360)特别的，“搞开放的复杂巨系统，任何时候都不要忘了辩证唯物主义，警惕机械唯物论，警惕唯心主义，不然会走到邪路上去。”② 钱学森不仅这样讲，而且身体力行。下一章将要说明，作为钱学森晚年最重要的科研成果之一，从定性到定量综合集成法是如何应用马克思主义哲学指导而得到的。应该说，在11大部门中，系统科学是钱学森运用马克思主义哲学最经常也最有成果的一门，其他大部门的学者可以从系统科学中向钱学森学习如何运用马克思主义哲学。

用现代科学技术体系学的观点指导系统科学的发展，这一方法论思想在钱学森的著述中表现得也很鲜明，而且卓有成效。最突出的表现是用“学科系统观点”(7-042)梳理系统科学的发展现状，发现它的基础科学还是空白，由此提出建立系统学的任务。体系学作为方法论，另一个要点是充分发挥11个大部门之间的相互作用、相互促进。11个大部门的研究对象都是以系统方式存续演化的，但又各有特色，不仅可以为系统科学提供研究课题和活生生的素材，而且可以启迪新的系统思想和方法。系统思想和方法有不同的方面，有些在这一大部门中表现得明显，有些在那一大部门中表现得明显。例如，钱学森关于还原论与整体论辩证统一的思想首先是在人体科学研究中形成的，因为人体系统中部分与整体、微观与宏观的辩证关系极富特点。又如，定性与定量相结合的思想首先是在经济问题研究中形成的，因为经济活动中定性与定量的辩证关系鲜明而富有特点。

重视从中国传统文化中吸取营养，也是钱学森系统科学方法论的特点。作为一门现代科学，系统科学主要是依托西方文化发展起来的，必然带有这种文化的局限性，需要从中国文化这种异质文化中吸取营养，将不同文化融合起来，才能形成真正科学而普遍适用的科学方法论，即适应复杂性研究和已经形成的新的世界社会形态所需要的科学方法论。普利高津等人都有这种认识，都提倡两种文化

---

① 苗东升．系统科学精要（第3版）．北京：中国人民大学出版社，2010，2.

② 钱学森．创建系统学（新世纪版）．上海：上海交通大学出版社，2007：175.

的融合，表现出崇高的人类情怀和眼界。作为中国人的钱学森，又出身于文化世家，从小在这种文化的熏陶中长大，对中国文化之精髓的深刻感受和领悟是普利高津等人无法比拟的，因而更懂得中国文化中系统思想和方法的内涵，更重视利用中国文化来丰富发展系统科学。从他的著述看，儒、道、佛各家典籍中的系统思想，中医、建筑、古代农业、水利工程、军事活动中的系统思想和方法，都引起他的关注。中国文化博大精深，钱学森毕竟不是搞人文社会科学的学者，所以他也关注向现代中国人文社会科学界的动向。在当代中国学人中，除了向毛泽东学习，钱学森也注意向季羡林、张岱年、赵朴初等人学习，以期综合集成。例如，在《神州文化集成丛书》总序中，季羡林把中国文化的特点概括为“综合与普遍联系”，钱学森表示“很赞同”，认为“放到今天的世界，就是我近年来一直在宣扬的在马克思主义哲学指导下的系统科学。”(6-434) 这段话让我们明白了，晚年钱学森能够创建系统科学的中国学派，创建复杂性科学的中国学派，是他把西方系统科学、中国传统文化和马克思主义哲学三者结合起来的结果。这一点极具方法论意义，中国系统科学和复杂性科学的未来发展，以及其他他大部门的发展，都应该坚持这种方法论原则。

第 12 章 钱学森与思维科学的哲学——认识论

思维科学是钱学森继系统科学之后提出的另一个新的科学技术大部门，也是他花费精力最大、新思想最多的领域之一。本章将考察他在这方面的认识发展历程，中心是他关于思维科学哲学分论的思考。

12.1 思维科学的产生

把思维作为科学研究的对象，形成一个新的科学部门，这一思想的起点应该追溯到恩格斯。恩格斯在100多年前已有“关于思维过程本身的规律的学说，即逻辑和辩证法”的提法，只是尚未凝结成思维科学这一概念。当然，那个时代也不可能形成这门科学，恩格斯自己就明确指出那时的思维研究仍然是“一个纯粹思想的领域”[①]，是那个时代只能进行哲学思辨的仅存的一块地盘。恩格斯没有看到，逻辑研究在他晚年正加速走出哲学范畴，得力于弗雷格等人的工作，逻辑学即将成为现代科学的一个重要分支。但恩格斯实际上预见到思维科学这个大部门的存在，他的论述中含蕴着这样一个定义：思维科学是关于思维运动规律性的科学。一百年后，恩格斯的这些前瞻性思想首先被钱学森领悟，看到这个仅存的“纯粹思想的领域”也已经能够从哲学中退出来，交给实证科学来处理，建立一个叫做思维科学的新部门。

逻辑学在20世纪获得长足的发展，对逻辑思维的规律有了系统而深入的揭示，实现了逻辑的形式化描述，其严密性达到现代科学的顶峰。这事实上为思维科学准备了一个重要分支学科，即逻辑思维学，思维科学从此不再是一片空白。重要的还在于应用逻辑学成果发明了电子计算机，发现人脑思维的部分功能可以用机器来替代，而且能够做得比人还好。这一发展的启示之一是，思维科学也有应用技术，可以像自然科学那样建立自己的学科体系。钱学森由此断言：“现代科学技术的实践，正预示着更重大的变革：思维科学的出现”，而“引出这项变革的是电子计算机”。[②]

思维的本质是一种以信息加工处理为核心的信息运作，在信息没有成为科学

---

① 恩格斯．马克思恩格斯选集第四卷．北京：人民出版社，1972：253.

② 钱学森等．论系统工程（新世纪版）．上海：上海交通大学出版社，2007：121。本章只注明页数的引文都出自此文献。

技术研究的对象之前，思维也不可能成为科学研究的对象。20 世纪的科学技术在这方面迈出决定性的一步，主要得力于通信工程和控制工程的发展，在信息高技术问世的同时，科学对信息的本质、特征和运作规律也有了初步了解。思维是以人脑这种特殊物质为载体的信息运作，从信息运作的角度理解思维运动才可能让思维研究跳出思辨的领域，采用实证科学的方法来进行。钱学森在谈到建立思维科学的“紧迫感”时，就是从新技术革命的推动作用方面立论的，他为此而专门讨论过思维科学与所谓信息社会的关系。①

思维科学的提出是钱学森构筑现代科学技术体系的直接产物。“我对思维科学的考虑又出自我对现代科学技术体系的认识。”② 思维科学既不是自然科学，又不是社会科学；既与社会科学有关，须应用社会科学知识；又与自然科学有关，须应用自然科学知识。越是想打通学科之间的壁垒，培育大成智慧，就越需要掌握思维规律。对于正在向大成智慧者升华、正在着手构筑现代科学技术体系的钱学森来说，先于其他人感受到科学发展的这一新需求是自然的。在八个新的大部门中思维科学是第二个提出来的，这并非偶然。

还应该指出，钱学森提出思维科学也受到国外兴起的认知科学的直接影响。钱学森说过：“国外的 cognitive science 的确比我们的思维科学窄，但我想来想去，还是用这个词（指思维科学的英语表达——引者注，这里是暂时借用，后来改为 noetic science，见 140 页），但扩大其内涵变成我们的思维科学。当然，这是改造外国人的东西，有点‘太岁头上动土’，敢不敢?”② 学习不是照搬，还包括改造，学习外国的同时要超越外国，这是钱学森的一贯作风。欲懂得钱学森的思维科学，不可忘记他的这一特点。

12.2　对思维科学的总看法

按照现代科学技术体系学的“视角说”，思维科学也是研究整个客观世界的。用钱学森的说法：“思维科学是从人脑通过思维认识整个客观世界这个角度去开展研究的。”(285页) 这一说法引起国内学界的质疑：思维运动发生在人脑中，怎么能扯上整个客观世界呢？钱学森的回答是：“这是因为思维科学的目的在于了解人是怎样认识客观世界的，人在实践中得到的感觉信息是怎样在人的大脑中，存贮和加工处理成为人对客观世界的认识的。也因为这个缘故思维联系到整个客观世界”。(162页) 辩证唯物主义相信，原则上客观世界的一切事物或迟或早都可能以这样那样的方式成为人类思维的对象，怎么能说思维科学不是研究整个客观世界

① 钱学森．关于思维科学．上海：上海人民出版社，1986：126.

② 戴汝为．社会智能科学．上海：上海交通大学出版社，2007：197.

的呢？

就现代科学技术体系看，人们容易混淆思维科学与人体科学，须加以区分。钱学森的观点是："所谓感觉和知觉都是人体科学中神经心理学要研究的领域；而更上一层的所谓感受则是精神学的研究领域。"(9-132)人体科学研究人体如何获得信息，神经心理学和精神学都属于人体科学；而思维科学只研究人脑如何加工处理从客观世界所获得的信息，并把结果存贮起来。拿集体思维来说，研究人在集体讨论中大脑的激发状态属于人体科学，研究在这种激发状态下的人脑如何处理信息属于思维科学。总之，"思维学的任务就是怎样处理从客观世界获得的信息，包括 Popper 的'第三世界'这个非常重要的信息源，信息库，以获得改造客观世界的知识。"(9-133)换个角度看，思维科学与人体科学的关系相当密切，人体系统中生理的和心理的信息运作是思维这种特殊信息运作的前提和实在基础。

思维科学不限于研究人脑的思维运动，如何用机器模拟人脑思维也是它要解决的问题。"只要看一看人工智能工作的情况，就可以明白为什么要区分思维科学与人体科学。"(5-360)从研究对象看，思维科学研究的是思维运动，而不是生理运动和心理运动，后两种运动属于人体科学的研究对象。从信息运作的角度看，人体系统接受和处理来自客观世界的信息，转化为生理信息的运作，但生理信息仍然是非意识信息，属于人体科学的对象。而思维运动只处理意识信息，不涉及非意识的生理信息。知识是意识化了的客观信息，而言表知识（能用语言文字表达的知识，另一类是意会知识）原则上都可以形式化，处理这类现象的思维运动可以用机器来模拟。这就是人工智能，属于思维科学的应用科学和应用技术。

从人的思维能力培养看，在理论层面上，思维科学的核心任务是揭示人类思维的本质，思维的规律性，思维能力发展的途径，阐释其内在机理。在应用层面上，"思维科学的任务就是从思维的角度找出思维能力发展的途径并付诸实施。"(6-286)这既包括发明更高明的机器去承担更多的人脑功能，也包括提高人脑思维能力的途径。受国外认知科学和逻辑学的影响，思维科学界重"机器思维"的研究，轻人脑思维的研究。逻辑学就是典型，把形式化作为逻辑研究是否达到现代科学标准的唯一判据，把非形式化的研究成果一概视为前逻辑，不予承认。钱学森对一味追求形式化的片面倾向是抵制的，如说"讲'辩证逻辑'的形式化，是对辩证思维的误解"，因为"辩证思维是高层次的，是思维科学中的一大难题"。(5-521)实际上，形式化逻辑是为"机器思维"服务的，人脑思维所用的逻辑只能是非形式化的逻辑①，人脑的创造性思维更无法形式化。思维科学当然要发展建立在形式化基础上的思维技术及其科学理论，但更重要的是研究人脑非形

① 苗东升．人脑使用的逻辑都是非形式化的，载于何华灿主编的《信息、智能与逻辑》（第二卷上）．西安：西北大学出版社，2010.

式化的思维方法及其科学理论。钱学森说得好："我们搞人-机结合的智能系统，就是叫电子计算机及信息系统干它们能干的'理性'的事，把人留在只有人脑这个复杂巨系统才能干的'非理性'的事；并让二者有机地结合起来。"(6-136) 人脑干非理性之事的规律是不能形式化的。

钱学森的思维科学也具有基础科学、技术科学和应用技术三个层次和一个桥梁——哲学分论的体系结构。他在不同场合对各个层次的分支学科进行过讨论，卢明森加以整理，给出一个可供进一步讨论的方案。①

钱学森说："辩证思维是智慧的核心，能模式化吗？"(5-427) 我很赞同这个论断，辩证思维有模式，但不能模式化，更不能形式化。但他把辩证逻辑请出哲学层次，下放到基础科学层次，算作思维学的内容，值得商榷。形式化了的辩证逻辑已不是人脑使用的辩证逻辑，而仅仅是带有辩证性质的具体逻辑，仍然是为用机器模拟人脑思维服务的。目前被承认的辩证逻辑形式化描述是达科斯塔给出的，记作 DL^Q，人脑的辩证思维过程无法使用这套形式化逻辑系统。我以为，至少在目前还是把辩证逻辑划归哲学层次为好。

认知科学是发端于西方的一门新兴科学，起先深受计算机科学的影响，后来又受到脑科学的影响。钱学森提倡思维科学要借鉴认知科学的成果，早期曾有"思维科学的一个别名是认知科学"的说法②，但随后更强调两者的不同，反对用认知科学取代思维科学。他曾经在不同场合、从不同侧面对两者作过对比，要点是：

其一，思维科学公开申明它以辩证唯物主义为指导，认知科学不然。"认知科学是不主动使用马克思主义哲学（辩证唯物主义）为指导的思维科学。我们对认知科学的研究成果要注意，吸收其有用部分，但不盲从"；③

其二，思维科学是由三个层次、一个桥梁构成的体系，认知科学不讲这种体系，它实际上是思维科学、人体科学、自然科学的交叉，也不重视知识层次的划分；

其三，思维科学只研究人脑信息的加工处理，认知科学同时研究人脑信息的获取、传送、加工处理等信息运作；

其四，思维科学强调系统论方法，主要是从宏观层次上整体地描述思维运动，认知科学是在还原论科学基础上发展起来的，注重从微观入手，还原论色彩浓厚。

在 20 世纪 80 年代初到 90 年代的 10 多年中，钱学森反复谈到思维科学和认

---

① 赵少奎．现代科学技术体系总体框架的探索．北京：科学出版社，2011：113.
② 钱学敏．钱学森科学思想研究（第 2 版）．西安：西安交通大学出版社，2010：168.
③ 钱学敏．钱学森科学思想研究（第 2 版）．西安：西安交通大学出版社，2010：169.

知科学的对比，而且越到后来越强调两者的不同，明确劝告思维科学界不要跟着认知科学跑。为便于读者深入思考钱学森的有关思想，这里摘引他的几段论述。

1984 年："我以为外国人的所谓'认识科学'有机械唯物论的味道，对人的能动作用重视不够，我们的思维科学似乎更合乎辩证唯物主义。"(1-338) 注意，思维科学的特点是强调人的能动作用！

1987 年："思维学的最终目的，不仅仅是能理解人的思维行为，它要创造出比人能达到的能力更大。请看：数理逻辑和抽象思维学不是比任何一个人的推理能力强吗？以上的原因使我更想避开 cognitive science 这个词，用 noetic science 吧。"(3-506) 注意，思维科学要研究如何创造比人脑现在能够达到的更大的思维能力！

1996 年："我想所谓'认知科学'是不赞同我们的上述观点的（指思维研究要坚持《实践论》的辩证唯物主义——引者注），所以我们用思维科学这个词，以示区别……外国人要接受辩证唯物主义恐有困难，所以我想也不能勉强他们，但我们不能让步，这是原则问题！当然我们对待他们要礼貌，讲道理。"(10-199) 这一段话取自钱学森给戴汝为的一封信。戴汝为是钱学森思维科学的掌门大弟子，钱学森对他寄予厚望，着力提携，写给戴有关思维科学的信有数百封之多，提出大量精深见解。1996 年已进入钱学森学术思想第三阶段的尾声，这一封信应该看做钱学森对思维科学界的学术交代，表现出他关注的重点和所坚持的学术原则，可谓其言凿凿，其心切切！

思维科学正处在困难时期，选定的突破口突而未破，研究工作有点陷入停顿状态，令这一界的学人心焦。这使一些人忘记钱学森"这是原则问题"、"不能让步"的话，开始出现向外国的认知科学靠拢的苗头。这一动向应当引起我们的警惕。思维科学界追随钱学森学术思想的朋友们，钱学森尸骨未寒，不可轻言易帜嘛！

12.3 关于桥梁学科的界定

从学科命名角度看，把思维科学的部门哲学称为思维哲学是再自然不过的事。钱学森将这个桥梁命名为认识论，主要是从构筑马克思主义哲学现代体系的需要着想，以求与历史相衔接。马克思主义哲学的认识论毕竟是早已存在的学问，而且内容丰富，自成体系。把认识论请出哲学殿堂，就只能放在思维科学体系之首的位置，这样做既承认它属于哲学，又肯定它在知识层次上低于哲学殿堂——辩证唯物主义，符合钱氏体系学的基本思想。

按照现代科学技术体系学的观点，各大部门的哲学分论与下面的三个层次之间是双向作用，哲学分论是对科学知识进行哲学概括的产物。所以，是否建立起思维科学对认识论发展有重大影响。早在 1982 年，在肯定“从思维科学到马克思主义哲学的桥梁就是认识论”之后，钱学森立即指出：“当然，思维科学发展了，这里说的认识论也将大大发展深化，决不限于经典的认识论了。”(162页) 他以思维科学的产生为标志，把认识论划分为两个阶段和两种形态，提出经典认识论的概念，也就意味着存在现代认识论。如何区分这两种认识论？钱学森的看法是：“经典认识论没有概括关于人脑活动细节的知识，也因而没有新的、将要发展的思维科学的基础，停留在思辨的阶段，局限性比较大。”(162页) 逻辑地推断，现代认识论的特点就是走出思维研究的思辨阶段，对人脑活动细节的知识进行哲学概括，把认识论建立在脑科学和思维科学基础上，以求克服经典认识论的局限性。

如果说马克思主义的经典认识论是在思维科学尚不存在的情况下建立的，那么，今天的认识论研究必须依据思维科学的成果进行哲学概括。如何从经典认识论过渡到现代认识论？钱学森在给一位学界朋友的信中说：“您要研究认识论，不学习研究思维科学恐怕也不行吧。”(2-205) 利用思维科学来丰富和深化马克思主义认识论，是钱学森关于如何发展马克思主义哲学的一条原则。他晚年不仅一再宣传这一思想，而且身体力行贯彻这一思想。当然，对于如何通过对思维科学的哲学概括来丰富和发展认识论，钱学森没有专题论述，更没有给出这样做的体系框架，我们也不能苛求耄耋之年的他做到这一点。但钱学森在不同场合、从不同侧面思考如何利用思维科学成果发展马克思主义认识论，留下不少零星的议论，乍看似为闲文信笔，一些提法难免惹人非议；仔细琢磨却很有启发性，有待着力挖掘。此处只就以下几点作些介绍和评论。

马克思主义哲学讨论认识过程中的量变与质变规律，但不正面涉及定性与定量的关系问题，因为这只是科学研究使用的一对范畴。① 自然科学的定量化发展还不足以使这对范畴进入哲学。思维科学的出现则突出了定性认识和定量认识的哲学意义，需要给以哲学概括。钱学森指出：“其实从马克思主义哲学的认识论来说，一切认识都是主观与客观相互作用的结果，总是从定性上升到定量。”(5-158) 他就定性与定量、定性认识与定量认识的区别、联系、相互转化等问题进行哲学分析，写出《从定性设想到科学推理》、《定性定量是一个辩证过程》等文章，初步填补了马克思主义认识论的一个空白。

基于现代科学的发展态势，钱学森主张区分唯象科学与理性科学。刘成基认为唯象科学“不符合马克思主义”，钱学森认为此说“也对也不对”，强调要辩证地看问题(5-236)。他依据《实践论》的基本观点，把科学理论发展中的认识运动

① 冯国瑞教授不同意我的论点，他的根据是毛泽东在《党委会的工作方法》中提出“心中有‘数’”的观点。我的答复是，毛泽东在这里并非从哲学上谈论定量认识。

分为两个阶段，第一阶段是建立知其然而不知其所以然的理论认识，这就是唯象科学。但如果认识运动即止于此，那是经验主义，不符合马克思主义。科学理论的发展总是从唯象科学起步的，“对客观现象，不先经过整理，去伪存真，找出脉络，形成唯象理论（即唯象科学），那么下一步要出知其所以然的理性科学也做不到。”(5-236)但如果理论认识止步于唯象科学，那就成为经验主义，当然不符合马克思主义认识论。科学理论发展中认识运动的第二阶段（并非《实践论》说的认识回到实践的过程，而是从感性认识到理性认识过程的第二阶段）是达到知其所以然，建立理性科学。不过，唯象科学与理性科学的划分是相对的，彼此可以转化。钱学森进一步上升到哲学认识论层面考察，得出结论说：“其实人对客观的认识是个无穷的过程：以前只认识到原子，以为这就到了头；但后来才知道这也是‘唯象科学’，还要深入下去，找出原子的结构，到了基本粒子了；可是现在物理学又要追问基本粒子的结构。一层一层地深入下去，每上一层次的科学就是更深一层次的‘唯象科学’。这才是马克思主义的认识论，才是马克思主义的科学观。”(5-237)有人或许会说，他讲的仍然是感性认识与理性认识的辩证关系，并无新意。但迄今为止，无论是马克思主义的认识论著作，还是科学哲学著作，你都找不到类似的论述，其新颖性是不言而喻的，至少提供了理解马克思主义认识论和科学观的一个新角度。

马克思主义认识论反对离开人的社会性和人的历史发展去观察认识问题，强调认识对社会实践的依赖性，《实践论》就开宗明义地强调了这一点。钱学森完全接受这一思想，并试图依据现代科学技术的成就从不同方面深化之。他不赞同社会认识论的提法，因为马克思主义认识论向来重视社会因素在认识过程中的作用。钱学森对此一观点作了这样的发挥：“自从人们用了语言文字，就在认识过程中加入了社会交流的重要因素。20 世纪下半叶和 21 世纪只是把这个因素的重要性更进一步加重了而已。当然，量变会引起质变。”(5-055)从这段话中可以解读出一些有价值的思想：一，人类语言文字的创造已经使认识过程中加入了社会交流的因素；二，认识过程中社会因素的重要性并非固定不变的，而是随着历史发展在增加；三，20 世纪下半叶和 21 世纪科学技术的迅猛发展，特别是信息科学技术的发展，使社会因素在认识过程中的重要性更进一步加重了；四，这种增加迄今还属于量变，但量变会引起质变，人们要关心这种可能出现的质变。这些想法有助于扩展和加深认识论研究的思路。

在有关认识论的探索中，钱学森提出许多一般哲学家和一般科学家不可能提出的问题、看法和思路，十分新颖别致。从特定的专业领域审视，他的有些表述可能不够严谨，有些说法可能被领域专家视为外行话，尚有待改进。但如果跳出专业领域的局限，从现代科学技术体系的大局看，他的看法可能代表认识论发展的新生长点，切不可简单地否定掉。

12.4 “重新发现”《实践论》

毛泽东的《实践论》写得通俗易懂，言简意赅，往往被一些哲学专家视为哲学的普及读物，认为它理论深度不够，没有庞大的概念体系。改革开放以来，有人甚至认为《实践论》已经过时，更无人把它跟科学技术的前沿发展联系起来。钱学森的态度截然不同。回国后的钱学森认真学习《实践论》和《矛盾论》，坦言他就是从这两篇著作中学到辩证唯物主义的。钱学森后半生科学研究的一大特点就是自觉坚持马克思主义哲学的指导作用，特别重视毛泽东“两论”的应用。

回顾钱学森学术生涯第三阶段的 30 年可以发现，这个阶段又分为两个时期。在 1989 年之前，尽管他不时宣传“人认识客观世界只有一条路，即实践的路”[(3-003)]、“没有实践，就没有发言权”[(4-029)]之类的思想，但很少明确提及学习《实践论》。一再提及实践观点，是因为他正在建构现代科学技术体系，指导系统科学、思维科学、人体科学研讨班的活动，经常面临科学知识的来源问题，不时受到唯心论和机械唯物论的干扰，必须用实践第一性观点来抗衡。没有强调继续深入学习《实践论》，是因为此时的他在哲学上更关注的是科学方法论，努力克服还原论的局限性，认识论问题是第二位的。在还原论科学当旺的历史条件下，科学研究的方法主要是所谓科学推理方法，检验科研成果真理性的基本手段是实验室实验，现场实践的经验被视为前科学的要素，进不了科学技术的大雅之堂。上世纪 60 年代前后中国科学界学习“两论”运动之所以成效不大，许多人甚至流于形式，原因与此有关。

然而 1988 年之后，由于得出开放复杂巨系统这一“整个系统科学的核心概念”①，钱学森科研工作的主攻方向转向复杂性，认识论问题立即突出出来了。我们曾经指出，面对不同领域的开放复杂巨系统，还原论方法基本失效，简单性科学无法提供作为出发点的元概念和元命题，逻辑推理就无从着手。所以，世界范围的复杂性研究迫使科学界出现认识论转向，努力从认识论上找出路②，钱学森岂能例外。完全可以说，复杂性研究使钱学森重新发现《实践论》的重大现实意义：《实践论》是开放复杂巨系统研究的认识论，亦即复杂性科学的认识论，它的深刻内涵需要深入发掘。钱学森对《实践论》在开放复杂巨系统研究中的指导作用有如下评价：

“我想从定性到定量实际就是毛泽东同志讲的从感性认识到理性认识”[(5-324)]；

“我们的从定性到定量综合集成法是建筑在《实践论》的基础上的”[(6-079)]；

---

① 钱学森．创建系统学（新世纪版）．上海：上海交通大学出版社，2007：190.

② 苗东升．钱学森与《实践论》．西安：西安交通大学学报，2010，(1)．

"我们之所以能搞出 metasynthesis（也指出 metanalysis 之不足）就得益于马克思主义哲学、《实践论》、《矛盾论》"(6-380)；（前后两个英文词分别是综合集成和跨域分析）

"近日来我在读毛泽东同志的《矛盾论》，有些感受"。谈了两点感受，一是从定性到定量综合集成技术是"在现代科学技术条件下，《实践论》的具体化"，二是"要完善提高从定性到定量综合集成技术要引用《矛盾论》"(6-065)；

提到美国圣塔菲学派的缺陷时说："当然，美国人没有毛泽东的《实践论》！"(7-138)。

钱学森对毛泽东认识论是何等的欣赏、尊重、信任，在这些言论中可谓溢于言表，无须更多地引用了。笔者认为，在关于开放复杂巨系统的研究中，钱学森从《实践论》中得到的启示和指导至少有以下几点：

第一，传统的科学推理方法把科学认识的获得基本上归结于逻辑思维，不提实践经验在认识形成中的基础性作用。《实践论》强调了马克思主义认识论的实践第一性观点，以社会实践为基础来揭示认识运动的特点、机制、规律，只有在人们从事变革开放复杂巨系统的实践中才能充分展现出来。在现代科学至今尚未建立起开放复杂巨系统理论的情况下，如何研究这类对象，建立相应的科学理论、进行预测和决策呢？钱学森首先从认识论上寻找出路，指出"人认识问题只能从具体事例入手，即从解决一个个开放的复杂巨系统问题开始"，"每一个问题都要根据实践经验，通过具体工作，用开放的复杂巨系统方法来认识，空谈'复杂性'是无用的。"(10-248)将来问题解决得好，有了丰富的经验和认识，再进行理论概括。他还特别指明：这一套认识"是毛主席的《实践论》嘛！"(10-249)他列举了五条"集成法和研讨厅的理论根据"，第一条就是"毛主席的《实践论》。认识源于人的实践，先有感性认识，然后加工综合上升到理性认识"。(8-406)

第二，传统科学推理方法不讲认识活动的过程性，仿佛科学新认识的形成是一蹴而就的。传统科学推理方法是静态的，不讲认识的动态性。关于开放复杂巨系统的方法论，钱学森最初讲的是定性与定量相结合综合集成法（1989），没有体现出认识的过程性和动态性，在这一点上跟传统方法无异。《实践论》则把认识活动当做过程，有方向性，有起点和终点，划分为不同的阶段，不同阶段之间有衔接转换问题，因而是一个动态的运动演变过程。钱学森于九十年代初期意识到这个问题，提出把"定性与定量相结合综合集成法"改为"从定性到定量综合集成法"，明确了应用综合集成法解决问题过程中认识活动的起点、终点、方向性，"实是综合集成定性认识达到整体定量认识的方法"(5-267)，这就跟《实践论》一致了。钱学森很看重这一改变，视之为学习毛泽东认识论的成果之一。

第三，传统的科学推理方法把认识活动看成一种线性系统，没有飞跃，没有质变，主体无论是个人还是群体，以至于整个人类，认识的发展都是线性的积累。《实践论》则把认识活动视为一种非线性动态系统，不仅有量变，还有质变，不仅有连续变化，还有飞跃（间断），首先是从感性认识到理性认识的飞跃，然后是从理性认识再回到实践的飞跃，认识的两次飞跃论是《实践论》最精彩的核心内容。钱学森在自觉运用《实践论》指导开放复杂巨系统研究的过程中，着力最多的也是如何把两次飞跃具体化，特别是第一次飞跃，即如何从关于开放复杂巨系统的局部定性认识（专家经验、统计资料和数据、其他点滴知识等）上升到对系统整体的定量认识。所谓从定性到定量综合集成法，就是他在这种思想指导下设计出来的，既是一个方法论命题，也是一个认识论命题。

第四，传统科学推理方法的线性观还表现为看不到认识运动中的循环往复，不考虑理性认识还需要回到实践接受检验。在这方面，钱学森不仅秉承《实践论》，而且还引用陈云“变换、比较、反复”的说法，强调应用综合集成法解决问题时，认识运动具有反复性和曲折性，并把这一认识具体体现在关于从定性到定量综合集成法操作程序的设计中。对于一项具体的开放复杂巨系统研究，认识运动的循环往复是有限的，所谓从定性到定量综合集成法，要求反复到所有专家对数学模型不再有意见（即把他们的经验和判断综合集成起来了）为止。对于人类认识运动的总体来说，钱学森坚持毛泽东“循环往复，以至无穷”的说法，他曾经借评论老子的一个命题来论证这一点，并对天人合一观作出独特的阐释①。

在时下的中国学术界中，避免提及马克思主义哲学和毛泽东思想似乎是与时俱进之举。但钱学森逆潮流而动，宣称“我们的优势在于有马克思主义哲学作指导原则，有毛泽东思想为我们开路。对我们搞这样的复杂巨系统工作，这尤其重要！”② 对于一切把“我们的优势”丢弃的做法，他感到很痛心，并以自己的言行努力抗拒之。

12.5　思维科学需要《实践论》的指导

钱学森主编的《关于思维科学》一书是以 20 世纪 80 年代前期的研究成果汇集而成的，其中并未提及从认识论高度考察思维科学研究，没有提到《实践论》对思维研究的指导作用。有了上面的分析，这一点就不难理解。因为那时的钱学森尚未建立开放复杂巨系统概念，把思维运动仅仅看成巨系统，尚未把复杂性当成一个科学概念，思想深处相信有了巨系统概念，运用传统的科学推理方法，足以解决思维科学研究中的问题，无须作认识论上的考察，用不着特别提《实践

① 戴汝为．社会智能科学．上海：上海交通大学出版社，2007：237.

② 戴汝为．社会智能科学．上海：上海交通大学出版社，2007：233.

论》。广而言之，那个时期的钱学森相信地理、生命、人体、思维、经济、社会等系统都可以如此对待。应该说，这实际上是当时科学界的共识。

一旦形成开放复杂巨系统概念，确立起从定性到定量综合集成法的方法论原则，钱学森关于思维科学研究的指导思想也立即发生相应的转变，明白了思维科学研究也不能仅仅运用科学推理方法，在探索新的科学方法论的同时，必须从认识论上审视问题，坚持马克思主义认识论的指导，自觉运用毛泽东的《实践论》。钱学森对《实践论》在思维科学研究中的指导作用的评价，从以下几段话中看得很清楚：

当判明思维运动属于开放复杂巨系统之后，钱学森明确指出："不懂马克思主义哲学的认识论，怎么能搞思维科学的工作！"针对某些一时还讲不清楚的问题，如"区别定性和感性认识与模糊"的问题，钱学森告诫他的学生和合作者："恐怕要再仔细读读毛泽东的《实践论》"[5-514]。

当谈到 W · Clancey 有关思维运动的观点时，钱学森在肯定他强调智能体（实即人脑-实践）的作用的同时，指出"他似又堕入经验主义哲学，而不是辩证唯物主义的《实践论》"，再次强调"我们要搞的是辩证唯物主义的思维科学，不是机械唯物论和唯心论的'认知科学'。我们要从斗争中锻炼提高我们自己！"①笼统地讲"认知科学"是机械唯物论和唯心论的，无疑有失公允；但提醒人们认知科学的著述中有这类问题则符合事实，研究思维科学的人应该通过清算这类错误来提高自己。

那么，钱学森的思维科学研究从《实践论》中究竟得到哪些启示和指导？他如何应用《实践论》的观点阐释思维运动的特征、机制、规律？由于钱学森的有关论述既精深新颖，又比较零散，而笔者对思维科学未作专门研究，自觉对这些零金碎玉并未吃透，难以给出系统而深入的回答。这里拟谈以下几点，以就教于行家里手：

第一，灵感思维与实践。灵感思维一向给人以神秘莫测之感。钱学森则坚持以唯物论来"解释灵感的来源，来源于社会实践"[9-001]。他还从另一角度考察灵感与实践经验的关系，试图揭示灵感出现的机理，指出"醒梦""才是灵感思维的来源，即人的大脑处于局部工作状态，在醒觉时思维受全部知识经验影响，思想不解放，出不了灵感。"[5-196]

第二，社会思维与实践。钱学森认为，从定性到定量综合集成工程"就是以人-机结合的方法搞社会思维。由此实践再上升为论理，即社会思维学"。[5-435]

第三，形象思维与实践。在各种思维形式中，钱学森思考最多的是形象思维，新见迭出，此处只能列举几点。其一，"研究形象思维要靠现代哲学——马

① 戴汝为．社会智能科学．上海：上海交通大学出版社，2007：241.

克思主义哲学，辅以中国古代哲学之精华。”(9-228) 其二，“形象思维过程实是与人的实践经验有关的，还是毛泽东的《实践论》。人的实践经验积沉于人的大脑，把某一形象（心象）与其将产生的结果作为规律，一旦人在以后某时某刻又得以形象（心象），则‘归纳’为规律所决定的结果，即‘概念’。我自己反思，我们的形象思维就是这么回事！”“专家系统的基础看来也是形象（心象）的‘归纳’，是以实践经验为基础的。”① 其三，“我想形象（直感）思维实是：对要处理的问题有了一个感性认识，但仍是一堆乱麻，理不出头绪。这时如在大脑中以积存的事物形象去搜索对证，一旦‘对上号’了，就恍然大悟。此即形象（直感）思维之真谛。”(7-114)

第四，创造性思维与实践。关于思维形式的一级分类，钱学森后来不再提灵感思维和社会思维，代之以创造性思维，并断言创造性思维是逻辑思维和形象思维的综合统一，申明“我们就用马克思主义认识论把思维学中的几种思维统一起来了”(6-367)。他反复强调创造性工作不能只运用逻辑思维，重要的是形象思维。“但对一时还没有搞清的问题，只有零碎概念，那抽象（逻辑）思维是无法下手的。这时要根据《实践论》，把感性认识的点点滴滴用一个软件把它‘缝’起来……这个方法是每一步都离不开实践经验的‘形象’的，因此称形象（直感）思维。”(6-366) 他还指出：“A. Einstein 早就说过不能只靠抽象（逻辑）思维，还必须用形象（直感）思维。毛泽东同志的感性认识到理性认识也是这个意思。美国 Santa Fe 学派就说得更多些。”(7-371) 为揭示形象思维和创造性思维的机理，钱学森接受了邹伟俊的“泛化”概念，形成“泛化思维”的概念，提出一些别具韵味的见解。如说：“‘泛化’是大成智慧的组成部分。‘泛化’是大跨度的跳跃，不是‘嵌入’。”(9-250) 又说：“我们是辩证唯物主义者，既讲实践，又讲‘泛化’，而且知道‘泛化’只是一个启发猜想，尚待科学验证。但‘泛化’的猜想是重要的。又是 metasynthesis！”(9-241)

第五，逻辑思维与实践。一般来说，实践经验指未经逻辑加工的知识信息，逻辑思维是在高于实践经验的层次上作信息加工的，似乎与实践没有直接关系。但钱学森的论述使我们看到，事情并非如此简单。其一，逻辑推理的前提是非逻辑思维的猜想、直感，而猜想和直感与实践经验难分难解，没有丰富的实践经验就没有产生猜想和直感的基础。钱学森曾分别引用爱因斯坦、卡门、盖尔曼的说法和他自己经验来论证这一点。其二，信息高新技术“发展了人-机结合的逻辑思维”(9-287)，“将导致人-机结合的感受，是更高层次的结合，也是人-机结合的第二阶段”(9-511)，这样的逻辑思维跟这样的实践感受密不可分。其三，从感性认识到理性认识的飞跃“是感性认识的规律要嵌入理论体系”(9-261)，欲走好这一步，

① 戴汝为．社会智能科学．上海：上海交通大学出版社，2007：214.

“重在找路子，所以泛化就很有用了”(9-262)，而这种泛化同样离不开实践经验。

应当说，钱学森的上述观点有许多属于一家之言，还有值得商榷之处。但即使如此，他的说法至少提出了新问题，提供了考察思维现象的新角度，颇有学术价值。令人遗憾的是，对于钱学森的这些零金碎玉式的论述，思维科学界至今未作系统梳理和深入挖掘。

12.6 用复杂性科学丰富和发展马克思主义认识论

《实践论》有一句话很受钱学森赏识，他不止一次引用过。仿造其结构和语势，我们可以说：《实践论》并没有结束对认识论的探索，而是开辟了马克思主义认识论发展的新道路。如何评价《实践论》对认识论的贡献呢？借用科学家惯用的语言讲，笔者认为《实践论》给出的是关于认识之辩证运动的一级近似，从而开辟了给出二级近似的道路。用钱学森的说法，就是要把《实践论》具体化。钱学森的复杂性研究不仅以《实践论》为指导，而且在深化和发展（具体化）《实践论》方面有许多独到的体会。

首先要说的是，钱学森依据复杂性研究扩展了马克思主义哲学的实践观。什么是实践？这个看似妇孺皆知的问题，实际上即使学术界也存在诸多认识混乱。哲学家认为，实践是主观见诸于客观的人类活动，即改造客观世界的活动。这无疑是对的，道出实践的本质特征。但仅仅这样讲也易于引起误解，以为只有直接改造客观世界的活动才是实践。这是机械唯物论在实践观中的影响，对实践的理解太狭隘、死板。一些从事马克思主义哲学理论工作的人抱怨自己没有联系实际的机会，作为自己理论创新不足的原因。钱学森则认为真实的原因在于他们受机械唯物论的影响，对实践的理解太死板。“在今天，实际情况通过各种媒介，信息随手可得，就看理论工作者对大量第一手资料注意不注意。”(5-250)大量事实表明，充分利用各种媒介，注意收集第一手资料，就是联系实际，并不一定要事事都到现场实践第一线，亲手从事改变客观事物的操作。钱学森以自己的经历说明，他从当博士生起就是理论工作者，不搞实验室工作，也未当过工程师，更没有做过工，却并未脱离实际。因为他常去实验室与实验工作者交朋友，了解他们的工作和想法；常与工程师交往，知道他们在工作中遇到的难题，了解他们从实践中获得的感受；再加上读工程实际的书刊，知道实际情况，这一切都是实践活动。而身处实践现场未必就一定能够联系实际。钱学森的体会是：“怎样做到理论联系实际？必须深入实际。但到了现场，实际就在眼前，你也可能抓不到问题的要害。原因何在？缺少分析洞察问题的能力！怎样培养分析洞察问题的能力？我认为最好的方法就是学习并掌握马克思主义哲学。”(6-157)

从人接受信息的层面看，钱学森认为实践就是认识主体与客观世界的交往，故"接受外界信息也是实践"，虚拟现实也是实践。(3-003)这就从理论上扩展了实践概念。人如何接受信息？传统认识论承认人具有视、听、嗅、味、触五种感觉。钱学森认为，现代科技表明不止于此，还有其他途径，如"人头部能受雷达波而形成振动"也能输入信息。"有人能预感地震，指出方位、时间和震级，而我不能；不是只有他接收了地壳运动的信息，我也可能接受到，但我因不知如何处理这些信息而把它们放下不管。我想所谓人体特异感知（ESP）都是这类现象。"(3-375)钱学森由此引出两个重大结论。其一，"意识的实践性"。人脑接收到客观信息后并非一定会转变为意识信息，还要看人脑会不会加工处理这种信息。这就涉及人如何形成意识、认识的问题：人脑须通过实践才能形成把客观信息转变为意识的能力。接收到同样的客观信息，有足够实践经验的人能够转化为意识，没有实践经验的人则把它们放下不管，不仅不能处理信息，甚至不能存储信息。这就是意识的实践性，亦即社会性。其二，"人还有极大的潜在能力。"(3-376)客观世界存在的是非意识信息，须通过人脑加工处理才能转化为意识信息，而人的这种加工处理能力也是在实践中练就的。人脑具有至今难以说明的潜力，任何人已具有的思维能力都是通过实践发掘出来的，一定还存在尚未被发掘的其他潜在能力。问题在于你是否勇于并且善于实践。

实践观的另一个层面是如何对待感性认识。从事理论研究和教学的人往往重视甚至崇拜理性认识，轻视甚至蔑视感性认识。钱学森熟知这种现象，告诫人们"感性认识是可贵的，切莫盲目崇拜'理论'。"(7-483)这是钱学森受军界学者徐钧《论经验标准》一文启发而写下的一段话，切中理论界的弊端：由于轻视感性认识的作用，面对重大理论和实际问题，大量感性认识放着不用，学者们要么坐等理论的到来，要么乱用不相干的"理论"，忘记了理论来自实践的认识论原理。钱学森告诫说："对许许多多复杂问题，如怎样选飞行学员的问题，一时还不大可能建立起理性认识，那感性认识就要派用场。这比等待理性认识的到来要管用，也比乱用不相干的'理论'要好得多！"(7-483)他在重申《实践论》关于认识过程两个阶段的观点后，又做了发挥和引申，指出轻视感性认识也是一种思想束缚，也需要解放思想。

钱学森区分了实践感知和感性认识，认为思维是人脑接受实践感知后的结果，"从实践感知到感性认识是就事论事的经验总结"，而从感性认识到理性认识的飞跃是"感性认识的规律要嵌入理论体系。这一步要选出可以嵌入的已知理论体系，如果都不合适，那就要修改已有的理论体系了。"①。把嵌入和泛化作为一对矛盾概念引入认识论，这是钱学森的首创，需要深入研究。

更有价值的贡献可能是关于定性认识与定量认识的论述。哲学认识论只讲感

① 戴汝为．社会智能科学．上海：上海交通大学出版社，2007：238.

性认识和理性认识这对范畴，不讲定性认识和定量认识。钱学森把后者引入认识论，论述了两者的辩证关系，以及相互转化，这是他对认识论的一个独特贡献。对于这一点，笔者有专文阐释①，此处不再论及。

从知行统一的基本观点出发，《实践论》断言认识过程的两次飞跃中第二次飞跃更为重要。如果单就科学和学术研究来看，人们关注的焦点是第一次飞跃，即从感性认识上升为理性认识，认识活动的成败得失在此一举。作为一级近似，《实践论》没有详细探讨这个飞跃的机理、规律、原理，但给出一个简洁而重要的表述，即强调对感性材料的“改造制作”。流行的哲学认识论著作很少关注第一次飞跃的机理、规律、原理问题，没有深刻领会“改造制作”四个字的重大含义。钱学森则敏锐地抓住了认识论的这个生长点，并且注意到毛泽东 1957 在一次讲话中所说的“中共中央好比是个加工厂，它拿这些原料加以制造，而且要制作得好，制作不好就犯错误。”(8-067) 制作必有正误、优劣、精粗之分，“我想‘要制作得好’就是在‘微观’层次的处理之上，还得有马克思主义哲学和社会科学大道理的‘宏观调控’。我们从前犯错误就在于未‘宏观调控’好。”(8-067) 20 多年来，钱学森花很大力气研究思维科学，从不同角度讨论灵感、直觉、泛化、逻辑思维与形象思维的结合等等，目的之一就是从思维科学上揭示人脑对感性材料进行“改造制作”的机理、规律、原理，并获得虽然初步但相当丰富的成果。当然，他的工作大多属于具体科学层次，但对于从哲学认识论层次上揭示“改造制作”的机理、规律、原理提供了许多新材料和新思路，有待哲学家提炼。

钱学森的现代科学技术体系学也从一个方面深化了马克思主义认识论。让我们回到（4.2）式，人类知识作为一个体系，其七个层次的划分所反映的是知识产生和演进的七个小阶段。前科学的两个层次代表感性认识过程的两个小阶段，科学技术体系的五个层次代表理性认识的五个小阶段。这就显著地把从实践到认识的辩证运动过程细化、深化了。毛泽东如果地下有知，一定会对他的学生的出色工作报以会心一笑的。

12.7 思维科学方法论

在 11 大部门中，思维科学也是钱学森关注的重点之一，故特别重视它的方法论，留下大量论述，要点在以下三方面：

第一，发挥马克思主义哲学对思维科学的指导作用。把恩格斯说的最后一个“纯粹思想的领域”从哲学思辨的独断中解脱出来，变为具体科学的研究领域，决定了思维科学“是处理意识与大脑、精神与物质、主观与客观的马克思主义科

① 苗东升．综合集成法的认识论基础．系统辩证学学报，2003，(1)．

学。很不容易！千万不要庸俗化！搞好了，是马克思列宁主义的胜利！”(3-141) 意识与大脑、精神与物质、主观与客观的关系向来是最艰深的哲学问题，容易偏离正道，要么陷入唯心论，要么陷入机械唯物论。所以，思维科学尤其需要强调“一要唯物，二要辩证”，唯物地而且辩证地认识这几对矛盾。搞好了是马克思列宁主义的胜利，搞不好则是马克思列宁主义的失败，关系重大。这一点在思维科学中表现得比其他 10 大部门更突出。

正是这一特点推动钱学森在思维科学研究中重提《实践论》和《矛盾论》。以上讲了《实践论》，我们现在说说《矛盾论》。思维运动中充满各种各样的矛盾，思维研究的成败、成果的大小全在于能否正确认识这些矛盾。钱学森有关思维科学的论述都或明或暗地涉及矛盾分析，除了意识与大脑、精神与物质、主观与客观这些矛盾，他经常提及的还有意识与非意识、有意识与无意识、理性与非理性、经验与理论、意与象、定性认识与定量认识、科技思维与文艺思维，等等。其中大多数都没有给出具体分析，侧重的是提醒人们要唯物不要唯心，要辩证法不要形而上学，以免走错路。但他对某些矛盾也有独到的分析，颇有新意，此处仅就性智与量智加以说明。

哲学家熊十力从丰厚的中国传统文化中提炼出性智与量智两个概念，它们构成认识论的一对重要矛盾，但一直未得到辩证唯物主义的阐释。钱学森接受这一对矛盾概念，初步给出辩证唯物主义的阐释。事物的属性以及人对它的理解可以分为量和质两个方面，反映在思维运动中就有量智与性智的划分。认识事物的最终目标是充分理解它的量和质两方面及其联系，以求达到对事物本质和演变规律的整体把握。钱学森认为：“‘量智’主要是科学技术，是说科学技术总是从局部到整体，从研究量变到质变，‘量’非常重要。”而“‘性智’是从整体感受入手去理解事物，中国古代学者就如此。所以是从整体，从‘质’入手去认识世界的”。(7-269) 重量智而轻性智者埋头于细节和量变，表现为死心眼；轻量智而重性智者，容易犯主观唯心主义的错误。正确的态度是量智与性智并重，做“兼备”性智与量智的大成智慧者。钱学森说：“科学技术也重视由量变所引起的质变，所以科学技术也有‘性智’，也很重要。大科学家就尤有‘性智’。”(7-269) 他后来修改图 5.2，在桥梁层次上面增加性智-量智一行，之间用双箭头相连，意在指明量智与性智也是辩证统一的。

与性智与量智这对矛盾范畴相关的是艺术思维与科技思维的关系。文艺家和科技专家从事的实践活动不同，所形成的思维方式也有显著不同，故有艺术思维和科技思维的区分。“科技人员是相信智慧来源于科技的，那容易流入机械唯物论和客观唯心主义。”(6-524) 大科学家之所以大，就在于他们的性智超群。钱学森说：“如果抓住实践与文艺的关系，则文艺也是人智慧的泉源。这在毛泽东同志是非常重要的，因为毛泽东对科学技术知道的并不多，他的智慧主要来自文艺，他是用文艺去总结历史的。”(6-524) 毛泽东的情况也表明，量智不足也是要吃亏的。一句话，“人的智慧是两大部分：量智和性智。缺一不成智慧！”(7-262) 用新加坡华人潘叟的说法，这叫做“量性双悟智”。① 所以，钱学森反复提倡科技工作者要学点文学艺术，文艺家要学点科学技术。

第二，发挥现代科学技术体系对思维科学的作用。首先是发挥思维科学自身层次结构的作用。由于应用逻辑、计算机科学和人工智能的迅速发展，思维科学体系中的技术科学和应用技术层次已积累了相当多的成果，对思维学和思维哲学的研究是有力的推动。从钱学森有关于论述中可以看出，不论阐释学术观点，还是建立学术组织，他都明显地倚重于思维技术。在他看来：“不管如何，思维科学的技术科学部分和工程技术部分的迅速发展，将促使整个思维科学的前进。”(1-338) 又说：“研究思维科学不能再走老路子，要从研制智能机入手，从实干中提炼……理论来自智能机研制的实践，而理论又指导进一步的实践。”(4-240)

由于科学技术是人类智慧的产物，现代科学技术体系中其他 10 大部门都与思维科学关系密切。这一特点并非每个大部门都具备，决定了思维科学发展特别紧密地依赖于整个体系。它需要从 10 大部门中发现问题，积累素材，寻找思想启迪，特别是借鉴观点和方法。钱学森在这方面有诸多论述。例如他说：“研究思维科学不能用‘自然哲学’的方法，得用自然科学的方法；即不能光用思辨的方法，要用实验、分析和系统的方法。”② 他对思维规律的许多体悟就是在长期从事自然科学的研究中得到的，思维研究要成为一门现代科学，还须重视实验研究。

思维科学要站立于现代科学之林，需要找到适当的数学工具。钱学森很重视这一点，他与马希文、汪培庄、陈霖、潘云鹤、戴汝为、李未等人的通信都与此有关。涉及的数学分支有模糊数学、拓扑学、图论、数理逻辑等。但到目前为止，对于思维研究这些都不是充分有效的数学方法。这是思维科学目前步履维艰的一个重要原因。

从方法论讲，思维研究特别需要应用系统科学。钱学森对这两门科学的研究是交叉进行的，相互为用，他在系统科学方面的进展都及时应用于思维科学，反之亦然。首先是强调思维研究中的整体观点，避免像认知科学那样仍然停留在还原论的困局中。这一点在形象思维研究中特别突出。“形象（直感）思维是从零碎材料找结构”(8-375)，“从一堆零星材料找整体结构，难就难在其整体性，所以从微观看问题的方法不会有多大帮助，要宏观，要用整体观。文艺思维就是运用印象、从印象到感受，又从感受到形象，都是宏观的、整体的。”(9-039)

思维活动是一种非线性动力学过程。钱学森指出：“思维科学也是动态的科

① 钱学敏．钱学森科学思想研究（第 2 版）．西安：西安交通大学出版社，2010：157.

② 钱学森．致吴廷嘉、沈大德的信．中国社会科学，1980，(6)．

学，不是静态的科学；我们要创立思维动力学，而以前我们说的只是思维静力学。”(6-286)这段话包含思维科学的重要方法论思想，因为把思维作为静态系统无法揭示思维运动的深层机理和规律，思维科学界目前基本上局限于在静力学层面上研究思维，这是打不开局面的原因之一。线性动态系统理论也无济于事，因为人的思维运动是非线性动力学系统，而且是强非线性系统。钱学森多次谈到区分线型与面型、线性与非线性、单线逻辑与多线逻辑等，都是在说明思维系统的非线性特征。尽管非线性动力学目前还很不成熟，但作为基础理论的思维学一定要应用非线性动力学的原理和方法来研究，这一点是没有疑问的。

第三，依托中国文化来发展思维科学。钱学森坚持这一方法论思想，坚持区分思维科学与认知科学，还在于他念念不忘毛泽东要求创立中国学派的重托，而思维科学是最可能创立中国学派的部门之一。西方科学极大地发展了抽象思维，而形象思维明显滞后。中国传统文化的形象思维相当发达，积累了丰富的知识和素材。陆机的《文赋》，刘勰的《文心雕龙》，等等，都是论述思维规律的重要典籍，很有开发价值。钱学森特别注意从思维学的角度研究中国古代文学，认为我国古代文学作品都是抽象思维、形象思维和灵感思维这“三种思维的结晶”，倡导“从中国的赋、诗、词、曲及杂文小品中学习探讨思维学”，认定这是“最丰富的源泉”。(8-373)钱学森特别考察了对联这种文学形式，剖析写对联的思维结构，由此悟得形象思维就是从零碎材料找结构。他还注意到中医的形象思维，认为医生通过望闻问切得到的是病情的“象”，再用中医的人体宏观理论和临床经验上升为治病的“意”，就把抽象思维与形象思维融为一体了。(7-266)可惜的是，思维科学研究至今没有深具中国文化造诣的学人参与。

第四，充分利用信息科学技术的成果。钱学森生前十分重视在思维研究中利用信息科学技术，有许多精彩深刻的论述。但钱学森一直没有把信息科学作为独立大部门，他实际上把信息科学的应用技术等同于思维科学的应用技术，这是造成思维科学界认识混乱的根源之一。信息技术与思维技术关系密切，但毕竟是两种不同的技术。例如，密码技术、情报技术是信息技术，而非思维技术，钱学森把这些都算作思维技术显然不合理。电子计算机技术和人工智能也不能一概算作思维技术，思维科学的技术主要是人脑思维所使用的技术，纯粹由机器进行的信息运作使用的技术主要属于信息技术。由于这种混淆，钱学森把发展思维科学的期望主要寄托于搞人工智能的人，但这些人的兴趣大多不在思维科学，即使遇到有关思维的难题，他们也只想着求助于认知科学。明确承认信息科学是现代科学技术体系中的一个独立大部门，有助于消除这些混乱认识，充分发挥信息科学对思维科学发展的巨大作用。

第 13 章 钱学森与人体科学的哲学——人天观

人体科学完全是钱学森独创的概念，在学界引起的分歧最多样而尖锐。这里既有认识问题，也有科学态度问题。本章试图从科学史和哲学史的角度分析这些歧见，但重点仍然是这一大部门的哲学分论，中心是梳理和评析钱学森的有关思想。

13.1 人体科学的产生

人体科学作为一个新概念是钱学森构建现代科学技术体系的产物，用以指称现代科学技术的一个尚未真正建立的大部门。人民体质建设是社会主义建设的一个大问题，毛泽东“发展体育运动，增强人们体质”的思想、新中国关于人民体质建设的努力给钱学森留下深刻印象。现代科学技术中哪些部门为人民体质建设提供理论和技术？这一问题必然引起他的思考。体育课教的主要是体质建设的技术，而医学是体质建设的应用理论和工程技术。1980 年以来航天科学家钱学森一再谈论医学问题，正是构建现代科学技术体系学的实践使然。但医学有中西之分，西医一向被划归自然科学，属于技术科学和工程技术层次，其基础科学应该到生物学中寻找。中医则不同，古代中医被钱学森划归前科学，即使将来实现了现代化，中医也不是自然科学。西医的种种弊病，中医的神奇疗效，仅仅用自然科学原理无法解释。应该把西医从自然科学中划分出来，克服还原论和机械论对它的影响，通过引入现代科学技术使中医现代化，把中西医的优点综合汇通起来，形成一门以保障人民体质健康为目标的科学技术，这是提出人体科学的重要推动力。所以钱学森说：“人体科学是中西医、是全部科学的综合上升，即扬弃”[1-411]；还有“从临床医学实践总结出人体科学”的说法。[8-233]

建立人体科学的另一个重要推动力是发掘人体潜能。“推动人体科学研究的是开发人的潜力的需要。”① 跟中医密切相关的气功属于人体系统的特有现象，一种特殊的系统功能态，它的机理也不是自然科学能够解释的。气功是中国文明数千年积累的重要文化成果，钱学森自己练气功，对之有真切的感性认识。作为科学家，他在思考如何用现代科学技术揭示其中的客观规律性。在逐步明确思维科学是一个独立大部门的过程中，以电子计算机为核心的信息高技术使钱学森意

---

① 钱学森等．论系统工程（新世纪版）．上海：上海交通大学出版社，2007：139.

识到“人的脑力劳动还有潜力”，思维科学的任务是让人们懂得如何更充分地发挥人脑的能力，特别是创造性思维的能力，由此得出潜能的概念。对人脑潜能的这种认识，很自然地促使他把眼界扩展到整个人体，科学地正视气功等人体存在的大量客观现象，形成“人体潜能”的概念。“气功说明人还有一般所不认识，也因而未加利用的能力，这也是人的潜力。”他给气功以这样的解释：“人能通过有规律的、有意识的锻炼，用神经系统去影响人身的机能，即‘练功’，逐渐发展一般没锻炼的人所不具有的身体机能，能‘运气发功’。”① 由此而得出的结论是：不论脑力劳动，还是体力劳动，人都有潜能没有发掘出来。钱学森认为，从现在开始，应该从不自觉变为自觉，利用现代科学技术的工具和方法，通过有意识的修炼，去开发一切潜在的人体机能。前者归思维科学研究，后者则需要建立现代科学技术一个新的大门类，这就是人体科学。

13.2　对人体科学的总看法

如何科学地界定人体科学？钱学森按他的“视角说”作出回答：“人体科学是通过人体这个着眼点或角度去考察整个客观世界，不但不能把人体各组成部分隔离开来考察，也不能把人体和外界隔离开来考虑。”② 又说：“人体科学是从人体结构和功能在受整个客观世界的影响和相互作用的角度去开展研究的。”③ 如果从研究对象看（“对象说”），我们也可以说人体科学是以人的身体为研究对象的科学大部门，它直接服务于社会主义的人民体质建设，要解决的问题主要是保障人体健康和人体潜能发掘两方面。从研究范围看，人体科学“研究人体的功能，如何保护人体的功能，并进一步发展人体潜在的功能，发挥人的潜力。”④

有意识的大脑活动（思维）也是人体的一大功能，但以它为研究对象形成思维科学这一个大部门，就不再属于人体科学的研究范围。这也就决定了在现代科学技术体系中，人体科学与思维科学是近邻，都涉及人体的重要部分大脑。两者如何区分？有什么关系？钱学森作了长期思考，认为基本区别在于思维科学研究人脑加工处理信息，不研究获得信息；人体科学不研究人脑加工处理信息，只研究获得信息，也研究思维中大脑所处的激发状态。他接受 R. Sperry 的概念 mentalics（神经学，一门研究人的意识和精神活动的学问），认为精神学虽然是思维

① 钱学森等．论系统工程（新世纪版）．上海：上海交通大学出版社，2007：125.
② 钱学森等．论系统工程（新世纪版）．上海：上海交通大学出版社，2007：163.
③ 钱学森等．论系统工程（新世纪版）．上海：上海交通大学出版社，2007：285.
④ 钱学森等．论系统工程（新世纪版）．上海：上海交通大学出版社，2007：135.

科学的本源，但属于人体科学，不应该像 Sperry 那样把神经学完全构筑在脑科学和心理学基础上，而应该扩展到研究文化、宗教、文艺理论和哲学。(5-510)

20 世纪中期，国外出现一个新的研究领域，叫做生命科学。钱学森主张研究人体科学要向生命科学吸取营养，更要求注意人体科学与生命科学的不同，主要有四点：

第一，生命科学属于自然科学，是生物学的深化。人体科学不属于自然科学，而是与自然科学并列的另一大部门，是自然科学与社会科学等大部门相互交汇的产物。钱学森认为："人体科学绝不只是科学技术，同时也是精神文明的问题。"(6-076)

第二，生命科学研究的是一切生命现象的共性，不涉及意识问题。钱学森主张"把人体科学划出来，而不划在生命科学里头，原因就是人是有意识的，人是在生命现象里头很特别的一种生命现象，因为人有意识，其他的生物没意识。"①生命科学不看重意识对躯体的调控问题，人体科学则把人体视为由意识调控的系统，"我们要抓的是联系到人的神经系统、大脑这方面的工作。"(82页)

第三，生命科学基本上仍然是还原论科学，人体科学则跳出还原论的窠臼，强调从整体上研究人体。由于人体是多层次系统，"人体科学特别要抓住人的整体这个层次，特别是在神经系统和人脑控制下的这个体系。至于下面的层次我们可以借助生物学"。(81页)后一句话是说生命科学的主要兴趣在整体以下的层次，基本方法还是向下求索，即还原；而人体科学则"要抓关于脑和神经系统对于人的整体的作用"，强调向上求索，即整体把握。(82页)

第四，生命科学属于理论范畴，不包括工程技术，更不包括非生命的工程技术。人体科学则是包括三个层次的体系，其中的工程技术层次包括非生命的内容。②

对人体科学的重大意义，钱学森作了充分肯定。作为关系人体健康的科学技术，"人一生要健康，离不开人为的措施：医疗和保健"。(7-165)作为发掘人体潜能的科学技术，他赞成美国学者 Krippner 的话："研究人体的最大目的就在于开发人的创造性。"(1-173)钱学森更提出"超人"说，认为充分利用信息高新技术开发人体潜力，即可使人变为超人。综合而言，钱学森断言："人体科学的确有远大的前景，肯定会导致一场科学革命，以致出现一次新的'文艺复兴'。"(4-043)他也注意到人体科学研究的极端困难，把它看做现代科学的珠穆朗玛峰。

---

① 钱学森．人体科学与现代科技发展纵横观．北京：人民出版社，1996：478。本章只注明页数的引文都出自此文献。

② 钱学森等．论系统工程（新世纪版）．上海：上海交通大学出版社，2007：135.

13.3　关于桥梁学科的界定

作为现代科学技术体系的一大部门，人体科学也有自己的哲学分论，即人体科学通向辩证唯物主义的桥梁。如何给这一哲学分论命名？钱学森的有关讨论涉及人天观、天人观和人体观三个选项，他主张用人天观。其理论根据是这样一个命题："人天观的核心是人体的开放性，人体巨系统和宇宙环境形成一个超巨系统"。(1-359) 就字面看，人体科学的哲学分论就是如何认识人体这个客观事物的哲学思想，亦即对有关人体系统的科学知识的哲学概括，称为人体观似乎顺理成章。但钱学森不赞同命名为人体观，因为学科名称中只出现人，不出现天，表现出轻视甚至无视人体系统对外在环境的开放性，把人体当做近乎封闭系统来认识和处理。西医的医学哲学就是这样的，分析病因、病理，制订治疗方案时，西医学思维运作的方向都是指向病人体内，不大在意外部环境，确实可以称为人体观。中医则十分重视从外部环境来考察人体系统的健病关系，认为人体状态在不同时辰、不同月份、不同季节有不同表现，人体的防护、保健、疾病、治疗等也因时而不同，故有"人天相应"、"法天则地"等说法，显然是把人体系统放在宇宙巨系统中来考察，只是没有现代科学的概念可用。① 钱学森倡导建立人体科学的目的之一就是纠正西医学理论上的这种失误，要人们充分认识人体系统的开放性。他的观点十分明确："人是个开放的巨系统，这是人天观的基本思想。"(1-246) 把人体系统的开放性提到如此高度，是钱学森人天观的一大特点。从 1980 年以来他一直强调这种观点，直到 1995 年在讨论什么是人天观的问题时，钱学森还提醒人们"请注意在复杂巨系统前面的'开放的'这三个字。"(9-044) 人体观既然不能体现人体科学哲学分论的"基本思想"，当然不宜采用；既然开放性是人体科学哲学的基本思想或核心观点，就应该体现在学科命名中，我们只能在天人观与人天观中作出选择。

人天观与天人观说的都是人与天的关系，但人与天哪个放在前面还有原则性差别。钱学森明确指出，中国古典哲学讲的是天人观，人在人天关系中是被动的。中医虽然讲天人相应，实质上讲的只是人应于天，不讲天人互应，人在体系中处于被动地位。古代的生产力低下，人在自然界面前基本上无能为力，形成人处于被动地位的人体哲学思想是必然的。如《黄帝内经》一再讲人要顺应天地，不讲人对天地的影响和作用。但在现代条件下，无论作为航天科学家，还是作为系统科学家，钱学森都深信人在自然界面前能够有所作为，人与天应该是互动互应的。钱学森之所以把人体科学的哲学命名为人天观，理由就在于"人体是对小

① 苗东升．中医对人体复杂性的认识．中国中医基础医学杂志，2009，(1)．

到生活周围，大到宇宙，都有交往，都是开放的。这一观点，我称之为人天观。把人放在主动地位，不是我国古代的‘天人观’。”(9-045) 在人天关系中把人放在主动地位上，此乃钱学森人天观的核心思想，依此才能把握人体建设的根本点。

不明确区分科学层次与哲学层次，这样的混乱认识在人体科学中同样存在，如把人天观理解为具体科学的内容，而不是哲学。钱学森反对这种看法，强调“‘人天观’是人体科学到马克思主义哲学的桥梁，所以应该是人体科学的高度概括，而不是专指人体科学中的那一部分，如‘气象病理学’。如果专指人体科学的一部分，那怎么会有宇观人天观、宏观人天观和微观人天观呢?”(1-246) 从系统观点看，人体科学对人体这种研究对象的总看法是：人体是巨系统，不是小系统或大系统；人体是复杂巨系统，不是简单巨系统；人体是开放的巨系统，不是封闭的巨系统；人体巨系统和宇宙环境形成一个超巨系统。从基础科学、应用科学和应用技术三个层次上展开这个总看法，得到的知识就是人体科学的内容。对这样得到的科学知识进行哲学概括，用哲学语言论述人体的物质性、系统性、巨型性、复杂性、开放性，揭示人天关系的本质，强调人在人天关系中的主动性，才是人体科学的哲学分论，即人天观。既要把握哲学与科技的层次划分，又要把握哲学与科技之间的层次联系，是现代科学技术体系学的基本思想。

如何研究人天观也是钱学森关注的问题，他提出一些原则性的意见。其部分核心思想体现在这样一段话中：“既然人天观是人体科学到马克思主义哲学的桥梁，人天观必然建立在用马克思主义哲学指导下的人体科学研究；只有概括人体科学成果才能得出科学的人天观”。(3-003) 而有了科学的人天观，也就丰富了马克思主义哲学。我们要建立的是科学的人天观，它只能通过对人体科学的研究成果进行哲学概括而得到。人体科学要在马克思主义哲学指导下进行研究，人体科学的知识又需要经过哲学概括上升到人天观，这就是哲学与科学之间有来有往的辩证关系。

总之，西医的人体观，中国古代的天人观，都包含部分真理，又都有片面性。在对人体科学进行哲学概括的基础上，对人体观和天人观进行扬弃，取其精华，去其片面性，即可建立钱学森所期盼的人天观。

对于 6.5 节中提出“人体哲学⊃人天观”的观点，这里做点论证。从人与自然的关系上研究人体是人体科学的基本方面，依据这样的科学知识进行哲学概括，就是人天观。但人又是社会的，心理和情感因素对人体的影响很重要，而心理和情感的形成、演变与人在社会中的地位、境况等密切相关，致使社会因素对人体有不可忽略的影响。如果仅仅从生物学、生理学角度看人体，杜牧的诗句“公道世间惟白发，贵人头上不曾饶”完全正确。如果承认人也是社会的存在，杜诗就有偏颇，翁志琦的诗句“毕竟无公道，愁人鬓畔多”才是真理。对这些方面的科学知识进行哲学概括应该是人体哲学的重要内容，却不能归结为人天观。

或者说，要科学地研究社会条件通过制约心理、情感等因素对人体的影响，无法从人天观获得直接的、充分的哲学指导，它属于人体哲学的另一个领域。又如，工业社会造成的富裕病不能用人天观给出哲学的解释。钱学森也说过："人、特别是人脑的发展是在与社会交互作用下完成的。社会促使人体结构的发展变化。这是人体科学的大事。"(6-017) 既然如此，把人体科学的哲学称为人天观就有偏颇，应该称为人体哲学。

13.4　人体科学辩证法

1986 年，钱学森曾经认为"人天观已有一个轮廓了"(3-220)，却没有勾勒出这个轮廓。后来又说中医邹伟俊"悟通了人体科学的哲学概括"(3-044)，也没有提及如何才是"悟通"。今天回头看去，钱学森对形势的估计太乐观了。无论他本人，还是中国人体科学界，至今都没有建立起可以称为一门学问的人天观，足见攀登珠峰之难。这是留给后继者的一项艰巨任务。不过，钱学森在 20 世纪最后 20 年从不同角度论述过人天观，提出许多深刻的辩证的见解，尽管还形不成一个理论框架，但对于建立人体科学的哲学极有助益。

人体系统所依存的"天"具有层次结构，"天"的不同层次对人体系统有不同的影响，必然在人体科学的不同层次上都有所反映。传统看法认为，自然界有宇观、宏观、微观三大层次。所以，"人天观又分三个层次：宇观的人天观就是外国物理天文学家提出的人择原理及其进一步发展；宏观的人天观是我国古代哲学和中医理论中的人天相应、子午流注等；还有微观的人天观，那就是量子力学的万物相关理论。"(3-219) 对于三种人天观的基本思想，钱学森给出极其简要的概括，都是极有深度、广度和难度的哲学课题，指明人天观研究的一个重要方向。钱学森后来又提出在宇观上面还有胀观，微观下面还有渺观，形成"宇宙五观说"。逻辑地判断，还应有胀观的人天观和渺观的人天观，但目前尚一无所知。

钱学森在谈论中医的正确性时指出："中医理论中的阴阳说和五行说，中医理论的脏腑论及经络学说，中医理论的六淫、七情，中医讲究辨证论治，这些都强调了人体的整体观以及人和环境、人和工作的整体观。应该说，这是符合马克思主义哲学、辩证唯物主义的。"① 看来，钱学森对中医下过相当工夫，相信中医能够应用现代科学技术的语言重新表述，并引用戈德伯格和邝安堃的研究成果给以论证。他还提出人天观中的三种整体观，即人体的整体观、人和环境的整体观、人和工作的整体观，都是人天观的研究课题。人和工作的整体观是一个新提法，值得特别注意。

---

① 钱学森等．论系统工程（新世纪版）．上海：上海交通大学出版社，2007：137.

钱学森重视应用辩证法分析问题，在人体科学中也表现得很明显。他把辩证法用之于观察人体系统，认为“人体是一个对生存环境及工作要求开放的复杂巨系统，人本身的细胞基因是生命过程的基础，但全过程、人的生命极其复杂，充满了矛盾及矛盾转化的斗争。”(7-165) 人体在对生存环境的开放过程中充满哪些矛盾，这些矛盾如何斗争和转化，科学和哲学都有大量讨论，中医学更有独到的见解，都应该概括到人体哲学中。这里又提到人和工作的关系问题。人的实践大略分为生活实践和工作实践两种，与生活实践不同，工作是人改造客观世界的实践，工作过程是人体系统与外部环境互动互应的开放过程，涉及工作对象、工具、工作环境，有确定的目标，讲究经济性、可行性、有效性，强调责任心，工作主体要承受种种压力（特别是社会压力），工作也能够给工作者以种种乐趣和满足感、成就感、充实感，等等。这一切都依赖人体系统的正常运行，也会反作用于人体系统。但工作全过程和人体系统之间充满了哪些矛盾，这些矛盾如何斗争和转化，如何进行矛盾分析，人天观研究至今尚未正面关注过这些问题，钱学森本人似乎也没有具体谈论过。

钱学森把辩证法用于人体科学，指出这一“学科本身集中了物质与精神、客观与主观、大脑与意识的辩证统一，而社会中的各种矛盾又会反映到人体科学工作中来。”(4-092) 物质与精神、客观与主观、大脑与意识这三大矛盾原本是最高层次的哲学问题，钱学森坚持在人体科学的三个层次上研究它们，乃是一种新提法，尤其需要运用辩证唯物主义。这里有大量世界性难题，如释梦，古今中外有难以计数的理论解释。钱学森认为：“人的大脑可以加工从感觉器官传来的信息，也可以加工存贮于大脑中的信息，都能产生形象或声像。正常的由外界传给人的是第一种，人做梦就是第二种。这都是人体包括大脑在内物质运动的表现。濒死者所‘见’是第二种，是做梦之外的做梦，或称幻觉。这也是作为物质的人体进入某种功能态所表现出来的。”有人用宗教“彼岸世界”来解释梦，他表示反对，坚持认为“要解释，用辩证唯物主义哲学就够了”。(3-203)

辩证法是关于事物发展变化的哲学思想。“人天观的核心思想是把人这个巨系统作为开放于宇宙这个超巨系统中的。所以人是发展变化着的。”(4-191) 人的发展变化当然包括人体的发展变化。人体系统的发展变化是多维度的，人体科学需要开展多维度的研究。如中医学从人体随时令季节变化而变化来认识人体的健康与疾病。《黄帝内经》把人体系统的生成过程区分为生与成两个阶段，“人以天地之气生，四时之法成”①，应该作为人体学的基本原理。又如人体系统随年龄增长的变化是从古到今都受重视的问题，20 世纪以来更形成备受国际关注的老年问题。这自然也受到进入老年的钱学森的关注，把它作为人体科学的重要问题，

---

① 张志聪．黄帝内经集注．杭州：浙江古籍出版社，2002：193.

主张把衰老当做人体系统的整体问题来认识。

钱学森认为，人体科学研究还要注意同与异的辩证关系。生物学界提出生物系统学，强调的是生物学研究各种不同生物的殊途同归，有道理。但不能只一味强调同，而忽视异，特别是人体与其他生物体的差异。“我们要运用‘同’与‘异’的辩证统一。一味求同即流于还原论，不是系统论了。”生物学研究需要掌握同与异的辩证统一，“人体科学的研究当然也如此。以前把人与其它生物之同看得过头了，所以我们才提出‘人体科学’，强调了‘异’，‘人为万物之灵’！”(4-267)他如此说也是在论述人体科学与生命科学的区别。人体科学一定要看到人体与其他生命体的相异之处，而还原论把生命体都还原到基因，相异之处势必逐层减少，人体系统的整体涌现性，特别是意识对人体的控制这种整体涌现性，就看不见了。反过来说，从基因层次开始整合，不断涌现新的整体特性，到高等动物整个肌体这一层次，相互间的差异自然特别显著，不可能用基因论给出全部解释。总之，人体科学是从整个人体层次上进行研究的。

在整体涌现性问题上，钱学森的观点有时是矛盾的，这特别明显地表现在人体科学中。一方面，他认为把“系统科学的总的精神——系统论”应用到人体科学，这个总精神就是强调在人体这种多层次系统中，“从一个层次到另一个层次有飞跃，不是简单的延伸，是量变到质变。”(81页)这就是所谓整体涌现性原理，而意识或精神是人脑系统的一种至今未能完全解密的整体涌现性。另一方面，正是在人体科学研究中他一再反对使用涌现概念，把“涌现论者”等同于唯心论者。(85页)实际上，对涌现性既可作唯心主义的理解，也可作唯物主义的理解，而辩证唯物主义能够、也只有它能够准确而透彻地诠释整体涌现性，人们不可在泼洗澡水时把婴儿也泼掉。

13.5　人体科学方法论

创建人体科学初期的事实表明，由于涉及意识的作用，研究人体现象容易违背辩证唯物主义，要么犯唯心论的错误，要么犯机械唯物论的错误。一些人以主观臆测代替科学研究，有意无意地利用人体特异功能现象宣传封建迷信。另一些人由于走不出机械论和还原论的窠臼而不承认特异功能现象，攻击人体研究是伪科学。所以正是在人体科学讨论班上，钱学森喊出“捍卫辩证唯物主义”的口号(147页)，反复强调研究人体科学必须自觉地坚持马克思主义哲学的指导，既要唯物，又要辩证，把这作为人体科学方法论的首要原则。

按照钱学森的观点，人体科学集中了物质与精神、客观与主观、大脑与意识的辩证矛盾，而社会中的各种矛盾又会反映到人体科学中来。前一句话讲的是应用唯物辩证法分析人体研究中的三大矛盾，它们历来是哲学研究的专题。钱学森则认为，科学发展到今天，它们也应该作为人体科学中的问题进行实证的研究，这也就规定了在科学层面上运用辩证唯物主义的必要性。后一句话讲的是人体研究中还要运用历史唯物主义，因为随着社会中的各种矛盾反映到人体科学中来，也就有可能把历史唯心主义引入人体科学中，故必须同历史唯心主义作斗争。在回顾人体科学15年时，针对人体科学研究者“必须十分重视的实际问题”，钱学森明确提出：“我们应该用用历史唯物主义的观点，站在社会发展史的高度”看待人体科学研究，不能脱离实际，也不应回避实际。(8-404)当然，他讲的都是原则性意见，没有展开论述。

在认识论上，研究人体首先是坚持实践第一性观点，钱学森在这方面有大量具体论述。“如果要打通人体科学理论的途径，必须综合全部实践知识。”(6-235)他特别重视医生的临床实践，曾经自问自答：是谁天天面对人体活动的整体？不是研究人员，而是临床医生。“人体科学是研究人，所以临床医学（不是医科研究）非常重要，它直接处理活人，人的整体。”(7-100)钱学森对西医理论多有微词，但对西医临床医生的实践经验充分肯定，认为应该从临床医学实践中总结出人体科学。他十分推崇名医吴阶平、张孝骞等人，赞扬他们的医疗观点都是辩证的，是人天观的，其临床思维的要害就是人的整体观。钱学森更推崇中医数千年的实践经验，视之为建立人体科学极为宝贵的资源。总之，建立人体科学“还是要从实践经验中去总结，舍此无法了。”(8-197)

重视中医是钱学森人体科学方法论不可或缺的一个方面。人体是在自然界漫长演化过程中产生的，只有人体称得上是“以脑为主宰的系统”。这是人体系统特有复杂性的根本来源。研究这种系统“到哪儿去寻求帮助?”钱学森的回答是“要重视中医的理论”。(89页)虽然经过10多年的努力，人体科学界仍然有“还没有找到通大道的门”的困惑。钱学森对此的认识是：“对此我也总在想，想来想去，终于还是老话：走中医理论的路子去找这扇大道之门。”(7-288)这样说不仅在于他充分肯定中医无比丰富的实践经验，以及中医理论的大量真知灼见，还在于中医学有极为深刻的整体论思想。西医属于遵循还原论的现代科学，中医不是现代科学，而是“前科学”，“所以它反而没有这方面的限制和束缚，也就是不受还原论的束缚，因为中医的理论倒是系统论的，从整体出发的”。(89页)

把人体科学放在现代科学技术体系中思考，是钱学森人体科学方法论的重要方面。说人体研究与11大部门都有关系，有人可能不赞同，斥之为“牵强附会”。例如，研究人体与建筑科学有什么关系？其实还真有点关系，所谓城市病、高楼病就是例证。现代城市的楼房越盖越高，未来会带来什么后果很难预料。人类是在地球表面上脚踏实地地发展到今天的，如果一部分人出生于百层高楼，在那里长大、工作、离世，一代一代下去，几十代后将会发生何种变化，不值得担忧吗？仔细琢磨，军事科学、地理科学、文艺科学等都与人体科学有关系。体系就是系统，系统即系多为一统，不存在孤立元。11 大部门既然整合在一起，必定相互需要，相互依存，相互支持。与人体科学关系最密切的当然是自然科学，钱学森有很多论述，涉足统计物理学、电磁生物学、磁化学、生理学、心理学、血液流变学、电子治疗等等。他说："一定要坚持现代生理学发现的人体结构，这是唯物主义，实事求是。"(7-422) 又说："因为人的神经接受信号的过程本身就是量子力学"，所以，如果"你要彻底的话，应把量子力学用到包括人的神经系统在内的这样的一个系统里"。(345页)

钱学森也注意到信息科学对人体科学的影响。有学者把信息引入医学，研究人体系统在噪声干扰下的信息传递。钱学森认为"这是有意义的，因为在人体巨系统中流通着非常多的信号，人体的功能在于过滤"。但他又认为，人体科学最迫切的课题为区别"是信息的信号"与"不是信息的信号"，"这是研究人体巨系统功能的根本问题，是人体科学的根本问题"。(1-293) 利用信息科技开发人体潜能，更受到钱学森的青睐。

从方法论讲，钱学森最关注的是把系统科学原理和方法引入人体研究。人体科学的特点是"把人作为一个整体，把人放在整个宇宙中去研究，人要和宇宙联结在一起。"[①] 但人体研究中还原论的影响根深蒂固，即使在人体科学讨论班上，一旦进入具体问题，人们往往还是回到还原论。故人体科学成为钱学森批判还原论的重要平台。他在一次会上曾尖锐地指出："现在我们要提出一个观点，就是刚才讲的人体科学的一套体系都是从还原观的角度出来的，也就是说是以前或50 年代以前的世界上对科学技术的总的看法，是还原观的看法，越分越细，越来越基础，好像越研究得细，自然而然地总的东西就清楚了。"(79页) 在钱学森看来，人体科学一定要坚持整体观，"我们的着眼点就是人体的大系统，而这个大系统里的结构是分层次的，我们要抓的是整体的这一级"。(93页) 但人体研究也不能一概拒斥还原论，"中医之所长恰恰是西医之所短，而中医之所短又恰恰是西医之所长……'天人相应'要上升到我说的人天观，也就是把系统科学的基础科学即系统学（巨系统、超巨系统理论）用到人和人的环境，把微观同宏观统一起来。不要希望只搞宏观，只限于中医传统理论，不分解、不解剖，能创造出新的医学。"(1-410) 总之，只讲整体不行，不讲整体也不行；只讲还原不行，不讲还原也不行。他由此而逻辑地得出"系统论是整体论和还原论的辩证统一"的结论。(361页)

简单地说，系统方法的核心是在分析基础上搞综合，关键是如何从对部分的描述过渡到对系统整体的描述。系统科学已有的综合方法有两种。适用于简单系统的是直接综合法，先建立各个环节的数学模型，再按照系统结构把它们综合起

① 钱学森等．论系统工程（新世纪版）．上海：上海交通大学出版社，2007：163.

来，即可得到系统的数学模型。但简单巨系统不能用直接综合法，由于规模巨大而花色品种少，随机不确定性显著，大数定律成立，应该按照统计物理学方法实现从描述部分到描述整体的过渡，把微观模型综合为宏观模型，称为统计综合法。人体科学怎么办？人体不是简单系统而是巨系统，直接综合方法失去效力；人体是复杂巨系统而非简单巨系统，组分异质性显著，统计综合方法也失去效力。针对复杂巨系统，钱学森提出一种新方法，叫做从定性到定量综合集成法。"也就是从定性认识、一知半解，各种特定安排的实践、初步认识，用模型（假设的）来综合；综合不成——发现矛盾，再修改模型或提出新的试验要做。这样一步步走下去，这才是实事求是。"[6-235]

晚年钱学森深信从定性到定量综合集成法是人体研究迄今唯一可行的科学方法，在不同场合、利用各种机会指出，现在的人体科学研究还习惯于老一套，而不是从定性到定量综合集成法，强调今后要以人体是开放的复杂巨系统这一思想贯穿于人体科学的一切工作中。一句话，"要用现代眼光去领会中医理论，即用开放的复杂巨系统的概念去领会中医理论。"[7-288]同样，综合中医与西医，综合科技体系中的不同大部门，都要贯彻人体是开放复杂巨系统这一思想。不过，从定性到定量综合集成法是依据一个经济问题的预测决策案例提炼出来的，从可操作性看，它是一种工程技术层次的方法，难以应用到理论科学中。钱学森不加区分地要把它用于建立基础科学层次的人体科学，事实上没有成功。人体科学研究会原理事长陈信说过："用处理复杂巨系统的理论来研究人体科学有不得其门之难处"。[9-100]这是一句大实话，事实表明开放复杂巨系统理论目前还相当粗糙，要有效地用它来建立系统学、思维学、人体学，尚待大的发展。

第 14 章　钱学森与军事科学的哲学——军事哲学

钱学森是军人，但最先构筑的由 6 大部门组成的现代科学技术体系并不包括军事科学，1982 年才把军事科学加进去。在 11 大部门中，军事科学也并非他谈论很多的部门。钱学森后来曾不无调侃地说："一九八二年以前，我想起了这六门科学。后来发现这还不够，忘了我们这些穿军装的了，把军事科学忘了。"① 钱学森毕竟是搞科技的，军事科学不是他的专业，他的科学技术体系学思想并非首先从军事科学中萌发的。而军事科学早已有之，且内容丰富，军事哲学尤其发达，国内外都有数不清的专门著作涉及军事，故无须他花费很多精力于此领域。然而，钱学森在军事科学包括军事哲学上还是提出不少极有启发性的新观点，做了一些独特而重要的探索，受到部队官兵和军事科学爱好者的喜爱，对于我们全面了解现代科学技术体系也有启示。哲学博士岳全力曾提示我，应该注意钱学森受其岳父蒋百里军事科学思想的影响。他的话颇有道理，可惜本书无法顾及这个方面了。

14.1　对军事科学的总看法

从抱着为中国国防建设服务的目的而赴美学习航空科技起，钱学森就注定与军事结下不解之缘。然而，出乎他自己以及人们意料的是，参加 CIT 火箭小组首先把他与美国的军事科技联系起来，为美国军事科技做出重要贡献，美国人也不敢否认这一点。回归祖国后，钱学森服从国家需要，几乎把全部精力投放于国防尖端武器研制的领导工作，并成为中国人民解放军的一员。"既然来当兵，就知责任大。"这种经历和责任感必然使军事科学成为钱学森终身关心的学问之一，花费一定精力了解军事科学及其历史演变，学习恩格斯和毛泽东有关军事问题的论述，思考有关战争和军事问题，从而形成一些他自己的独特见解。其中，《论军事系统工程》、《我国今后二三十年战役理论要考虑的几个宏观问题》、《关于军事科学的结构问题》是代表钱学森军事科学理念的三篇重要文献。在某种意义上说，存在钱学森军事科学思想，而且是一个值得研究和充分发掘的课题。

研究军事的学问是人类知识总体系中一个重要部分，但科学界主流大多并不看重它，至少不会把军事科学与自然科学、数学等视为平起平坐的另一大部门，

---

① 钱学森．科学的艺术与艺术的科学．北京：人民文学出版社：114.

原因是认为它的科学性不足。在20世纪中期以前，这种说法也基本成立。但在20世纪中期以后，这样讲就显得片面了，因为军事研究正在获得充分的科学性。钱学森晚年在军事科学方面的工作重心就在于纠正这种偏见，从学理上论证把军事科学作为现代科学技术体系一个独立大部门的合理性。钱学森有关军事问题的论述不多，且比较零散，但仔细分析梳理不难发现，他实际上给出一个相对完整的论证纲领，颇具学术性。

“军事领域的科学叫做‘军事科学’，实际上就是‘军事工作的科学’。”① 这是钱学森关于军事科学的一个最通俗的定义，其中关键词是科学。这里讲的“科学”是否就是自然科学家讲的科学呢？在提出“关于战争的研究能不能形成一门科学”的问题后，钱学森立即指出：“所谓科学就是关于自然、社会和思维的知识体系。它是适应人们生产斗争和阶级斗争的需要而产生和发展的，是实践经验的升华和结晶。”(47页) 对作为学术概念的科学作如此阐释的思想源于恩格斯，恩格斯主要是针对自然科学和社会科学作出界定的，钱学森的新意在于说明此一定义也适用于军事科学。钱学森关注的中心是“战争这么一个非常复杂的问题，到底能不能够形成这样一门现代意义上的科学呢?”(47页) 他给出肯定的回答：“要把战争看成一门科学，用科学的态度来对待战争问题”。(48页)

任何一门科学都有一个从无到有的形成过程。钱学森按照唯物史观对军事科学的形成发展过程进行考察，很有启发意义。有战争就有对战争的研究，产生关于战争的学问。但由于战争的复杂性，对它的认识必然要经历一个漫长的过程。钱学森认为，《孙子兵法》是中国古代战争经验的提炼，尽管十分深刻、高明，却属于思辨性、哲学性的东西，是关于军事的学问、艺术，还不是军事科学。有关军事的学问从非科学到科学的演变，始于经典科学建立、工业革命完成之后。随着牛顿理论的问世和传播，18世纪的欧洲人开始感觉到战争是一门科学，但还没有将其基本规律总结出来，强调的还是战争的艺术，跟《孙子兵法》类同。19世纪战争实践和科学技术的发展，使人们进一步确信存在战争的基本原理，并给出初步的总结，克劳塞维茨的《战争论》就是代表作。克氏自称该书的“科学性就在于探讨战争的实质，指出它们同构成它们的那些事物之间的联系”，当哲学不足以说明问题时，就“采用经验中相应的现象来说明问题”。② 现代科学是实证科学，克氏此话的意思是说，关于军事的学问同样具有实证性，须建立在实践经验的基础上。书中引入牛顿力学和几何学的一些成果，专列一节讨论“军事艺术和军事科学”，把军事、技术、科学明确地联系起来。但此时军事研究的

① 糜振玉．钱学森现代军事科学思想．北京：科学出版社，2011：87。本章只注明页数的引文均出自此文献。

② 克劳塞维茨．战争论．杨南芳等译校．西安：陕西人民出版社，2001：自序．

科学化还处于起步阶段，连克氏也说："在这里智力活动离开了严格的科学领域，即离开了逻辑学和数学的领域，而成为艺术"。①

真正的进展出现在 20 世纪中期。现代科学技术飞速发展，使人们认识客观世界规律性的能力大大提高。战争这一门科学中出现了军事系统工程、运筹学、系统科学以及计算机作战模拟等。这些现代科学技术与战争的历史经验和野战演习相结合，使得人们能够更加清楚、准确地了解和掌握战争的客观规律，从而形成现代意义上的军事科学。在这方面，发达国家同样走在前面，积累了大量文献资料。在认真研究西方学者有关论述的基础上，钱学森、王寿云、柴本良以马克思主义哲学为指导，应用钱学森正在建构的现代科学技术体系学观点，从参谋业务、武器使用、后勤业务、组织建立指挥体系、战略研究五个方面对军事科学的新发展作出系统的论述。他们的工作实际上概括了世界军事科学界的共识，又在哲学和系统思想上高于国外学者的论述。这些工作也使钱学森意识到，世界发展到这一步，军事科学终于能够在他构建的现代科学技术体系中占有一席之地了。

军事科学有别于其他 10 大部门的特点是什么？按照现代科学技术体系学观点看，钱学森认为军事科学"是从矛盾斗争的角度去研究整个客观世界"的。②在论述这一观点时，他援引日本学者的著述，日本人通过学习孙子兵法领悟到军事科学是军事斗争的学问，是斗争的科学，除了使用兵器进行斗，还有许多"斗"的手段。钱学森由此受到启发，进而引申说："军事科学是一门很重要的学问，可以说，我们建国就离不开军事科学。"(92页)

事物是一个生活用语，哲学家则把它作为一个不加定义的元概念来运用。钱学森和许国志最先明确区别了物和事，根据系统科学给二者以现代科学的阐释。相对于自然科学讲的物理，他们提出事理概念，断言物有物理、事有事理。事理从此成为复杂性研究的重要概念。用之于军事问题，钱学森指出："我们习惯所讲的军事科学，包括两个研究范畴：一个是研究武器装备、军事技术手段，即研究'物'的；另一个是研究兵力的部署调动，打仗的运筹指挥，研究战争指导规律，即研究'事'的。"按照他的理解，研究"物"的是"硬科学"，研究"事"的是"软科学"。而"事物总是联系在一起的，研究'事'和'物'的科学也是相联的。"③ 作为一门学问，军事科学主要是研究事理的，即研究物的运用和人的组织管理。所以，同物理相比，事理必定是复杂的。这是世界军事科学界在 20 世纪对军事科学形成的前所未有的新理解，再加上由此引出的军事系统工程、军事运筹学、计算机作战模拟等一系列新学科，军事科学终于实现了科学化、现

---

① 钱学森等．论系统工程（新世纪版）．上海：上海交通大学出版社，2007：32.

② 钱学森等．论系统工程（新世纪版）．上海：上海交通大学出版社，2007：285.

③ 钱学森等．论系统工程（新世纪版）．上海：上海交通大学出版社，2007：68.

代化。

如果把现代军事科学仅仅看成军事系统工程、运筹学、计算机作战模拟等，那只能是资本主义的军事科学观。这些新学科的提出，把它们应用于参谋业务、武器使用、后勤业务、组织建立指挥体系、战略研究等，都是西方军事家首创的，首先在西方国家的军事实践中经受检验。当然，其中的科学技术原则上都可以为社会主义使用。国内有些学者由此而认为，这些就是现代军事科学的全部，至少是其基本部分，至于毛泽东军事思想，他们断言已经过时，没有资格进入现代技术科学体系。

钱学森有不同认识。按照他对世界社会形态的判断，今后一定时期如果有重大战争强加在社会主义中国身上，那一定是反对侵略的战争。中国当然要大力实现国防现代化，掌握必要的撒手锏，让战争狂人不敢轻举妄动。如果霸权主义者企图通过战争制服中国，必定要在我们的国防科技远不及它们的时候发动。这就决定了我们的反侵略战争仍然要以弱胜强，具有明显的不对称性，因而必然要打人民战争。钱学森说得好："我们要打的是反侵略战争，人民在我们这一边。装备、作战这一套东西，我们搞我们的。这就是说，要研究新时代的'小米加步枪'问题。我们也要把现代科学都用上，但不是打他们那种战争，要打现代化的人民战争。"[88页]又说：如果"'战'是打仗，那就必然是人民战争。"[7-350]这就明确了在新的历史条件下社会主义中国可能发生的战争的性质，最重要的是提出要用现代科学技术打现代化的人民战争，需要在理论、方法、技术上有所创新。但只有承认并掌握毛泽东关于人民战争的基本理论，才能做到这一点。以新的科学技术丰富了的人民战争理论是当代马克思主义的军事科学，有资格进入现代科学技术体系。

狭义的战争指为了一定的政治或经济目的而进行的武装斗争。钱学森认为，随着全球化、信息化的发展，狭义的战争概念正在被广义的战争概念所取代，后者泛指一切角胜负的人类行为。通过考察现代战争的发展演变，钱学森主张扩展战争概念的外延，认为"事实迫使人们改变战争的传统概念"①。今天要谈战争问题，首先要问"讲的'战'是什么战？是讲打仗？军事行动，还是外交战？还是国际贸易战？如果目的是讲一切国际斗争中的'战'，包括军事、外交、贸易，那在书的一开头就应该有一段专讲'战'的一般概念"。[7-350]基于这种认识，运用"战"的一般概念，钱学森把现代战争分为军事战争和非军事战争两类，前者指凭借武器进行流血对抗的传统战争，后者指"用贸易、技术交往、人才交流等形式进行的一种战争"，一种特殊的战争②。既然是战争，不论哪一类，"就有战

① 钱学森等．论系统工程（新世纪版）．上海：上海交通大学出版社，2007：258.

② 钱学森等．论系统工程（新世纪版）．上海：上海交通大学出版社，2007：251.

争的特点”，因而“可以用处理军事战争的现代化方法来解决”①。

总之，军事科学本来是研究军事问题的科学，由于战争概念的广义化，军事科学也扩展了它的概念外延。它已不限于研究传统的战争，而是从矛盾斗争的角度去研究整个客观世界，包括“科技战”，“智力战”，还有“商战”等。这是现代军事科学的显著特点。

14.2　关于桥梁学科的界定

从现代科学技术体系学出发，钱学森非常重视研究这个体系中相应于军事科学的哲学分论，目的首先在于解决一个方向性问题：如何坚持马克思主义哲学在军事领域的指导作用。改革开放以来，随着西方学术思潮迅猛涌入，中国军事科学界也出现许多新情况、新问题，有些人偏离甚至拒斥马克思主义哲学，造成种种混乱认识。例如，在国内召开的国际军事学术会议上，军队学者竟然不敢讲、也不愿讲恩格斯、毛泽东，不提孙子兵法等。钱学森对这种现象提出批评：“讲战争不说《孙子兵法》行吗？讲国防不说毛泽东军事思想行吗？实质上是：军事哲学离不开马克思主义哲学”，强调“要坚持真理嘛！”(7-078)

钱学森也注意到军事哲学研究存在的困难。由于以往没有科学技术体系的概念，不同学科的界限不大清晰，如把军事哲学同军事学结合在一起，统称为军事思想，这已是几十年来的惯例。(3-214)随着现代科学技术体系的建立，人们终于看出军事科学也有三个层次、一座桥梁的结构，通过这架桥梁把军事科学与马克思主义哲学连通起来。

关于军事科学的哲学，一直没有确定的统一称谓，国内军事科学界习惯上讲的是军事辩证法。到底用军事辩证法，还是用军事哲学，存在争论。在同解放军学者讨论这个问题时，钱学森认为用军事哲学更合理，因为就哲学的整体而言，“辩证法不能概括整个马克思主义哲学”；就军事科学而言，军事辩证法也只是军事哲学研究的一部分，是桥梁学科的一个分支。就方法论看，他主张“习惯要对合理性让步”，应该“强调从整个现代科学技术体系看其合理性”。(2-056)所以，军事科学的体系之首还是称军事科学哲学或军事哲学为好（应该说这些思想也适用于所有桥梁学科，包括自然科学）。

研究军事哲学首先是为平时的军事建设和准备打赢可能的未来战争服务，学界对此没有原则的分歧。但钱学森认为，现在军事研究“涉及的问题决不限于有枪有炮的热战，还有商战、智力战以及其他两方或多方竞争的社会现象，都要用军事哲学。”(3-214)既然广义战争涉及经济、政治（包括外交）、文化、科技各方

---

① 钱学森等．论系统工程（新世纪版）．上海：上海交通大学出版社，2007：254.

面，“军事哲学（或称军事辩证法）实是竞争、竞赛的哲学，也是斗争的哲学，所以用处不限于打仗……说到底，今天的世界还是以斗争为主旋律，只是方式、方法、格局演变了。”(4-489) 在学界主流全盘否定斗争哲学的大氛围中，这样讲是需要勇气的。基于这种认识，钱学森主张中国各方面的领导干部都要学习战略科学，讲究竞争或斗争的策略和制胜的谋略。

既然关于军事问题的学问也是一门科学，能够合乎逻辑地放置在现代科学技术体系中，它就应该具有各门科学共同的结构模式：三个层次，一架桥梁。对桥梁学科的界定问题解决后，军事科学体系结构的大框架就可以考虑了。钱学森给出他的体系框架(89页)，糜振玉也提出一个方案(308页)，目前还都是粗框，完整的方案建构尚非短期内能完成的。不过，钱学森给出的现代军事科学体系与其他大部门有所区别，技术科学称为军事学术，工程技术称为军事技术。这样做的目的是照顾军界学者的习惯，与历史衔接，因为军界同志还不习惯于讲应用科学和系统工程，而讲军事思想和军事技术。这在30年前有必要，今天则应该强调军事科学体系与整个现代科学技术体系的一致性。一门科学要走向成熟，必须放弃照顾习惯的做法，坚持科学性、严肃性的诉求。所以，构筑军事科学体系时，也得像钱学森在别处说的那样“习惯要对合理性让步”，强调从整个现代科学技术体系看其合理性。

14.3 马克思主义战争观的新篇章

战争观指人们对战争这种社会现象的根本问题的认识，如战争的本质、战争的根源、战争是否有规律、战争形态及其演变等。用马克思主义基本原理回答这些问题，形成马克思主义战争观。战争观是军事哲学的首要问题，向来有唯物论与唯心论、辩证法与形而上学的分歧和对立。马克思主义战争观是唯物的战争观、辩证的战争观。钱学森依据他的科学功底和对当代世界历史走向的观察，不仅掌握了马克思主义战争观的基本精神，而且依据新的历史条件对它有所丰富和发展，至少涉及以下几方面。

关于战争根源。钱学森对21世纪的战争问题做过多次分析和预测，从中可以看出他对马克思主义战争观的理解和坚持。他批评老是和平、和平、和平的想法，指出21世纪将是一个动荡的世纪，世界的变化可能很大。钱学森早在1989年就指出：“20世纪末21世纪初我们注意南面是对的。这个地方不稳定，力量参差不齐。谁都想沾一点。中国南海要特别注意。今后几十年，中国的南海是矛盾的焦点。”为什么还会有战争？他的回答是因为“21世纪范围内阶级矛盾不能解决，战争也不能消除。”只要世界范围存在阶级矛盾，战争就不能消除，这就是马克思主义战争观关于战争根源的根本观点，可谓言简意赅。基于这一判断，他断言“现在的世界和平是在各种威慑下的和平”。(77页)中国必须从军事上做出相应的准备。

关于战争性质。马克思主义战争观强调区分战争的性质，是正义战争还是非正义战争，是侵略战争还是反侵略战争。钱学森坚持这一原则，他写道：“本世纪以来的历史已宣告了发动侵略战争者必然要在被侵略国家发动的人民战争面前失败。所以侵略不发达国家的战争也不是出路。”[①] 有人或许觉得这是老生常谈，其实不然。政治的或阶级的属性决定了社会主义国家只能进行反侵略战争，而反侵略战争与侵略战争的不同决定了国防建设和作战指导思想的原则区别。一个社会主义政权运行的时间久了，随着国力逐步强大，反侵略战争的意识有可能淡化，就会在军事领域有所反映。苏联后期演变为社会帝国主义，发动侵略阿富汗的战争，就是深刻的教训，必须记取。社会主义中国的军事现代化正在飞速发展，一门心思要在武器现代化上追赶发达国家，就可能淡忘社会主义的本性。钱学森重申马克思主义战争观对战争性质的界定，这在目前和今后颇有现实意义。

关于战争规律。把辩证唯物主义用于战争观，必定相信战争是有规律的。恩格斯特别是毛泽东对此有深刻的论述。钱学森接受了他们的思想，在新的历史条件下坚持认为：“战争问题尽管很复杂，但它也是客观世界的现象，因而也是有规律的，是可以被认识并掌握的，这就是战争的科学。”(47页) 他还引证古人孙子、18 世纪欧洲军事家沙克斯等人的说法来支持这种观点。钱学森十分赞赏毛泽东“只要有战争，就有战争的全局”的论断[②]，认为它深刻地揭示了战争活动的一个极其重要的规律。马克思主义战争观又认为，战争规律是发展演变的，毛泽东依据中国革命战争经验对此的论述尤其精彩。钱学森坚持这一观点，依据现代科学技术的最新发展提醒人们注意研究高技术条件下战争的新规律。

关于消灭战争。这是战争观的另一个重大问题，马克思、恩格斯依据他们对人类社会演变发展总规律的认识，最先提出战争消亡的命题。毛泽东坚持这一马克思主义观点，在第二次世界大战初期曾明确断言：“只有目前开始了的战争，接近于最后战争，就是说，接近于人类的永久和平”，并提出“为永久和平而战”的政治口号。[③] 从历史大尺度看，“接近于”一词用得准确、科学，到 20 世纪中期，人类已经依稀看到消灭战争的现实可能性，是历史的一大进步。这是以大尺度观察历史的结论。若以小尺度看，二战结束后近 70 年来战争从未中断过，让人觉得似乎没有尽头。今天应该如何评价马克思主义战争观的这个核心观点呢？钱学森在新的历史条件下思考这个问题。任何事物的本质特征都需要在与其他事

---

① 钱学森等．论系统工程（新世纪版）．上海：上海交通大学出版社，2007：258.

② 毛泽东．毛泽东选集（一卷本）．北京：人民出版社，1964：159.

③ 毛泽东．毛泽东选集（一卷本）．北京：人民出版社，1964：442.

物、特别是它的矛盾对立面的比较联系中来把握，战争亦然。欲掌握马克思主义战争观，不能仅就战争看战争，就军事看军事，而应该放在战争与和平、军队与国家、打仗与建设等矛盾关系中考察战争和军事的本质。钱学森在谈论中国社会主义建设问题、提醒人们要关注世界形势的变化时说："我认为大家要注意战争问题"[①]。他的讨论涉及一系列问题：战争能否避免？会不会爆发新的世界大战或核战争？未来战争的基本式样如何？人类能否消灭战争？何时才有这种可能？这些问题都涉及战争观。

钱学森提出这样一个认知矛盾：马克思主义认为任何事物都有发生、发展、衰亡的过程，但战争似乎不是这样，武器发展越来越厉害，战争越打越大，破坏性越来越严重，这是为什么？是否应该否定战争必然消亡的观点？钱学森依据非线性动力学的临界性原理指出，在人类历史发展中，战争规模和破坏性方面的量变实际上已经走到一个"临界点"，这"就是核武器的破坏力，核武器作用的距离都是全球性的，就是打大的核战争的破坏是全球性的，就是没有一个胜利的国家，胜利的国家自己也全部破坏了。"临界现象是一种非线性动力学现象，临界点的出现意味着战争作为系统正在发生临界相变，"真正打大的核战争，谁也不敢打。"钱学森要求人们"从这个高度来研究战争"，认为从这个高度看，克劳塞维茨的名言"战争是政治手段的继续"也可以变成历史，"非战争不能解决的问题也不一定用战争来解决"。进而又推断："如果照这样发展，世界的一体化就更表现出来了"。结论是："如果我们搞得好，可能世界大战打不起来"。[②]从世界一体化的大趋势来考察战争是极具历史眼光的，世界一体化是一股不可阻挡的历史潮流，"化"到足够程度，人类要想持续生存发展，就得抛弃资本主义，抛弃私有制，战争的最后根源将不复存在。所以，世界一体化的完成之日，应该就是战争消亡之时。

关于核大战能不能避免的问题，钱学森给出一种颇为精彩的分析。但也可能被人误解为钱学森断言核大战一定能够避免。我们今天有理由否定核大战不可避免的观点，而且相信随着历史的发展，经过全世界人民的共同努力，避免核大战的可能性在增大。但目前还不能绝对排除爆发核战争的可能性，因为在某种特殊的历史条件下，帝国主义国家的国家权力可能掌握在战争狂人手中，他们抱有侥幸心理，以为凭借自己的核优势，只要自己有坚强的意志，采取先发制人策略，就可以避免来自对手的核报复。资本帝国主义的社会环境还可能培育出这样的战争狂人，他们宁肯与整个人类一起毁灭，也不放弃称霸世界的图谋，对他们必须有所警惕。

---

① 钱学森．创建系统学（新世纪版）．上海：上海交通大学出版社，2007：22.

② 钱学森．创建系统学（新世纪版）．上海：上海交通大学出版社，2007：22～24.

钱学森对 20 世纪战争史和 21 世纪战争可能性的分析，勾画出人类战争史的演变框架，也属于战争观问题。就战争的规模和烈度看，人类战争史将呈现为一条先升后降的曲线：从小战开始，上升到中等规模的战争，20 世纪又上升到世界大战，这是全部人类战争史的顶峰。任何系统一旦到达顶峰，必将开启它由盛到衰的转折期。造成战争系统这一转折的重要因素是核武器的出现，谁也不敢再打世界大战，在未来一段时间内，能够打的是核威慑下的局部战争，即高科技时代的中等规模战争。这表明战争史的曲线进入下降阶段，即再次进入打中等规模之仗的阶段；如果再前进一步，世界上就只有零星小战，直至最终消灭战争。总之，“战争这个人类历史上的现象，正在走下坡路，只有小的冲突、局部战争不断。这就是事物发展的辩证法：战争的发展否定了它身。”[①] 用简单图式表示，人类战争史的演变路径为：

↓核武器

小战——→中战——→大战 ——┐

无战←——小战←——核威慑下的局部战争（中战）　(14. 1)

如果把这一过程以几何形式来表示，那是一条存在顶峰、但两边极不对称的曲线，不是抛物线，不是钟形线，等等。如果接受钱学森 200 年后人类进入共产主义的预测，该曲线未来一侧的时间尺度小于 200 年。放在人类历史长河中，这不过是弹指一挥间的事。若就当前看，这不仅是一个漫长的时期，更是一个动荡不安、大事件迭起的时期，充满不确定性、不可预测性。搞不好，人类有可能陷入自己挖掘的困境，甚至灭顶之灾。世界上那些一心想围堵中国、以军事手段维持不平等国际关系的势力，在一段时间内看来气势汹汹，但终究将搬起石头砸自己的脚。如何解构国际反华势力构筑的对华军事包围圈，如何遏制可能毁灭人类的战争，是世界历史向马克思主义军事学提出的任务。

如何看待战争中武器与人的关系，也是战争观的重要内容。资产阶级的战争观见物不见人，迷信武器，总想靠发明致命的新武器来建立和维持霸权。信息高新技术武器的出现，使得见物不见人的唯武器论又有所抬头，获得新的表现形式。钱学森很重视克服军事问题上的机械唯物论和唯心论，在强调发展新武器的同时，他颇为焦虑地指出：“这几年把毛泽东同志的话又不考虑了，只讲物质装备、不讲人的作用，也是不全面的。”他建议人体科学家陈信组织力量“准备一篇报告，讲未来反侵略战争中人的因素及人-机工程。”[(2-270)] 钱学森还认为，人-机工程是武器装备技术中“一个非常重要的部分”，关于军事技术的一门“新的学

---

① 钱学森．创建系统学（新世纪版）．上海：上海交通大学出版社，2007：184.

问”。[87页] 在此问题上，两种战争观的差别在于，是以人为主，还是以机为主；是机器伺候人，还是人伺候机器。按照钱学森的概括，在信息化战争时代，在人机关系上，我们应当采取人机结合、以人为主的技术路线，让机器伺候人，而不是人伺候机器。

14.4 论武器形态与战争形态的演变

战争是交战诸方使用武器进行的较量，新武器需要新的作战方式，武器形态的重大变化必定导致战争形态的相应改变。所以，可以按照武器技术形态发生质的变化来区分战争的不同形态。正确区分战争形态是军事科学的问题，而非哲学问题，却深刻地依赖于正确的哲学观点，特别是历史唯物主义的战争观。钱学森对战争形态（他习惯用的词是战争模式）转变有许多论述，反映出鲜明的马克思主义哲学观点。

军队建制、武器形式、作战方式、军事思维方式等因素一起构成战争系统的整体形态。战争形态是随着社会历史的演变发展而演变发展的，其物质基础是用于战争的武器技术形态的演变发展。战争形态的演变既有量的积累，也有质的飞跃，后者即战争作为系统的整体转型演化。晚年钱学森适逢战争形态出现新的历史性大变革时期，掌握了马克思主义哲学的他在战争观上的创新主要是围绕新军事转型演化而提出的，鲜明地贯彻了唯物论和辩证法。这里讨论他的几个观点。

恩格斯说过：“一旦技术上的进步可以用于军事目的并且已经用于军事目的，它便立刻几乎强制地，而且往往是违反指挥官的意志而引起作战方式的改变甚至变革。”① 这是历史唯物主义对战争形态与技术发展之关系的基本看法。钱学森多次引用这段话，并加以发挥：“武装斗争的方法和样式取决于社会生产力的发展，取决于武器、技术和人员的组成。”[50页] 把这些认识应用于现代社会，他认为科学技术促使作战的变化，核武器是最明显的例子，“战争变了，因为兵器、武器变了，社会也变了；今后是高技术武器时代。”[4-489]

钱学森认为，战争与生产的关系，21 世纪初的战争动员问题，都联系着战争怎么打和用什么武器的根本问题。[3-052] 他在 20 世纪后期就关注这些问题，主张国防科技工业与国家其他方面相结合，如果发生战争，要考虑保护生产力所需兵力。作为科技专家，钱学森关心未来反侵略战争中人的因素及人-机工程，鼓励人们研究这个问题。他自己对人-机工程发表过大量意见，注意研究这方面的国际动向。钱学森认为：“美国国防部注意脑科学是意中事，因为智能、人工智能、智能机是现代军事力量的重要组成部分”。[2-497] 他倡导建立人体科学，提倡研究

① 马克思，恩格斯．马克思恩格斯军事文集．北京：战士出版社，1981：16，17.

人体潜能，也与此有关。可惜一些眼界狭窄却自命不凡的人批之为伪科学，弄得中国人不敢问津，真是历史的悲哀。当未来美国人找到把人体潜能变为新式武器的途径而用于侵略中国时，不知这些人将如何面对江东父老。

美国未来学家托夫勒对 20 世纪中期开始的社会信息化大趋势作了长期而深入的考察，写出轰动世界的著作《第三次浪潮》。书中没有直接谈到战争信息化问题，但把全书的思想用于观察军事现象，很容易看出社会信息化必将引起重大的军事变革。所以，该书很快就引起美国军方的兴趣，于 1992 年成立专门机构，研究用第三次浪潮的观点来重新认识战争。大概受此激励，托夫勒不久后又推出新作《未来的战争》，用《第三次浪潮》一书的观点谈了他对战争形态新转变的看法。钱学森对此书评论道："他的书提供了许多观点和想法，但很混乱，我们要用马克思列宁主义、毛泽东思想和邓小平同志建设有中国特色社会主义思想理论加以整理，找出我国国防建设的思路。"(9-004) 钱学森不仅自己研究，还要求王寿云组织力量研究托夫勒的著作，提出解放军建设方案。

在翻阅了潘吉星写的《中国火箭技术史稿》一书后，钱学森简单回顾由冷兵器到热兵器的兵器演变史，针对目前高技术兵器正在取代热兵器的现象指出："似乎又一代新兵器，高技术兵器，正在取代热兵器。从历史唯物主义的观点看，一代一代的演变是自然的。"(4-393) 他接受了托夫勒战争模式的概念，从历史唯物主义出发，指出战争模式的变革须有相应的社会经济基础。钱学森对托夫勒观点进行加工改造，做出新的概括，认为托夫勒有关第几次浪潮与战争模式的说法"实际是社会经济与战争模式的关系。也许应是：

第一次产业革命时代——徒手战时代
第二次产业革命时代——冷兵器战时代
第三次产业革命时代——热兵器战时代
第四次产业革命时代——机械化部队战时代
第五次产业革命时代——信息化部队战时代"。(9-004)

基于战争形态的这种演变和人们对它的认识，钱学森告诫人们要考虑"战争由于科学技术的发展而进入一个新时代的问题……现在是高技术时代了，战争看来也将进入一个新时代，'高技术武器时代'？这可是个大问题，关系到我军今后建设的大问题。我们应该研究。"(4-377) 他的判断是："21 世纪的战争形式：在核威慑下的信息化战争"。(83页) 概言之："21 世纪的战争将是核威慑条件下的陆、海、空、天、信息战部队的一体化战争"。(10-398) 这是一个极有理论和实践意义的科学判断，不论是军事科学的学术研究，还是为应对未来可能战争的军事准备，都应该基于这一判断来展开。

14.5 对毛泽东军事思想的新阐释

毛泽东对军事科学的贡献，无论在理论上还是实践上都是巨大的，即使反对他的人也不能否定。对毛泽东军事思想的评价多种多样，笔者颇为赞赏刘济昆的说法："毛泽东兵法富哲理性，不仅适用于战场，即使在和平建设时期，也可以给任何阶层人士很多启发。毛泽东从无到有，以弱胜强，逢凶化吉，是'受命于君'的孙子所不如的。"① 我也赞赏钱学森的评价："马克思和恩格斯对战争的规律都做过研究工作，并有重大贡献。然而在世界战争史上，很少有是毛泽东同志那样集军事统帅与理论家于一身。他把实践和理论结合起来，大大地把军事科学和军事哲学推进了。"② 毛泽东军事思想是中国革命战争数十年经验的理论总结，既闪耀着辩证唯物主义的光辉，也是对以《孙子兵法》为代表的中国军事思想精华的集大成。中国革命的成功，抗美援朝战争的胜利，充分证明它的科学性和有效性。军事文化是毛泽东对中国新文化的全面贡献中一个具有永恒意义的方面。

若从武器装备上说，中国革命战争是一场典型的不对称战争，依据小米加步枪式作战的实践经验总结出来的毛泽东军事思想，在信息化战争时代还有多大价值，难免引起人们的疑虑。一些人认为毛泽东军事思想已经过时，只有抛弃它才能与时俱进，有效应对未来的信息化战争。钱学森注意到这个问题，得出的却是这样一个令人耳目一新的结论："毛泽东军事思想就是军事哲学加上军事基础科学。"(89页) 肯定毛泽东的军事哲学大概没有大的反对意见，但把毛泽东军事思想定位于军事基础科学，不少人会持有异议。没有留过洋，没有上过军校，在穷山沟里练就的眼界，没有指挥过机械化的现代战争，更没有看到信息化战争的曙光，对这样一个人建立的军事理论，能够给以如此高的评价吗？

认定毛泽东军事思想就是军事哲学加上军事基础科学，是从学理层面作出的评价。从军事实践层面评价，钱学森断言："毛主席把马列主义普遍真理同中国革命战争的实际相结合而形成的中国人民解放军的军事学术思想，当然要随着军事手段的发展而发展，但它是我军事路线和军事战略的出发点，在我军实现现代化的过程中居于主导位置。"(24页) 在人类战争形态正在从机械化向信息化转变的伟大历史时期，仍然坚持以毛泽东军事思想为我军军事路线和军事战略的出发点，在我军实现现代化的过程中居于主导地位，这样讲恐怕也会惹争议。钱学森对于他的这些评价没有给出直接而系统的阐述论证，但深入阅读有关论著还是可以找到他的思想逻辑的。

---

① 刘济昆．毛泽东兵法．成都：巴蜀书社，1992：前言。

② 钱学森等．论系统工程（新世纪版）．上海：上海交通大学出版社，2007：377.

在学理层面上，钱学森是按照现代科学技术体系学的观点来审视毛泽东军事思想，并给出定位的。毛泽东的贡献不属于军事系统工程或军事运筹学，战争时期的他对这些方面的国际动向可以说并不了解，但指导战争取得胜利的实践表明他实际上深悉军事系统工程的思想精髓。作为现代军事科学体系中的基础科学，必具的品格是对军事运筹学、军事系统工程等有指导作用，又需要依据这些军事技术科学和应用技术的新成果来深化和发展。军事是一类重要的事理，中国传统文化对事理有大量零星而深入的论述，毛泽东对此了如指掌。事理作为科学概念是晚近才提出来的，但人们在明确这个概念之前很早就在运用它。事理问题属于复杂性范畴，事理学是一门复杂性科学。处理事理问题的知识有不同层次，需要区分计算和算计，系统科学家许国志对此做过精彩的分析论证。今天讲的运筹学研究的是如何建立数学模型、进行计算的技术问题，早期称为运用学更准确。真正的运筹帷幄，或孙子讲的庙算，才是算计。应用于军事领域，军事基础科学研究的是军事、特别是打仗的算计问题，军事技术科学解决的是军事的计算问题。计算跟着算计走，算计正确而高明，计算才有用武之地。研读毛泽东军事著作容易发现，如果说军事运筹学主要是军事问题中有关计算的技术科学，那么，毛泽东军事思想则主要是军事问题中算计的理论，其算计的高明、深远、实用而又极富理论性，是西方军事理论难以匹敌的。所以，把毛泽东军事思想看做层次高于军事运筹学的军事科学基础理论，是符合现代科学技术体系学的。从新兴的复杂性科学看，这一点很好理解。

在实践层面上，钱学森是按照马克思主义战争观来估价毛泽东军事思想的现实意义的。20 世纪 80 年代前期，钱学森在分析了美苏争霸的态势和问题之后指出，我们要研究新时代的“小米加步枪”问题，掌握它的规律性。90 年代，钱学森明确了未来要打的是信息化战争，一再强调要准备打信息化的人民战争。由此得出的结论是：我们“也要把现代科学都用上，但不是打他们那种战争，是打现代化的人民战争。”[(88页)] 钱学森深信，人民战争理论的基本框架是毛泽东提出的，只要打的是人民战争，毛泽东军事思想就是不可或缺的理论基础。

在哲学层面上看，毛泽东军事思想过时论同样站不住脚。毛泽东指导的历次战争，从土地革命战争到抗美援朝战争，尽管自己的军队没有机械化，但跟机械化军队作战的经历足以提供把握机械化战争规律性的必要实践基础，能够指挥非机械化的军队打败机械化的军队的实践经验尤其宝贵。只要指导战争的人掌握了辩证唯物主义这一最锐利的哲学武器，就可以通过与机械化了的敌军作战领悟到机械化战争的规律，总结提炼出科学的军事理论。在这一点上，毛泽东当之无愧。推而广之，只要指导战争的人掌握了辩证唯物主义这一最锐利的哲学武器，就可以通过与信息化了的敌军作战领悟到信息化战争的规律，总结提炼出科学的新军事理论。

从方法论层面看，正确有效的军事理论历来都是以系统论为方法论来创立的。毛泽东对系统整体涌现性的领悟、对系统思维的把握绝不亚于迄今所有的著名系统科学家，有些精彩的议论甚至尚未被现代系统科学理解和吸纳。所以说，就军事学术而言，毛泽东在方法论上具有超越时代的优势，今天的军事家仍然难以达到他的高度。这也造就了他的军事思想的科学性，怀疑论、过时论是没有根据的。

一切反侵略战争都是非对称战争，侵略者总是自视实力过人才敢发动战争，被侵略者必须以弱胜强。反侵略战争又具有战争性质方面的不对称性，即正义与非正义的不对称性，充分发挥战争的正义性是打败侵略者的力量源泉。毛泽东一生从事的战争，土地革命战争，抗日战争，解放战争，抗美援朝战争，都是非对称性极其明显的战争。他不仅打赢了这些战争，而且给出高度的理论概括。毛泽东让世人明白了，弱方打赢非对称战争唯一科学而且可行的作战指导思想，就是“你打你的，我打我的”。中国未来可能面对的最艰巨复杂的战争，是霸权主义纠集其追随者强加于我们的非对称信息化战争。中国人必须充分认识这种战争的现实可能性，相信只要我们坚持毛泽东军事思想，就能够打赢这种战争；削弱甚至抛弃毛泽东军事思想，按照霸权主义者的打法去应对这种非对称战争，势必要吃败仗。在这方面，钱学森也有过人的理解，并有所发挥。如把“你打你的，我打我的”原则应用于今天的实际，钱学森提出“装备、作战这一套东西，我们搞我们的。”(88页)

当然，战争规律仍然在发展，信息化条件下的人民战争必定有新的特点，只靠吃毛泽东军事思想的老本不行。钱学森对此的认识是清醒的：“由于科学技术的发展，新的武器、装备不断涌现，改变了战争的客观环境，这就要求军事指挥家们的思想必须跟上战争环境的变化，总结、提炼出新的规律，否则就是危险的，要打败仗的。”(48页) 他要求人们从科学技术的角度来认识战争规律的发展，掌握打赢信息化时代人民战争的规律。在这方面，钱学森也留下一些精彩的议论。例如，在谈到中国海军到底怎么个现代化的问题时，他的意见是：要解决这么一个问题，走我们自己的路：你有你的打法，我有我的打法。

14.6　军事科学辩证法

战争问题的独特性和复杂性使辩证思维对军事科学有独特的魅力，历来有作为的军事家实际上都应用辩证法。即使把辩证唯物主义视为异端邪说的西方国家，在军事学术上常常在不讲辩证法这个术语的同时采用某些辩证法的思想，给人以虚伪的感觉。美国海军陆战队的条例就主张“拥抱矛盾”和“培育对立的品质”，被日本学者称为“辩证的活样板”①。而马克思主义的军事哲学长期被称为军事辩证法，足见辩证法在军事哲学中的重要地位。钱学森就有许多关于军事辩证法的议论，例如：

军用与民用的辩证关系。作为中国天军作战武器研制的主要开拓者，钱学森主要是结合部队装备的研制和使用来思考军事问题的，军用与民用的关系是他经常面对的大问题之一。军用和民用的关系随着历史前进而变化，在相当长时期内两者是严格分开的。20 世纪的科技发展，生产组织方式的变革，使两者的界限开始模糊化。这是一种进步，但苏联的军事思想跟不上历史的步伐，长期看不到军用与民用的辩证关系。钱学森批评说：“从前我们受原苏联军民分家体制的影响，军用元器件的标准不同于民用元器件，军用的要求比民用的高。其实这是旧时代的残留思想”。(9-032) 钱学森认为，军民合一，军用与民用逐步统一标准，实现无军品、民品之分，是高技术战争的客观需要，也是人民战争的客观需要。军民结合在平时能对国民经济发展作出贡献，一旦有战争需要，立即就可以从民用产业得到技术支持，而且也为全民参与反侵略战争铺平道路。而战时的战争动员，战争发生后的生产力保护，战后的恢复，都需要实行军民结合的体制。(3-052) 把军品与民品的关系跟人民战争联系起来，实为人民战争理论的一个创见。

养兵与用兵的辩证关系。顾名思义，军事就是建设军队和使用军队的事，和平时期是养兵，战争时期是用兵，构成自有军队以来就有的一对矛盾。所谓“养兵千日，用兵一时”，是中国古人对这对特殊矛盾的认识。养兵与用兵的关系也随着战争物质手段和作战方式的变革而变化。钱学森关注的是在现代科技条件下的养兵与用兵。他认为：“把具体军事活动集中到‘养兵’和‘用兵’两大部门是现代化军事组织体制的趋势，美苏等国都在这样办……据此，军队管理学是一门横断军队教育训练学、军队政治工作学和军队后勤学的综合‘养兵’的学问；而军队指挥学是又一门包括电子化（自动化）指挥体系在内的综合‘用兵’的学问。这是一种为了现代化的改革。”(2-032)“无论是‘养兵’的学问还是‘用兵’的学问，都联系到军事系统工程”，属于具体军事活动的学问。(2-033) 养兵和用兵归根结底是部队的组织结构问题。为适应现代化军队发展的专业化趋势，他赞成养兵与用兵分开，但社会发展使军用和民用界限的模糊化，为信息化条件下的人民战争提供了新的物质基础，平战模糊化为消灭战争创造了条件。

战与看的辩证法。张静怡曾经提出一个颇富辩证性的论点：“就解决国与国之间冲突而言，‘兵’的基本职能仍然是两个，其一是实战，其二是威吓，说白了，一是为‘战’，二是为‘看’……今后的趋势是，为‘看’的作用日益上升。”(56页) 所谓“为看”，就是通过显示军力而产生威慑作用，以实现不战而屈人

① 竹内弘高，野中次郎．知识创造的螺旋．李萌译．北京：知识产权出版社，2006：5.

之兵或以小战而取大胜的目的。钱学森赞同这一观点，认为“这是当今世界格局的一种实际现象”，他一再讲的有限战略核力量也是“看的力量”。钱学森不赞同发展远洋海军，除了政治的考量，他认为“比起传统炮舰主义更现代化的，可以说是21世纪为‘看’的力量——航天力量，即用开发航天技术来显示国力军力。”(57页)这当然是一家之言，有待深入讨论。其实，人民战争对侵略者也有巨大的威慑作用，他们欲通过侵略战争达到的政治、经济目的，如果不进入中国大陆是无法真正实现的。然而，一旦进入中国大陆，他们必将陷入人民战争的汪洋大海中。想想那种令他们不寒而栗的情景，战争狂人就得有所收敛了。

军事变革中变与不变的辩证关系。辩证法是关于事物发展变化的学说，钱学森重视用此观点考察军事变革问题。早在1984年他就开始谈论所谓新军事变革问题：“现代战争的规模在扩大，在战争中不断使用的新技术，这使得我们考虑这个问题有了许多变革”，军事科学要考虑到变革的情况。(87页)由此得到的基本结论是：“我们绝不能用上一次战争的老办法去打下一次战争，因为战争不一样了。”(88页)但军事变革是变与不变的统一，只讲变革是另一种片面性。在战略层面看，仍然是毛泽东讲的“你打你的，我打我的”，这没有变。从战争性质上看，我们打的还是反侵略战争，可能遭受的还是侵略战争，这也没有变。当年蒋介石把抗日战争当成单纯军队与军队的对抗，未来我们可能打的反侵略战争不能像蒋介石那样打，还必须是人民战争，这同样不能变。钱学森对军事问题的思考都坚持这些基本原则。但在军事技术不断现代化的今天，人民战争的武器装备、战略战术、战法、组织方式等都要随着改变。可惜，目前这方面的研究尚未引起注意。

14.7 军事科学方法论

在军事科学的方法论问题上，钱学森主张：“要把战争看成一门科学，用科学的态度来对待战争问题。”(48页)与传统做法不同，现在研究和应用军事科学都要从现代科学技术体系的思想出发。从体系的横向结构看，首先是分清应用技术、技术科学、基础科学和军事哲学四大层次，澄清各种混淆层次的谬见。更为重要的是军事科学研究和应用都要坚持马克思主义哲学的指导，全面运用辩证唯物主义、历史唯物主义的原理和方法，如逻辑与历史相统一的方法。《军事系统工程》一文就是代表作。

作为中国人民解放军的一员，钱学森坚信军事科学必须坚持马克思主义哲学的指导，这已无须多言。作为一个科学家而非职业军事家，钱学森军事思想的显著特点是坚持“要用现代科学技术来研究战争的规律，研究战争这一门科学”(48页)。这是对毛泽东军事思想的超越，值得特别注意。由于战争正在进入一个新时代，即信息化战争时代，高技术武器的有效使用必须掌握它的科学原理，战术的、战役的、战略的指挥都需要掌握现代科学的基本概念、原理、方法，并把它应用于战争实践。所以他特别提醒国防科工委、科技委要注意："这是个大问题，关系到我军今后建设的大问题。"(4-377)

"战争是由许多部分构成的不可分离的有机整体。在人类全部的社会实践活动中，没有比指导战争更强调全局观念、整体观念，更强调从全局出发、合理使用局部力量，最终求得全局最佳效果的了。"① 这种整体论观点一向只用在战争指挥上，钱学森则把它推广应用于中国国防建设。"国防事业包括研究、设计、试验、试验定型、批量生产、部队使用、作战等各个方面的科学技术。"(112页) 钱学森认为，复杂性科学带来科研方式的变化，需要不同专业的科学家通力合作，组成研究团队。而中国科学界的一大毛病是人人都是专家，只专一行，而专家之间难对话。"这实际上是不符合辩证唯物主义的，只有辩证才能发展嘛！军事科学的发展也一样，要有不同专业、不同学科的人在一起讨论。"(93页)

美国在 20 世纪末发动的几次局部战争，如沙漠风暴等，引起世界各国军界的高度关注，借以探索新时代的战争规律。中国学界亦如此，这是正确的，但也出现了照抄照搬的现象。钱学森指出："'沙漠风暴'只体现了美国在现代高技术条件下的军事行动，要分析研究以资借鉴，但绝不是照抄。"(7-351) 钱学森坚持认为，提倡走中国自己的路也是发展我国军事科学、应对未来可能的信息化战争的重要方法论原则，这个观点在钱学森的军事思想中十分明确。

① 钱学森等．论系统工程（新世纪版）．上海：上海交通大学出版社，2007：20.

第 15 章　钱学森与文艺科学的哲学——美学

文学艺术与客观世界是什么关系？与科学技术是什么关系？它在人类知识体系中如何安置？对于着力创建科学技术体系学、深化和发展马克思主义哲学的钱学森来说，这些问题是不能不回答的。把文艺理论归属于科学技术体系，看成与其他 10 大部门平起平坐的另一大部门，是钱学森的又一个创建，值得关注。的确，在钱学森的现代科学技术体系中，本章阐述的内容是颇为特殊的一类，直至今天，学界大多数仍然不认同他的基本看法，要形成最终的共识，大概须再过 20 年。

15.1　钱学森文艺理论的实践基础

钱学森对文学艺术发表了大量意见，不论是否认同，在中国学术界都产生了很大影响是没有疑问的。钱学森自己曾经这样说："我不是搞文艺工作的，但对文艺深感兴趣。而我这种性格又深深植于马克思主义哲学和马克思主义文艺理论。"(9-239) 他有关文学艺术的见解是怎么形成的？符合马克思主义认识论吗？钱学森是坚定的唯物主义者，相信一切正确知识都来自实践。但他自己不是文艺家或文论家，他对文艺的认识来自何方？有实践基础吗？任何严谨的学者都会思考这些跟哲学有关的问题。

前面说过，钱学森扩展了实践概念的内涵，认为参与学术研究活动、收集实际材料、直接接触有关领域从事实际工作的专家等，这也是社会实践。的确，对于现代科学技术体系中其他 10 大部门来说，能够有如此实践的人就可以对该领域的经验事实进行总结，提出理论观点。但对文学艺术来说，仅仅这样做是不够的，必须在文学艺术创作和欣赏方面有足够的实际阅历和素养，才能提出经得起文艺实践检验、符合马克思主义哲学的文艺理论观点。所以，钱学森关于文学艺术的论断、包括对美学的看法来自何处，是否有足够的实践基础，是首先需要要讨论的。

对于文学艺术来说，阅读、欣赏文艺作品是基本的实践方式之一。诗词是中国文化"皇冠上的明珠"，幼年钱学森在父母指导下开始学习唐诗宋词，且终身爱好，能够背诵许多诗、词、联语，能够对诗词作哲理的赏析。学生时代的他喜欢绘画、音乐、电影等，不仅颇有鉴赏力，而且直接参与画画、唱歌、乐器演奏等实践，撰写有关文艺理论的文章，且都有不俗的表现。应该说，对文学艺术的爱好和积极参与这种实践贯穿了钱学森的一生，这种人生经历和生活方式使他具有深厚的文学艺术素养。如钱学敏所说："文艺理论、音乐、诗歌、戏剧、电影、电视、绘画、雕刻、书法，以及建筑、园林、工艺美术等等，他都用心体味过，深深地热爱着，并有独具特色的见解。"① 钱学森自己也说过："我对我国丰富的文学艺术宝库，一直怀着极大的兴趣，并从中汲取有用的教益。"(208页)

要知晓钱学森对文学艺术的理解究竟有多深，不妨看看他在 70 多年前写的一篇短文。1935 年出国前，钱学森发表了《音乐的美在何处?》的文章，所涉及的音乐知识是本书笔者现在所不及的。文章指出，音乐能够描述自然界，描述生命，描述人生，乐器演奏须是"活人在演奏"，而非自动钢琴。这些看法体现出比较鲜明的辩证唯物主义音乐观、审美观。文章引用美学理论家丰子恺"音乐美可分为官能美、智能美与情绪美"的观点解释音乐的本质，强调"音乐演奏的生命在于内容的表达"，反对单纯追求技巧。他认为，不论哪种形式的文学艺术，都要使人觉得"一种快适"（官能美），"一种安慰"（智能美），还要注重"情绪的流动，必须使你得到他的感动"（情绪美）②。从现代科学看，文章还从音乐的角度说明了信息（音乐美）与其物质载体（乐谱、乐器等）之间的正确关系，符合信息科学原理，表明青年钱学森已从音乐角度对信息运作有了相当深刻的领悟。

1958 年春，中国火箭导弹研究机构——国防部第五研究院刚刚成立一年多，作为第一任院长的钱学森肩负重大责任，工作千头万绪，却出人意料地发表了一篇别开生面的文章《不到园林，怎知春色如许?》。题目就颇有诗意，语出古典文学名著《牡丹亭》。文章流露出一股"春风得意马蹄疾，一日看尽长安花"的快意，不仅表现了这位科技统帅忙里偷闲、镇定自若的品格，不凡的艺术眼见和学术思想尤其令人钦佩。这表现在四个方面。一是在哲学上表现出精辟的辩证思想，揭示了我国园林具有规则性与不规则性、对称性与非对称性、平衡与变化、静态与动态、疏与密的协调和谐美，也就是对立统一产生的美，"像自然又不像自然"的美。二是在方法论上表现出明确的系统观点。他以颐和园为例立论，看重的是"全园的布置"和"整体景象"，是"园林设计比建筑设计要更带有综合性"；盛赞"我们的园林是以建筑物、山岩、树木等综合起来达到它的效果的"，即系统科学的整体涌现性原理在园林艺术中的体现。三是在艺术上揭示园林美、也就是一切文学艺术之美都是"在提炼自然美的基础上又加以创造"，是主观与客观、继承与创造的统一。四是在科学技术上指出园林设计建造越来越需要科学

① 钱学森．科学的艺术与艺术的科学．北京：人民文学出版社，1994：278。本章只注明页数的引文均出自此文献。

② 钱学森．音乐的美在何处？浙江青年，1935，(4)．

技术，认识到园林艺术是“介乎美的艺术和工程技术之间的，是以工程技术为基础的美术学科”，“限制园林设计的是工程技术的条件”，随着工程技术的不断发展，园林事业必定有新的更大发展，必将形成一门叫做园林学的学问。① 钱学森于 20 世纪后 20 年关于文学艺术的许多新观点，关于文艺与科技相结合的思想，在这篇短文中已有相当清晰的表述。

第 2 章曾经引用过李佩先生的话，认为钱学森不能“克隆”。她如此断言的理由竟然是：钱学森的夫人为音乐家蒋英。的确，钱学森深厚的文学艺术素养和他的妻子、著名音乐家蒋英分不开。蒋教授说过：“我们的业余生活始终充满着艺术气息，不知为什么，我喜欢的，他也喜欢”。[282页] 钱学森在这样一种艺术气息中生活的 60 多年，也是他思考科技与文艺关系的 60 多年。通过蒋英，钱学森和文艺界特别是音乐界建立起直接联系，能够了解那里的最新动向，了解现代科学技术如何影响文艺。他有关文学艺术的认识、对科技与文艺关系的思考，首先要听取妻子的评析，吸取音乐家的智慧，这也是难得的机遇。李佩所言指的正是这一点。钱学森能够从科学技术角度认识文学艺术，敢于把文艺理论放进现代科学技术体系中，蒋英的影响是不可忽略的。或许可以说，他所建构的现代科学技术体系，特别是其中的文学艺术大部门的体系，实际是科学家与艺术家数十年思想碰撞的产物。

15.2 对文艺科学的总看法

在现代科学技术体系中，笔者建议用文艺科学而非文艺理论称谓这一大部门，其合理性需要论证，而论证的基本思路在钱学森著述中大体都可以找到。

为了恰当安排有关文艺问题的学术研究在现代科学技术体系中的位置，钱学森提出把这种研究“科学化”的问题，具体谈了三个方面：一，研究人类全部文学艺术活动，即作为社会运动的一大方面，这是文艺学；二，研究文艺理论，包括各部类文艺作品创作规律的文艺理论，几个部类共同的创作规律的文艺理论，以及不分部类的一般文艺理论；三，研究哲学性质的美学，包括各个部类的美学和一般文艺的美学。[3-377] 于是就要问：文学艺术是否需要科学化？能否科学化？如何科学化？

科学是揭示客观规律性的学问，欲谈文艺的科学化，首先要回答文艺创作有没有客观规律性的问题。在我国，无论科技界还是文艺界，都有人把科技和文艺看做相互孤立甚至对立的领域。钱学森深知，文艺界许多人不喜欢听人讲什么规律，不承认存在美学；他们强调的是自由创造，把讲文艺规律一概说成是对文艺

---

① 钱学森．不到园林，怎知春色如许？人民日报，1958 年 3 月 1 日．

的政治干预。这些人对科技界关于自然规律不可抗拒的说法颇为反感，认为科技人员思想不活跃，行事刻板，没有情趣。钱学森不赞同这种观点和态度，为此在多种场合坚持要“讲讲把文学艺术活动看作是有规律可循的，因此可以作为一门学问——文艺学来研究”[129页]，并身体力行，发表了大量看法。他也关心文艺作品创作规律的研究，如关于对联的结构规律，试图用科学语言来表述。事实上，中国传统文化的文艺理论相当发达，其哲学思想的前提就是承认文艺创作有规律性，有规律才会有文艺理论。钱学森继承了这份遗产，进而提出要自觉利用科学技术和文学艺术之间相互作用的规律[200页]，促进科技和文艺相互作用正是他构建现代科学技术体系的目的之一。

承认文艺创作有规律，不等于承认这种规律性能够用科学方法加以研究，不等于能够形成文艺科学。文论界的普遍看法是，文艺理论的研究属于学科，而非科学，反对在他们的领域提倡科学化。言外之意是认为文艺创作遵循的是另类规律，无须也不能用科学语言来表述。在还原论在科学领域中居支配地位的历史时期，这种现象有其必然性，也具有历史的合理性。在还原论的局限性已经充分暴露、系统论正在取代还原论成为占主导地位的科学方法论的今天，这种认识就成为错误的了。钱学森认为这类认识错误来源于没有现代科学技术体系的观念，只能通过建立科技体系学加以消除。文艺创作也是实践活动，当然需要一定的技术和方法，特别是绘画、雕塑、音乐、舞台艺术等，从它们产生的古代起就离不开工具、道具、布景之类硬技术，以及相应的软技术。问题是以往的这类技术都是经验性的低技术，无须科学理论的指导，科学化的必要性微乎其微，更谈不上科学化的可能性。但随着电子技术、特别是信息高技术逐步进入文艺创作和赏析的实践，事情正在发生变化，文学艺术对科技的依赖不断增强。高技术是以科学理论为指导的，大型化、复杂化的文艺创作不能只靠经验，还需要一整套包括软、硬技术的知识，影视、动漫等制作最为典型。北京奥运会、上海世博会、广州亚运会开幕式的设计、组织、管理都是大型文艺系统工程，应用了许多高技术，其经验很可宝贵。从科学体系的层次结构看，为大型复杂的现代文艺创作和表演服务的一整套工程技术，包括文艺系统工程，事实上正在形成之中。而大型复杂的文艺工程技术必然需要科学理论的指导，也迟早会产生相应的应用科学理论。钱学森显然有过类似的思考，如他在指出绘画须讲究色彩、明暗、线条等技术和音乐须讲究和声、对位、乐器演奏技术等之后，立即说：“这些学问可以说是科学技术在文艺中的应用，是文艺技术科学。”[130页] 既然文艺存在工程技术和技术科学两个层次的学问，有关文艺活动的知识体系原则上就可看成一个独立的科学技术大部门。总之，钱学森的看法是：“文艺作品不是科学。但是，研究文艺的文艺理论是科学。”[114页]

既然是现代科学技术的一个大部门，就应该具有三个层次和一架桥梁的体系结构。这里的一个关键性问题是，在文艺的技术科学之上还有没有文艺的基础科学？答案应该是肯定的。事实上，中国的文论、诗论、画论、乐论、戏剧论，毛泽东文艺理论、马克思主义文艺理论、外国的其他现代文艺理论，都有许多属于基础理论层次的内容，没有这些理论的指导，文学艺术不可能达到现在的水平。麻烦在于它们要么同哲学思辨融合在一起，要么同实践经验掺和在一起，没有按照现代科学的规范加以提炼和改造，内蕴的科学性未能显示出来，表面上显得与科学技术不搭界。这种状况是有历史根源的。在还原论主导的简单性科学当旺的时代，尽管从文艺作品中常常发现有关天文、地理、生物等科学知识，甚至有超越时代的科学猜想，但科学的概念、原理、方法原则上不能解释文艺现象，无法揭示文艺创作和赏析的规律。质量、能量、加速度、电场强度之类概念，牛顿定律、热力学三定律、爱因斯坦质能转换公式等重大科学原理，都无法用以说明文艺这种复杂现象。这种情况决定了文艺理论在历史上只是学科，而非科学。

但复杂性科学的兴起使我们看到改变这种状况的可能性。系统、结构、信息、反馈、开放性、非线性、动态性、模糊性、不确定性、虚拟现实等概念正在很自然地进入文艺理论，信息科学、系统科学和思维科学的某些原理有助于揭示文艺活动的某些规律性，打通科学文化与人文文化之间的千年壁垒已晨曦可见，文艺问题有望成为基础科学的研究对象。就中国文艺界来说，一方面，我们的文论、诗论、画论、戏剧论的许多概念和原理经过复杂性科学的提炼，可以转化为科学的概念和原理。另一方面，随着信息高技术在文艺创作中越来越多的应用，文艺的工程技术和应用科学的成果也会积累得越来越多。把这两方面结合起来，进一步从理论上加以提炼，再吸收国外文艺理论的新成果，建立关于文艺现象的基础科学理论是可以期待的。

建立文学艺术作为科学的基础理论，需要从科学上弄清文艺的本质是什么。文艺作品有物质性的和非物质性的两类，最能反映文艺本质特征的是诗歌、小说、戏剧、绘画、音乐之类非物质文艺形式。信息科学的发展，虚拟现实概念和技术的出现，使人们清楚地认识到：一切文艺创作都是用语言（自然语言、符号语言等）给人类的精神生活创造一种虚拟现实的家园，使人能够在这种来源于现实生活、又高于现实生活的虚拟环境中获得难以在现实生活、现场实践中得到的感官刺激，进而发掘其内蕴的美感，以抒发情怀、陶冶心性。讲故事、写小说、编剧本显然是用自然语言虚拟现实，今天的舞台表演、影视、动漫等更利用信息高新技术把用语言编码表达的虚拟现实再加载于物质载体上，从而更逼真地模拟真实的感性生活，让人有身临其境的现场感、沉浸感，更充分地显示出文学艺术虚拟现实的功能。粗略言之，所谓文艺科学，其主体就是由以造美和审美为目标的虚拟现实的工程技术、虚拟现实的应用科学、虚拟现实的基础科学三个层次组成的知识体系。当然，虚拟现实的产品并非都是文艺作品，以造美和审美为目标的虚拟现实才是文学艺术。

文学艺术的本质是创造、传送和解读美感信息，文艺创作和欣赏的过程本质上是信息运作过程。信息运作无非是信息的产生、表示、加工、传送、存储、提取、解读、使用、转录、消除等，同样存在着不以人的主观意志为转移的客观规律，是文艺创作和欣赏必须遵循的。但与科学技术不同，“文艺是美的创造，因此审美是一切的出发点”。[3-410] 把美感和美学信息用语言文字表达出来当然也需要技术，也是一种信息编码技术。但文艺的功能是抒情而非说理，目的在于追求美而非追求真，作品成败优劣的关键是艺术而非技术。所以，以造美和审美为出发点的信息编码技术，跟以求真致用为目的的科学和工程所讲的信息编码技术，两者有性质上的不同，所依据的科学理论必定也有重要区别。不能简单地套用信息科学目前的理论，需要建立一种以审美和造美为依归的关于信息运作的基础理论。应当说，尽管这样的文艺科学基础理论短期内还建立不起来，但其存在是不容怀疑的。

总之，整体地看，关于现代文学艺术的知识必将发展成为一个具有工程技术、应用科学和基础科学三个层次的体系，理所当然应该属于现代科学技术体系的一个独立大部门，有资格被称为文艺科学。从体系学的“视角说”看，钱学森认为“文学艺术作为一个部门，但是它也是对人与客观世界的关系的整体性的认识。你不能说，文艺就许描述这个，不许描述那个，整个客观世界都可以做它的描写对象。”[104页] 在他看来，微观世界，宇观世界，甚至渺观世界和胀观世界，文艺家都应该去写一写、画一画。所以，文艺科学应是从审美的角度观察和描述整个客观世界的一大科学部门，是由社会科学、自然科学、思维科学、信息科学等交汇而成的一种心面中介科学。

文艺科学具有怎样的体系结构，是体系学必须探讨的问题。横向的层次划分是明确的，工程技术和应用科学层次的学科建设已经可以启动了，现在谈论基础理论建设还为时过早。文艺科学纵向的分系统划分，即不同文艺表现形式所需要的不同知识体系，是钱学森关注的问题。鉴于现代科学技术的突飞猛进，文艺与科技的广泛交汇，新的文艺表现形式不断涌现，对文艺科学大部门中分支学科的认识需要扩展。钱学森是科技专家，关注科学技术中的文学艺术，特别是工业美术（工业艺术），是很自然的事。他认为，随着社会发展和人们生活水平的提高，一切工业产品都应该讲究美，任何工程设计都有美学问题，都要讲究“美观大方”。为了使人在工作中也有一个充满美感的环境，做到以人为本，他主张“要把工业艺术应用到一切工业产品，就连机械加工的机床也并不是非老是那个样子不可。”[187页] 由此而确立了文艺科学的一个新的分支——工业美术。

作为人民科学家，人们的衣、食、住、行都在钱学森的心中占有位置。要解决好这类问题，他主张一方面要应用现代科学技术，另一方面要有美学观点，因为人们衣食住行的方方面面都有美与不美的问题。“这些领域都有一个主观实践与客观实际相互作用后的主观与客观的统一问题，所以是美，是艺术。”(3-079) 交通、旅游、服装方面的美学问题他都讨论过，讨论最多的是建筑美，将在第 18 章论述。

这里我们重点谈谈他关于烹饪的论述。钱学森强调：烹饪艺术不限于酒宴，日常生活也要讲究。“吃喝也不能乱来，乱来就不美了；‘寒夜客来茶当酒’，不就很美吗？这进茶就是艺术！”(3-079) 近 30 年来，国内饮食业界出现种种歪风邪气，只讲食品的形与色，大力倡导宫廷豪华宴，引起钱学森的反感。他把毛泽东美学思想应用于烹饪问题，认定“那就是既要重视街头小吃，也要发展高档的宴席，二者并重。而从人民的观点看，应该重实质，不重外表。所以我对近年来许多宣传宫廷宴的文字很反感！脱离群众呵！是丑，不是美！”(7-380) 一字一句，尽显人民科学家的高尚情怀。但作为学者，他关心的主要是烹饪事业中的艺术和美学问题，提出一些别有新意的科学和哲学观点。他强调烹调的核心和本质在于饮食好吃，获得味觉美和嗅觉美，认为这才是中国烹调艺术的“真意”。从现代科学技术体系学出发，钱学森还提出要区分烹饪艺术和烹饪美，比烹饪艺术更高的是烹饪美，在美学与烹调艺术和烹调美学之间还有烹调艺术理论，“要把烹饪上升到一门艺术，尚须有真正的烹饪艺术理论，即建立一门以味觉、嗅觉、口感以及形象为基础的艺术理论，然后再升华到哲学——烹饪美学。”(3-321)

虽然服装、烹饪、盆景等技艺都是人们生活须臾不能离开的，但习惯中都被看做雕虫小技，受到鄙视。钱学森认为这是必须破除的旧思想，因为此类技艺“都代表人在认识了客观世界之后的改造客观世界的本事”，都是 21 世纪中国文化所必需的。他激昂慷慨地说，如果要彻底当个历史唯物主义者，就应该把这些“雕虫小技”纳入高等艺术教育的范围进行传授和研究。他由此而建议设立技术艺术学院，培养技术艺术家，“要破除习惯中看不起雕虫小技的思想，都是大学生，都是教授，一级厨师的地位等于一级教授！”(3-086) 在精英意识急剧膨胀的大氛围中，能够听到如此鲜明的历史唯物主义言论，真令人兴奋不已。人民科学家就是人民科学家呀！

钱学森关于文艺科学自身门类划分的思考也有一个过程，最初为 6 类(1982)，后来扩展到 8 类（1984），最后又扩展为 11 类。3 次划分都包括建筑和园林艺术，在把建筑科学作为独立大部门后，文艺科学的分系统就应该是 9 个，即小说杂文、诗词歌赋、造型艺术、音乐、戏剧电影、书法、技术美术、服装、烹饪等。有关的 9 类知识都是业已存在的，但目前都还构不成一定的科学学科，有待努力。其中，前 6 种属于非物质文化，后 3 种属于物质文化。

钱学森主张区分文艺学和文艺理论，坚持把文艺学归属于社会科学的一个部类，只有文艺理论才属于文艺科学。在有关文艺的知识尚未算作科学技术体系中的一大部门时，把文艺学划归社会科学是合理的。在承认文艺科学是科学技术的一大部门之后，这一观点就有值得商榷之处。在科学技术体系的柱型模型中，文艺科学属于心面中介学科，也是社会科学与自然科学相交汇产生的知识部门，同时也和其他 9 大部门有联系，特别与系统科学、思维科学、建筑科学和信息科学密切相关。文艺学与社会科学的主要分支学科差别很大，把文艺学作为文艺科学的一个分支学科更合理些。

15.3　对桥梁学科的界定

在笔者看来，把文艺科学的部门哲学称为文艺哲学是顺理成章的。但本章仍然按照钱学森的意见称为美学，对他有关这一哲学分论的观点作简要梳理和评析。

第一，什么是美学。哲学界讲的美学形形色色，既有基础科学的内容，又有哲学的内容。钱学森的主张是“美学属于哲学，所以美学一定要符合现代科学技术及人认识客观世界的哲学，也就是美学必须符合马克思主义哲学，即辩证唯物主义。”(6-348) 在哲学范围的各种美学理论中，钱学森“一直认为真正站得住的美学理论是马克思主义的”。(2-286)

青年时代的钱学森已深受马克思主义文艺思想的影响，接受了普列汉诺夫的一些美学观点，晚年在谈论美学问题时一再提到普氏对他的影响，引用普氏的话作论证。回国后的钱学森又系统学习经典著作，接受了毛泽东文艺思想，包括毛泽东的美学思想。他不赞同把西方美学视若神明、全部照搬的做法。钱学森认为：“讲美感、美学讲得更深、更仔细的是普列汉诺夫的艺术论著作和毛泽东同志《在延安文艺座谈会上的讲话》”，断言“美学应该认识到人的美感与人的实践有密切关系。所以毛泽东同志强调有《下里巴人》、也有《阳春白雪》，两者都重要，不能丢掉任何一方面。人民群众喜欢欣赏的要发展。要重视高雅音乐以提高群众性的音乐。毛泽东同志的这一论述是对美学的一大发展。”(7-380) 钱学森把美学作为文艺科学这一大部门通向辩证唯物主义的桥梁，即文艺科学的体系之首。他要求人们区分美学和文艺学，文艺学是社会科学，而“研究为什么有美感，研究一个部类或一般文艺的美的，是哲学性质的，才是一个部类的美学或一般文艺美学（即美学）。”(3-377)

从其全部言行看，钱学森对毛泽东文艺理论的基本面深信不疑，其中也包括赞同文艺服务于政治的原则。当然，他同时也抵制某些过时的或过左的观点，如他把养花种草视为一种有益的文化，提倡休闲文化，在这一点上超越了毛泽东。钱学森的主要贡献是指明马克思主义的文艺理论和美学必须建立在现代科学技术基础上，并进行了初步探索。当然，在这些问题上他主要是指出方向，具体的工作还有待于后来者。

第二，确定美学的学术性质，划定它的研究范围。在钱学森的现代科学技术体系中，美学是沟通他所讲的文艺理论（本书讲的文艺科学）与马克思主义哲学的桥梁。但美学是一门早已存在的学问，我国综合性大学都把美学专业放在哲学系，而实际讲授的内容大都是文艺理论，从哲学层次论述美只是其一部分。美学是音乐学院之类大专院校的一门重要课程，所涉及的内容更宽泛。钱学森认为，文艺界、文艺理论界现有的美学概念太广，既有哲学内容，又有科学内容，可以这样说，也可以那样说，显得思路不清。究其原因，在于没有关于科学技术体系的概念。所以，他在阐述自己的科学技术体系思想时，花了不少力气划清美学与文艺理论、美学与美术的界限。这又分为四点。其一，钱学森讲的是狭义的美学，属于哲学，是比文学艺术理论更高层次的学问，故“范围比一般讲的所谓‘美学’要窄”。[3-430]其二，就哲学看，美学属于部门哲学，即联系到文学艺术活动的那部分哲学。其三，钱学森说：“至于‘美感’，那是感觉，知其当然而已。讲点唯象的规律是‘美’。最后研究为什么有这么些美的规律，才是作为马克思主义美的哲学的‘美学’。”[3-430]就是说，他认为人们谈论“美”涉及三个层次：美感、美的唯象理论和美学。其四，按照他的体系学思想，美学既然是文艺科学这一大部门的体系之首，它上要符合辩证唯物主义，下要符合现代科学技术，扎根于现代科学技术（主要是文艺基础科学、文艺技术科学、文艺工程技术）。

第三，勾勒美学的体系结构。在钱学森的马克思主义哲学体系中，美学是桥梁层次的 11 个分系统之一（见图 6.1）。但美学自身也是一个知识体系，也有其体系结构，研究这种结构是钱学森美学研究的重要内容。他讲的主要是美学的横向分系统划分，前提是文艺本身的横向分系统划分，每一类都有自己的美学分论。1984 年，钱学森以图表形式给出美学的体系结构[196页]。根据他后来对文艺科学大部门分支学科的意见，应该有 9 个分支学科，各有自己的美学分论。如果把整个文艺科学的哲学分论称为“一般美学”，那么，这 9 个分论应该是“特殊美学”，或部门美学。

学界对美学与文艺理论不加区分的混乱认识，在这 9 个分支学科中都有表现。试图消除这些混乱也是钱学森关注的问题之一。作为科技专家，他谈论最多的是技术美学与技术美术、技术艺术的关系，强调一定要划清哲学与具体科学的界限。技术美学是美学的部门学科，工业制品的审美理论，即马克思主义美学的一部分。[2-045]技术艺术讲怎样设计工业制品才能美，是造美的理论，即指导技术造美的理论，居于文艺的科学理论层次。审美是技术美学的核心，而造美是技术艺术的核心。学界存在分不清美学与文艺理论的现象，原因在于搞技术美学的人不接触技术艺术的实践，脱离工业设计。[4-061]技术艺术是技术美学的基础，技术艺术直接指导工业设计，是讲造美的规律、原则、方法的；技术美学是谈审美观念、原理的，不能脱离造美的实践来谈美学。

毋庸讳言，关于文艺科学大部门的体系结构，钱学森给出的还只是一个粗框。9 个分支学科是否也是由 3 个层次构成的？原则上应该是，但钱学森尚未谈论过。图中对文学的安置很不协调，它似乎应该属于技术科学层次，有无相应的基础科学？钱学森亦未涉及。所以，文艺科学体系的建构，美学体系的建构，仍然任重道远。

15.4　文艺的哲学透视——论美的本质

钱学森有言："文艺理论是研究整个客观世界的吗？是的，它是从美的角度去研究的。"① 跟其他 10 大部门相同，文艺科学研究对象也是整个客观世界；跟其他 10 大部门不同，文艺科学观察客观世界的独特视角是审美与造美。什么是美？美感、美的享受是怎么一回事？这是美学的根本问题，钱学森试图从哲学上给以回答。

从辩证唯物主义看，美与丑既非纯粹的客观存在，亦非纯粹的主观属性，而是主客观相互作用所达成的一种心理的、思维的状态：主客观不能统一的不美，达到统一的就美。浅显点说，主体感到舒适、满意、痛快的就是美，感到别扭、难受、痛苦的就是不美或丑。钱学森多次引用美学家李泽厚的说法："美是主观实践与客观实际相互作用后的主观客观的统一"[3-284]，把这个命题作为他自己美学理论的核心观点，反复用它来谈论审美和造美。

钱学森首先从唯物主义立场出发论述美的本质。他写道："人的美感来源于主观实践与客观实际相互作用后的主客观的统一，所以美感的第一阶段是人的感觉。人有五种感觉：视、声、味、嗅、触。文学艺术主要靠视觉；音乐艺术主要靠声觉；美术主要靠视觉，也可能加一点触觉。烹饪艺术的特点在于味觉及嗅觉，再加口感，即一种触觉，这非常重要"。[3-182] 人在衣食住行中对美的需求，对丑的拒斥，都基于这五种感觉，以及五种感觉相互作用所形成的统觉。时下流行的美学理论来自西方，是在还原论科学的大氛围中发展起来的，深受机械唯物论的影响。所以，钱学森在谈论美学问题时反复强调辩证唯物主义的指导作用。对于美的辩证性，钱学森的论述至少涉及以下几方面：

第一，美的普遍性。人类实践活动都可以创造美。人只要参加实践就有感受，有感受就有美丑之分。在钱学森看来，生活要讲美，生产也要讲美；行为要讲美，思想也要讲美；形成理论的东西有美可谈，实践中尚未形成理论的东西也有美可谈，等等。美、不美、丑不仅是直观感性的东西，一种科学理论或学术思

---

① 钱学森等．论系统工程（新世纪版）．上海：上海交通大学出版社，2007：285.

想也会使人产生美或不美或丑的感觉。科学、技术、文化、哲学、学术都有美丑之分。他也谈论过其他方面的美，如：

技术美。作为技术科学大家，钱学森对技术美不仅有丰厚的实践感受，而且有深刻的科学认识。他反复谈到的有建筑美、工业产品美、服装美、烹饪美等，属于技术美。“任何工程设计都有美学问题，而美也包涵了人们实践经验中还未形成理论的东西。”(8-016)

科学美。“什么叫‘科学美’？符合马克思主义哲学的科学思想才是美的，不符合就是丑的”(6-402)他曾提及两个事例：一，“大科学家对科学理论也有美丑之分。例如，A. Einstein 就不喜欢量子力学，认为非决定论是‘丑’的。”(6-007)二，“毛泽东同志早在 1955 年就认为把中子、质子作为‘基本粒子’是违背马克思主义哲学，所以是丑的，不美”(6-348)；钱学森认为，这两件事都说明美是主观认识与客观观测结果的和谐统一。

哲学美。钱学森一再讲：美学属于哲学，所以美学一定要符合现代科学技术及人认识客观世界的哲学。说得准确点，违背马克思主义哲学，是丑的，不美。“我们认为马克思主义哲学是人类智慧的结晶，一切违反马克思主义哲学的东西都是‘丑’的。所以人的最高境界是‘性命双修’。这也是中国古代哲人追求的人天合一吧？”(6-007)他还认为，通常讲的科学美把事情简单化了，正确的认识应该从科学技术的体系出发，“把科学‘美’深化到马克思主义哲学的最高概括。美即与宇宙真理相和谐。”(7-046)

思维美。科学研究中的美“属思维中的‘美’感，实是哲学；说透了，是科学思维中意识到马克思主义哲学，并感到与马克思主义哲学相和谐，从而得到‘美’感。”(7-046)细读他的著作就会感到，当钱学森体认到自己或他人的科学发现与马克思主义哲学相和谐时，他必定会心一笑，视之为美；相反，科学著作中那些违背马克思主义哲学的东西，都被他视为丑的东西。

钱学森还考察人类其他实践活动形式，以揭示美的普遍性。例如他说：“我想编辑工作是有审美创造的：1）审文如行文；2）编排如绘画；3）成书成刊如构筑”。(6-016)

第二，美的社会性。人对美的感受和审美能力千差万别，深受其社会地位的影响。钱学森认为，人的文艺感受是大脑在接受声、光等感觉后进行的极其复杂的活动的结果，但“这一过程与人们的社会活动有关，与文化积累有关”，“不能用简单的规律来处理，一对一。这也就是艺术不同于技术吧。”(7-179)按照唯物史观，“是存在决定意识，音乐欣赏是意识活动，不同生活的人自然欣赏不同”，“从马克思主义哲学看，这都是清清楚楚的”。(5-212)其中当然有阶级对艺术的影响，“在阶级社会中，统治阶级的美感同被压迫被统治的劳动人民的美感不一样”。(195页)所以，他赞同鲁迅关于老太爷的审美不同于长工的观点。也因为这样，他认为宋代诗人杜耒的名句“寒夜客来茶当酒”是对清贫的知识分子生活方式和胸襟的写照。

放在更大视野中看，钱学森认为文明与野蛮的分野在于美或丑，文明的就是美的，野蛮的就是丑的。在生活各方面追求美是社会主义物质文明和精神文明的表现。审美者的主观实践是在其生活及社会影响中形成的，所谓由“土”变“洋”就是这种转变。所以，人的社会实践不一样了，人的美感也会不同的。概言之，“没有什么脱离社会实践的所谓美”[195页]。

第三，美的历史性。无论从个体看，还是从种群看，人对美的需求、认识和造美能力都是随着历史演变而演变的。钱学森从普列汉诺夫著作中认识到，有生产就有技术，而技术和艺术又是结合的、伴生的。“我看人类的文艺活动始于技术艺术，人的美感始于‘实用美’。开始时，有用就是美……后来人们通过实践，认识范围扩大了，有了高层次的思维，才出现其它文艺的美。但当然，现在我们讲实用美又可以包含高层次思维的因素”。[3-431]在阅读张帆的文稿《技术与艺术的辩证关系》后，钱学森对技术与艺术相互关系给出简要而系统的历史唯物主义分析。原始社会的人们已经在生产中加入一些美感，即艺术的成分。进入阶级社会后，技术和艺术的相互关系因阶级不同而不同。在古代社会中，被剥削阶级生活贫困，对艺术要求不高，技术成为剥削阶级追求艺术享受的手段。进入资本主义社会后，技术和艺术的相互关系分两条道路走，技术与艺术的脱离是早期资本主义最突出的一方面。到 20 世纪中叶，“丑恶的机器”已为人民厌弃，技术和艺术又有相结合的趋势。

第四，美的系统性。前述李泽厚的命题之所以被钱学森赞赏，不仅在于它是关于美的马克思主义的哲学表述，也由于它也是一种系统论表述：美或丑是主观实践与客观实际在主体意识中整合起来所产生的整体涌现性，不同的整合造成或美或丑的不同体验。钱学森虽然没有用这样的语言，但这种思想在他的著述中是明确的。美与丑长期不能用科学方法描述，就是由于它属于整体涌现性，属于复杂事物，无法借用还原论科学的概念来阐释。

第五，美的层次性。复杂系统的特点之一是具有层次结构，层次性是复杂性必备的内涵。美作为复杂事物，也具有层次性，或层次美。钱学森对美的层次性有较多的考察，从中可以看出他对美的分类。如感觉层次的美和思维层次的美，实用美与非实用美，或单纯的实用美、实用美和艺术美兼具、纯艺术美等。他认为，文学艺术中最高的台阶是表达哲理的，是陈述世界观的，因而最能寄托感情，表达人生观、世界观，表达作者对社会的希望。钱学森多次谈到李白《下途归石门旧居》诗中的句子“如今了然识所在”和“向暮春风杨柳丝”，认为前一句“表达了他的人生观、世界观”，后一句“寄托了他的感情，实际上也表达了他的哲理”。[153页]他还认为，“著名音乐家贝多芬的第九交响乐就是反映他个人的世界观，讲他对人类社会的希望。”(7-107) 毛泽东关于下里巴人与阳春白雪的说法，讲的也是美的层次性，即不同社会层次的成员艺术欣赏习惯和能力不同。

15.5 文艺科学方法论

把美学作为现代科学技术体系中一大部门的哲学分论，意味着美学研究也必须应用现代科学技术，讲究科学方法论。不过，为了建立文艺科学，钱学森最关心的首先不是具体方法，而是哲学层次的方法。20 世纪 80 年代，针对国内文艺理论界当时流行的1986年是“方法论年”、1987年是“观念年”的说法，钱学森明确主张：“我看，还是先谈观念，后谈方法……我始终认为，方法是第二位的，根本的认识是第一位的。”(125页) 他鼓励文艺家学习科学技术，目的首先在于建立正确的世界观，因为“在今天，人类知识中的一大块是科学技术，缺了这一块，能具有正确的世界观吗？没有正确的世界观，能当好一个文艺人吗？”(4-202) 说到科学方法，他的态度很明确：“科学方法当然是马克思主义的方法，不是机械唯物论的方法，也不是还原论的方法，所以是研究文艺理论和文艺学的唯一方法，舍此无他。”(4-201) 又说：“我认为，文艺理论基本的东西还是应该坚持历史唯物主义。这个东西推不翻嘛！我看没有什么东西可以推翻它。”(128页) 坚持马克思主义哲学指导文艺科学和美学的研究，是钱学森一贯的主张。

说到具体科学层次的方法，首先应该考察钱学森关于科学与文艺关系的观点，即科学的艺术和艺术的科学的关系。他主张泛艺术论同泛科技论相结合：“我是泛艺术论同泛科学论相结合的信徒。我认为高度文明的社会就应该艺术、美无所不在，科学技术也无所不在……客观实际就是泛艺术论同泛科技论相结合的。这是辩证唯物主义的观点呀”。(3-481) 在其生命的最后30 年中，钱学森花费很大力气宣传文学艺术和科学技术的交流与结合，他究竟看到什么，焦虑什么，期盼什么，很值得我们回顾。

钱学森研究科技与艺术之关系的指导思想十分明确：“我们应该在用历史唯物主义分析技术与艺术的历史发展之后，认识到‘技术与艺术的辩证关系’，从而主观能动地把技术与艺术结合起来，为人民的美好生活服务。这就是技术艺术和技术美学的社会目的，是有社会主义特色的，是马克思主义的。”(2-515) 这段话的前一部分点明基本指导思想是用历史唯物主义来分析问题，他在说此话前曾简要地分析了技术与艺术关系的历史演变；后一部分讲的是文艺的社会目的，显然是毛泽东一再强调的观点。从认识论看，这种指导思想的“实质在于：不要搞机械唯物论，也不要搞唯心主义，要运用辩证唯物主义来认识包括我们自己在内的客观世界。‘不要死心眼，也不要乱猜！’或者说，我们把科学和艺术结合起来。其中这个道理在毛主席的《实践论》中早已讲得很清楚，大家不妨重温《实践

论》。"[9-321]

从文学艺术大部门看，钱学森讨论科技与文艺的关系重在说服文艺工作者把现代科学技术成果应用于他们的工作中。钱学森认为："文学艺术的表现总是用物质的手段的，所以科学技术的发展必然影响这些物质的手段，也就必然影响文学艺术。"[2-138]他一直喜欢读有关文艺、文化、文论的刊物，但"近日我深感我国文艺人和文艺理论工作者对高新技术不了解之病"，国内的这类刊物"就是缺对新文艺形式的探讨，研究科学技术发展所能提供的新的文艺手段。"他期望中国的文艺人、文艺理论家"应该以锐敏的眼光，发现一切可以为文艺活动服务的新高技术，并研究如何利用它来发展社会主义中国的文艺，繁荣新中国的文艺。"[8-250]）他不同意高技术与民族艺术相结合的提法，他的提法是"研究如何用高技术为发展我国民族艺术服务"。[5-213]

说到文艺与科技的关系和区别，钱学森说过一段颇具辩证性的话："文艺始于对事物的科学认识，然后才是艺术；而科技始于对事物的形象探索，这需要文艺修养，然后落实到科学的论证。可以说文艺是先科学后艺术；科技是先艺术后科学。"[9-514]钱学森一生致力于发展和应用科学技术，又一生喜爱文学艺术、思考它的发展和应用问题。70 多年中，这两种差异极大的意识活动时时发生在同一个人的头脑中，相互影响，相互碰撞，相互激荡，终于结晶出"科学的艺术"和"艺术的科学"这一对概念，这对他做到文理贯通和科艺双悟、最终走向大成智慧是不可或缺的。

把现代科学的方法应用于文艺理论及美学研究，包括应用各大部门的科学方法，是钱学森的重要方法论思想。例如，钱学森一直在思考美学与思维科学的关系，早期曾考虑把美学划归思维科学，提倡"从人的思维实践来研究美学"。[195页]后来认识到人的美感与人的社会实践和社会意识直接相关，不全决定于思维方式和思维规律，重要的是从社会活动的规律去理解。[195页]但文艺创作和欣赏毕竟离不开形象思维和灵感思维，思维科学方法对美学研究大有用处。心理学方法早就被应用于文艺理论，钱学森也赞同这样做。他曾援用心理学的"多个自我"学说来说明："在文艺创作中，特别是演员，很强调进入角色，其实演员进入角色，只是把角色的那个自我变成显意识中的自我而已，就是说自觉地运用潜意识。"[107页]现代科学技术体系能够把 11 大部门整合为一个知识体系，就在于它们相互联系、相互影响，其他大部门的科学方法都可以用于文艺理论研究，用于美学研究。其中，应用最多的是自然科学、社会科学、系统科学和思维科学，还有钱学森生前没有认可的信息科学。这方面的论述大量散布于钱学森的著述和书信中，有待梳理。

钱学森对文学艺术的关注也透露出他的悠悠历史感，他有关文学艺术的议论往往针对的是时下的现象，考虑的却是长远的未来。例如谈及音乐，他问道：

“贝多芬用音乐迎接了人类社会的第二个时代。我们现在不该开创新音乐和新文艺来迎接人类社会的第三个时代吗？（手段是已有的，即计算机音乐、计算机动画、灵境技术）”。(10-166) 把现在从事的工作和迎接人类社会的第三个时代、为社会主义中国的 21 世纪新长征做准备，并为这个前景而“感到兴奋”，这不就是悠悠历史感吗？

第 16 章 钱学森与行为科学的哲学——社会论

晚年钱学森有志于全面确立社会主义建设的科学基础，其中精神文明建设最终要落实到人的行为上，这就离不开行为科学。在前述几大部门之外，钱学森又把行为科学作为现代科学技术体系的另一个大部门，在学界也引起分歧。本章拟从理清钱学森在这方面的心路历程入手，阐释他的行为科学思想，特别是他有关行为哲学的观点。

16.1 对行为科学的总看法

受西方学术思想的影响，行为科学向来被视为社会科学的一个分支学科。钱学森构筑现代科学技术体系的早期，尽管已经从人才、管理、教育等不同角度涉及行为科学问题，但组成体系的八大部门不包括行为科学，实际上是在延续传统看法。不过也不难发现，他这一时期的思考已处在超越传统意义上的行为科学的过程中。促使他最终把行为科学作为一个独立大部门的动因，来自两个有联系的方面，一是完善现代科学技术体系的构建，二是精神文明建设需要科学技术的支撑。随着改革开放的深入发展，种种怪事、不正之风、丑恶现象大量发生，日益暴露出精神文明建设的极端复杂性，以及缺乏科学技术支撑带来的困难。现实使钱学森认识到："在我们社会主义先进社会制度下，是社会发展在前，个人心理、个人意识的发展进步在后。"就全体人民讲，人们的思想跟不上社会发展，构成"一个重要的社会矛盾"。而从"社会发展观点看，这种'冲突'是永远不会完全解决的，老的矛盾解决了，新的矛盾又会产生。这才是人类社会的进步。"① 如何解决这个问题？现实情况表明，已提出的八大部门无疑都能在精神文明建设中派上用场，但还需要更具有直接针对性的科学技术部门来支撑，即建立一个主要研究人类行为的科学部门，因为精神文明主要是通过人的行为来体现的。"要抓在今日中国发展高潮中人民思想行为严重落后于经济发展的问题，封建习俗还在影响人们的行为。"[7-234] 人类行为无疑与社会科学密切相关，但传统的社会科学太庞杂，难以理清其体系结构，把有些分支（如有关人类行为的研究）独立出来作为新的大部门更科学、更合理。基于这些认识，钱学森便决定把行为科学作为第九个大部门放入现代科学技术体系中。

---

① 钱学森等．论系统工程（新世纪版）．上海：上海交通大学出版社，2007：246.

钱学森认为，行为科学的产生是现代科学技术体系自身发展的产物："现在的一个重大发展就是自然科学与社会科学的交流，即统一。结果出现了系统科学和行为科学。"(3-247)这段话意在说明，行为科学是自然科学与社会科学交汇的产物，即第五章所说的心面中介学科，研究人类行为必须把自然科学与社会科学结合起来。其中后一句话暗示钱学森意识到他讲的行为科学与系统科学有紧密的内在联系。他的《工程控制论》的科学思想本于维纳的《控制论》，而维纳控制论思想的形成深受西方行为主义的影响，维纳与罗森勃吕特、匹茨合作写成的著名文章《行为、目的和目的论》，是为控制论诞生所做的重要哲学和科学准备。经典控制论基本是黑箱理论，关心的是系统输出特性如何响应输入激励的问题，行为主义是其根本的哲学思想。行为科学与系统科学之间的这种逻辑（学理）的和历史的联系，对于理解行为科学是不可缺少的。对于这一点，钱学森虽然没有明确提升到言表思维层次来表述，但在他的意会思维层次已经确立是无疑的。

那么，什么是行为科学呢？钱学森以两种不同方式给以界定。按照他的"视角说"看，"行为科学是从个人与社会的相互作用这个角度去研究整个客观世界。"① 行为科学并不直接论述社会运动的基本规律，如生产力与生产关系、经济基础与上层建筑如何相互作用等；而是着眼于个人与社会、群体与社会的相互作用，着眼于人的行为。这就把行为科学与社会科学区分开来了。他也曾按照"对象说"给出界定："马克思主义的行为科学是研究在社会系统（开放的特殊复杂巨系统）中人的行为及按社会目的控制、调节人的行为的科学。"(5-130) 请注意，钱学森强调行为科学要研究对人的行为作合目的的调控。再综合他的有关论述来看，钱学森对行为科学的界定包含如下要点：

① 行为科学研究的是人的行为，而非一般的社会现象。

② 人的行为是以社会为环境而发生和展开的，作为人类行为环境的社会不是简单系统或大系统，而是开放的复杂巨系统。

③ 人与这个复杂巨系统是相互作用的。

④ 人的行为需要而且可以调节、控制，这种调控是按照社会目的进行的。

⑤ 行为科学是以马克思主义哲学为指导的。

作为一种知识体系，行为科学的功用是培育、引导、规范、管理人在社会中的行为，抑恶扬善，确保社会系统的有序和稳定。钱学森说："人在社会中的行为要有一定的自主选择，但必须符合社会的集体利益。这就要有两个方面，即一靠德育，二靠法制。所以我以为马克思主义的行为科学要全面，实事求是，既讲德育又讲法制。马克思主义的行为科学包括法学"。(5-123) 他把行为科学自身的体系划分为两大分系统，一个是关于德育的科学技术，一个是关于法制的科学技

① 钱学森等. 论系统工程（新世纪版），上海：上海交通大学出版社，2007：285.

术。既有关于德育的学问，又有关于法制的学问，德治与法治并重，这样的行为科学才是“全面”的。

现代法学已经发展成一个庞大的知识体系，法学界并不把它划归行为科学。钱学森明白，他“把全部法学移到行为科学这个现代科学技术大部门中”，这样做的确有点“‘革命性’变革”的味道(2-330)，法学界一时难以接受是可以理解的。钱学森又云：“行为科学分基础理论、应用理论（技术科学）和实施科学三个层次；总的来说是两大任务：教育与法治，教育还不行，则绳之以法。”(9-354)这后一句话重申了上面一段话的意思，进一步概括为行为科学的两大分支，一个分支学科管德育，另一个分支学科管法制，两者缺一不可。前一句话在于明确了行为科学的体系结构，还给出一个新提法：把应用技术称为实施科学。在钱学森看来，要使法学界接受这一观点需要打一场硬仗，还要假以时日。

由此而明确了，既然作为现代科学技术体系的一个大部门，行为科学同样具有“三个层次，一个桥梁”的体系层次结构。当然，就行为科学完整的体系结构来说，不论纵向的分系统划分，还是横向的层次划分，都是一个远未研究清楚的问题。钱学森自己说过：“我对行为科学没有研究，只是想应该用马克思主义哲学来观察现代科学技术的发展，重组学科体系，‘理顺关系’。”(4-466)这并非谦虚，而是严肃的科学态度，在阐明“重组体系，理顺关系”这一目标原则后，他把具体工作留给后继者来完成。不过，钱学森对行为科学的体系结构还是做了大量思考，留下一些宝贵意见，如：

“行为科学有两个方面：诱导和控制。先诱导，诱导不成，只有绳之以法。所以行为科学的基础学科是伦理学和法理学。”(2-334)他在这里确定了行为科学的两门基础科学，关于德育或德治的基础科学是伦理学，关于法制或法治的基础科学是法理学。

“行为科学既然是讲社会中人的工作的，怎能没有教育学？人的行为决定于人的认识，不只是德育，更大范围的是教育。”(6-192)德治需要教育，法治也需要教育，行为的各方面都需要教育。这实际上是在行为科学的纵向划分上提出又一大分系统，即关于教育的科学技术体系。所以，钱学森还有“行为科学的人才学和教育学”的提法。(6-193)按照他的体系学思想，有关教育的科学技术也应该有三个层次。

关于行为科学的另外两个层次，即技术科学和应用技术，钱学森也有一些论述。例如他说：“把行为科学列为科学技术的一大部门，纳入法学学科、社会行为学、社会性行为学、德育学等。”(4-466)又说：“国外建立的所谓行为科学，和我与吴世宦讲的法科学体系也都可以纳入这个行为科学的技术科学和工程技术层次。”(2-334)在这些思考的基础上，钱学森于 1985 年给出一个行为科学的体系结构框架。① 这当然不是定论，只是一个供讨论的方案，既有启发性，也存在争议，尚须学界加以辨析、商榷和整理。

至于行为科学的现实意义，钱学森讲的明白："大问题是行为科学及'社会论'，也就是要能预见到广大人民群众的行为在社会经济发展条件下，会有什么样的变化，而为了我们实现共产主义，党和国家该怎么引导。一句话，要走在前面，不要被动。"(5-301) 请注意，钱学森在这里又一次提到共产主义目标。

16.2 关于桥梁学科的界定

什么是行为科学通向辩证唯物主义的桥梁，即行为科学的体系之首？钱学森对此有诸多论述。一种说法是："行为科学、马克思主义行为科学，到马克思主义哲学的桥梁是'冲突学'的哲学概括，人与社会的矛盾的对立统一，叫'社会论'吧"。(2-334) 另一种说法："社会论是研究个人心理、个人意识、个人思想与社会发展的矛盾运动的。"② 两种说法大体指明了这门桥梁学科的主旨。

关于行为科学的哲学分论如何命名，钱学森曾颇费思量，一改再改。上面提到的冲突论是打引号的，没有正式用过。正式使用的是社会论，但又觉得"这个词可能不太合适，叫'行为哲学'？请考虑。"(5-085) 按笔者的理解，既然是行为科学大部门的哲学分论，称为行为哲学或行为科学哲学顺理成章，言简意赅，一看就知道是哪一个大部门通向哲学的桥梁。不知为什么，钱学森并未这样做，他在10 多年中一直称为社会论，不用行为哲学一词，直到 1996 年才放弃这个称谓，却依然不讲行为哲学。

在一段时间内，钱学森似乎对社会论情有独钟，提出许多独特见解。1989年底在致钱学敏的信中更乐观地认为社会论的大门已被她"打开"，"已构成社会论的初步轮廓"，是个"突破"(5-128) 应该说钱学森此时对问题的估计过分乐观，而在一年前发出"像'社会论'，那是还看不见轮廓!"的感叹(4-284)，倒比较接近实际情况。事实上，直到现在情况依然如此。今天回眸，把哲学地论述人与社会相互作用的学问称为"社会论"，怎么看都不准确。顾名思义，"社会论"要论述的主要是整个社会，即行为的环境，而非行为本身，故不能作为行为科学的哲学概括。按照钱学森自己对行为科学的定义，它的哲学分论应该论述的不是整个社会，而是人与社会的相互作用，与其称为社会论，不如称为行为论。在系统科学中，钱学森力主把学与论分开，属于技术科学和基础科学层次的学问称为学，属于哲学层次的学问称为论。这应该是 11 大部门共同的用词原则，而非系统科

① 钱学森等．论系统工程（新世纪版）．上海：上海交通大学出版社，2007：248.

② 钱学森等．论系统工程（新世纪版）．上海：上海交通大学出版社，2007：246.

学独有的。依此类推，所谓社会论是相对于社会学而言的，应该是社会科学的哲学分论，行为科学的哲学概括则是行为论，即论述人的行为的哲学理论。这里也反映他在用词上还有不严谨之处。

从语言学角度看，说社会论是社会科学的哲学概括顺理成章，用它来称谓行为科学的哲学概括则文不对题，还易于引起误解。钱学森也发现这个问题，为区别社会论和社会学，试图用物理学的学科划分来类比，以研究宏观气体运动的物理学类比社会学，以研究从微观气体分子运动过渡到宏观气体运动的分子运动论来类比社会论。(3-008)这显然不对，气动力学和分子运动论都属于物理学，是技术科学与基础科学的层次不同；他讲的社会论却是哲学理论，而社会学是社会科学体系中的基础科学，两者无法比较。

马克思主义队伍中曾经有过用历史唯物主义代替社会学的错误观点，钱学森希望行为科学工作者不要犯类似的错误，不要以行为科学的哲学分论即社会论取代行为科学。因为直接为社会主义建设服务并非社会论的任务，而是行为科学的任务，不可用社会论代替行为科学。(5-088)更准确地说，是不能用行为科学的哲学概括代替行为科学本身。钱学森还说："社会论不同于历史唯物主义，是以个人与社会的相互作用为研究对象的；而历史唯物主义是以社会系统的运动发展为研究对象的。"(5-073)我赞同这一说法的基本精神，但同时认为，在社会论的名称下很难避免把行为哲学混同于历史唯物主义。俗话说，名不正则言不顺，孔夫子的这个思想对做学问有重要指导意义。如果把一门学问看成一棵树，准确的称谓能够把学术研究引向主干，不准确的称谓则会把学术研究引向旁枝，最终可能走出自己的边界。在社会论的名称之下很容易把研究引向主要考察社会系统，而不是人与社会的相互作用，这就无法对行为科学作出真正马克思主义的哲学概括。

或许自己后来也意识到这一点，也可能是受黄枬森等人有关人学研究的影响，钱学森在九十年代中期放弃了把行为科学的哲学分论称为社会论的观点，改称为人学。他在 1996 年 7 月的一封信中说："行为科学的哲学概括已和钱学敏同志商定，改用现在我国哲学家们喜欢用的'人学'；而这也是声明'人学'要用马克思主义哲学为指导。"(10-122)在使用社会论一词时，钱学森始终持暂用或待定的态度。改用人学的说法时，他第一次使用"商定"一词，但并未见到专门的论证。我思考良久，觉得称人学并不比称社会论更好，仍然不宜使用"定"字，应该是"待定"。所谓人学，就是以人为对象的学问，即研究人的存在和活动、人的本质和特点的科学。历史上的人学不必说，在现代科学技术体系形成的情况下，从横向上说，人学要涉及体系中的所有大部门，特别相关的是人体科学、社会科学、行为科学、思维科学和自然科学。这样的人学是一门跨学科的学问，不能完全归属于行为科学。相比之下，窃以为钱学森 1990 年的提法更恰当些："人是社会中的人，社会是由人组成的，'人学'实际主要是社会科学，即精神文明学及其下属的文化学”。[5-364] 从纵向上说，关于人的研究不能局限于哲学层次，还需要在工程技术、技术科学和基础科学这三个层次上进行研究。所以，用人学称谓行为科学的哲学分论，仍然会使研究工作如堕五里雾中。

我的结论是：行为科学的哲学概括就是行为哲学。

16.3 道德哲学

按照前面所引钱学森的言论，行为科学至少有三个一级分支学科：关于德治的科学技术，关于法治的科学技术，关于教育的科学技术。三者都有三个层次、一个桥梁的体系结构，三个桥梁分别是道德哲学、法哲学和教育哲学。所以，行为哲学至少有三个分支，即：道德哲学、法哲学和教育哲学。

在人类思想文化发展史上，这三种哲学都有丰富的积累。比较而言，中国文化的法哲学较为欠缺（主要是古代法家的贡献），教育哲学却相当发达，道德哲学尤其丰厚，属于儒道释三家的思想精华。钱学森强调用中国传统文化的精华来丰富和发展马克思主义哲学，重点之一应该就是道德哲学。在马克思主义哲学指导下加以整理、改造和提炼，就可以建立钱学森现代科学技术体系中行为科学的哲学分论。从钱学森的著述看，他没有明确谈过法哲学和教育哲学，但对道德哲学留下许多议论，本节略加梳理。

受西方文化的影响，中国学术界一直把伦理学作为一门哲学学科，等同于道德哲学。所以，社会科学家孙凯飞曾提出用伦理学作为行为科学到马克思主义哲学的桥梁。但钱学森不同意，他认为伦理学不是哲学，如果加以充实并现代化，伦理学就是行为科学的基础科学层次的理论之一，而今天的思想政治理论属于相应的技术科学层次，思想政治社会工程属于相应的应用技术。这是钱学森对主流哲学观点的又一挑战，尽管一时还难为学界接受，具有重大合理性、科学性是无疑的。在马克思主义哲学指导下，对有关德育的科学技术进行哲学概括，就是马克思主义的道德哲学。

中国早在尧舜时代就已开始有伦理道德思想，公元前5世纪起明确把人与伦、道与德联系起来，形成人伦和道德等概念，《论语》、《孟子》、《墨子》、《荀子》都极富伦理思想。人伦关系是一种基础性的社会关系，不同于经济关系、政治关系等社会关系。伦理即伦常之理，或人伦之理，需要也能够在科学理论层次上进行研究。孟子倡导“教以人伦”，认为君臣、父子、夫妇、长幼、朋友之间的亲、义、序、信是最重要的道德关系。伦与理联字合用构成“伦理”一词，意在强调人在社会交往中应有的秩序和职责，亦即应该遵循的道德原则和道德规范。在几千年的传承演变中，尽管不可避免地添加了许多封建主义的糟粕，但仍然蕴含着大量普世的道德思想，对建立现代行为科学的哲学分论是极为宝贵的。

钱学森认为，强调人的能动性或主体性是“中国古代哲学的精华”。(5-497)“人当然受客观世界影响控制，但人又是个主体，是能动的”；相比之下，他“深感过去马克思主义哲学缺少这方面内容，是老一辈无产阶级革命家创建的毛泽东思想倒有此内容。是中华民族珍贵的遗产，我们要发扬！正好吸入社会论，通过社会论注入马克思主义哲学。”。(5-498)人的能动性或主体性涉及道德问题。所以他主张建立和发展马克思主义的行为哲学，要认真研究和发掘古今中外文献典籍中包含的道德哲学遗产，加以扬弃。

作为一种意识形态，行为哲学同样来自社会实践，实践是第一位的。马克思主义的道德哲学主要在社会主义革命和建设的实践中形成、提炼、检验。在社会实践中培育高尚道德，从社会实践中提炼道德思想，这应该是建立和发展马克思主义道德哲学的基本原则。钱学森对此有明确的认识，高度评价长征精神、延安精神、雷锋精神、大庆精神、两弹一星精神等等，而且自觉地以这些精神激励自己。钱学森令人钦佩之处在于，他把行为哲学思想贯彻于自己的行为中。1991年，中共中央组织部把以雷锋、焦裕禄、王进喜、史来贺、钱学森这五个人作为解放 40 年来在群众中享有崇高威望的共产党员优秀代表。钱学森得知消息后的反应是：“我心情激动极了，我现在是劳动人民的一分子了，而且与劳动人民中最先进的分子连在一起了。”① 一些知识精英总以自己知识多而傲视普通劳动大众，自视为“天之骄子”，不再以劳动人民一分子为荣，自然无法理解钱学森的这种道德情操，反而认为他在作秀。套用一句古话，这叫做“燕雀安知鸿鹄之志哉”，悲夫！

随着大科学、大技术、大工程的迅速增加，以团队形式进行科学技术工作越来越占重要地位，集体行为的规范问题越来越突出。这引起钱学森的关注，在著作和书信中“讲了不少科技工作中的行为规范。主题是集体该如何相互作用，是帮助促进，不是互相制约、打架。还是中国共产党党章中规定的民主集中制，也是从定性到定量综合集成法所必须遵守的。”(8-345)钱学森把共产党倡导的民主集中制提炼为行为科学的重要原理，用一个新概念“集体伦理学”来概括这一思想，指明了行为科学的一个发展方向。

道家有一个关于道德哲学的命题，叫做性命双修。这引起钱学森的关注，并给出新的诠释：“一个真正了解客观世界规律的人，当然也了解社会的规律，所以也知道自己该怎么行动。所以一个真正了解客观世界规律的人，他的主观世界也是高尚的，他一定是有道德的人。这才是马克思主义的对‘性命双修’的解释。”(4-471)又说：“‘性命双修’，这在古人只是一种理想，无法实现……性命双修有希望的只是真正的马克思主义者。但真正的马克思主义者又本身就是个崇高理

---

① 钱学森．创建系统学．太原：山西科学技术出版社，2001：254.

想。所以‘性命双修’正与认识客观世界一样，路途艰难；但有了马克思主义，方向是定了的，是有法实现的！”(4-518)

16.4　行为科学辩证法

对钱学森关于11个桥梁学科的论述进行联系和比较就会看到，明确运用矛盾学说的语言来界定行为哲学是一个突出特点。“认识个人行为与社会发展之间的矛盾运动，从而不断地去解决这个矛盾……这一思想应该是行为科学的核心思想，是行为科学的马克思主义哲学的概括。按我以前对现代科学技术其他八大部门的说法，这个哲学概括就称为行为科学到马克思主义哲学核心的桥梁。”① 对其他10个桥梁学科的界定虽然也贯穿着矛盾学说，但都没有像行为哲学这样明确。所以，欲理解钱学森关于行为哲学的根本思想，须处处、时时自觉地运用辩证唯物主义的矛盾学说来指导。从已发表的文献看，钱学森明确提到的矛盾主要有有如下几方面：

第一，人的思想品质与行为表现的矛盾。思想品德是内在的，行为表现是外在的。古人说的好：身正无邪影，心正无邪行。行为科学的微观研究首先碰到的就是思与行的矛盾。钱学森关于这对矛盾的基本认识，可以用这样一段话来概括：“人在社会的生活和实践形成人的思想，而思想的客观表现是人的行为；所以行为的观察是测度人的思想的唯一方法。”(3-142) 这显然是经典控制论输入-输出方法用于人类行为的一种表述。在给《系统科学与品德心理结构》一文作者冉乃彦回信时，钱学森进一步说：“您把人的品德心理放到社会系统中去考虑，不脱离实际，也就不搞唯心主义了，是一大进步——符合马克思主义……研究人的行为、人的品德心理一定先研究人、个人与社会系统的相互作用。这是根本。”(5-252) 主体的行为是主体内在质性的外在显露，又是主体内在质性对外在环境的响应。行为主体的行为过程，可以看做广义的实践过程，既是主体内在本性的外在显露，又是环境的部分质性通过主体之行为在主体中的内化（反馈）过程，即主体思想品德变化的过程。

第二，个人行为的自主性与社会集体利益的矛盾。资本主义以个人利益最大化为主轴来处理这对矛盾，社会主义以共同富裕为主轴来处理这对矛盾，形成两种不同的道德哲学。钱学森的主张是：“行为科学的哲学除了道德与法的统一外，还有一个阐明社会中的个人与社会集体的利害冲突到矛盾统一的问题。这都是辩证唯物主义。”(5-245) 既要承认和尊重行为主体的自主性（自由权），又要承认、尊重、维护社会集体的利益，如何找到二者的辩证统一，是集体伦理学的任务。除

① 钱学森等．论系统工程（新世纪版）．上海：上海交通大学出版社，2007：246.

了这种原则的理论性的论述，钱学森还有一些具体设想，如深入到不同社会工作岗位对人的行为提出结合本职工作的具体要求。

第三，个人行为与社会运动规律的矛盾。“什么是行为科学的核心矛盾？看来是个人行为与社会运动规律的冲突。人从社会实践中认识社会，而社会不断在前进，人的认识与社会运动的客观规律总有一段差距，因而个人与社会的矛盾是永恒的，协调是暂时的。这一道理才是行为科学到马克思主义哲学的桥梁。”(3-149)他特别提到产业革命对行为哲学的影响：“四次产业革命、五次产业革命、六次产业革命一个接一个，我们要在思想上能动地认识到这架桥梁，成为迫切的了。”(3-150)基于这种认识，他认为行为科学应该“主要研究如何引导个人行为去跟上社会的发展。”(3-151)

第四，个人行为与社会发展的矛盾。随着科学技术以及整个社会系统的迅速进步，特别是信息高新技术的兴起，人作为行为主体，其内在质性和外在行为表现都将发生变化。看了张江明《社会主义主客体辩证法》一书后，钱学森发了一段议论，实际上也是在谈行为科学辩证法。他说：“到了现代中国第三次社会革命，社会主体将有飞跃性变化。”其结果，社会客体更加一体化，也使得社会主体走向一体化。“每一个人一方面能更充分地发挥他的作用，而另一方面又能更好地协同。这就像人的大脑一样，每个人犹如一个大脑中的细胞，在一体化的社会主体中工作。”(8-131)

第五，德育与法制的矛盾，或德治与法治的矛盾。这应该是行为科学面对的一个基本矛盾，研究其他矛盾都是为解决这对矛盾服务的，也就是为建立德治与法治辩证统一的社会系统服务的。宏观地看，德之功能在育，要以德来化育行为主体。但只有德育不行，还需要法制和法治，两者形成一对矛盾。无论在古代，还是新中国，都存在轻视法治、突出德治的倾向；而改革开放以来强调法治，又出现了只讲法治、反感德治的倾向。钱学森深知这一点，因而更加关心行为科学和行为哲学：“要害在于阐明德育与法制是辩证统一的，任何社会都要这两个方面的工作。这就是行为科学的哲学概括‘社会论’的任务。”(5-124)

对于改革开放以来出现的种种丑恶现象，钱学森以“个人行为与社会运动规律之间的冲突”来解释。这的确抓住了一个重要根源，但也不够全面，忽视了不成熟的社会主义市场经济这个重要原因。所谓社会主义市场经济是把社会主义思想原则与市场经济整合起来所形成的经济体制，属于人类历史上尚未出现过的新事物，因而不可避免要向资本主义市场经济借鉴。这样一来，资本主义的经济思想和道德理念就会乘虚而入，导致追求个人利益最大化的资本主义行为原则借市场机制而迅速传播，发生那些丑恶现象是难免的。有些人在社会主义市场经济的名义下搞资本主义市场经济，极尽化公为私、损人利己之能事。行为科学、包括行为哲学必须研究在社会主义市场经济条件下个人行为与社会运动规律之间发生冲突的特点，研究如何引导和规范人的行为，如何进行社会主义的道德建设，如何用社会主义管住市场经济，使个人致富与共同富裕协调起来。由此看来，社会主义的行为科学、特别是行为哲学还任重道远。

16.5 行为科学方法论

关于建立和发展行为科学方法论，钱学森的主要观点可概括为以下三个方面：

第一，马克思主义哲学的指导。钱学森认为，建立马克思主义的行为科学，必须发扬马克思主义的革命批判精神。“社会论的建立，先要批那些以为伦理道德与法制法治是不同独立部门的思想。不然马克思主义的行为科学树不起来。”在这场战斗中“怎么打胜？用历史。”钱学森以恩格斯关于原始公社的论述作为起点，接着考察从奴隶社会到封建社会再到资本主义社会的演进，揭露它们都是故意“把德与法分开”：“统治阶级内部讲伦理道德，而对被统治的老百姓则寓伦理道德于宗教迷信，以神来威慑老百姓；这再不行，就用刑法。”[5-129]几千年中，统治阶级都是用这个幕幛欺骗人民的。所以，通过建立行为科学“我们要揭开这个幕幛！”[5-130]反其道而行之，就要把德与法统一起来。换言之，“先抓住马克思主义行为科学的特点：德育与法治的统一观。”[5-089]

更一般地说，钱学森“以为只有以马克思主义哲学、即辩证唯物主义为指导，特别是因为人是‘社会的动物’，要用历史唯物主义为根据，把人放到现实的社会环境中来研究。不能空谈，空谈说不到点子上，也对实际问题无益。”[3-083]对于人类的文化遗产，无论道德哲学，还是法哲学，以及教育哲学，都需要以辩证唯物主义和历史唯物主义为武器进行扬弃，取其精华，弃其糟粕，才能吸收到钱学森所说的行为哲学中。他还多次提到国外的行为主义心理学是机械唯物论的产物，我们要警惕。

第二，应用现代科学技术体系学。要把现代科学技术体系作为一个整体，从体系学的高度和不同部门的相互联系上思考建立和发展行为科学的问题。在尚未形成现代科学技术体系的历史条件下，把德与法分开尚有某种理由或必然性；在科学技术已经体系化的历史条件下，把德与法统一于一个大部门，建立行为科学，就显得必要而且可能了。另一方面，从体系学的观点看，11 大部门是一个整体，应当利用这个整体来建立和发展行为科学。这一点在钱学森思想上是很明确的。

从现代科学技术体系学的观点出发，钱学森非常看重信息科学技术发展以及它所引起的第五次产业革命对行为科学的重大意义。他要求研究行为科学的人注意第五次产业革命对人的行为的影响，说“这是行为科学了”，“非常重要”。理由在于“信息技术还会改变人接受客观世界的途径，大大扩展了，出现所谓 virtual reality，我称之为‘灵境’。”(6-193) 在其后给钱学敏的信中，他进一步谈到中国第三次社会革命将引起社会主体的三个“飞跃性变化，即通过（1）人皆具有硕士或硕士以上文化水平，（2）信息网络把人都紧密地联在一起了，（3）社会客体也更加一体化了，那就使得社会主体也走向一体化。”(8-131) 钱学森把这样的人称为新人类，研究这样的行为主体自然必须动用全部现代科学技术的最新成果。

钱学森既主张把行为科学从社会科学中独立出来，反对用社会科学的哲学分论取代行为科学的哲学分论，又十分重视应用社会科学成果来研究行为问题。他的一个独特之处是主张从社会形态的高度和大局去研究法学。不同的社会形态有不同的法学，社会形态兴衰替代必定引起法学的改变，导致人的行为方式的改变。“我们的理论是整体论，首先要看全局。全局是什么？是社会形态。什么是社会形态的问题？是改革开放的实际与人们思想意识的差距。今天的中国面貌全新，已有翻天覆地的变化，但人民的脑筋还停留在老一套，十几年前的状态。这才是整体观的结论。不是什么企业制度，什么市场体系，什么宏观调控……那都是局部！”(7-251)

第三，钱学森最为关注的是把系统科学的观点和方法应用于行为科学。作为现代科学技术体系的一个大部门，行为科学也要应用系统科学的观点和方法。西方的行为科学大体有两派，一派坚持还原论，注重于寻找个人行为的心理原子。另一派则走上行为主义道路，重视应用系统观点。维纳的控制论显然给行为研究应用系统观点和方法提供了初步的科学依据。所谓行为是由行为主体和行为对象（客体）构成的系统，行为主体有个体和群体两类，个人是微观主体；群体主体又有微观与宏观的层次划分，家庭、企业、学校等是微观的行为主体，阶级、民族、军队、国家等是宏观的行为主体。行为系统又处于同环境互塑共生的关系中，行为环境主要是社会，它也是系统。这就决定了人类行为，不论个人的还是群体的，必须按照系统科学的观点和方法来研究。

管理活动是人类行为的一种重要类型，称为管理行为。有人群就有管理，管理行为的研究是行为科学研究的一个重要内容，资本主义大生产的管理理论是他组织理论的重要内容。20 世纪兴起并走向发达的管理科学，既是系统科学的重要应用领域，也是行为科学的重要应用领域，行为科学应该花力气研究管理问题。

经典控制论研究的黑箱是简单系统，大多为线性系统，一般都可以用输入-输出模型来描述。作为行为主体的个人和群体都是复杂系统，作为行为环境的社会更是复杂巨系统，输入-输出模型对于行为科学研究用途有限。西方行为科学队伍中，即使自觉应用系统科学的那一派，也是把行为主体简化为黑箱，不可能给行为系统以真正科学的描述。钱学森对他们提出批评："管理行为是人与社会的相互作用，是行为科学与社会科学的汇合，搬用自然科学的成功方法是很不够的。而且人又是社会的人，决非处理物质简单运动方法所能奏效"[5-142]。阿罗（P. Arrow）就是一个典型，他用简单系统行之有效的方法描述经济人的行为，由此而获得经济学诺贝尔奖。钱学森以他为例，说明西方学界"这样硬干"的"实用效果甚差"，"原因是：这种简单化处理方法是主观地把实际上极端复杂的现象压成几个参量来考虑，是脱离实际的。也就是犯了唯心主义或机械唯物论的毛病。"[5-143]钱学森强调，行为科学必须放弃这种简单化方法，把人类行为当做复杂系统，用从定性到定量综合集成法来研究人的行为。尽管现在人们尚未掌握把这种方法应用于行为科学的具体途径，但指明这一方向还是值得肯定的。

还应该指出的一点是，钱学森在行为科学研究中同样提醒学人"不能照搬国外行为科学的所谓理论"，强调"必须联系社会主义中国的实际"。[6-359]

第 17 章 钱学森与地理科学的哲学——地理哲学

社会主义建设的一个重要方面是地理环境建设，它最切近的科学基础是地理科学。地理科学的“大问题”（钱学森语）之一则是建立地理哲学。所以，从 20 世纪 80 年代以来，钱学森花费相当多的精力讨论地理哲学。本章拟就此作一番梳理和评析。

17.1 对地理科学的总看法

地理学是早已存在的重要学科，在现代科学技术体系中如何安置它，必然引起正在构建这个体系的钱学森的关注。由于传统上分为自然地理、人文地理和经济地理几大块，地理学在现代科学技术体系中的归属和位置是一个颇难回答的问题。钱学森是以环境保护为切入点开始思考地理问题的（1983），他不赞同当时学术界主流把环境保护局限在生物圈的看法，认为“所谓人与生物圈的概念是不够确切的，它不能把今天人活动的范围全部包括进去”。[①] 什么是今天人类活动范围的全部呢？受地理学家浦汉昕的启发，钱学森接受了苏联学者提出的地球表层概念，用它来表述今天人类活动范围的全部。有了这个概念，就很容易使钱学森从地理学走向地理科学（1986），明确了“地理科学研究的对象就是地球表层”(37页)，而地球表层指的是与人最直接有关系的那部分地球环境，即上至同温层底部、下到岩石圈上部。

从科学发展的需要看，一方面，提出地理科学意味着把它从传统的地学中分出来。地学（钱学森主张称为地球科学）要解决的是地球长期（时间尺度为万年、百万年）变化及未来演变的问题，跟人的活动基本无关；而地理科学是关于今天的地理环境的学问，由自然科学与社会科学交汇而成，考虑的时间尺度比较短，十年，几十年。地学仍然留在自然科学中，地理科学则独立存在于自然科学之外，它们之间是不同大部门的关系。另一方面，新兴科学的不断涌现，什么生态学、系统生态学、生态经济学、数量地理学、区域规划理论、环境科学、灾害学等等，相当混乱。发展到 20 世纪 80 年代，早日结束这场混乱已成为学界的共识。由此促使钱学森产生了“想把学科系统化”的念头，办法是“提出从系统的

---

① 钱学森等．论地理科学．杭州：浙江教育出版社，1994：26。本章只注明页数的引文均出自此文献。

观点建立一门理论性的学科，叫地球表层学，包括所有这些东西”。(4-063)

钱学森认为：“地理科学不是一门学科而是学科体系。”(67页) 所以，他在正式提出地理科学的同时开始梳理它的体系结构，以求证明地理科学也具有三个层次、一座桥梁的结构。基础理论科学就是他倡导的地球表层学，其任务是把地球表层包括人在内的发展规律讲清楚，属于一门尚待建立的学科。第二层次是关于地理的应用理论科学，即技术科学，发展很快，有不同分支，如数量地理学等，有的尚待建立。第三个层次是直接用于改造客观世界的应用技术，现在已有很多成果。除此之外，还要“对‘地理科学’进行更高一个层次的概括，即地理科学的哲学概括，我现在还说不出它的名字，但要有这么一门学问。”(40页) 有了这些基本认识，尽管还没有明确说出来，他事实上已经把地理科学作为与自然科学、社会科学平起平坐的另一大部门了（1987）。到 1988 底正式提出：“地理科学这门研究人类存在基础的学问应该作为现代科学技术的又一大部门，与先前九大部门并列的第十大部门。”(4-341) 至于地理科学有哪些一级分支学科，三个层次上各有哪些学科，钱学森认为自己是地理科学的外行，这些细致的建构工作留给地理科学的行家来做。“地球表层学是一门地理科学的基础理论学科。下面说到应用于社会主义建设，那有许多学问；体系如何排组？大家可以研究。”(3-457)

按照科学学通行的看法，一门学科的性质和特点由它的研究对象来决定。按照钱学森的科技体系学观点，一门学科的性质和特点也由它观察问题的独特角度来规定，地理科学是从人地关系的角度认识整个客观世界所形成的一大部门科学技术。关于地理科学的学科性质、基本特点，需要将两方面结合起来考察，钱学森实际上也是这样做的。他认为地理科学“不完全是自然科学，而是自然科学与社会科学的汇合”，并认为这是地理科学的“本质”。(5-342) 他对这一论断做了如次论证：“地球表层学不完全是自然科学，因为要涉及人的社会，人的活动，所以它也是社会科学；但是这种社会科学又不是纯粹的社会科学，还要受地质、气象环境的制约，所以它又跟自然科学有关系、跟经典的地学也是有关系的。地球表层学是一门综合了社会科学与自然科学的学问。”(65页) 总之，地理科学是关于“今天的地理环境和这个环境与人的活动相互作用的学问，所以是自然科学与社会科学交织在一起的学问”。(4-441) 或者说，地理科学是一门“天地学问”，“地球表层环境是受地外的天影响的，也受内部地球的影响。这是地理科学的根本。”(10-005)

基于以上说明，笔者以为可以给出这样的定义：地理科学是一门由自然科学与社会科学交汇而成的、关于人类存在的物质环境基础的学问，研究对象主要是包括生物圈在内的整个地球表层系统，目的是揭示地球表层系统演变及其同人类相互作用的规律性，为地理建设提供科学的理论、技术、方法。

关于地理科学的社会意义，钱学森提出这样一些看法：

①“地理科学是研究我们社会活动的环境的，它是社会主义建设的基础”。(5-109)

②“研究地理系统涉及研究社会形态、文明建设的环境条件以至世界形势。”(87页)

③ 地球表层学“是我们建设有中国特色的社会主义非常重要的一门学问，要加以研究。不然的话，要犯错误。这不是危言耸听，现在已经出现了很多很多问题，水土流失、水资源问题、长江变黄河等。”(66页)

为什么如此重要的一个科学技术大部门的体系到20世纪80年代仍然很不完善？钱学森认为问题可能在于：一，人们（包括前苏联学者）一直没有能真正用马克思主义哲学的观点分析问题，没有辩证唯物主义和历史唯物主义；二，对地球表层的科学认识比较晚，直到地球科学近几十年大突破后，才产生了地球表层的动态观点；三，抱有被动式的地理学观点，没有觉察到人类社会活动对地球表层的影响，只说地球环境影响人，不考虑人反作用于地理环境，实际上地球表层与人的社会活动密切相互作用着；等等。按照他的观点，“地理科学是全面研究人居环境的科学，除了整治污染等之外，还要开发建设出一个更美好的世界！”(10-296)又说：“在社会主义中国，我们的前途在于运用现代科学技术和马克思主义科学的社会科学改造我们地理环境，使之成为‘人间的天堂’！”(9-122)

17.2　关于桥梁学科的界定

人地关系可以分别从工程技术、技术科学和基础科学三大层次上研究，按照辩证唯物主义对这三个层次的知识进行哲学概括，得到的就是“地理科学的哲学”，简称为地理哲学。它是地理科学的部门哲学，即地理科学通向辩证唯物主义的桥梁。由于地理科学作为一个学科概念提出得比较晚，相应的部门哲学过去无人提及，地理哲学在称谓上并无竞争对象，故钱学森没有进行辨析、正名的必要。

就整个现代科学技术体系看，地理哲学是马克思主义哲学殿堂立足于地理科学的基石，辩证唯物主义通过这个桥梁指导地理科学的各个层次。“哲学是指导我们具体工作的，那么地理工作者就应该有这么一种思想——地理哲学；地理哲学是地理科学的哲学概括。”① 单就地理科学自身体系看，地理哲学在其中扮演什么角色？为回答此问题，钱学森自铸“体系之首”这个新词。他说：“地理哲学应居地理科学体系之首，在地球表层学之上，直接联系马克思主义哲学。”(5-461)这是钱学森第一次提出“体系之首”概念，无疑可以推广应用于其他

① 钱学森．创建系统学（新世纪版）．上海：上海交通大学出版社，2007：145.

十大部门。体系之首有时又称为带头科学，一是因为其概括性在体系中最高，二是它能够带动整个体系的发展，至关重要。

马克思主义哲学殿堂立足于地理科学的基石决非已经完整存在的东西，也不是轻而易举就可以建立起来的。在钱学森看来，当年苏联地理学界由于没有马克思主义的地理哲学，“犯了形式主义机械唯物论的错误，其实也就是脱离客观实际的唯心主义。”(7-101)这一批评尖锐而深准，值得中国地理科学界警惕。相比之下，他认为我国老一辈地理科学家、气象科学家竺可桢的观点更符合辩证唯物主义，已被越来越多的人所理解和接受。他把竺可桢的观点归纳为：一，人了解自然是为了利用和改造自然；二，利用和改造自然必须了解自然的规律性，进行基础性研究；三，利用和改造自然的知识必须是全面的和综合的；四，利用、改造自然，同时要防止自然走下坡路，要保持和保护自然界的生态平衡。(121页)在钱学森看来，竺可桢能够有这些超越时代的真知灼见，在于他掌握了辩证唯物主义。钱学森由此而指出：“我们要继承竺老的遗志，建立起辩证唯物主义的地理科学”。而要做到这一点，“关键是地理哲学”。(7-101)这应是钱学森地理科学思想的核心观点，即在哲学上认祖归宗，宗于马克思主义哲学。

钱学森还指出：“我们今天除了继承马克思恩格斯关于地理环境的哲学思想，还应发展深化这一思想。”(5-343)梳理和发掘马克思、恩格斯关于地理环境的哲学思想，苏联科学界没有做到，中国学界迄今也未做到。但这是建立地理哲学必需的一项基础性工作，中国地理科学界义不容辞。钱学森还考察西方国家的绿党运动、罗马俱乐部的活动，指出他们的积极意义和理论错误，主张通过吸收其积极因素、批判其错误来丰富地理哲学。钱学森更注重利用科技发展最新成果创造出一个前所未有的最优地理环境，资本主义做不到这一点，社会主义、共产主义一定能做到，并认为“这都是地理哲学”。为什么这也属于地理哲学？因为钱学森要建立的是“马克思列宁主义毛泽东思想的地理科学”，他倡导的地理建设是中国社会主义的地理建设。(6-484)

钱学森认定地理哲学是“指导我们研究地理科学的大问题”。(6-048)至于如何建立地理哲学，他的基本思想是：“弄清地理哲学这门地理科学的哲学概括，既需要马克思主义哲学工作者的努力，也需要地理工作者积极参加。”(293页)为此，钱学森曾试图在两方面牵线搭桥，可惜地理科学界和哲学界都未能对此作出应有的响应。地理科学家马蔼乃的研究涉足地理科学的四个层次，符合钱学森打通学科层次的思想，因而受到钱学森的关注。马蔼乃接受了钱学森的现代科学技术体系学思想，并给出现代地理科学体系结构的一种方案，钱学森表扬她的“结构表很好”。(9-444)令人遗憾的是，她关于地理哲学的专著没有对钱学森有关地理哲学的论述进行评点和梳理①，钱学森的观点中哪些应肯定，哪些需商榷，有什么补充，作为钱学森学术思想的拥护者应该做出回答。愿蔼乃学兄及其学生将来的工作能够补上这一缺憾。

17.3　地理哲学的总精神

钱学森提出“地理科学的总精神”概念，把确立这个总精神视为地理哲学的根本任务。他对罗马俱乐部的悲观论调提出批评，认为“这也不对，用科学技术，我们可以改造地理系统，使它更有利于人类社会的生存发展。这也可以是地理科学的总精神，即地理科学的哲学概括——地理哲学”。[291页] 何谓地理科学的总精神？从钱学森有关论述看，它包含两个基本方面。一条是明确地理科学的哲学指导思想，弄清什么主义是第一位的，因为他讲的是马克思主义的地理哲学。建立和发展地理哲学无疑存在不小困难，钱学森认为：“我想困难在于要大家接受马克思主义哲学和毛泽东同志的《实践论》来认识科学技术体系。这比较难，非一日之功。”[10-230] 在提及英国人感叹他们的地理学日趋衰落、中国人却在讨论建立地理科学时，钱学森认为差别在于我们有马克思主义哲学，我们用辩证唯物主义观点看问题。类似的言论很多，用意都在于强调选择何种主义的重要性。钱学森认为：辩证唯物主义的地理环境观“是人通过实践认识地理环境的客观规律，然后又以人的意志通过利用所认识到的规律改造地理环境，使之更好地与人的活动相协调。”[7-308] 这句话的前半句仍然是地理科学总精神的第一方面，后半段则涉及第二方面，即重视现代科学技术在地理建设中的巨大作用。他把在地理建设中应用科学技术与地理哲学联系起来，以美国人搞的生物圈 2 实验为例，要人们认识到“现代科学技术所能提供的可能性是惊人的”[6-145]，“地理哲学必须看到这些前景”。[6-146]

钱学森认为：“中国人对自己的环境到底持何看法，这也是地理哲学问题。其中一个核心问题是人对生存环境已经从被动转化到主动阶段，即不是盲目地开发利用资源。今天的科学已经能够使我们认识我们改造客观环境将会有什么样的后果，是好的还是不好的，好的就利用，不好的需要采取措施加以治理。”针对当时哲学家关于传统地理环境理论的两种不同观点，钱学森说：“根据地理哲学的观点，人对地理环境可以改造，而且可以克服由于我们的行动所产生的不良后果。我们中国人在中国这块大地上就是要创造一个建设社会主义，并将过渡到共产主义的地理环境。”② 并且认为“这种看法才是马克思列宁主义毛泽东思想

① 马蔼乃．理论地理科学与哲学——复杂性科学理论．北京：高等教育出版社，2007.

② 钱学森．创建系统学（新世纪版）．上海：上海交通大学出版社，2007：145.

的。”(6-149) 把中国的地理建设与向共产主义过渡的远大目标联系起来，近几十年来大概只有钱学森有这样的胸襟和眼界。

《哲学研究》1993 年第 6 期上余正荣文章《生态发展：争取人和生物圈的协同进化》，也引起钱学森的关注，认为该文讨论的就是辩证唯物主义的地理环境观。钱学森认为：“这实际是我们说的地理科学之哲学概括：地理哲学。值得参看。”(7-260) 此话是有感而发，他一再提及我国地理工作者对系统科学了解不够，缺少从宏观整体角度考察地理系统的指导思想。又说：“我想根本的问题在于哲学，地理哲学。”(7-308) 钱学森强调地理哲学的核心观点是两个不可分割的方面：通过实践认识地理环境的客观规律，再通过运用这些规律能动的改造和建设地理环境。为支持这一观点，他考察了人类地理环境观从古至今的演变：古代人能力有限，强调人适应地理环境，讲天人合一；工业革命大大提高生产力，科学也发达起来，人又自以为了不起，破坏了地理环境；现在才认识到环境不能破坏，只能建设经营。但今天的人们还不认识地理系统是一个开放的复杂巨系统，仍然用还原论的方法。要改变这种状况，就需要建立和发展地理哲学，建立新的地理环境观。

钱学森还认为，地理科学研究人类社会所在的、除人之外的整个客观环境，只讲生态系统、生态网络不行，除了生物，还有地理情况，“最重要的是人对环境的作用”。(9-103) 他把交通建设看成地理建设的大问题，水利建设也不止于水利，而涉及整个社会，进而引申出一个看法：曾庆存提倡“自然控制论”，钱学森认为这实际就是地理科学。(9-205) 这些论述同样是强调人在地理环境面前的能动性，强调人要能动地改造和建设地理环境，这就是钱学森说的地理科学总精神。

17.4 地理科学辩证法

照字面看，地理即地之理，理即规律。钱学森把“地”界定为地球表层系统，“地理”就是地球表层系统存续运行的规律、原理等。地球表层是一个开放复杂巨系统，存有各种无生命物质系统和各种生命系统，对外部的天体以及居住于地球表层上的人类社会开放，因而包含错综复杂的关系、矛盾、相互作用，必须辩证地认识和处理。钱学森的著述从多方面论及这些关系，体现了他对辩证思维的独特把握。

钱学森阐释他的地理观时基本不涉及不考虑人类活动的纯地球表层系统，而是旗帜鲜明地批评“自然地理学派忽视或不谈人的作用，这不行。”(258页) 他认为，地理科学面对的根本矛盾是人与地理环境的关系，简称人地关系。总的指导原则是：“人与环境是相互作用的辩证关系，所以应该用辩证唯物主义的观点。”(309页) 又说地理哲学“讲自然与人的相互作用”，讲“自然改造人，人也改造自然”，这才是唯物辩证法的观点。[8-048]他以广西龍地为例，指出“其贫困原因是人与自然有矛盾、不协调”，“问题在于破坏了生态，但恢复生态又没有吃的!”解决这一矛盾的出路是在地理科学指导下搞好地理建设，调整自然与人的关系。[8-150]他还提出“我国理想的地理环境”概念，希望学界“要研究我国长远的地理环境该是什么样的”。[7-256]

20世纪80年代兴起的天地生人相互关系大讨论，是钱学森提出地理科学和地理哲学的重要文化背景。他赞成谢家泽的观点，即天地生还要加上人，认为天地生相互关系研究“不只是就地球论地球，重点是研究人，是客观自然环境的人。客观环境就是天地生，中心目的是研究人的发展。过去几百年发展起来的近代科学，有点机械唯物论的味道，不太注意人的客观环境，也就是天地生，现在看来越来越不行了。”[80页]。不过，钱学森一般讲的都是广义的“地”，即这里讲的天地生。

在人地关系中，钱学森认为“地理科学中人的作用非常重要”[4-442]，因为“人在今天是主宰地球表层的，是地球表层最活跃的因素。”[28页]作为一个极有成就的科学技术专家，钱学森十分强调人的能动性，即人改造客观世界的能力。他不满意只讲保护环境、保护生态系统的主张，责问“为什么不讲环境改造？人就不能创造出前所未有的良好优美环境吗?”[1-430]他认为这是地理哲学的原则性问题，一定要区别地理建设与环境保护，前者比后者更先进，保护是消极被动的，建设是积极主动的。主动与被动，积极与消极，建设环境与保护环境，是他倡导的地理哲学必须认真研究的几对矛盾，都应当辩证地认识和处理。在人地关系中，钱学森总是提倡积极主动，反对消极被动；重视保护环境，更重视建设环境。“我用‘建设’，不用‘保护’，这是因为‘保护’是消极的，而‘建设’是积极的，社会主义要用科学技术改造社会环境，使之更适合人类社会的生存与发展。”[6-493]

钱学森还思考人与地之间的因果关系。马克思主义认为因果关系是辩证的，可以相互转化，在一定的条件下因可以转化为果，果可以转化为因。相互作用中的作用者双方就互为因果。传统地理学常常把因果关系固定化，主要看的是地理环境对人的作用，钱学森相信人与地互为因果，强调自然与人的相互作用，自然改造人，人也改造自然。他还用控制论的反馈概念说明，通过人类改造环境的实践，使人地关系中的因与果发生转化。

保护环境与改环境造的辩证关系。在地理研究的历史上出现过人地关系“和谐论”，20世纪80～90年代国内环境科学界又提出建立人地和谐的主张。钱学森表示赞同，但又强调“‘和谐’不是完全被动的。人已在改造社会存在的环境，即地理建设。”[6-334]在钱学森看来，地理环境是人类社会所在的除人之外的整个客观环境，人在人地关系中居主动地位，最重要的是人对环境的作用。钱学森认

为，“这才是马克思主义的‘人地关系思想’”，必须坚持。(6-335)

人地关系中人的主动性与被动性的辩证关系。“从前人对改造地球表层的可能性不清楚，甚至没有察觉人类社会活动对地球表层的影响。因此是一种被动式的地理学观点，只说地理环境影响人，不考虑人反作用于地理环境。其实，展望21世纪，人可以改造地球表层。所以地球表层也和人的社会活动密切相互作用着……人的社会活动就不只是经济，也不只是生态，也不只是生态经济，是物质文明和精神文明，全部文化活动。”(257页)

钱学森赞赏王恩涌《‘人地关系’的思想——从‘环境决定论’到‘和谐’》一文，与该文对地理科学涉及的诸多矛盾关系所作的辨证分析有关。决定论与可能论，适应论与生态论，人地关系的变化，该文都有所论述。他讲的主要是地理哲学，核心概念是人地观。作者简要考察了西方历史上的人地观及其演变，有决定论的、可能论的、适应论的、生态论的、和谐论的不同人地观，对它们都作了一分为二的分析，有益于建立辩证唯物主义的人地观。对于今后如何开展人地关系的研究，该文提出四条意见，都符合马克思主义哲学，都可以吸收到地理哲学中。钱学森充分肯定这“是一篇重要文章”。(6-334)钱学森对其中的观点未必都同意，为推动建立地理哲学的工作，包括地理辩证法研究，他借肯定此文之机呼吁并期待更多类似的作品问世。

17.5 地理科学方法论

1993年，钱学森在给瞿宁淑的信中写道：“今后工作是：（一）宣传马克思主义哲学的地理哲学以开拓视野；（二）宣传系统学和系统方法论，运用从定性到定量综合集成法解决问题。”(7-309)这两条大体上道出钱学森关于地理科学方法论的基本思想，特别适用于基础理论、应用理论和工程技术三个层次的工作。第一条讲的是作为方法论的马克思主义哲学，应主要通过地理哲学去指导地理科学其他三个层次的研究，由于地理哲学尚未真正建立起来，所以强调要予以宣传。钱学森的话是针对当时的情况说的，但今天仍然适用。他把自己关于哲学与科学“有来有往才是辩证法”的观点应用于地理科学时说：一方面，马克思主义哲学“指导‘地理科学’的研究，另一方面，地理科学的研究、发展又概括出地理科学的哲学，反馈到马克思主义哲学，以发展、深化马克思主义哲学。”(40页)这段话给人的一个启发是，仅就哲学的发展来说，有两项前行后续的工作要做，一是从地理科学的三个层次概括出地理哲学，二是从地理哲学反馈到哲学总论，发展深化辩证唯物主义。

第二条讲的是作为科学方法论的系统学和系统方法。钱学森开始思考地理科学之日，正是他大力宣传系统科学、着手创建系统学之时。他把地理科学的研究对象称为地理系统，把地理系统界定为人进行社会活动的客观环境系统，就很自然要把系统科学的观点和方法应用于地理科学。钱学森说："我的基本思想都是受系统科学、系统学、系统论哲学观点的影响，要没有这种系统观点，我不会有地理科学的想法。"① 首先是地理科学的体系建构要自觉运用系统论，厘清它的层次划分和分系统划分，明确具有 11 大部门共同的结构框架。钱学森有言："建立地理科学体系问题，不能从主观愿望出发，应从实际出发，先调查有哪些已提出名称的学科，有哪些学术组织……列出名称及内容。这些就是今天的地理科学。"(5-489) 在这些工作的基础上，再按照四个层次分门别类，各就各位。如此得到的体系可能有不合理之处，尚需"慢慢在实践中改正"。

在具体科学层面上，钱学森发现地理科学界还存在浓厚的还原论观点、非系统观点，需要清除。例如，"我国地理科学工作者似尚缺少从宏观整体角度考察地理系统，而是零敲碎打的多；这不是研究地理系统这一开放的复杂巨系统的正确方法。"(7-260) 从思维方式看，"问题在于我们的地理学专家们很难跳出他们习惯的思维框框，终是单打一，论水就只是水，论农就只是农，论城市就只是城市"。(8-507) 借用彼得·圣吉的语言，这叫做片断思维，必须以系统思维取而代之。钱学森告诫人们："地理科学的新概念可不是旧的地理学概念"(8-413)，希望"地理工作者要从陈旧的地理学思维解放出来，要进入新的学术观点，地理科学的观点"。(9-275) 并说这是革命性的转变，是"换脑筋"。

水利建设是地理科学的重要用武之地，受到钱学森很大的关注。以三峡工程为例，他认为社会上种种怀疑源自没有地理建设的概念，看不到三峡工程只是长江流域地理建设的一个必不可少的项目，长江流域地理建设又只是中国地理建设中一个必不可少的项目。结论是："没有全局观念是要犯错误的。"(6-305) 就水利建设的整体而言，他一再批评就水利讲水利的言行，指出"中国水利问题不能限于水利部，是天、地、人的社会存在的环境问题"(7-027)，强调"应该站在社会主义建设的全局的高度看问题"。(7-026)

在科学理论层次上，钱学森最关注的是建立作为基础科学的地球表层学，指明"要建立地球表层学这门理论科学，我们一定要运用系统科学的理论"(42页)，"我提出地球表层学这门学问要用系统学的一些成果"。(44页) 起初他以为把地球表层看做巨系统，应用早期系统科学或耗散结构论、协同学的观念和方法即可奏效，事实表明行不通。1988 年是钱学森系统科学思想发生质的飞跃的一年，他把巨系统划分为简单的和复杂的两类，明确了复杂巨系统是系统学研究的主要对象。这一思想转变与地理科学密切相关，也是科学与哲学有来有往的相互作用。在《发展地理科学的建议》一文中，钱学森开始把地球表层看做一个开放的复杂

① 钱学森．创建系统学（新世纪版）．上海：上海交通大学出版社，2007：139.

巨系统，具体分析了它的开放性、巨型性、层次性、动态性、复杂性、不确定性等，还谈到混沌。不久以后，更明确认定“地理环境又是开放的复杂巨系统，从前的科学方法不够用了，要用新发现的定性与定量相结合的综合集成法。”(5-110) 而地理界的“困难在于大家对系统的概念认识不深，对地理环境是开放的复杂巨系统，其研究方法只能是从定性到定量的综合集成法，更是不理解。”(281页) 由此提出要解决问题，须大力宣传开放复杂巨系统理论，掌握地球表层是开放的复杂巨系统这一概念，懂得“研究地理科学的基本方法是宏观与微观相结合的从定性到定量综合集成法”，断言这才是根本。(9-447)

从现代科学技术体系学看，研究现代地理科学也要注意运用其他各大部门的知识和方法。地理科学与自然科学关系极为密切，故历来把它划归自然科学范畴，把自然科学应用于地理研究没有疑义。地理科学要用社会科学的知识和方法，对此原则上亦无疑义，人文地理、经济地理早已有之。如水的问题就要“从全局的高度汇集社会科学、自然科学和工程技术来研究”，要有总体设想。(10-065) 钱学森的一个独到见解是，把社会形态的概念引入地理研究，认为“地理科学既然涉及人和社会，社会形态的发展也自然会为地理科学研究提出新内容”。(7-309) 这些说法颇富新颖性和启发性，只是对地理科学如何涉及社会形态，现在还不甚了然。关于地理建设与世界形势的关系，钱学森谈到的主要是我国边疆的地理建设，它涉及国际关系，意义重大。

反对崇洋媚外，坚持中国文化传统，也是钱学森地理科学方法论的重要方面。社会是自相似系统，一段时间的流行病在各个社会领域都有表现，迷洋崇外之风就是如此，地理科学也不例外。在谈到大京九铁路建设时，钱学森措词激烈地批评说：“看来在过去时代，迷洋崇外的风很烈，所以就顾不上科学，也顾不上中国的实际了”；今天必须克服这股邪气，地理建设“仍然要实事求是，科学技术与中国的实际相结合”。归结为一句话，应该“科学地搞地理建设”。(8-466)

17.6 问题讨论

同一切有大作为的人一样，作为工程科学大师的钱学森极其强调发挥人的主观能动性，把自己的主观能动性发挥到极致也是他取得超凡成就的重要原因。但优点常常连通着缺点，正确思想一过头，就会转化为错误。从现有文字资料看，钱学森一生中很少谈论主观能动性的局限性，从不提敬畏自然，对人类能动性的强调有时有过头之嫌。他在 1958 年写的某些被人诟病的文章就与此有关，从他论述地理环境建设的文字中也能够感受到这一点。搞地理建设当然要尽量发挥人的能动性。但也须避免强调过头，一定要充分认识人的能动性有局限性，一切从实际出发。歌词“唤醒了沉睡的高山，让那河流改不了模样”作为文学语言是好的，但作为实际行动口号则是片面的，轻率地付之行动有可能导致灾难性后果。实践对真理的检验作用有相对性，人以为自己改造地理环境的行动能够把地理环境建设得更美好，一些项目似乎在当时也被实践证明是成功的。但在大的历史尺度下看，未必都如此，短期看成功、长期看失败的事绝非罕见，毁誉参半的工程并不少见。

与此相关的另一点是对科学技术作用的估价问题。钱学森的科学思想主要是在西方文化环境中培育起来的，与西方主流科学家一样，钱学森对于现代科学（简单性科学）还有不可忽视的消极面认识不足，对它的消极面讲得少，这也是片面性，也不符合辩证唯物主义。坚持唯物辩证法，就应该对科学技术也一分为二，看到它的两重性。20 世纪中期以来科技的负面效应日益暴露，人类创造的能够改变地理环境的科学技术不可能只有积极的一面，必有这样那样的消极性。恩格斯早就指出："我们不要过分陶醉于我们对自然界的胜利。对于每一次这样的胜利，自然界都报复了我们。"[①] 在马克思主义经典作家中，钱学森引用最多的是恩格斯，但似乎没有提到过这段著名的话，表明他对恩格斯的警告体认还不够深，克服科学技术的消极作用在他的思想中未占重要位置。地理环境的改造和建设属于复杂性问题，不能用简单性科学的范式衡量它，应用现代科学技术建设地理环境时，一定要注意科技的负面效应。此外，地震、洪涝、飓风等地理现象都是地理系统的自组织运动，对地理系统的存续运行并非只有消极作用，一定还具有科学家尚不知道的积极意义。假若地理建设以彻底消除这些自然现象为目标，且不说能否做得到，就算有一天人类的技术发展足以完全消除这些现象，恐怕地球表层也不再是适于人类居住的环境了。这也是辩证思维。

在人地关系中，主动与被动、积极与消极、建设与破坏的关系也是辩证的，都会在一条件下相互转化。建设也是保护，积极保护也是建设。但建设也可能转化为破坏，主观上想建设得更好，客观上却破坏了环境；主观上意在保护，客观上却是破坏，这种事并不罕见。而建设中必有破坏，诚所谓"旧的不去，新的不来"。在地理建设之类问题上，钱学森有过度肯定主动、积极、建设之嫌。非线性动力学系统具有长期行为的不可预料性，人利用科学技术改造地理环境可能产生怎样的不良后果有许多是无法预料的，现在还不能说人类一定能够克服这类不良后果，甚至原则上说人类积极主动的行为有可能产生科学技术无法消除的重大悲惨后果，不能放弃这种警惕性。

① 恩格斯．马克思恩格斯选集第三卷．北京：人民出版社，1972：517.

第 18 章　钱学森与建筑科学的哲学——建筑哲学

说到底，社会主义建设的目的是满足全体人民衣、食、住、行和娱乐的需求。就工程技术的科学基础而论，满足衣食方面的需求主要靠自然科学和社会科学，娱乐主要靠文艺科学，满足住与行需求的科学基础当然离不开前述 10 大部门，但直接依靠的是建筑科学，其他大部门要通过建筑科学来起作用。所以，钱学森最终还是把建筑科学作为一个独立大部门放在他的现代科学技术体系中。其中，钱学森学术思想的亮点有两个，一是山水城市，二是建筑哲学。本章只讨论后一方面。

18.1 把建筑科学作为一个独立大部门

作为工科出身的科学家，钱学森关心建筑问题并不新奇。从现有资料看，他对建筑的兴趣最初是从园林开始的，前后多次发表看法，但关注的基本点是园林艺术和美学问题，与建立现代科学技术体系无关。在明确形成现代科学技术体系思想后，钱学森首先着力于梳理系统科学、思维科学和人体科学的体系结构，还无暇顾及建筑问题。但这些工作使他逐步认识到尚有大量科技知识无法安置在他早期构建的现代科学技术体系中，建筑科技就是一例，如何安置这一大块知识开始成为他思考的问题之一。

现代化的重要表现是城市化，在美国生活 20 年的钱学森对西方世界的城市化应有所了解。中国在 20 世纪 80 年代开始出现城市化趋势，建筑科技特别是城市建设自然成为学界关注的重要问题。学界的动向又促使钱学森对建筑的关注不再局限于园林，目光开始投向一般的城市建设，思考建筑界提出的构建园林式城市、城市的“总学问”城市科学、中国建筑文化等概念。进入 90 年代后，建筑问题越来越受到钱学森的关注。自然，他是运用科学技术体系学的观点来考察建筑问题的，包括关于建筑的学问有哪些学科、如何命名、它们的归属以及在整个科学技术体系中的地位等。城市学、山水城市等概念的提出都是这一思考过程的重要成果。但在 1996 年以前，钱学森一直未把有关建筑的学问视为科学技术体系中的独立大部门。

在确认地理科学为一个独立大部门之后，钱学森把交通建设、城市科学划归地理科学，而园林等建筑仍然归属于文学艺术。总体上说，他在这一时期有关园林和城市建设所发表的看法既颇有见地，给人耳目一新的感觉，又有一些偏颇之处。文艺活动的产品本质上是非物质的，即信息性、精神性的产品，功用在于满足人的精神需要，追求美是第一位的，追求实用和经济效益是第二位的。而一切建筑物首先是物质性的存在、物质性的创造，大多数建筑物的功用首先是满足人类生活与工作的物质性需要。对于社会大众来说，在进入共产主义社会之前，提供生活、生产、出行所必需的建筑设施是雪里送炭，欣赏建筑物之美是锦上添花，把建筑归属于文艺显然不合理。把搞建筑一概当成改造地理环境也不准确，有美感毕竟是人类搞建筑的重要追求，微观建筑尤其如此；而地理学基本不涉及美学问题。而且随着生活水平的提高，人们对建筑美的需求越来越强烈，划归地理科学无法反映这个特点。从社会主义建设管理的操作实践上看，由一个部门同时管理文艺和建筑，或同时管理人居建筑与地理建设，都不恰当。所以，无论是研究学问，还是从实际操作看，把建筑科学作为一个独立大部门既是必要的，也是非常合理的。

进入 90 年代后，钱学森的建筑思想在迅速转变和发展，用他的现代科学技术体系审视建筑界的现有成果和存在问题，这一思想越来越明确。山水城市概念引起的研究热潮使他认识到："目前我们还只是纷纷议论，没有明确而又联系今日客观实际（包括城市学界的专家们）的理论体系。对此，只宣传'山水城市'是不够的，要迅速建立'建筑科学'这一现代科学技术大部门，并以马克思主义哲学为指导，以求达到豁然开朗的境地。我想这是社会主义中国建筑界城市科学界同志的不可推卸责任。"① 又说："从现代科学技术的体系来看'山水城市'，要站得高、看得远，运用马克思主义哲学、辩证唯物主义！这就需要建立起现代科学技术体系中的第十一个大部门——建筑科学部门！"(218页)

钱学森能够完成这一转变，还得力于他与建筑科技界的合作。孔子"三人行，必有我师"的古训，毛泽东"先当学生，后当先生"的教诲，显然深刻影响着钱学森的思想和行为，这在建筑科技方面表现得很突出。如果说他关于园林的见解引起的反应基本上局限于园林界，则提炼出城市学概念所引发的是建筑界的广泛注意，山水城市概念的提出更激起一股建筑科技研究的高潮。其中对他影响最大的是城市学家鲍世行和建筑学家顾孟超，钱学森曾在信中称他们为老师，彼此在十多年间有大量书信来往。毫无疑问，钱学森关于建筑科技的新概念、新思想是他对建筑科技界研究成果综合集成的产物。这正是大成智慧者的本色。在钱学森的各门弟子中，建筑界这一支是最晚形成的。跟其他大部门相比，他们在收集、整理、出版、研究钱学森学术资料方面却走在前面，做得最好，尽到了钱门弟子应尽的责任。钱学森若地下有知，必定深感欣慰，有志于研究钱学森学术思

① 钱学森．论宏观建筑与微观建筑．鲍世行等主编．杭州：杭州出版社，2001：352。本章只注明页数的引文均出自此文献。

想的人都衷心感谢他们。系统科学界、思维科学界的钱门弟子尤其应该向他们学习。

18.2 对建筑科学的总看法

自从有了人类，人工创建的物质性存在，即有别于天然自然的所谓人工自然，就成为客观物质世界的重要组成部分，而且越来越重要。鉴于人工自然的广大、独特和重要，且一旦产生出来就具有不以人的主观意志为转移的客观性，它也成为人类认识活动的重要对象，需要建立相关的科学技术。所谓建筑科学是从人工性与天然性之关系的角度认识客观世界所得到的一个科学大部门。

针对我国建筑界长期忽视建筑理论研究的现象，钱学森批评说："我国建国后一切学'老大哥'，一切都是计划经济，体制也如此。建筑科学院属国家建设部门，自然只重工程，对建筑工程的上层学问就一概顾不得了！"(8-091) 他关于科学技术体系的探索，特别是提出把建筑科学作为一个独立门类的思想，就是为了改变这种状况。作为现代科学技术体系中一大部门的建筑科学也是一个知识体系，具有基础科学、技术科学、应用技术三个层次，每一层次原则上都不限于一个分支学科。至于各层次有哪些分支学科，还有待研究。应用技术和技术科学层次尽管也需要发展，但毕竟已积累了大量成果，目前亟须做的工作主要是梳理和界定。最大的问题是基础科学层次，钱学森称之为建筑学，还没有建立起来，而且存在种种混乱认识，如把建筑哲学算作建筑科学的基础理论等。

关于建筑科学的体系结构，顾孟潮给出一种方案①，有助于深入讨论建筑科学的体系结构。但我认为此方案至少有两点值得商榷：一，建筑科学是整个大部门的称谓，而不是一门基础科学；二，建筑美学属于建筑哲学，不属于技术科学层次。这两点都与钱学森的提法相抵触，建议作者仔细推敲，特别要注意钱学森给张帆的信。

城市科学是建筑科学中的一大类，或许是建筑科学的主体部分。钱学森认为城市体系是一个开放复杂巨系统，这一观点得到中国建筑科学领军人物吴良镛、周干峙等的赞同。以城市体系这种开放复杂巨系统为研究对象的城市科学，以至于整个建筑科学，无疑属于正在建立中的复杂性科学。

在现代科学技术体系中，钱学森认为建筑科学与地理科学是近邻或紧邻，二者都是自然科学与社会科学的交汇。在尚未把地理科学和建筑科学作为两个独立大部门之前，他提出把数量地理学作为城市学的一门基础科学，也是强调两者的紧密联系。建筑科学另一个近邻或紧邻是文艺科学，这显然不同于地理科学。所

---

① 鲍世行，顾孟超．钱学森建筑科学思想探微．北京：中国建筑工业出版社，2009：582.

以钱学森说："建筑这门学问是横跨自然科学、社会科学与艺术的，老一套体制是无法办好的"。[8-091] 他又说："这一大部门学问是把艺术和科学糅在一起的，建筑是科学的艺术，也是艺术的科学。"[296页] 所以，讲究美是建筑科学有别于文艺科学之外其他九大部门的本质特征之一。

交通问题属于地理科学，还是建筑科学，存在争论。近邻之所以为近，常常因为存在重叠之处，分界线有模糊性。但我认为交通问题对建筑科学的隶属度要大于对地理科学的隶属度，故向学界提出一点建议：把交通建设归于建筑科学，交通设施是人行设施，与人居设施合称为居-行设施；把治水、治沙、生态保护、国土整治等归于地理建设，所建设的是居-行设施的环境，即地理环境。这样就可以给出如次的学科定义：建筑科学是关于认识、构筑、改造人类居-行设施的科学，地理科学是关于认识和改造地球表层系统、构筑居-行设施之环境的科学，即关于人类居-行环境的科学。这个定义能够反映建筑科学和地理科学与社会之间存在远近疏密的差异。居-行设施都是人工制造品，地理建设的主体只是对自然环境的改造，而非人工制造品。居-行设施的建设和变动从多方面直接导致社会变动，一个新居民区、一个新城市、一条新铁路的建设立即引起商业、学校、生产、就业等的相应变动，即社会本身的显著变动。而地理建设直接改变的是居-行设施的外部环境，对社会的影响小于建筑。顺便指出，我不赞同以人居环境科学取代建筑科学的意见，因为它至少没有把人行环境这个重要组成部分包括在内。而且称为居-行环境不如称为居-行设施更恰当。建筑一词含义很广，像建筑材料、建筑方法等常用词语，就不宜用人居环境一词取代其中的建筑一词。由此可以说：建筑科学是从人类居-行设施的视角观察客观世界的学问，要解决的问题是人类居住在那里？行走在何处？

钱学森科学技术体系学的重要观点之一是反对以研究对象来划分现代科学技术的不同大部门，主张一律按照观察客观世界的角度不同来划分。对前 10 大部门，他都有明确的论述，说明各大部门都是以整个客观世界为研究对象的。应该说，有些论述有充分的说服力，有些论述显得不够充分，有些说法使人多少有点牵强的感觉，有待改进。至于建筑科学，他没有明确讲过是从什么视角来研究整个客观世界。笔者也一直没有明确注意过这一点。姜璐曾在本丛书编委会的一次讨论中提出问题：建筑科学是从什么视角考察整个客观世界的？至今无人能够回答他的问题。钱学森自己没有明确讲到这一问题，是疏忽，还是另有考虑？这些都有待澄清。我思考良久，提出一个看法供讨论：所谓建筑科学是从人类居-行设施与其环境相互关系的角度去认识整个客观世界所建立的一个科学大部门。人类的居-行设施都裸露于宇宙中，直接或间接地受到客观上存在的一切事物的影响，而且人类正在走出地球，故我们不能说客观世界的某方面或某部分与人类的居-行设施完全无关。在此意义上，可以认为人类居-行设施是与整个客观世界相关联的，研究它的科学技术大部门也就要涉及整个客观世界。

18.3 关于桥梁学科的界定

由于历史发展的曲折和复杂，许多大部门的桥梁学科（部门哲学）常有不同称谓，各有长短，需要辨析和选择，有的至今没有定论。所幸的是，建筑科学作为一个学科概念提出比较晚，相应的部门哲学过去很少有人提及，在称谓上几乎没有竞争者，不存在进行辨析、正名的困难。有人提议称为建筑美学，钱学森则认为“‘建筑美学’则偏重了其艺术内涵了，所以还是称‘建筑哲学’为妥”。(355页)就是说，建筑美只是建筑的内涵之一，建筑美学只是建筑哲学的一个分支学科，建筑哲学的内容要比建筑美学的内容丰富得多。

钱学森把建筑哲学看成建筑科学自身体系结构的“最高台阶”，或“体系之首”，意指它在建筑科学体系中概括程度最高，离开实践最远，已经属于哲学范畴，应该同建筑科学的基础理论建筑学划清界限。作为一种部门哲学，它要哲学地反映建筑领域的特殊矛盾和矛盾的特殊性，一方面要解决如何把辩证唯物主义和历史唯物主义应用到关于建筑的基础科学、技术科学和应用技术中的问题，另一方面要解决如何对这三个层次积累的知识进行哲学概括的问题。他又说：“建筑哲学是建筑科学这一科学技术大部门的领头学科”。(362页)作为建筑科学的“领头羊”，建筑哲学领跑下面三个层次，决定整个建筑科学大部门的指导思想、发展方向和道路的选择，因而至关重要，故钱学森反复给以特别的强调。

建筑哲学的主旨或核心思想是什么？钱学森在给台湾中央大学建筑系教授叶树源的信中指出，建筑科学技术“应该有个总的概括：对建筑用什么指导思想，唯心主义？唯物主义？辩证唯物主义？历史唯心主义？历史唯物主义？这门学问才是真正的建筑哲学。”(337页)问题提得很尖锐，哲学立场极为鲜明，可能让一些人不易接受。这段话有两层含义。一是说建筑哲学属于部门哲学，即建筑科学技术部门的总概括，任务是从哲学上阐明这一大部门的指导思想。对于建筑科学这个刚刚提出来的大部门，它的发展尤其需要从哲学上明确指导思想。二是说指导思想首先要讲的是主义问题：要唯物主义而非唯心主义，要历史唯物主义而非历史唯心主义；说到底，建筑科学技术要以辩证唯物主义为指导思想。尽管如此讲在时下不受欢迎，但对于钱学森来说，这是原则问题，故必须在提出建立这个大部门之初就予以强调。换言之，欲建立建筑哲学，就应当通过总结经验和理论分析，首先阐明唯心主义、唯物主义、历史唯心主义、历史唯物主义在建筑科学中各有哪些常见的表现，告诉人们如何自觉地避免犯机械唯物论和唯心论的错误。从中国建筑科学技术界今天的现实情况看，这样做尤其具有针对性。钱学森的这段话也表明，建筑美学不能涵盖建筑哲学的内容。

建筑哲学应该研究什么？钱学森有个总提法："真正的建筑哲学应该研究建筑与人、建筑与社会的关系。"(295页) 这一命题内涵极为丰富，不过，它不应该只限于哲学层次，建筑科学的基础理论、技术科学和应用技术层次都在研究这种关系，都要体现建筑是为了人。例如，叶树源《建筑与哲学观》一书讲到建筑与人的关系，钱学森认为这属于建筑学而非建筑哲学。他则强调要区分这两个层次：对于从技术科学和应用技术层次研究建筑与人、建筑与社会的关系所得到的知识进行抽象概括，这样得到的科学理论是建筑学，属于建筑科学的基础理论；对这些科学知识从哲学层次上再进行抽象概括，即从哲学的高度研究建筑与人、建筑与社会的关系所得到的知识，才是建筑哲学。

从这个角度看，建筑哲学首先要解决的是"为谁建筑"这个基本价值观问题。建筑物当然是为人创造的，但人是有差别的，阶级差别、民族差别、贫富差别、文化差别等等，建筑哲学"要解决为谁服务的根本问题"。① 事实上，钱学森在说了前面那句话之后立即指出，封建皇帝的建筑观点不可能与我们相同，美国大资本家有自己的庄园，像皇帝宫殿花园一样。这样的观点他在不同处多有表述，如说："中国古代山水文化是'出世'的，我们的'山水城市'是'入世的'。这是哲学思想上的根本区别，必须注意。"(10-316) 总之，只要社会还存在阶级差别、民族差别、贫富差别、文化差别等，就会在建筑的思想、理念、模式上反映出来。在阶级社会中，不同人居设施反映不同阶级地位，钱学森要求用马克思主义看问题，坚持为人民服务的原则。"我们的山水城市还有一个内涵，这和国内同志要多讲，即其为人民的社会主义内涵——要让大家安居快乐；不是少数人快乐，而多数人贫困"，"所以说透了，山水城市是社会主义的、中国社会主义的，我们把我国传统文化和社会主义结合起来了。"(9-384) 这个思想在今天的中国建筑界尤其具有现实意义。

从微观建筑看，既然建筑是为了人，它就要讲究人性。人性是一个极其复杂多样的东西，建筑的人性是建筑哲学必须面对的问题。作为一种生物的人有其自然本质，建筑如何适应、表现、制约、影响甚至改造这种本质？建筑哲学必须给出回答。人更是社会生物，人的本质是社会关系的总和。建筑又如何适应、表现、制约、影响甚至改变人的这种本质？所谓高楼病就是现代城市建筑扭曲人性的结果。钱学森曾提到过，"建设环境与人的心身状态"是一个极为重要的建筑科学技术问题，"似未得到重视"。(8-076) 这也是需要建筑哲学回答的问题。

建筑是把人从大自然中分隔出来的人工设施（微观建筑），以及大量微观建筑聚集而形成的建筑体系（宏观建筑）。所以，建筑哲学的基本问题不限于建筑与人、建筑与社会的关系，重要的还有人与自然的关系。"建筑真正的科学基础

① 鲍世行，顾孟超．钱学森建筑科学思想探微．北京：中国建筑工业出版社，2009：513.

要讲环境。”(295页)首先是讲自然环境，讲建筑与自然的关系。人与自然的关系简称人天关系（包括人地关系），需要且可以在不同层次上考察。仿造钱学森的话语，我们可以说：“真正的建筑哲学应该研究建筑与自然界的关系”。人们是在自然环境中创造人居设施和人行设施的，选择地址、利用地形地势、寻找和使用物质资源都需要认识人与自然的关系。处理好建筑与自然的关系，是正确处理建筑与人、建筑与社会关系的物质基础和客观条件。而人天关系上的不同哲学理念必定反映在建筑科学各个层次上，反映在建筑式样、风格和产品上，本体论、认识论、价值论都会涉及。所以，用辩证唯物主义考察建筑与自然的关系是建筑哲学的另一要义。

社会在发展演变，建筑也随之在发展演变。钱学森认为：“史与哲是紧密相关的！”(9-362)放在历史大尺度下看，人工性强烈地表现着社会性，一切建筑都具有民族性、阶级性、文化性（包括宗教性）、地域性以及个人性的内涵。这些属性随着历史的延伸而变迁，就是建筑的历史性。搞建筑不能不考虑它的社会性和历史性。钱学森提出或接受“新中国的建筑精神”、“中国新时期建筑文化”等概念，都是为了把历史唯物主义关于社会历史演变的基本观点引入建筑科学，包括建筑哲学。基于这样的建筑历史观，钱学森一直思考怎样在继承我国悠久建筑文化基础上再开拓前进，创造21世纪有中国特色的社会主义建筑文化，从历史走向未来。

作为具体科学与哲学总论之间的桥梁，各个部门哲学都有丰富多样的内容。建筑哲学也不例外，哲学讲的本体论、认识论、方法论、价值论、审美论等，都可以在各个桥梁中进行探讨。建筑哲学也有自己的本体论、认识论、方法论、价值论、审美论等。从钱学森的体系学看，11个桥梁彼此也相互交叉，其他10座桥梁学科的思想或多或少也会在建筑哲学中有所反映。另外，现代哲学区分科学哲学、技术哲学和工程哲学，对建筑科学的理论知识所作的哲学概括属于科学哲学，对建筑的工程技术知识所作的哲学概括属于技术哲学，对建筑工程实践所作的哲学概括属于工程哲学。一句话，建筑哲学的内容丰富多样，亟待开发。

18.4　建筑科学辩证法

建筑科学本质上属于复杂性科学，建筑物、建筑体系、建筑活动（过程）中存在各种各样的矛盾，建筑师根据自己的哲学信念处理这些矛盾，都会反映在他的建筑思想和作品中。发展到今天，需要全面地运用辩证唯物主义，把对立统一当做对立统一来对待。但与其他领域类似，建筑领域历史上深受自然科学还原论和机械论的影响，追求简单性、单一性、划一性（标准化）、确定性、非此即彼性等等，形成一种排斥矛盾、厌恶复杂性、反对兼顾两者（亦此亦彼）的倾向，十分有害而顽固。不过，科学技术发展史正在翻过这一页。

早在复杂性研究开始升温的 1960 年代，美国人文丘里就明确批评建筑界忽视建筑的复杂和矛盾，“强求简单”，“大事简化”，结果产生了大批平庸的建筑。这类问题在中国近 30 年的建筑中也大量存在。文丘里认为，“建筑要满足维特鲁威所提出的实用、坚固、美观三大要素，就必然是复杂和矛盾的”，公开声明“我爱建筑的复杂和矛盾”。又强调：“总之，必须接受矛盾”①。文丘里并非孤军奋战，即使在美国，同一时期在他前后都有人提出相近的主张。国际上的这些动向，特别是钱学森在 20 世纪末关于建筑科学的论述，标志着建筑界在以不同方式向辩证思维复归。

建筑科学辩证法是建筑哲学的重要分支，任务是哲学地研究建筑领域的特殊矛盾，或矛盾的特殊性，告诉人们如何在建筑科学中运用矛盾学说。作为自觉的辩证唯物主义者，钱学森一向喜好辩证思维，常对事物作矛盾分析。尽管没有专题论述过建筑科学辩证法，但他结合实际建筑问题发表过许多简略而富有辩证性的言论。前面说过，他关于园林的论述就富有辨证思想。梳理、分析、发挥这些零金碎玉式论断，有助于丰富建筑哲学的这个分支。本节简要提及以下几点。

聚与散的矛盾。人是社会动物，社会性使人喜欢聚集而居，产生了村镇、城市这种聚居模式，而聚集特别是城市这种聚集模式又反过来强化了人的社会性。但聚有聚的消极面，散有散的积极面。例如，大批农村居民为能够“聚”到北京而努力奋斗，一旦生活在北京，他们就要承受这种“聚”带来的不方便。工业文明导致城市化，聚集程度前所未有的提高；而聚居性一旦发展到极限，“聚”就开始向其对立面“散”转化，出现城市人向城外移居的现象，引起建筑界的关注。钱学森也注意到这一现象。聚极而散还有一种隐蔽的表现，就是近邻实际上变为远邻，对门而居却形同路人，形近实远，形聚实散，失去农村居民那种“远亲不如近邻”的社会效应。如何扭转这种趋势，是建筑哲学应当研究的问题。

变与不变的矛盾。“城市是变与不变的统一。”(5-516) 科学技术发展导致生产力发展，生产力发展导致社会发展，城市必然随之而成长发展，且这种变化将越来越快。这是变的一面。但一个城市的功能，如国都、商埠、工业基地等，又是比较稳定的，这是不变的一面。“城市学就要建立这种功能稳定与迅速发展相统一的理论”，用以“辩证地解决世界一体化与保持固有特色的问题”。(5-516) 从哲学上阐述建筑的变与不变，建立功能稳定与迅速发展相统一的哲学理论，是建筑哲学的一个课题。处理好世界一体化与保持固有特色的矛盾，在当前的中国社会很有现实意义。

---

① 罗伯特·文丘里. 建筑的复杂性与矛盾性. 周卜颐译. 北京：中国水利电力出版社，知识产权出版社，2008：16，41.

当下与将来的矛盾。社会新需求不断出现，科学观念和技术不断更新，都会对建筑提出新的要求。需求有近期与长远的不同，长远需求要通过满足一系列眼下需求而达到，而建筑的眼下需求与长远需求总有矛盾，眼下需求的满足有可能为将来需求的满足造成麻烦。所以，钱学森一再告诫说：在近期建设中千万不要为将来造成麻烦，要有长远设想。但一项眼下的建筑是否会为将来造成麻烦，可能造成怎样的麻烦，又是眼下很难预见的，亟须哲学提供思想指导。

离开自然与回归自然的矛盾。人类祖先择木而栖，择洞而居，完全裸露在大自然中，人与自然既“亲密无间”，又承受着自然的熬煎。解决这个矛盾需要建造把人与大自然分隔开来的人工设施，使人得以避开自然的暴虐，人从此开始离开自然。聚居性越高，人离开自然越远，文明水平似乎越高。但人要健康而全面的发展，还须不断亲近大自然。而城市人只有离开城市去郊游、远游，才能亲近大自然。发展到今天，只有郊游和远游越来越不满足需要，城市人需要就近地、经常地、深度地亲近大自然。这就历史地提出创建钱学森所说的山水城市的需要。建筑的这种历史演变呈现出否定之否定的辩证规律，即钱学森所说的“人离开自然又要返回自然”的趋势。[5-317]当然，山水城市的建设也不能完全满足人类亲近大自然的需求，山水城市也有两重性，都必须辩证地对待。如何顺应和引导这一否定之否定的演变趋势，无疑需要哲学提供思想指导。

此外，对于建筑中的标准化与多样化、科学性与艺术性、历史与未来等矛盾，钱学森都有所议论。

建筑中的差异和矛盾近乎无穷无尽，差异也是矛盾，即尚未充分展开的矛盾。《建筑的矛盾性与复杂性》一书提及的矛盾就有形式与功能、意义与实用、目的与方法、法则与偶然、封闭与开敞、室内与室外、主空间与辅空间、好空间与坏空间、单向空间与全向空间等等；以及各种对立的建筑特性，如对称与非对称、确定与不确定、连续与不连续、大与小等等，都需要辩证地对待。如果没有辩证唯物主义的指导，矛盾分析很可能滑向二元论。文丘里就公开主张二元论，钱学森则反对二元论。在辩证唯物主义指导下，认真研究建筑科学的现有著作，取其精华，弃其糟粕，消除二元论，是发展建筑科学辩证法的必由之路。

18.5 建筑科学方法论

钱学森对建筑科学的方法论有很多论述，主要涉及以下几方面：

第一，应用马克思主义。从有关文献看，钱学森在三种场合总要提到马克思主义哲学在建筑科技中的应用。一是需要从哲学上揭示建筑的本质时，如现代社会出现“建筑业与城市业分了家”，“这种分家是不正常的，可以说是资本主义制度的后遗症”。[8-298]二是在总结新中国建筑事业的经验教训时，如读了鲍世行关于“我国城市建设的建国后发展”的论述后，他立即提出“我们要用辩证唯物主义和历史唯物主义的观点来考察我国的城市科学和建筑科学”。① 三是看到有关建筑的著述违背马克思主义哲学时，他就会明确提出批评。如“对过去城市建设中的自发性、盲目性及主观主义，要用马克思主义哲学的洞察力来批判。”(6-181) 从这些言论中可以体会钱学森心目中的建筑哲学是什么样的。

马克思主义哲学不仅是指导思想，而且是方法论，在基础科学、技术科学和应用技术层次上都可以直接用辩证唯物主义和历史唯物主义的观点和方法来看待问题。钱学森在谈论建筑问题时明确提出，以马克思主义哲学为指导就能够“达到豁然开朗的境地”。(10-141) 这应该是他的经验之谈，城市学、山水城市、微观建筑、宏观建筑、建筑科学等概念的提出就是事实依据。但他语焉不详，不易为人们掌握。这个论断根据何在？有什么规律性？建筑哲学应该回答这些问题。

第二，建筑界应该“从整个科学技术体系的角度来看问题”(294页)，也是建筑科学的方法论。这里有两层含义。一是研究科学技术体系中其他部门与建筑科学的关系，注意那些跨部门的综合研究。建筑科学与地理科学、文艺科学是近邻或紧邻（钱学森语），与自然科学、社会科学、数学、系统科学、思维科学的关系也较明显，而建筑科学与人体科学、行为科学、军事科学是远邻关系，很少被人们提及。如何借用其他部门特别是后三门来发展建筑科学，有待研究。二是充分利用最新技术搞建筑，因为“建筑与科学技术是密切相关的”(296页)，“新建筑一定是充分利用高新技术的”。(323页) 作为人工物，建筑的进步与科技的进步是同步的。现在的形势是，并非仅仅增加了某些可以应用于建筑的新技术，而是整个科学作为系统正处于历史形态的转变中，即从简单性科学向复杂性科学转变。适应科学的转型演化，充分利用新的科技成果，将使建筑在理念、式样、风格等方面发生时代性、革命性的变化。特别的，山水城市“必然也是高新技术建筑的城市”(10-307)，只有充分利用 11 大部门的科学理论和包括信息高技术在内的全部新技术，才能建设成真正的山水城市。

第三，系统方法论。钱学森是系统科学大师，他讲的建筑科学方法论主要是整体论与还原论辩证统一的系统论，全面而成熟地运用了整体观、层次观、功能观、优化观、动态观、非线性观、整体涌现性原理等等。例如，钱学森主张“从整体上认识一个城市”，因为只有从整体上看问题，才能做到城市的功能稳定和迅速发展相统一。(5-516) 他批评城市学兴起后出现的侧重于研究单个城市规划的流行做法，认为“城市学首先要看到城市的体系，即居民点区的体系”。(4-203) 他主张从集镇开始，经过小城市、中等城市、大城市等层次，最后是国家首都，形成一个相互协同的最优城市体系。又如说：“城市也是一个大系统，没有系统的整

① 鲍世行，顾孟超．钱学森建筑科学思想探微．北京：中国建筑工业出版社，2009：32.

体考虑怎么行？这里要满足一个城市系统的特殊要求，即城市整体景观。”(8-297) 整体景观是城市作为系统的一种特殊的整体涌现性，遵照系统论原理设计才能“产生”（涌现）出来。

作为方法论的系统论在建筑科学中的应用十分广泛，我们重点谈谈系统生成、存续、演化中自组织与他组织的关系。每一项单体建筑的设计、施工、维修和居民的迁徙、定居都是微观层次典型的他组织行为，即建筑者或使用者自觉的、有计划的行为过程，建筑物是被组织的对象。建筑物的建造和选用是人的社会行为，深山老林中的寺庙也有追求香火旺盛这种社会性。但只要是社会群体，不论大小，组分的行为中就有不了解或不顾及整体目标的自发性、盲目性。群体规模越大，自发性越强。难以计数的这种微观他组织相互影响、相互作用、相互制约，在宏观上就转化为自发的自组织。聚集而居的人们并不关心也无法考虑整个居民点分布、整个城市或城市体系的整体布局、宏观目标和长远发展等问题，他们仅仅根据自己的需要、可能和所获取的局域信息来决策和行动，对城市体系整体而言这就是自发性。大量微观建筑的建筑者和使用者同时各自独立行动（并行性），就使得整个居民点分布、整个城市、城市体系处于自发的形成和演变过程中，即城市建筑作为系统的自组织运动。

小系统和大系统的组分自发性都不明显，系统整体谈不上明显的自组织运动。一个大区域的居民点分布、现代化大城市和城市体系是复杂巨系统，存在微观层次和宏观层次的不同，微观组分行为的自发性、盲目性和并行性，造就了系统宏观整体上明显的自组织运动，组分的自发性是系统整体自组织行为的动力源，具有非常积极的意义，切记不可忽视、压制这种自组织。在社会巨系统中，人实际上只能通过一项项短期的、局域的、小规模的、并行的他组织行为去试探、逼近和实现整个系统长期的自组织运动。用哲学语言讲，复杂巨系统整体宏观的自组织是通过一系列微观的、局域的、短期的他组织为自己开辟道路的。但微观组分的这种自发性、盲目性和并行性也有很大消极作用，如资源浪费、造成整体无序等。自组织系统具有强烈的非线性动力学特征，未来是不可预测的，此乃组分行为盲目性的根源。所以，需要以宏观的他组织来规范、引导、制约盲目的自组织趋势。自组织与他组织构成一对矛盾，是社会巨系统无法消除的根本矛盾，人只能设法去认识它、驾驭它。这一特点也强烈地表现在建筑中。

自发的自组织因素总是给人们自觉的他组织行为造成种种未曾料到的问题、困难、挫折，有时甚至是灾难性的。但人具有自觉能动性，能够通过实践认识客观世界；一旦掌握了客观规律，就会采取自觉的他组织行为，有计划地干预、改造或重建系统。建筑领域也如此。以城市为例，一个城市在居民自发聚集中不断扩大，就会逐渐暴露出自组织的混乱无序、功能不全等问题，城市管理者总有一天认识了问题所在，就会从整体上进行规划、设计、整顿和改造。这就是城市作为系统宏观整体层次的他组织行为。一个城市的宏观整体从完全自发性发展到出现自觉的他组织，这种变化当然首先是积极的、建设性的，是系统沿着前进方向的演化行为。但任何进步都会带来新的问题和困难，产生消极甚至有害的后果，必须从两方面辩证地对待。其一，不论科技如何发达，一个复杂巨系统的未来总有不可预料性，即使你的规划、设计采用了最先进的科技成果，即使在当时看来完美无瑕，仍然只能反映漫长自组织过程的一个很短的时段，用的时间过长就会出问题。其二，加强城市的整体管理须谨防过分压抑城市的自发自组织因素，否则，城市作为系统将失去活力。

一切复杂巨系统都是自组织与他组织并存的，两者做到辩证统一，系统就能够健康有效地存续发展；两者顶牛，或一方过强而另一方过弱，系统就无法正常存续发展。社会系统，包括建筑领域，这一点表现得更经常、更直接、更多样。但系统科学对此至今并无深入的研究，目前还很难给建筑界提供更多的帮助。

第四，走中国自己的路。同其他 10 大部门一样，钱学森反对在建筑科学中一味跟着西方跑。针对近几十年的国内情况，他反复强调要从现实国情出发，牢记国家的社会主义性质，这些言论都具有方法论意义。“我们都是有几千年高度文明的中国人，怎么能丢了自己的文化传统，一味模仿洋人的建筑，搞高层方盒子?”(8-334) 他因此而对研究我国传统建筑和乡土建筑文化的学者表示敬意和感谢。当然，这绝不意味着完全回到传统，而是要“把中国建筑气格融入中国的现代建筑中去”(8-334)，提倡“中国的建筑学要同城市学结合起来，形成科学技术、社会科学与艺术融合的‘中国学问’。”(8-299) 在谈到中国未来建筑道路时，钱学森对贝聿铭“应走中国的路，与欧美不同”的说法赞赏有加，认为此言“完全正确”。(8-202) 钱学森很少用这类语言褒奖他人，表明美籍华人贝聿铭主张建筑要走中国道路的观点深深打动了他。

第五，面向未来。在钱学森晚年的学术活动中，面向未来、面向 21 世纪的说法也是一种方法论思想，这在建筑科学中体现得很明显。“21 世纪即将来临，我们在建筑上也要有准备。如下个世纪的建筑会是什么样的?”(323页) 确定研究方向，寻找研究课题，选择研究方法，都要着眼于未来，力求看得远一些，这也是钱学森的一个方法论原则。正因为有了这种方法论思想，他的研究常常比同代人更具前瞻性。

18.6　建筑美学

原则上说，科学体系的 11 大部门都讲美，有物理美、数学美、行为美、思维方式美等，但一般并不存在相应的美学。钱学森就讲过，思维科学不研究美学问题。在文艺科学之外，只有建筑科学是个例外，研究建筑美是建筑哲学的一大课题，建筑美学是建筑哲学的重要分支。钱学森之所以长期不把建筑科学作为一个独立门类，跟他强调建筑美学的重要性分不开。因重视美学而把建筑问题划归文艺范畴固然不当，但随着人类物质财富不断增大，人们对建筑美的要求也将不断增大，需要加强建筑美学的研究。

什么是建筑美？钱学森对此有不少零星而重要的议论，按照鲍世行的概括，主要包括整体美、特色美和意境美三种①。整体美与特色美易于理解，意境美比较抽象，却是中国文艺理论的精髓。钱学森是从山水城市讲到意境美的："山水城市必须有意境美！"（同上）人们自然会问：单个微观建筑有无意境美？城市体系有无意境美？整体美、特色美、意境美三者之间是什么关系？中国美学理论有许多独特概念，如神韵、兴趣、境界等，在建筑美中有无表现？这些都需要研究。现代科学发现了许多新形式的美，如模糊美、分形美、非线性美等，它们在建筑中有无表现？微观建筑能否采用分形方式？这些问题当然主要靠科学技术来回答，但建筑哲学也应该进行相应的研究。其中，分形美在建筑科学中的意义已经引起美学界关注②。

钱学森还讲到协调美，具体例子是立交桥的协调美。所有微观建筑都应该讲协调美，因为绝大部分微观建筑都不是孤立存在的，单体建筑只有同周围其他建筑协调和谐才可以言美（单体建筑内部也应该讲究协调美）。一个建筑物即使没有其他建筑物毗邻，也须同周围自然环境协调。在人民大会堂旁边建一个鸡蛋似的国家大剧院，有无协调美？钱学森赞赏贝聿铭设计的香山饭店，说他的山水城市概念就受其启发。但我这个外行每次从香山顶上往下看，青山绿树中一块白砖头，并无美感。如果采取传统建筑的外形，配上红砖蓝瓦，岂不更美？

还应该讲层次美。钱学森把描述巨系统层次结构的微观、宏观概念引入建筑科学，必然会引出微观美和宏观美之区别和联系的问题。"在资本主义国家，城市建筑是资本家个人一座一座建的，他爱怎么样就怎么建。没有整体观了。建筑美成了单座建筑的美！""这就引起建筑师们不考虑城市、城区的整体景观，只顾一座建筑的美。建筑业与城市业分了家！"[8-298]单座建筑是微观建筑，讲的是微观美；整个城市是宏观建筑，讲的是宏观美。微观美未必宏观一定美，微观不美未必宏观一定不美，自身并不很美的大量微观建筑经过科学的整合可以产生宏观美，这也是辩证法，是系统原理。社会主义中国应当追求把两者结合起来，既有微观美，又有宏观美。按照系统科学原理，宏观上美与不美都是微观组分经过整合所产生的系统整体涌现性，关键在于整合方式如何，其间必有规律性，从哲学上研究它是建筑美学的任务之一。

---

① 鲍世行，顾孟超．钱学森建筑科学思想探微．北京：中国建筑工业出版社，2009：487.

② 冒亚龙，何镜堂．分形建筑美．华南理工大学学报（社会科学版），2010，(4)．

未来建筑是否应该讲究杂众美，或称为复杂性美？从艺术角度看，建筑是一种综合性艺术，应该讲究多样性、差异性、复杂性带来的美。其实，中国古代先贤已有杂众美的理念。宋代大艺术家苏轼有诗云："咸酸杂众好，中有至味永。"杂众才能产生至味，杂众不够就达不到味的极致，其美感必然逊色。但400年来科学和工业文明崇尚简单性、划一性，也显著地反映在建筑领域，特别是城市建筑。"现在我看到北京市兴起的一座座长方形高楼，外表如积木块，进去到房间则外望一片灰黄，见不到绿色，连一点点蓝天也淡淡无光。"[6-473] 钱学森的这个批评实际上是对城市建筑杂众美的呼唤。文丘里把复杂性与矛盾性并列，表明他通过建筑科学事实上深刻领悟了毛泽东复杂性原理："所谓复杂，就是对立统一。"① 文丘里反对"清教徒式的正统现代主义建筑的说教"，公然声称"我喜欢基本要素混杂而不要'纯粹'，折衷而不要'干净'……宁可过多也不要简单，既要旧的也要创新，宁可不一致和不肯定也不要直接的和明确的"②，这也是在呼唤复杂性美。随着复杂性科学的发展和成熟，美学一定会有重要新发展，复杂性美将会以各种方式反映在建筑美中，建筑哲学似乎应该与复杂性科学同步前进，给未来建筑锻造哲学思想。

---

① 蔡清富等．毛泽东与古今诗人．长沙：岳麓书社，1999：10.

② 罗伯特・文丘里．建筑的复杂性与矛盾性．周卜颐译．北京：中国水利电力出版社，知识产权出版社，2008：16.

第 19 章 马克思主义科学论的第二个里程碑

在最后三章中，我们将分别从三个不同层面或视角对钱学森后 30 年的学术研究、特别是哲学探索作整体的评论。这同样可以从钱学森自己的言论中找到线索：他自己是怎么估价自己的这些探索的。本章主题是从科学论的视角展开的。

19.1 什么是科学论

科学论是钱学森在谈论自家学术生涯走向时提出来的一个概念，但没有给以正面的界定。要说明他是如何从搞工程技术走向科学论的，以及这一转变过程中他的哲学思想有何变化，先得弄明白他讲的科学论是什么？是哲学，还是科学？

现代科学技术体系学强调人类知识的层次划分的客观性、确定性，我们在这里则要指明层次划分还有相对性，相邻层次的界限都有模糊性。具体构建科学技术体系的人都会发现，许多现有学科划归哪个层次令人疑惑，难以一刀切。这是钱学森生前未能完成科技体系建构的原因之一，他甚至认为要完成这项任务尚须几十年，足见问题之难。如果上升到学科系统观点来看，这就要求承认在哲学分论与基础科学之间，在基础科学与应用科学之间，在应用科学与应用技术（工程技术）之间，都可能划出新的层次。钱学森本人就有应用基础科学的说法。他晚年的文章言谈中除了具体科技问题，大多数都是把哲学与科学融合起来讨论的，这是许多人不了解、不接受其新观点的原因之一。但对于一个大成智慧者来说，这却是再自然不过的事。

钱学森所说的科学论，是科学观与科学学融为一体的东西。科学观属于哲学，科学学属于科学（社会科学）。但二者的界限也不是截然分明的，实际上既有层次高低之别，又相互联系、相互渗透。所谓科学观，指的是哲学地论述科学这种社会存在的理论观点，也就是关于科学的起源、本质、特征、发展规律、社会价值、历史作用等根本问题的哲学观点。所谓科学学，是科学地分析论证科学的起源、本质、特征、发展规律、社会价值、历史作用等根本问题的具体学问。这两者交融在一起，就是科学论。恩格斯的《自然辩证法》也是科学观与科学学交融的作品，如科学分类的论述就属于科学学。中国自然辩证法界的大口袋说，也在一定意义上反映了对科学观与科学学相交融的认可。

钱学森说自己从工程技术走向科学论，他所说的科学论就是融合了科学哲学（各门哲学分论之总和）与科学学的一门学问，比“纯粹的”科学哲学低一点，比“纯粹的”科学学高一点。打通了学科间、层次间知识壁垒的晚年钱学森，喜爱并善于跨越层次和学科划分来讨论问题，他有关科学论的议论，既有哲学内容，又有科学学成分。本书第 8 章到 18 章的构思也力图反映他的这个特点。

19.2　恩格斯与马克思主义科学论的第一个里程碑

马克思主义的科学论主要是恩格斯建立的，集中反映在《自然辩证法》、《反杜林论》和《费尔巴哈与德国古典哲学的终结》三部经典著作中，几乎涉及科学论的各个方面，丰富而深刻。但恩格斯考察的是文艺复兴以来由欧洲发展起来的近代科学，用今天的语言讲，就是还原论科学，亦即简单性科学。它基本上就是经典自然科学，数学被作为自然科学的一个分支学科。至于关于社会现象的学问，虽然由于马克思主义诞生而开始具有科学性，但总体上还难以针对社会科学进行科学论的概括。

给科学以分类是科学论的重要内容。恩格斯给出的科学分类实质上是简单性科学的分类，都是那个时代的基础科学，或称为纯科学，技术科学尚未从基础科学中独立出来，工程技术还不属于科学范畴，哲学更不属于科学。所以，恩格斯关于科学发展规律的理论所讲的基本上是自然科学基础理论的发展规律。恩格斯把科学看成一种演化系统，通过考察近代科学的历史演变得出结论说：18 世纪的自然科学主要是关于既成事物的科学，19 世纪的自然科学是“关于过程、关于这些事物的发生和发展以及关于把这些自然过程结合为一个伟大整体的联系的科学”①。恩格斯实际上告诉人们，从存在的角度看，近代科学既然已经成为一种科学的、完整的知识体系，必定是一种有序系统，只有了解它的结构才能科学地把握它的整体。从演化的角度看，恩格斯认定科学技术不是一成不变的，新的学科不断产生，老的学科又会消亡。这些观点表明，恩格斯已经掌握了相当深刻而全面的系统思想，是从存在与演化矛盾统一的观点来认识科学系统的。钱学森完全接受了这些思想，进一步提出现代科学技术体系学的概念，以及建立这门学问的科学任务。恩格斯没有提出科学论这个概念，但他实际上指明科学论研究的课题：科学技术的分门别类，各门学科的相互联系，学科体系的发展、演变，新学科的成长和老学科的消亡或重新划分等。各个学科中具体哲学问题的研究是科学哲学的重要部分，也是最需要哲学功底和科学功底的部分。恩格斯充分显示了这种功底，远远超过许多今日当红的科学哲学家。科学技术的发展规律是科学哲学和科学学共同关注的研究课题，揭示这种规律是科学论的首要任务。社会需要对科学技术发展的推动，科学猜想在科学理论发展中的作用，实践的基础性作

---

① 恩格斯．马克思恩格斯选集第四卷．北京：人民出版社，1972：241.

用，科学技术发展向辩证思维的复归，等等，他对这些问题都发表了精深的看法。概言之，恩格斯对他那个时代的科学论进行了全面的研究，今天我们谈论的问题他几乎都有所涉及，而且具有超越时代的深刻性。不少精彩的论述直到现在都不过时，常常被当代学者（包括钱学森）引用。

简单性科学在恩格斯时代离到达它的顶峰尚有一段距离，那个时代的学者还不可能预见到目前正在发生的科学转型演化，因为还没有足够的复杂性科学现象和事实供他们思考。所以，恩格斯的科学论总体上说是简单性科学时代的科学论，即马克思主义科学论的第一种历史形态。这是由科学和社会实际发展水平所决定的，是一种任何个人都不可逾越的历史局限性。例如，在还原论科学尚未到达其顶峰时，学界还不可能概括出还原论这个概念，不可能认识到还原论仅仅是简单性科学这种历史形态所特有的科学方法论。但恩格斯凭借高超的辩证思维能力，对还原论的弊病已有相当深刻的认识，为 20 世纪中叶以来科学开始超越还原论的努力提供了哲学依据。

19.3 马克思主义科学论在苏联

恩格斯逝世后，国际社会主义运动的中心、马克思主义哲学发展的中心转移到俄国和后来的苏联。对于传播和丰富恩格斯的科学论，苏联哲学界做了许多积极的工作，功不可没。这里提及以下三点。其一，列宁适逢 19～20 世纪之交的物理学革命，在同当时盛行的错误哲学思潮的斗争中丰富了马克思主义的科学观。他关于物理学革命正在孕育辩证唯物主义的观点尤其深刻，如果苏联哲学家沿着列宁的思路走下去，把这些新的哲学思想应用于科学哲学和技术哲学的研究，应该能够对恩格斯的科学论做出重要补充。其二，恩格斯的《自然辩证法》是马克思主义科学论的经典著作，由于苏联哲学界的努力才得以出版问世，我们能够随时从这部大作中吸取思想营养，中国能够有今日庞大的自然辩证法队伍，都得力于苏联学界当年的工作。其三，以凯德洛夫为代表的苏联哲学家对 20 世纪前期的科学发展做出许多有意义的分析总结，对丰富马克思主义科学论是有贡献的。

但是，马克思主义科学论的第二个里程碑没有也不可能在苏联学术界创建出来。这有人类历史发展的客观原因，也有苏联社会的主观原因。首先是由科学技术自身发展态势决定的。科学论也是客观世界的一种观念形态反映，不是科学哲学家仅凭主观能动性就能够创建的。相对论和量子论尽管科学思想极为深刻，但仍然属于还原论科学的范畴，其新思想可以向自然科学的诸多领域扩展，却不可能对社会科学、行为科学、地理科学、军事科学等领域产生重要影响，即不可能对 20 世纪科学技术的整体发展带来重大改变。就苏联社会的早期看，无论列宁和斯大林，还是苏联哲学家，即使仅就正确的方面看，由于面对的仍然是简单性科学，历史的局限性决定了他们可以补充、完善恩格斯的科学论，却不可能把它推向新阶段，不可能造就马克思主义科学论的新形态。科学论的新形态是依附于科学系统自身的新形态而产生的，只有科学系统自身出现了新的形态，才可能产生其观念形态反映的可能性；只有新形态初露真容、足以让人们感知它时，人们才可能从科学论上给以总结和阐释，并反过来以新的科学论促进科学的转型演化。

苏联哲学界自身发展也不足以建立新的科学论，今天的人们不能苛求列宁、斯大林以及同时代的马克思主义者。他们也有把复杂问题简单化之嫌，如列宁对马赫的批判有片面性，没有看到马赫理论对相对论的作用；今天来看，这也是难以克服的历史局限性。斯大林思想中的简单化倾向尤其明显，造成很大的负面后果。钱学森回国后曾经拜读过苏联康斯坦丁诺夫主编的《历史唯物主义》中译本。在 20 世纪 80 年代关于科学技术是第一生产力的大讨论中，他想起了这本书："我早年看过，书中根本没有强调科学技术的作用，这是一个很大的不足。"① 这说明对于科学技术正在向第一生产力转变的历史趋势，斯大林及苏联学术界始终没有领悟到，思想跟不上科学技术的发展趋势。

科学整体上作为系统在 20 世纪 40 年代出现了转型演化的一系列迹象，复杂性已被作为科学概念，研究复杂性开始成为科学前沿的课题。但斯大林和苏联学术界对此却无动于衷，原因只能从苏联自身寻找。这首先要责怪斯大林，如钱学森所说：他在一个长时间内发展了形而上学，损害了辩证法。在他主导下，苏联学术界形而上学越来越盛行，多次发生了钱学森所说的"哲学反对科学"的事件，败坏了马克思主义哲学的名声。如果设想当时的苏联能够真正坚持辩证唯物主义，用它来研究科学技术发展的新态势，很可能复杂性科学以及与它相适应的科学论首先诞生于苏联。但历史不仅没有写出这一篇章，就是对还原论科学所取得的重大创新，他们也没有引出相应的哲学结论。一个典型事例是科学革命论，它显然是唯物辩证法基本规律（特别是量变质变规律）的一个具体运用，是对科学发展的辩证规律的揭示，本应该由马克思主义哲学家首先提出。

造成这种后果还有非哲学方面的原因。一是苏联人过度的民族主义，苏联学界把相当大的精力用于同西方争夺历史上的科学优先权，有意抬高本国学者的贡献，贬低外国学者的工作，忘记了真正的社会主义者应该具有广阔的人类胸怀，把不同国家的科技创新都看做对全人类的贡献。二是不给非马克思主义观点以生存空间，忘记了辩证法讲的是对立统一、相反相成，马克思主义哲学只有在同非马克思主义哲学和反马克思主义哲学的不断交锋中才能不断发展，否则就会在孤

① 钱学森．创建系统学（新世纪版）．上海：上海交通大学出版社，2007：181.

独中走向僵化。

俗语“两极相合”包含深刻的辩证思想。在马克思主义队伍中，“左倾”教条主义很容易转变为右倾修正主义。在对待科学革命、技术革命、产业革命的态度上长期思想僵化的苏联学术界，在苏联末期走向另一极端，欲从根本上修正马克思主义。苏联《哲学问题》杂志1972年第12期的社论宣称，“科学技术革命”使“生产的相互关系”、“社会状态”和“社会的结构”等等“发生了根本变化”，迫使人们对马列主义的基本原理做“这样那样的修正”。钱学森在70年代末尖锐地指出：“从这个观点，人们不难看出，这些人提出科学技术革命的目的是要修正马克思主义基本原理”①。在这样的社会文化大环境中，没有把马克思主义（包括它的科学论）推向前进，却最终培养出葬送苏联社会主义的共产党总书记戈尔巴乔夫，这是很难避免的。

19.4　钱学森与马克思主义科学论的第二个里程碑

马克思主义科学论的第二个历史形态是由中国马克思主义者初步打造的。它的起点应该追溯到毛泽东。毛泽东缺乏现代科学技术的功底，毕生精力又几乎都放在革命运动和国家建设问题上，新的科学论不可能由他来建构。但毛泽东适逢还原论科学到达其顶峰的历史时期，任何事物在到达顶峰的过程中也必定开始孕育它的替代者，开启向其替代者演变的历史进程。毛泽东是辩证法大师，由于置身于变革中国社会这一特殊的开放复杂巨系统的实践中，而且处于风口浪尖上，又居于对这一实践过程进行理论概括的核心位置，因而比其他同代人更深刻地理解了复杂性，真切感受到复杂性挑战科学前沿的时代气息。社会的复杂性与科学技术的复杂性是相通的，这使他能够从哲学上远距离地领悟业已开始的科学转型演化。他对批判遗传学的抵制，关于基本粒子理论的哲学概括，提出技术革命概念等，都是对马克思主义科学论的丰富，提供了科学论的新成分。20世纪的中国社会聚集了当代世界一系列重大矛盾，以中国革命和建设这种最复杂的实践过程为舞台进行理论概括，这使他关于认识论和辩证法的著作对复杂性科学有出乎人们意料之外的重要价值，对于提出新的科学论有指导作用。遗憾的是，由于种种历史的原因，中国哲学界至今无人领会这一点；反而培养出一些这样的科学哲学家，他们始终处在“哲学反对科学”的前沿，批判谈家祯，批判梁思成，批判爱因斯坦，批判钱学森，批判中医，60年来一路批判下来，棍子满天飞，至今毫不醒悟。

真正领悟了毛泽东哲学遗产、为新时代的马克思主义科学论奠定基础的是钱

① 钱学森．工程控制论（修订版）．北京：科学出版社，1980：vi.

学森，他把自己的哲学探索看做毛泽东开辟的哲学探索的继承和发展，即中国马克思主义者群体哲学创新的组成部分。20 世纪最后 20 年中，在一些中国哲学专家纷纷与毛泽东哲学思想切割的时候，转向研究复杂性的钱学森独具慧眼，断言中国革命成功经验“经过老一代革命家的总结，集中成为毛泽东思想，这就是我们最宝贵的财富。而这样一个哲学思想恰恰正是指导我们研究复杂问题所必需的”。[①] 运用毛泽东哲学思想，钱学森在新的学术探索中闯出一条独特路径，初创了开放复杂巨系统理论。创建新的马克思主义科学论的主客观条件在钱学森身上得以汇聚，这既有偶然性，也有一定的必然性。

复杂性科学告诉人们，非线性动力学系统具有路径依赖性。这在理论研究和学术探索中也有表现。钱学森的科学论跟他的学术思想演进路径密切相关：他首先作为一流力学家和火箭专家登上世界科学舞台；接着创建工程控制论，开始从自然科学走向系统科学这种横贯科学；回国后又长期领导中国火箭导弹研制而精通航天科技。在此过程中，他又努力学习哲学和社会科学，研究管理科学。因此，在其学术生涯的前 40 年中，钱学森先后打通了理与工、文与理、科与哲的界限，对现代科学技术体系有了整体的把握。拥有这样的知识结构，又掌握了马克思主义哲学，钱学森就具备了建立新的科学论的主观条件。

钱学森是幸运的。他走上世界科学前沿的年代，恰是复杂性科学孕育、形成的一个重要历史时期，身处世界科学中心的他得以就近感受这一科学新潮流，并在某种程度上参与其间。再过 30 多年，当他逐步卸去中国航天科技部门的领导职务、有精力全身心地回归学术研究之日，正是复杂性科学正式诞生、并迅速成为世界科学前沿热点之时。钱学森敏锐地把握了这一发展态势，迅速开展复杂性研究，并且独树一帜。这时候的现代科学整体上已经大不同于恩格斯的时代，在自然科学、社会科学和数学之外，大量边缘科学、交叉科学、横贯科学、跨学科研究涌现出来，科学作为系统正在经历从简单性科学向复杂性科学的历史性转型演化。20 世纪 70 年代以降，这一转型演化已经鲜明地呈现在世人面前，表明建立新的马克思主义科学论既已成为历史的必要，也具备了历史的可能性。独特的学术经历使钱学森对这一客观形势具有专业科学哲学家难以获得的领悟，他立即抓住这一历史机遇，自觉地从工程技术走向科学论。

钱学森科学论的核心是关于现代科学技术体系学的思想。跟国际知名的科学哲学家不同，钱学森是以马克思主义哲学为指导研究科学论的。科学技术专家的经历，全才式的知识结构，对现代科学技术的整体把握，使他深刻理解了恩格斯关于 19 世纪自然科学正在发展为“一个伟大整体的联系的科学”的命题。这一发展趋势早已超出自然科学的范畴，更体现了 20 世纪科学技术发展的特点，应

---

① 钱学森. 创建系统学（新世纪版）. 上海：上海交通大学出版社，2007：133.

该作为建立新科学论的基本哲学理念。可以说，钱学森有关科学论的工作，主要就是依据科学技术发展的全部事实来论证恩格斯命题的科学性，揭示现代科学技术具有怎样的整体性，按照怎样的模式相互联系着。这一切都凝结在他的现代科学技术体系概念中。

科学技术是一种知识形态的社会存在，科学论是知识论的一部分，科学论的基本问题之一是阐明科学知识的来源。马克思主义的知识论是辩证唯物主义的知识论，强调一切真知识都来源于社会实践。钱学森有关科学论的探索坚定地坚持这一原则，处处以《实践论》来照鉴自己的论述，明确告诉读者他的现代科学技术体系是尊奉“毛泽东的认识论”而构建起来的。特别是当科学研究进入开放复杂巨系统这个新领域时，现有的科学理论已不适用，如何解决开放复杂巨系统的问题摆在面前时，他从毛泽东的认识论获得关键性启示。所以钱学森自豪地说：“我们的从定性到定量综合集成法是建筑在《实践论》基础之上的”[6-079]，而圣塔菲复杂性研究的不足在于“美国人没有毛泽东的认识论！”[7-138]

在其学术生涯的后 30 年中，钱学森首先是一个系统科学家，自觉地应用系统观点和方法研究一切问题，包括有关科学论的探索。把对象作为系统来研究，最基本的工作是考察系统的组分、结构、属性和功能。用系统论观点研究现代科学技术体系，钱学森思考和论述最多的是该体系的结构，这也是他的科学论最精彩的部分。恩格斯给出的是关于简单性科学的分类，远远不能反映复杂性科学兴起后的实际情况，必须给出全新的分类。钱学森的现代科学技术体系初步给出这种分类。这当然不是定论，他持开放性观点，随着认识的深入，可能会有新的大部门纳入体系中。

科学和哲学的关系是科学论的重要内容，也是钱学森关注的核心论题之一。把哲学作为科学技术体系的有机组成部分，是钱学森科学论的一大特色。他在这方面的主要观点是：哲学是人类知识的最高概括，居于科学技术体系的顶层；马克思主义哲学才是科学的哲学，它扎根于现代科学技术体系；哲学的主要对象就是现代科学技术体系；马克思主义哲学对 11 大部门、5 大层次都有指导作用，这种指导作用主要是通过各个哲学分论实现的，在各大部门中应用哲学，首先是应用与该部门相对应的哲学分论。

科学论的另一个基本问题是科学技术如何发展。钱学森的科学技术体系学从两个方面（维度）讨论这个问题。一是不同层次之间的相互依存、相互作用的辩证关系。从知识的不断概括抽象这个维度看，科学发展是通过不同层次的相互作用实现的，既有从低层次向高层次的运动，也有从高层次向低层次的运动。低层次学科为高层次学科提供问题和素材，能够促进高层次学科的发展。高层次学科为低层次学科提供概念、原理、方法，指导和促进低层次学科的发展。这是层次关系的辩证法。二是不同大部门之间交叉渗透、相互作用的辩证关系，科学技术进一步发展要求在 11 大部门之间大跨度地融会贯通，综合集成。鉴于现代科学发展的综合化趋势，只有跨越不同部门，才能有真正的创新；跨度越大，创新越大。这两方面都鲜明地地反映出复杂性科学当旺时代的科学发展规律，钱学森之所以花那么多力气研究现代科学技术体系，目的正在于揭示这些规律。

人类的知识不限于科学技术，大量的内容处于科学技术之外，即直接来源于实践经验、尚未经过思维充分加工提炼、因而还不能进入科学技术体系的知识，即钱学森所说的前科学。阐述科学技术与前科学的关系，用系统观点考察前科学，以及研究知识体系的结构，也是钱学森科学论的内容。

以上是我们对钱学森科学论基本思想的理解①。毫无疑问，钱学森只是为新的科学论奠定了基础，许多问题尚未阐述清楚，有些论点有待商榷，亟须学界开展认真而持续的研究。但他关于科学技术发展的哲学分析代表了马克思主义科学论的另一个里程碑，值得重视。

① 苗东升．马克思主义科学论的第二个里程碑．今日科苑，2010，(第 1～3 期合刊)．

第 20 章　从马克思主义哲学史看钱学森的哲学探索

鉴于钱学森哲学探索的独特性，实时地、就事论事地考察无法作出全面而准确的评价。只有放在马克思主义哲学发生发展的整个历史中考察，与以往的发展相比较，联系未来发展的可能性，才能给他以应有的地位。

20.1　马克思主义哲学的发生发展是一种非线性动力学过程

系统论认为，无论客观世界，还是人的主观世界，本质上都是非线性系统，只是在某些简单情况下才允许作线性化处理，用线性系统作模型来描述研究对象。在一般情形下，主客观世界的事物都必须按其本来面目作为非线性系统去认识和处理，即把非线性当非线性对待，把复杂性当复杂性对待。这是实事求是原则在系统科学中的重要体现。

作为一种观念形态的存在，马克思主义哲学也是一个非线性动力学系统。它的产生并非既有哲学的线性延伸，而是意识形态革命的产物。马克思主义哲学产生后的发展也不是线性地延伸扩展，而呈现为一种非线性动力学过程，有量的积累，也有质的飞跃；有连续光滑的拓展，也有转变方向的运动；有高潮，也有低潮，时有惊心动魄的斗争。非线性过程的一个特点是划分为彼此性质上不同的多个阶段，相互间有衔接、转换的问题。作为时代精神的精华，马克思主义哲学随时代的显著变化而划分为不同阶段，有不同的理论表现，呈现为一种曲折复杂的非线性动态过程。

从客观方面说，历史进入 20 世纪 90 年代以后，第 4 章提及的那些规定新时代的重大潮流和事件均已发生，它们相互汇集、交融而产生的整体涌现性，就是我们所说的新的时代精神。就其主观方面看，随着现代科学技术体系基本框架的初步确立，钱学森对支撑马克思主义哲学殿堂的 10 个基石已都有所探索，第 11 块基石也即将明确，他感觉到自己已经能够并且必须进入马克思主义哲学的殿堂，直接参与发展辩证唯物主义的工作了。读读钱学森那个年代的论著，特别是书信，很容易感受到早先那种不敢进入殿堂的思绪已一扫而光，统帅人物在大战之前的那种兴奋情绪溢于言表。

这种态度改变的触发因素是时为青年哲学家王东的著作《辩证法科学体系的“列宁构想”》。王博士认为，把唯物辩证法理论系统化的工作在世界历史上已有过三次伟大尝试，第一次是马克思和恩格斯，第二次是狄慈根，第三次是列宁，都未成功。钱学森赞赏这一提法，对于如何理解他开始参与的哲学探索的历史意义，王东的观点给他提供了启发：历史发展需要一次新的伟大尝试。钱学森由此而兴奋地写道："现在该是我们中国人搞第四次伟大尝试了，而且我们要力求成功。"(6-225)面对再一次谱写老兵新传的机遇，钱学森引用毛泽东的著名诗句"俱往矣，数风流人物，还看今朝"来表达自己的心情(6-260)，把一个战斗唯物主义者的风貌活灵活现地展现在世人面前。

20.2　建立马克思主义哲学体系的前两次伟大尝试

建立唯物辩证法科学体系的第一次伟大尝试的是马克思和恩格斯，这当然没有疑问，称狄慈根的工作是第二次伟大尝试的说法却值得商榷。尽管恩格斯充分肯定了狄慈根的独立工作，但狄慈根与马克思、恩格斯同处自由资本主义时代，时代精神只有一个。历史地看，在前后相继的几次尝试中，位于后面的尝试应该是对前面的尝试的超越和突破。既然是同一时代，社会历史发展本身就没有给狄慈根提供进行另一次伟大尝试的独特资源。他的工作属于第一次尝试的一个支脉，是对马克思、恩格斯工作的补充，算不上一次独立的伟大尝试，不可能构成对马克思、恩格斯的超越和突破。从社会实践的效果看，狄慈根的思想影响也远远不能和马克思体系相提并论。

列宁在唯物辩证法方面的理论创新确实够得上另一次伟大尝试。从客观上说，他处于垄断资本主义和社会主义革命的时代，领导建立了世界上第一个社会主义国家，面对新的时代背景，具有独特的实践基础。跟马克思相比，时代精神发生了质的改变，历史地产生了建立唯物辩证法新体系的需要和可能。从主观上看，列宁在哲学上留下丰富的遗产，称得上对马克思体系的超越和突破。需要讨论的问题之一是，如何评价这次伟大尝试中的斯大林。尽管斯大林"水平不高"、"犯了错误"（钱学森语），但他和列宁的理论活动都是以十月革命和苏联社会主义建设为背景，代表的是同一个苏联共产党的集体智慧，他在理论上的错误和教训有某种时代决定的不可避免性。错误和教训也是精神财富，而且是不可或缺的精神财富。在人类历史上，没有经过重大挫折和失败的成功算不上伟大的成功。苏联马克思主义者的失败和教训所提供的巨大价值，将在今后的社会主义事业中逐渐展示出来。基于这样的考虑，也可以讲这一次伟大尝试的代表是列宁和斯大林。

第三次伟大尝试是以毛泽东为代表的中国马克思主义者进行的，早期的成果集中体现于毛泽东哲学思想中。这次伟大尝试发生于一个以推翻资本帝国主义建立的殖民地体系为历史主题的新时代，是在大不同于西方社会文化的大环境中孕育和进行的，它的巨大历史作用已经在中国革命胜利和世界殖民体系瓦解中展示出来，并将在世界社会形态的未来发展中进一步展示。

20.3 钱学森与建立马克思主义哲学体系的第三次伟大尝试

从自觉参与哲学探索起，钱学森就是从战略高度考虑问题的，而对具体的哲学问题关注不多。王东的说法点醒了钱学森，对于自己开始参与的、中国马克思主义者一直在进行的哲学探索的实质，他从学术目标和现实意义两方面做出概括："我们中国要干的'第四次伟大尝试'实质上是要建立马克思主义哲学的体系，用以指导社会主义建设的伟大事业。"(5-353) 推动这次新的伟大尝试的力量来自中国社会主义建设的理论需要，目标和任务则是建立马克思主义哲学的体系。

战略目标明确后，作为帅才的钱学森立即着手谋划战役部署，组织队伍，指挥战斗。按照他对现代科研方式变革的理解，重大哲学探索也应该从个体作业转变为团队作业，故应当组织力量去从事建立马克思主义哲学体系的工作。从当时的实际出发，他决定这件事先由钱学敏、孙凯飞、王东干起来，组成所谓"三人突击队"，相机再予扩大，他自己则作为顾问。钱学森为此而给三员战将多方指导，还设想以纪念《哲学的贫困》150 周年为契机，分三个阶段进行，要在 7 年内拿出一批成果来。从现有资料看，钱学森最初提出中国人搞第四次尝试是在 1993 年 7 月致王东的信中，其后又反复跟三位"第四次伟大尝试者"、还有哲学家黄楠森和张岱年以及其他社会科学家商讨谋划，前后历时约两年多。但 1993 年以后却不见再提及此事，三人突击队似乎也不再协同出击，各忙其事去了。今天来看，钱学森对此事的困难可能估计不足，要求 7 年就出成果太乐观了。如钱学森所说，这"不是一项什么'重点研究课题'能解决的，是一项全国协同攻关的大任务。也可以说是如同自然科学技术中的'863'计划"。(6-415) 另一方面，哲学研究历来是个人打拼的领域，在市场经济体制刚刚建立的情况下，组织团队攻坚尤其难以进行。

不过，这样说并不妨碍我们对钱学森哲学探索在马克思主义哲学发展史上的地位作出评价：尽管钱学森没有哲学专著，但他的哲学探索属于建立马克思主义哲学体系的一次新的伟大尝试的重要组成部分。按照钱学森自己的说法："这第四次伟大尝试的一项工作就是建立科学技术的体系"(6-225)，他已经初步构筑起由 11 大部门、5 个层次组成的体系，为进一步的工作奠定了基础，称得上一项重大贡献。"第四次伟大尝试还应包括一项工作，即把中国古代哲学思想的精华提炼出来，纳入马克思主义哲学。此事毛泽东同志已经开了头。"(6-226) 在这方面他生前也做了一些力所能及的工作。

钱学森深信中国人搞第四次伟大尝试"是可以成功的"，其根据何在？他自己的回答是："因为毛泽东同志早在 50 年前就开始了"。(6-225) 另一处说得更明白：

"您三位要搞'第四次伟大尝试'嘛，而这实际早已由毛泽东等老革命家开始了。"(5-444) 就是说，所谓第四次伟大尝试并非始自他提出这一概念的 1990 年，而是始自 20 世纪 30 年代，毛泽东把马克思主义中国化的努力就是建立马克思主义哲学新体系的伟大尝试，而且十分成功。这个世纪末中国学术界进行的探索，包括钱学森自己的工作，都是毛泽东开始的伟大尝试的继续，实质上是同一历史进程、同一次伟大尝试的不同阶段。也就是说，钱学森倡导的所谓"第四次伟大尝试"是在新的历史条件下继续推进毛泽东的哲学创新，故合称为第三次伟大尝试。

放在世界系统形成发展的全过程看，由毛泽东那一辈中国马克思主义者开始的哲学探索是一个很长的历史过程，一个多棒接力跑的过程。这一过程的全部（整体）才是所谓"第三次伟大尝试"，钱学森是其中的重要一员，而且不是最后一员。强调探索主体的群体性，强调探索实践的全过程性，才符合辩证唯物主义和历史唯物主义。

21.2 人类历史正在经历一次新的文艺复兴

160年前，马克思、恩格斯以千年为尺度看世界，写出《共产党宣言》，标志着世界系统化的潮流已经从自发趋势转变为自觉意识。迄今为止的西方学界主流至多以百年的历史尺度看世界，无法理解马克思主义的真谛。而马克思、恩格斯也由于历史尺度太大而对资本主义的持存性估计不足，把消灭资本主义这个空前复杂的历史过程简单化了[①]。但马克思毕竟看到了千年尺度上的人类历史走向，揭示出资本主义的暂时性，而暂时性是随着复杂性科学的兴起才正式成为科学研究对象的。要理解第二次文艺复兴的真谛，必须回到马克思，以千年大尺度来观察人类社会的未来走向。而马克思以来近100多年的历史演变，已能够让人看清资本主义持存性的极限所在，可以从理论上认真讨论它的消亡了。

理想的大同世界必须以地球人类的系统化和现代化为前提条件，举全人类之力方能建成之。到那个时候才是人类社会完整的现代化，西方现代主义和后现代主义所讲的现代性都是不完整的。所谓“完整的现代性”包含两个要素，一是全球性，整个地球人类实现现代化；二是可持续性，能够持续的现代性。人类社会的现代化是一种动力学过程，建立全球范围的、可持续的生产模式和生活模式是该系统的吸引子，不达此目的，现代化过程决不会结束。所以，地球人类完全的现代化过程包含两大阶段，少数国家通过建立资本主义文明首先现代化是它的第一阶段，全世界现代化是它的第二阶段。西方资产阶级以殖民主义和频繁发动战争这种极其野蛮残忍的手段促成地球人类的系统化，罪行累累，却也起到了“恶的历史作用”，为全人类走向现代化创造了必要的前提条件，总体上是历史的巨大进步。在这一过程中，第一次文艺复兴功不可没，它为地球人类全面现代化的第一阶段——建立资本主义文明奠定了文化基础。但它也仅仅服务于第一阶段的历史任务，而它的局限性也就历史地规定了第二次文艺复兴的必要性。

系统化了的人类社会出现新的文明转型演化还有更深层次的社会历史根源。从大尺度看，资本主义文明是一种短命的历史存在，从它诞生起就出现了它的否定者——社会主义。人类文明演化本质上是一种自组织运动，资本主义文明即工业-机械文明的确立过程自发地造成它自身未曾料到、也无法解决的两大矛盾。其一，它仅仅是少数国家享受的文明，通过向不发达国家排出正熵、从不发达国家攫取负熵是它得以建立、存续和发展的必要前提，导致这些国家急剧衰落。但它同时也唤醒了不发达国家人民的现代化意识，并付之行动，其矛头所向却是毁掉资本主义文明赖以存续的前提。这是发达国家未曾料到、也不愿看到、但不能

① 苗东升．复杂性科学与社会主义．党政干部学刊，2011，(1)．

不面对的矛盾。其二，资本主义文明的存续发展依赖于越来越多地从自然环境中攫取负熵、向自然界排出正熵，必然造成资源匮乏、环境污染、生态破坏的恶果，以至于即使少数发达国家的现代文明也无以为继，更不用说全人类享受工业-机械文明。发达国家也有解决后一矛盾的愿望，但自私心使它们总是想尽可能把危机转嫁给他国，主要是转嫁给“穷国”。这两大矛盾历史地决定了 20 世纪后期以降世界的整体走向：既然资本主义自身无法解决它从娘胎里带来的这两大矛盾，人类要继续生存发展就只有跨越资本主义文明，以新的文明形态取而代之。从技术角度看，这就是由工业-机械文明向信息-生态文明的转型演化，从 20 世纪后期起，它在世界范围日益鲜明地呈现出来了。

实现新的文明转型，建立新的文明形态，需要新的文化基础，需要新的文艺复兴。钱学森对此有过自觉而深入的思考。他于 1986 年指出，第一次文艺复兴是在 500 年前发生的，历史前进到今天，“它那一套已经不行了，应该再来一套新的，就是第二次文艺复兴。”① 新的文艺复兴实质上也是文化复兴，核心或关键仍然是新文化的创造。在最初提到文艺复兴问题时，钱学森就是从人类历史上的文化革命谈起的。在给出“意识的社会形态的飞跃就是文化革命”的定义后，他立即提出“有几次文化革命”的问题，并回答说：“我国春秋战国时期是不是有过文化革命？西欧十六世纪的‘文艺复兴’是文化革命了。我们现在是不是在迎接又一次新的文化革命？”[4-071] 钱学森对三个问题都没有明确回答，但强调文化的变革和创新是明确的。就是说，钱学森是在文化创新的意义上提出第二次文艺复兴概念的。

把上面的讨论综合起来，后半段即从 14 世纪到 23 世纪的世界历史为：

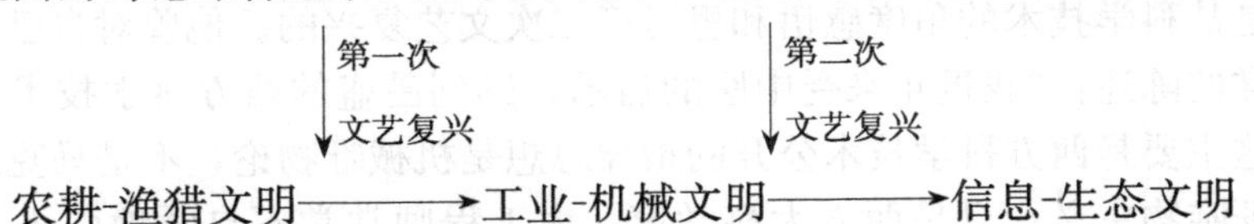

21.3　两次文艺复兴的比较

恩格斯对第一次文艺复兴做过高度评价，要点有三：其一，“这是一次人类从来没有经历过的最伟大的、进步的变革”；其二，这“是一个需要巨人而且产生了巨人”的时代；其三，这次文艺复兴的历史任务是“给现代资产阶级统治打下基础”②。准确地说，是给现代资产阶级统治打下思想文化的基础，而非经济

① 钱学森．人体科学与现代科学技术发展纵横观．北京：人民出版社，1996：431.

② 恩格斯．马克思恩格斯选集第三卷．北京：人民出版社，1972：445.

的、政治的、军事的基础。钱学森赞同这一评价，并遵循恩格斯的基本思路来思考当代现实，形成了第二次文艺复兴的概念。今天来判断，前两点应该是两次文艺复兴共有的质性，第二次将更胜一筹；后一点是第一次文艺复兴特有的质性，即其历史的阶级的属性。

第一次文艺复兴主要是从希腊古代文明中吸取文化思想，但也从阿拉伯文明、中华文明、伊斯兰文明等古代文明中吸取了诸多营养，在一定程度上已经是集全人类智慧之大成。从科学文化方面看，在古代文明对欧洲文艺复兴所提供的思想文化资源中，最重要的是德谟克利特的原子论、欧几里得的公理论（形式化方法）和亚里士多德的形式逻辑，它们在古希腊文明中表现得最鲜明而完整，构成西方近现代科学的关键性“基因组”。相比之下，缺乏这“三大件”正是辉煌的中国农业文明没有独立地产生出近现代科学的深层原因之一。然而，经过500多年的发展，这种科学所支撑的工业-机械文明已暴露出巨大的弊病：只能被少数发达国家独享（不公平性），而且短命（不可持续性）。借用曹雪芹的语言讲，工业-机械文明有点像贾府，“渐渐的露出了那下世的光景来”，成为阻挠全人类共同实现现代化的文化社会根源。由此决定了，要使地球人类整体上走出传统社会，所有民族都过上现代化生活，科学作为系统必须来一次转型演化，用新的形态取代数百年来当旺的既有形态。

这就历史地需要来一次新的文艺复兴，创建新科学、新文化。科学系统现有形态的根本弊病主要有两个方面。一是宇宙观上的机械唯物论，二是方法论上的还原论。恩格斯对此都有深刻的揭露和批判。钱学森接受了这些思想，并把这一切与欧洲文艺复兴以及科学技术的最新发展联系起来。作为科学技术专家，钱学森主要是从科学技术的角度感悟和思考第二次文艺复兴的。他曾对自己思想演变做过这样的陈述：“我近年来受中医的启示，感到昌盛的西方科学技术也有其局限性。这主要是西方科学技术公开的指导思想是机械唯物论，不是马克思主义哲学的辩证唯物主义；只是西方大科学家、大工程师常常不自觉地引入点辩证思维。”[8-363]对于还原论的弊病，作为科学家的他领悟更多、更深，提出的批评也更全更深，集中反映在他关于系统科学的著述中。基于这样的判断，钱学森得出结论：“我们社会主义中国人应该纠正这一缺点，以马克思主义哲学为指导，取我国传统文化中的精华，结合现代科学技术，辩证统一扬弃为新的文化。这是我说的将在社会主义中国出现的第二次文艺复兴。”[8-363]这段话包含了钱学森“第二次文艺复兴论”的纲领性见解。

从人文文化角度看，为了以人道反对神道，摆脱欧洲中世纪文明对人性的压抑，第一次文艺复兴的代表人物极力从希腊和其他古代文明中吸取人文主义的思想资源。这同样结出丰硕成果，西方现代文明赖以自豪的民主、自由、人权、平等、博爱等概念，以及相应的理论和制度建设，既是古代人文文化的复兴，更是在复兴基础上的创造。这一切构成资本主义人文文化的精髓，在总体上是传统社会的人文文化不可比拟的。但资本主义的本性又使这一切受到扭曲。恩格斯曾经赞扬造就欧洲文艺复兴的那些巨人"决不受资产阶级的局限"，是性格上完整和坚强的"完人"，而资本主义的成长却使人沦为分工的奴隶，难以再产生这样的巨人。最可怕的是由于将个人利益最大化奉为圭臬，必定"把人们心中最激烈、最卑鄙、最恶劣的感情，把代表私人利益的复仇女神召唤到战场上来"①。以最贪婪的资本家为原型抽象概括出来的所谓经济人、理性人，把人性扭曲到极致。其结果，既造就出生不如死的殖民地半殖民地广大穷人，也造就了今天国际范围极端的经济不平等和政治不民主，使两大矛盾日益激化。要解决两大矛盾，实现全人类的现代化，历史地需要把欧洲文艺复兴以来形成的人文文化放在理性的审判庭上，重新评价它的功过是非，进而扬弃它，超越它。质言之，人文文化的发展同样要求来一次新的文艺复兴。

晚年钱学森在这方面也有清晰的认识。作为终身从事科学技术工作的专家，钱学森的人文文化造诣毕竟不足，难以像科学文化那样以精准的语言来阐释第二次文艺复兴在人文文化方面的表现。他承认这一点，耄耋之年还在努力弥补这方面的缺陷。但作为大成智慧者，钱学森能够超越一般人文学者而感悟到人文文化也需要新的文艺复兴，令人钦佩。进入 20 世纪 90 年代后，钱学森越来越把更多的精力放在人文社会科学方面，他的研究团队所研究的问题也越来越富有人文味。"科学的艺术化，艺术的科学化"概念的提出集中体现了他的这种思想演变。

两次文艺复兴之间存在前行后续的历史性联系。按照非线性系统的路径依赖原理，前一次文艺复兴为世界现代化全过程选定初始条件和路径，在行进过程中又通过种种对称破缺使某些偶然性转化为必然性，也就为后一次文艺复兴确立了起步的基地，提出要面对的问题，提供进行比较的参照系。既然历史的行程今天已经走到地球人类现代化的第二大阶段，我们就必须像马克思那样着眼于现代化的全过程、用千年的大尺度来思考问题，把两次文艺复兴联系起来考察，弄清二者之间的异同。钱学森就是这样做的，他首先从科学技术发展的角度看到了两次文艺复兴之间的历史性联系："近代科学始于四百年前的文艺复兴，是 Copernicus，Kepler，Descartes，Galileo，Bacon 和 Newton 他们创立了从实验观察出发，推理为手段的所谓科学方法。为了在复杂现象中能定量测定，不得不分解事物，而且越分越细……另外，推理就有综合，如何综合？人的主观不能不起作用；这一点 A. Einstein 早就指出过。总之建立在还原论基础上的所谓科学方法是有很大局限性的。"(5-181)

第一次文艺复兴的局限性历史地规定了第二次文艺复兴的必要性。钱学森又

---

① 马克思．资本论．北京：人民出版社，1975：第一版序．

说："从 Copernicus，Kepler，Descartes，Galileo，Bacon 到 Newton 才奠定以还原论为'科学方法'的近代科学，这是文艺复兴，创造了资本主义文明。我们要用定性与定量相结合的综合集成法为契机，以马克思列宁主义毛泽东思想为指导，开创又一次新的文艺复兴，创造社会主义、共产主义文明。"[5-170] 就字面看，这似乎仍然是针对科学文化来说的，如果考虑到他的现代科学技术体系已经把科学文化与人文文化整合在同一系统内，那么，这段话显然是针对整个人类文化而言的。钱学森思想十分明确，第二次文艺复兴的历史使命是以社会主义、共产主义文明取代资本主义文明；用恩格斯的语言讲，它的历史使命是结束资产阶级统治。请注意，这同其他人在钱学森前后有关新文艺复兴的说法大不相同。至于如何理解用定性与定量相结合的综合集成法"为契机"，我还在思索中。

资本主义自身造成的两大矛盾能否解决直接关系到整个人类能否生存的问题，而实现这一新的文明转型只能是全人类的事。但两大矛盾之间有重要差别，两次文艺复兴之间也有重要区别，切不可简单地比照前一次去理解后一次。世界系统最初的结构模式是以少数宗主国压迫掠夺占人类绝大多数的殖民地半殖民地，不妨称为世界范围的城乡二元结构。随着这一结构的形成，第一个矛盾便立即凸显出来，列宁主义的产生和民族解放运动在世界范围的兴起就是这个矛盾被自觉意识到的表现。第二个矛盾却居于更深层次，被人们意识到要晚得多。而解决第一个矛盾天然符合不发达国家的利益，这就决定了世界现代化的第二阶段是从解决第一个矛盾开始的，被压迫民族首先要把命运掌握在自己手里，才谈得上现代化。所以，新的文化复兴首先要创建民族解放的文化基础，这是世界范围内新的文艺复兴的起点。如果说第一次文艺复兴的主动力量只是今天的发达国家，其他民族是被迫卷入的；那么，第二次文艺复兴的主动力量是全人类，首先是不发达国家。

100 多年来不发达国家无数革命先驱流血奋斗的动力来自这样一个信念：被压迫民族只要掌握自己的命运，就可以独立自主地搞工业化、现代化。这个命题有很大片面性，"骗了无数天涯过客"。因为随着殖民体系的瓦解，世界局势也时过境迁，出现了一系列未曾料到的深刻变化。第二次世界大战后，在世界民族解放运动风起云涌的同时，发达国家的工业-机械文明也迎来一个黄金时期。但历史同时也告诉世界，仅仅发达国家的工业化就已把自然环境对经济发展的支持推向极限，如果全世界都搞工业化，都像美国那样富有，地球很快就不堪重负，人类将自己毁掉自己的生存家园。这就使第二大矛盾迅速凸显出来，不发达国家照搬发达国家工业化的模式已经不可能。而在殖民体系和冷战结构相继瓦解后，钱学森所说的"世界社会形态"① 也已演进到它的另一种模式，形成以美国为龙头

① 钱学森．创建系统学（新世纪版）．上海：上海交通大学出版社，2007：207.

的世界市场体系，把全球一体化提高到新的水平，使世界系统的整体涌现性具有了新的内涵。这既形成了极不平等的国际经济关系和极不民主的国际政治关系，使少数发达国家向不发达国家排除正熵、攫取负熵的卑劣行为合法化、程序化，也显著加强了世界经济、政治、文化的流动性，而流动性有助于削弱世界系统的不平衡性。出乎发达国家的主观愿望，这又为不发达国家的发展提供了机会。其结果，第一大矛盾被进一步激化，并获得新的展现形式。解决第一个矛盾根本上违背资本主义的利益，他们始终不情愿。发达国家具有解决第二个矛盾的需要和动机，而且这种愿望和自觉性首先也是从他们那里产生的。解决第二大基本矛盾也符合不发达国家的利益，但他们必须寻找一条不同于发达国家的发展道路，因而更需要创建新的文化基础。这一切决定了第二次文艺复兴要比第一次文艺复兴曲折复杂得多，内涵要丰富得多。

把恩格斯和钱学森的话综合起来，可以得出结论：第一次文艺复兴是为资产阶级统治打下基础，第二次文艺复兴则是为在世界范围结束资产阶级统治打下基础。新的文艺复兴能够让人类建立起这样一种信念：只有放弃资本主义，才能够实现全人类都可以永续的现代化。或者说，只有共产主义才能救人类。

21.4　中国是第二次新文艺复兴的主战场

第一次文艺复兴的主战场是欧洲，然后扩展到更大范围。但真正把它的文化创新转化为物质文明和制度文明的是少数发达国家，核心是欧洲和北美，后来又扩展到大洋洲，唯一的例外是日本。第二次文艺复兴从一开始就是全人类的共同事业，须集全人类的力量和智慧，集世界所有民族文化之精华的大成，方能最终实现。但世界巨系统的发展极不平衡，其不同组分在不同历史时期所发挥的作用也不同。就科学技术和社会发展来说，发达国家是新文明的先行者，新问题、新思想、新技术由它们首先提出来，在未来一段时间内他们还是科学技术发展的领先者。但不愿放弃既得利益和维护现存国际经济政治秩序的主观意志，又使他们成为抵制这次文明转型演化、包括第二次文艺复兴的保守力量。就新文明转型演化的全过程看，第二次文艺复兴从始至终的推动者、痛苦代价的主要承受者、最终取胜的决定性力量都是长期被奴役的民族，而主战场则在中国。其根本原因有三：

第一，第一次文艺复兴所启动的世界历史进程使繁星闪耀的古代文明几乎都被中断，此乃人类为资本主义文明获得成功所付出的惨痛代价。但面对西方文明一次又一次来势汹汹的侵袭，中华文明至今未被中断。回顾世界殖民史的后 150 年，以同一个国家为对象，大小资本帝国主义先后轮番上阵，用尽一切和平的或战争的手段，甚至八个发达国家组成联军来攻打，这样的事在世界殖民史上绝无仅有。而它们终究没有如愿以偿，被侵略者始终没有亡国，文化传统始终没有中断，这更是世界历史的一大奇迹。一切奇迹其实都有它的历史必然性。今天的人们逐步看清了，中华文明始终没有中断绝非偶然幸存的历史事件，而应该看做人类历史的一种必然。它表明，中华文明在深层次上一定具有西方文明骨子里没有的优势，它对建立工业-机械文明用处不大，却包含着创造人类未来更新文明必不可少的积极因素和力量。资本主义文明固有的根本性缺陷令它即使发挥自己的全部优势也不足以打断中华文明的命脉，而保留中华文明也就保留了诸多克服资本主义现代化带来的严重弊病的妙方良药。用一句老话讲，这叫做“苍天有眼”，老天爷不允许打断这根对人类未来命运至关重要的文化命脉。这种必然性只有当两大矛盾发展得足够充分后才开始被人们意识到，英国历史学家汤因比就是先知先觉者之一。他从人文文化角度悟出“中国还有跟历来西欧各国根本不同的国家观、世界观和文化观念”，断言21世纪为避免人类集体自杀，中华民族肩负重大责任。① 复杂性科学的开拓者普利高津主要是从科学文化角度悟得此理的少数先驱者之一，他主张把西方科学与中国文化结合起来，使人类文化“走向一个新的综合，一个新的归纳，它将把强调实验及定量表述的西方传统和以‘自发的自组织世界’这一观点为中心的中国传统结合起来。”②。他们的期望如果实现，那就给全人类共享的文明奠定了文化基础。

第二，中国不是某个帝国主义的殖民地，而沦为世界各资本帝国主义势力汇聚、争夺、瓜分的对象，也就成为20世纪各种重要矛盾齐集汇聚之地，各种强势文化纷纷进入，各种思潮相互博弈、激荡，因而成为世界民族解放运动的先锋，民族革命的实践又赋予它新的品格，创造新文化的客观基础。这样的民族最需要来一次新的文艺复兴，也最具有产生新文艺复兴的社会基础。

第三，中国成为第二次文艺复兴的主战场也是中华民族自己努力奋斗得来的。我们不是历史宿命论者，客观可能性只有跟主观能动性相遇并有机地结合起来，方可成为现实的必然性。20世界的中国做到了这一点，毛泽东对此有精彩的论述。但直到今天，中华民族仍然没有最终走出“最危险的时候”，中国文艺复兴被中断的可能性依然存在，孙中山的名言“革命尚未成功，同志仍须努力”仍然没有失去效力。

那么，中国文艺复兴的起点在哪里？从钱学森的用语看，他讲的是“将要出现”和“发动”第二次文艺复兴，起点应该是20世纪80年代。我不赞同此说。任何一次深刻而漫长的社会历史变革都是以自组织形式开始的，最初的发动者、

---

① 阿诺尔德·汤因比，池田大作．展望21世纪．荀春生等译．北京：国际文化出版公司，1985：290.

② 伊·普利高津．从存在到演化，曾庆宏等译．上海：上海科学技术出版社，1986：中译本序．

开拓者完全是自发的，对此一变革过程的历史意义、整体目标、实际路径一无所知，更不可能把它概念化（用一个特定的概念称呼它）。只有这一变革过程已经历了相当长时期的积累，大约在全过程的三分之一左右时，才会有思想敏锐者把这一过程概念化，给它起个名字，标志着该项历史变革从自发转变为自觉。第一次文艺复兴始于 14 世纪，the renaissance 概念则是由“15 世纪的知识分子创造的”①，即从此成为欧洲人的自觉行为。就第二次文艺复兴这一客观过程而言，钱学森属于最早的自觉意识者，却不是最初的开拓者或发动者。所以，20 世纪 80 年代不是人类第二次文艺复兴的发动期，而是它从自发到自觉的转变期。

一个有生命力的系统跌入谷底之时，也就是它走出谷底的起始之日，必然在文化觉醒上有所反映。甲午战争标志着中华文明已衰落到极点，由它激发的戊戌变法首次提出“维新”的概念，目标明确指向中国传统的制度文化，标志着中国文艺复兴的启动。为什么不追溯到更早的洋务运动？洋务运动对中国文艺复兴的兴起也有作用，但它的领导者完全是从实业层面考虑问题的，没有意识到中国落后挨打的深层根源在文化，没有革新中国文化的自觉性，故不是文艺复兴的组成部分。

在提出第二次文艺复兴概念后不久，钱学森就指出它的“整个过程是充满了矛盾和漫长的，中间会有许多曲折。”(4-043) 这是千真万确的。高度发达的农业文明使中华民族背负沉重的历史包袱，现代科学技术和产业日新月异的发展令国人应接不暇，帝国主义亡我之心不死，步步紧逼，传统文化中的糟粕诱使一些中国人（包括部分知识精英）期望苟活在殖民体系下享受现代化生活。这四方面汇集在一起，与第二次文艺复兴以建立社会主义和共产主义为最终目标之间形成极为尖锐的矛盾。它注定了中国的文艺复兴是一种空前曲折、复杂、漫长的非线性动力学过程，波涛起伏，一种倾向掩盖着另一种倾向，有种种不确定性，存在诸多岔路，系统在岔路口上都有步入迷途的危险。从纵向的时间轴看，中国的文艺复兴是一场历史接力赛，一波接着一波，大波中嵌套着小波，近乎一种分形结构，诗性的描述即“叠嶂西驰，万马回旋，众山欲东。”（辛弃疾）从横向的空间维看，每一波段都是群峰并峙，学派林立，但有主峰、主将。每一波都不能单独考察，而要放在中国文艺复兴的全过程来看，把握其中一以贯之的大道。这种大道就是以下三点的有机统一，它规定着每一波的主峰和主将：

① 追求现代性，以中国社会现代化为目标，向世界先进文明学习。

② 坚持主体性，坚守中华文化的根脉和主线，是中华文化复兴，而非以外来文化取代之。

③ 确保连续性（可承续性），每一波与其前波、后波之间是接力关系，既能

① 斯塔夫里阿诺斯．全球通史（第 7 版），王昶、徐正源译．北京：北京大学出版社，2005：370.

够接住前一波的棒，又能够传棒给后一波。

第一波起步于康梁变法，中经辛亥革命，两者都局限于制度文化，到五四新文化运动才到达主峰。其标志有三：一是文化变革的自觉性（自称为新文化运动），二是文化变革的全面性，三是涌现出一批文化大师，如梁启超、严复、蔡元培、胡适、陈独秀、李大钊等，文化创新成就斐然。这一波的主将是鲁迅。毛泽东说得对：鲁迅“就是这个文化新军的最伟大和最英勇的旗手。鲁迅是中国文化革命的主将，他不但是伟大的文学家，而且是伟大的思想家和伟大的革命家。”[①] 关于这一点，学界认识历来有歧见。季羡林是我敬重的当代学者之一，我与他本来素昧平生，却得到过他在学术上的提携，令我没齿难忘。我数次登门拜访，聆听教诲，收益颇丰，拙著《系统科学辩证法》更是在季先生推荐下得以出版的。季羡林是20世纪后半期中国大陆最著名的人文学者，对于大陆学界清除长期形成的片面认识、重新评价胡适等人起了不小作用。但他断定五四新文化运动中“执大旗作领袖的人物，不能不说是胡适”，认定胡适“是推动中国‘文艺复兴’的中流砥柱”，我不能苟同。胡适是全盘西化论的旗手，对于冲破文化保守主义功莫大焉，但缺少民族文化的主体性，也无法跟下一波交接棒，作不了旗手。作为胡适的学生，季先生实事求是地指出：“美国的‘民主’究竟是怎么一回事，明眼人都能看得清楚。可是适之先生竟一叶障目，偏偏视而不见”，“他让蒋介石玩于股掌之上而一点感觉都没有”。[②] 把这样一位人物尊奉为中国文艺复兴第一波的旗手，多少有些亵渎新文化运动。《红楼梦》在中国文化中的重要性越来越得到公认，红学研究是中国文艺复兴的一个具体表现，李辰冬、周汝昌、毛泽东等相继揭示出《红楼梦》的巨大文化价值。令人费解的是，胡适作为新红学开创者却得出“《红楼梦》毫无价值”的结论，并以自己从来没有说过一句从文学观点赞美《红楼梦》的话为荣[③]。如此这般的文化眼力和悟性，无论如何不能挑起中国文艺复兴第一波主将的重任。因为如果历史按照胡适的方向演变下去，中国文化必定彻底失去它的主体性。

中国文艺复兴第二波的主将是毛泽东，主峰是以他为首的马克思主义者群体所创造的毛泽东思想。毛泽东思想不仅为新民主主义革命在中国取得成功提供了思想保证，而且是近代以来唯一一个产生了巨大世界影响的中国文化新品牌，成为世界民族解放运动和反侵略战争的锐利思想武器，早已赫然载入史册。毛泽东及其战友们的文化创新是全方位的，毛泽东不仅是政治巨人、军事巨人，更是一位罕见的文化巨人。这里仅提及三点。一个是提出普遍真理与具体实践相结合的

① 毛泽东．毛泽东选集（一卷本）．北京：人民出版社，1964：658.

② 季羡林．季羡林人生漫笔．北京：同心出版社，2000：61，76，68，69.

③ 李辰东．知味红楼．北京：中国档案出版社，2006：162.

命题，为中国文艺复兴全过程确立了总的方法论原则，适用于全过程各个波段，尊奉者成功，违背者误国误民。二是给顽固而强劲的封建宗法制度以毁灭性的打击，为中国文化创新扫除最大的社会障碍。三是创造出搞现代化不可或缺的组织文化。组织文化指一个社会的组织观念、组织力和组织模式的总和。以小农经济为基础的传统社会属于只有近程关联的近平衡态系统，社会的组织模式陈旧，组织水平低下，无法与通过产业革命和殖民战争培育起来的资本主义组织模式和组织力相提并论。加上清末民初政府的极端腐败和软弱，中华民族人心涣散，一盘散沙，中国社会的组织力接近于零。这样的组织文化无法抗衡现代西方的组织文化，是中华民族被推向亡国边缘的深层原因。以毛泽东为总代表的中国马克思主义者创造的独特组织文化，经受新民主主义革命和社会主义建设长期实践的考验，对西方知识精英一直是一个谜，直到有了从汶川地震等一系列救灾事件的电视转播，他们才获得一些感性认识，大吃一惊，却弄不懂它的学理奥秘。可惜，国内学术界的文化研究至今未注意这种组织文化，时贤们看不到改革开放的成就也极大地受惠于这种组织文化，受惠于毛泽东。

新民主主义文化本质上属于社会主义范畴，但毕竟不是社会主义文化的主体部分。所以中国一旦进入社会主义建设，文化基础的严重缺失就立即暴露出来，在各方面都显得热情多于理性。无论学术界，还是毛泽东，都在努力探索，试图消除这种缺失，也有一些斩获，其中毛泽东的探索尤其可贵。但由于种种主客观原因，这个时期关于中国社会主义文化建设的探索在整体上并不很成功，错误和教训不少。“文化大革命”的失败标志着第二波的结束，但同时也把中国文艺复兴的第三波迅速推上历史舞台。

21.5　钱学森在第二次文艺复兴中的地位

中国文艺复兴的第三波起始于 20 世纪 70 年代末，大约还要跨越 21 世纪头 30 年。这一波出现的时代大背景，本书第 3 章已有所讨论。就世界范围看，全球化的发展已使世界系统的第二种社会形态——冷战结构显得过时，成为阻扰世界系统由坏变好演化进程的障碍，必须打破。就中国内部而言，社会主义建设需要充分利用现代科学技术的新成就，但第二波后期的失误和挫折使中国与世界科学技术前沿拉大距离。两者形成一个极为尖锐的矛盾，规定了中国社会思潮在当时的主要诉求是摆脱冷战结构的束缚，迅速打开国门，努力融入世界系统演化的整体潮流中，全面吸收世界科学文化发展的最新成果。由此开启了中国历史上又一个思想空前活跃的时期，也是一个思想极为混乱的时期。它既可能极大地丰富中国文化，也可能误入全盘西化的歧途。

作为一种事关世界系统全局的历史性文化运动，中国文艺复兴的每一波都是不同思潮的竞技场，不同社会势力力图把它拉向不同方向，它们都对这一波做出贡献，又构成对主线的严重威胁。主要威胁始终来自三个方面：全盘西化，全面复古，马克思主义的教条化。对于第三波段，最危险的是全盘西化，因为这个时期的中国开始融入了由美国主导的世界系统，西方文化还是强势文化，中国知识分子的民族文化自卑感还相当严重，而西方精英对于中华文化未被征服仍然贼心不死，总在梦想培育一批西化的知识分子从内部来打断中国文化的根脉。他们在前两波的努力都失败了，第三波是最后的机会，他们一定要再做一次努力。这种局面规定了中国文艺复兴第三波的中心任务，及其主将的文化品格。他肩负三个重任：一是明确这一波的中心任务，阐述基本思想；其二是自觉地与三种倾向作斗争，坚守中国新文化的主线；其三是树立独立自主创造中国新文化的榜样。

中国文艺复兴的第三波同样是群峰并峙，主将则是钱学森，唯有他自觉地挑起上述三个重任，他代表的思潮符合前一节所说的三个条件。钱学森显然不是第一个提及中国文艺复兴的人，但他是真正认清中国文艺复兴之世界历史意义的第一人。他是第二次文艺复兴概念的提出者，这个概念表明钱学森并非孤立地看待中国的文艺复兴，而是站在世界历史全局的高度，把两次文艺复兴联系起来，作为一个横跨千年的历史大过程中前行后续的两大阶段来思考问题，迄今为止也只有钱学森能够做到这一点。钱学森不是偶尔提及第二次文艺复兴，而是反复地从多方面论及这个主题；他在谈到文艺复兴时并非只顾及当下情况，就事论事，而是回头看到欧洲文艺复兴，向前看到共产主义远大目标。钱学森曾这样说："'第二次文艺复兴'是指第五次产业革命、第六次产业革命和第七次产业革命后，体力劳动将大大减轻，人们将基本上转入脑力劳动、创造性劳动，从而人类文化发展将空前加速。我们研究这个题目是为了全人类"。[(10-259)] 可见他既考察第二次文艺复兴，又考察中国现代化全过程的三次社会革命，将两者看成同一历史进程的不同侧面，搞文艺复兴是为完成中国社会革命做文化准备。还应当看到，钱学森不是把第二次文艺复兴仅仅当做客观现象来研究，而是按照第二次文艺复兴的历史使命给自己的学术研究定位，眼界高于同时期的其他学术大师。

中国文艺复兴第三波兴起之时，世界科学整体上作为系统已进入新的转型演化期，即还原论科学的主导地位被复杂性科学取代这一历史进程的初期。钱学森是最早把握这一历史趋势的中国科学家。其实，还在美国时期的他已开始从单纯的自然科学家向系统科学家转变，迈开走出还原论的步伐；领导中国航天科技的实践最终使他全面深入地掌握了系统思维。此后的钱学森首先是系统科学家，然后才是自然科学家。系统科学本质上属于复杂性科学，系统思维是复杂性研究必需的思维方式。所以，当复杂性科学成为世界科学前沿的热点后，钱学森立即紧紧跟上，并且以中国文化为基础、以马克思主义哲学为指导开展复杂性研究，创立了复杂性科学的中国学派。在现代科学发展史上，科学前沿出现中国学派，这还是第一次，意义重大。

第二波结束时的中国现代化已经走到这样一个地步：必须为社会主义建设确立全面的科学基础，做到一切工程都跟着理论走，否则这一进程就可能中断。钱学森最先领悟到这一点，并努力给出理论阐述和某些实施方案的初设计。他在第二波后期已开始用整体观来认识现代科学技术，强调发展技术科学，以求现代科学技术成为一个层次结构完整的体系，在社会主义建设中充分发挥它的整体涌现性。学术生涯第三阶段一开始，钱学森更明确提出现代科学技术体系的概念，花费很大精力构建这个体系，目的是在现代科学技术体系的基础上“研究社会主义建设的大战略，创立社会主义现代化建设的科学”①。在这一历史时期，由于科学和技术成为规定时代精神的第一要素，没有现代科学技术体系思想的人也可能成为某个领域的学术大师，却不可能成为中国文艺复兴第三波的主将。以上几点保证了钱学森在中国文艺复兴中占据主将地位。

钱学森晚年一系列思想文化贡献尽管是“创世纪”的，却没有进入第三波的主流意识形态，许多领域的学术带头人对钱学森敬而远之，不接受他的新观点，他的一些基本主张未被采纳。钱学森生前洞悉这种情形，公开表示自己的新思想要在50年后才能被接受。这一矛盾表现的正是第三波在中国文艺复兴全过程具有的特殊复杂性。改革开放以来，中国知识界如饥似渴地向西方学习，一切领域都全面引进西方文化，视之为金科玉律。这有其必然性，因为西方文化的优势明显，加上第二波中教条主义弊病引起的反弹，西方文化对中国学人有巨大吸引力。应该说，在第三波的大部分时间里，这种西化风还有积极意义，中国文艺复兴的现代性主要从这里借鉴。但是，由于中国主动融入现行国际体系，不可避免地在经济、政治、文化上受到资本主义的重重包围，在西方精英们推波助澜下，西化风愈演愈烈，越来越构成对中国文化根脉的威胁。恰在此时，一个在美国学习和工作20年、取得世界一流科技成果的人站了出来，迎风而上，旗帜鲜明地批判崇洋媚外，号召坚守中国文化主线，强调中国人要自主创新。他就是钱学森，尽管他的话不能立竿见影，却如“定海神针”一般，让越来越多的中国学人逐渐明心见性。他给我们以信心：西风劲吹是暂时现象，物极必反，学界回归中国文化主线的日子并不遥远。

在科学技术上不满足于跟着外国人跑，学习外国是为了自家创新，这一点在青年钱学森身上已有充分的表现。面对劲吹的西风，晚年钱学森不仅高调批评，而且以身作则，用自己的创造性工作来抵制，树立了榜样。毛泽东在1956年跟音乐工作者的谈话中指出：“在自然科学方面，我们也要做独创性的努力，并且要用近代外国的科学知识和科学方法来整理中国的科学遗产，直到形成中国自己

① 钱学森等．论系统工程（新世纪版）．上海：上海交通大学出版社，2007：255.

的学派。”钱学森牢记恩师的这一教导，声言几十年来“我们都在做毛主席要我们做的事：形成中国自己的学派！”一再反问自己做得怎么样？自信“我们中国人在系统科学不是这样干的吗？”(8-468)就他晚年的主要学术领域系统科学看，钱学森既是在国内大力译介、传播国外各种系统理论的推动者，也是在学习基础上对这些理论进行扬弃的推动者，更是结合中国文化和百年来的社会实践进行创新的推动者。系统工程成功地应用于中国航天科技，系统科学体系结构的梳理建构，开放复杂巨系统概念的提出，综合集成法的制定，都是在钱学森主导下中国人的创造性成果。榜样的力量是无穷的，系统科学能够做到独创，其他 10 大部门也能够做到独创；钱学森展现出来的独创性，其他学人也将会展现出来。

第三波的一项重要任务是复兴马克思主义哲学。经过一个多世纪的传播、演变和积淀，马克思主义哲学已经中国化，成为中国新文化不可分割的有机组成部分，而且居于指导思想的崇高地位。如果淡化甚至抛弃马克思主义哲学，百余年的新文化建设成果势必冰消瓦解，继承和发扬光大传统文化中的精华也就成为一句空话，更不用说为过渡到世界大同做准备。但近 30 多年来，在清除马克思主义教条化弊病的同时，批判和否定马克思主义的歪风也在勃兴，在中华大地上，马克思主义哲学讲堂有时竟然成为批判马克思主义哲学的讲堂。钱学森对此进行了最坚决的斗争，坚定地守护着中国文艺复兴的主线，守护着马克思主义哲学。诚如黄枬森所说：“他的思想确实对那些否定辩证唯物主义世界观的观点，特别是对辩证唯物主义过时论，从科学技术革命的角度，树立了一堵难以超越的铜墙铁壁。”①

众所周知，尽管遭遇 3000 年未有之大变故，中国文化命脉却没有被打断，关怀中华民族以至整个人类命运的人们都在为此而庆幸。我们在这里要指出的是，还有一个值得庆幸的事尚未引起注意，那就是尽管经历了前所未有的波折，中国马克思主义的命脉没有被打断，这一点也具有深远的历史意义。就世界范围看，20 世纪中期以降，马克思主义在西方已基本上失去进一步发展的沃土，许多曾经领导欧美工人阶级进行推翻资本主义革命斗争的社会民主党早已蜕变为资本主义政党，成为维护和完善资本主义制度的基本政治力量之一。苏联解体又使列宁主义的历史命脉也中断了。2008 年的世界金融危机曾经使西方左派振奋一时，却终究未能带来真正的转机。世界历史的发展表明，马克思主义哲学复兴和创新的大任已经历史地降落在中国马克思主义者肩上，历史需要他们“铁肩担道义，妙手著文章”（李大钊语）。在此过程中，钱学森也发挥了不可替代的独特作用，复兴、发展、深化马克思主义哲学成为他关注的重点之一，他构筑的马克思

① 黄枬森．钱学森与辩证唯物主义．见：北京大学现代科学与哲学研究中心．钱学森与现代科学技术．北京：人民出版社，2001：380.

主义哲学体系将在 21 世纪真正建立起来，马克思主义哲学将以崭新的面貌出现。

21.6 中国文艺复兴的未来展望

随着钱学森的谢世，第二次文艺复兴的第三波也进入尾声。未来 20 年是宣传、研究、消化钱学森学术思想成果、为第四波到来做准备的时期。第四波将发生在新中国建国 100 年前后，历时大约也得半个世纪。第三波与第四波密切相关。钱学森生前提出的一系列创新性思想、方法、方案等，即现代科学技术体系、马克思主义哲学体系、大成智慧学、社会主义建设总体设计部、从定性到定量综合集成研讨厅体系等，以及建立系统学、思维学、人体学等新学科，都还处于设想、探索、草创的阶段，不可能在第三波中实现，而是第四波要实现的目标，钱学森自己也意识到这一点。他所谓“发动第二次文艺复兴”，准确地说是在为发动中国文艺复兴的第四波做准备。第四波是中国文艺复兴全过程的最高潮，第四波一旦完成，钱学森的一系列设想将变为现实，中华民族将最终走出“最危险的时候”，真正做到平等地站立在世界民族之林了。

钱学森推动第二次文艺复兴的目标并未局限于此，他在考虑整个地球人类向共产主义过渡的问题，并把第二次文艺复兴作为实现这一过渡必不可少的文化准备。钱学森的这一思想招致不少学人的质疑，甚至反对。在这些人看来，资本主义日臻完善，美国制度无与伦比，共产主义不过是乌托邦。有些所谓马克思主义专家公然声称，晚年恩格斯放弃了共产主义大目标，还煞有介事地给出“学理论证”。在这种时候，一个导弹专家竟然做出完全相反的预测，并力捍卫共产主义理想，令他们觉得不可信。但我们要说，这些人的看法大错特错了。做出这种预测的人是系统科学家、非线性动力学家、复杂性科学家，是在 20 世纪的特殊历史条件下涌现出来的一位大成智慧者，一位新时代的马克思主义哲人。是的，钱学森没有对他的这一预测给出详细的分析论证，不能不说是一个遗憾。但透过他的著述、言论和阅历可以发现，他的预测是基于对社会历史的非线性动力学机制的深刻把握而做出的。人类社会是具有强非线性的动力学系统，这种系统常常显示出不可预料性，大大小小的突发性事件时有发生。有时候，系统演化已经到达全新形态将要出现的历史性关节点，过时的旧形态却显得似乎格外巩固、有力，新形态的到来显得还很遥远，甚至被人怀疑为乌托邦。然而，就在保守势力自以为系统的既有形态固若金汤的时候，系统新旧形态的历史性转换突如其来地发生了。今天的世界系统正在接近这样的临界点。

当中华民族真正平等地站在世界民族之林的时候，世界系统将处于怎样的状态？这一点，今天已经可以设想了。世界系统的两大矛盾空前地展现出来，资本主义对人类历史的正面功能已接近于发挥到极致，而它对人类社会的危害也已发展到极致，再存续下去就直接威胁到人类自身的存续，少数强国再也不能维持目前这种不民主的国际关系，中国社会提供的新的发展模式已经成熟，反映新时代精神的马克思主义哲学已经全面确立，等等。当这一切历史地汇聚起来之时，世界上绝大多数人必定会认识到：资本主义必须抛弃，应该着手为进入共产主义做准备。由此看来，钱学森关于人类在22世纪将进入共产主义的预测并非空想。

世界社会系统是一种特殊的复杂巨系统，向共产主义过渡是特殊复杂的历史过程，我们要切忌简单化。22世纪完成过渡的设想可能有点太乐观，我们宁可设想得复杂些。中国的文艺复兴或许还需要有第五波，估计将出现在21世纪末，跨越22世纪，任务是巩固和完善第四波的成果。即使全人类都认识到只有共产主义才能救人类，如何具体实现结束资本主义，如何向共产主义过渡，也需要大量深入细致的准备工作，需要科学的论证、安排、试行。完成这些工作至少也要一个世纪。所以，进入共产主义应该是23世纪以后的事。

主要参考文献

阿诺尔德·汤因比，池田大作．展望21世纪．荀春生等译．北京：国际文化出版公司，1985．
鲍世行，顾孟超．钱学森建筑科学思想探微．北京：中国建筑工业出版社，2009．
北京大学现代科学与哲学研究中心．复杂性新探．北京：人民出版社，2007．
北京大学现代科学与哲学研究中心．钱学森与现代科学技术．北京：人民出版社，2001．
蔡清富等．毛泽东与古今诗人．长沙：岳麓书社，1999．
戴汝为．社会智能科学．上海：上海交通大学出版社，2007．
冯国瑞．走向智慧——现代科学与马克思主义哲学探索．西安：西安交通大学出版社，2010．
公木．毛泽东诗词鉴赏．长春：长春出版社，2001．
黄枬森．哲学的科学之路．北京：北京师范大学出版社，2005．
季羡林．季羡林人生漫笔．北京：同心出版社，2000．
克劳塞维茨．战争论．杨南芳等译校．西安：陕西人民出版社，2001．
李辰东．知味红楼．北京：中国档案出版社，2006．
李德华．牢记钱老谆谆教诲，继承钱老未竟事业．今日科苑，2010，(第1～3期合刊)．
李秀林，王于，李淮春．辩证唯物主义和历史唯物主义原理（第3版）．北京：中国人民大学出版社，1990．
列宁．列宁选集第二卷．北京：人民出版社，1972．
刘济昆．毛泽东兵法．成都：巴蜀书社，1992．
罗伯特·文丘里．建筑的复杂性与矛盾性．周卜颐译．北京：中国水利电力出版社，知识产权出版社，2008．
马蔼乃．理论地理科学与哲学——复杂性科学理论．北京：高等教育出版社，20C7．
马克思．资本论．北京：人民出版社，1975．
马克思，恩格斯．德意志意识形态．北京：人民出版社，1961．
马克思，恩格斯．马克思恩格斯选集第三卷．北京：人民出版社，1972．
马克思，恩格斯．马克思恩格斯选集第四卷．北京：人民出版社，1972．
毛泽东．毛泽东选集（一卷本）．北京：人民出版社，1964．
糜振玉．钱学森现代军事科学思想．北京：科学出版社，2011．
苗东升．开来学于今——复杂性科学纵横论．北京：光明日报出版社，2009．
苗东升．系统科学辩证法．济南：山东教育出版社，1998．
苗东升．系统科学精要（第3版）．北京：中国人民大学出版社，2010．
苗东升．系统科学原理．北京：中国人民大学出版社，1990．
祁淑英，魏根发．钱学森．石家庄：花山文艺出版社，1998．
钱学敏．钱学森科学思想研究（第2版）．西安：西安交通大学出版社，2010．
钱学森．创建系统学（新世纪版）．上海：上海交通大学出版社，2007．
钱学森．创建系统学．太原：山西科学技术出版社，2001．
钱学森．工程和工程科学．工程研究——跨学科视野中的工程，2010，(4)．
钱学森．科学的艺术与艺术的科学．北京：人民文学出版社，1994．

钱学森．论宏观建筑与微观建筑．鲍世行等主编．杭州：杭州出版社，2001.
钱学森．钱学森书信．涂元季主编．北京：国防工业出版社，2007.
钱学森．人体科学与现代科技发展纵横观．北京：人民出版社，1996.
钱学森，宋健．工程控制论（修订版）．北京：科学出版社，1980.
钱学森等．论地理科学．杭州：浙江教育出版社，1994.
钱学森等．论系统工程（新世纪版）．上海：上海交通大学出版社，2007.
钱学森．关于思维科学．上海：上海人民出版社，1986.
斯塔夫里阿诺斯．全球通史（第7版）．董书慧，王昶，徐正源译．北京：北京大学出版社，2005.
田辰山．中国辩证法：从《易经》到马克思主义．北京：中国人民大学出版社，2008.
王文华．钱学森实录．成都：四川文艺出版社，2001.
许国志．系统研究——祝贺钱学森同志85诞辰论文集．杭州：浙江教育出版社，1996.
叶永烈．走近钱学森．上海：上海交通大学出版社，2009.
伊·普利高津．从存在到演化．曾庆宏等译．上海：上海科学技术出版社，1986.
约翰·惠勒．宇宙逍遥．田松译．北京：北京理工大学出版社，2006.
张纯如．中国飞弹之父——钱学森之谜．台北：天下文化出版股份有限公司，1996.
张志聪．黄帝内经集注．杭州：浙江古籍出版社，2002.
赵少奎．钱学森现代科学技术体系总体框架探索．北京：科学出版社，2011.

后　记

本书能够进入科学出版社的《钱学森科学技术思想研究丛书》，不必再为出书难而奔忙，我自然是高兴的。但思绪并未随正文结束而立即止息，还有一些话想要说一说。

参与本丛书写作的学者初步形成了一个研究群体，它是自发聚集而成的，初步完成的标志是2008年以“现代科学技术体系总体框架的探索研究”为主题的第374次香山科学会议。这是中国学术界少见的自组织现象，自组织的吸引子（目的态）是宣传和研究钱学森的学术思想，把他开创的科学探索推向前进。自组织的组织力首先来自钱学森，是他的科学技术思想把学者们联系、聚集在一起。自聚集最初的涌动来自赵少奎，我是受他的感染、牵引和推动而参与聚集的。我这个人惰性大，性格执拗、古板，古稀已过却依然不懂得社会，呆头呆脑，懵里懵懂，很有点像毛泽东所说的陕北毛驴，经少奎兄前拽后赶才算融入这个群体。自聚集得以成功，数年来富有成果的活动，还得力于马蔼乃发挥北京大学教授的学术影响力，以及他们两位多方联络和疏通，并持之以恒。所以，孤微子首先要感谢两位领头人辛勤的组织工作。

一个自组织运动能够成功，还必须有适当的环境条件，因为自组织是一种开放的过程系统，只有系统和环境找到一种稳定有序的互动互应方式，自组织才能大功告成。中国社会的总态势，钱学森先生留下的极其宝贵的思想财富，广大读者希望深入了解钱学森的迫切心情，以及某些人对钱学森的误解、甚至敌意，等等，共同构成了这个自组织的外部环境。它既给我们以动力，又给我们以压力，环境压力是可以转化为前进动力的，而且是必不可少的动力。没有钱学森一系列学术新思想的吸引，没有社会积极因素正面的支持和激励，没有反对者谬误见解的刺激，我是不会花这么多气力来研究钱学森的。

本书的写作念头萌生于世纪之交，是我20来年追随钱学森先生学术思想的产物。2001年春，我向北京大学现代科学与哲学研究中心诸君提议举办一次关于钱学森科学思想的学术研讨会，以纪念老人家的90诞辰。建议被采纳后，我全程参与了会议的组织工作，与每个报告人都有接触，除了戴汝为、于景元和涂元季，其他报告人都是我受中心委托出面约请的，因而有机会直接感受他们的为人为学。审稿期间又仔细拜读了所有作者的文章，学到不少东西。会议结束时我的头脑中涌现出一个概念：钱学森是一个当代的大成智慧者，仅仅作为科学家来看他是不够的。从此之后，我开始按照这个思路研究钱学森，陆续发表了一批文章。2007年购得《钱学森书信》一套，在通读过程中产生了这样一个想法：按照钱学森所说的“殿堂＋桥梁”的结构模式来研究钱学森的哲学思想。到2009年这套丛书立项时，正式确定了这个书名。经过近两年的劳动，终于有了这个书稿。

本书提纲和初稿经过丛书编委会全体成员的认真审查、推敲和批评，提出了大量宝贵意见，笔者在此向他们表示衷心的感谢。还要感谢新闻出版总署和科学出版社的支持，感谢编辑的辛勤劳动。本书撰写过程中得到老朋友冯国瑞、李世煇、钱学敏、潘岩铭等多方面的支持和帮助，世煇兄、学敏兄给我以诸多心灵上的抚慰；山西同乡岩铭兄助我借阅了张纯如的大作；国瑞学兄拖着重病之躯，花了20多天时间对初稿做了逐字逐句的推敲，尤其令我感动和愧疚。他们的友情让孤微子没齿难忘。本书写作过程中还受惠于北京大学博士生岳全力、李荣等青年才俊的辛勤劳动。本书定稿又得到北京中联学林文化发展中心樊景良的特殊帮助。由于这一切，本书在一定程度上成为群体智慧的产物。乘本书出版之机，孤微子谨向他们致以深深的谢意，并为他们的无私精神深深感动。

苗东升

2011年8月22日